应用型本科院校"十三五"规划教材/人文社科类

Situation and Policy

形势与政策

主　编　谢永利
副主编　宋玉玲　袁　旭
参　编　郑吉雅　王亚慧
　　　　雷书天　孙　绮
　　　　徐丽娜　王　瑞
　　　　刘雁春　教富利
　　　　朱家玮　李秉钊

 哈尔滨工业大学出版社
HARBIN INSTITUTE OF TECHNOLOGY PRESS

内 容 简 介

本书是以《教育部关于加强新时代高校"形势与政策"课建设的若干意见》(教社科[2018]1号)为基础,紧紧围绕党的十九大和十九届四中全会有关文件精神,紧密结合大学生全面发展的根本需求而组织写作的,体现了思想性、科学性、针对性和时效性的统一。本书精选当前国内、国际热点问题,运用马克思主义的立场、观点和方法解读相关政策,以习近平新时代中国特色社会主义思想和习近平总书记党的十八大以来系列重要讲话精神,特别是"四个全面"战略布局为统领,切实把大学生的思想统一到党的十九大和十九届四中全会精神上来,把力量凝聚到实现党的十九大确定的目标任务上来。本书内容包括:中国特色社会主义进入新时代;中国共产党的十九大与习近平中国特色社会主义思想;全面深化改革,"四化"同步发展;坚持和完善中国特色社会主义制度,推进国家治理体系和治理能力现代化;中国共产党建设的新举措;社会主义建设新辉煌;飞速发展的中国航空航天事业;唱响各民族大团结、大发展、大繁荣的主旋律;抗击新冠肺炎疫情的中国行动;国际政治格局的新特点;中国与欧美大国的关系;中国与亚洲国家的关系和不断提升的中国国家地位。

本书适宜高等学校的广大学生作为教材使用,也可供从事时事政策研究及感兴趣的人士参考。

图书在版编目(CIP)数据

形势与政策/谢永利主编. —哈尔滨:哈尔滨工业大学出版社,2018.8(2020.8 重印)

应用型本科院校"十三五"规划教材

ISBN 978-7-5603-7455-0

Ⅰ.①形… Ⅱ.①谢… Ⅲ.①时事政策教育 – 高等学校 – 教材 Ⅳ.①G641.41

中国版本图书馆 CIP 数据核字(2018)第 130409 号

策划编辑	杜 燕
责任编辑	杜 燕
出版发行	哈尔滨工业大学出版社
社　　址	哈尔滨市南岗区复华四道街 10 号 邮编 150006
传　　真	0451 – 86414749
网　　址	http://hitpress.hit.edu.cn
印　　刷	哈尔滨市经典印业有限公司
开　　本	787mm×960mm 1/16 印张 22.25 字数 484 千字
版　　次	2018 年 8 月第 1 版 2020 年 8 月第 3 次印刷
书　　号	ISBN 978 – 7 – 5603 – 7455 – 0
定　　价	46.00 元

(如因印装质量问题影响阅读,我社负责调换)

前　言

《形势与政策》一书从认识上首先解决的一个问题是:什么是形势?什么是政策?辞书上说,形势是指"事务发展的状况",或者指"人和事的强弱盛衰之势",包括对己方和对方的强弱盛衰之分析。当下,常常把形势看作国内国际时事发展趋势。辞书上说,政策是"统治(领导)阶级中最高权力的持有团体(集团、集体)颁发的行动纲领性文件(路线、方针、政策),是国家、政党为实现一定历史时期(阶段)的路线和任务而规定的行动准则(谋略、策略)"。

《形势与政策》所体现的课程理念:培养大学生关注时事政治的兴趣和习惯。大学生通过对形势与政策课程的学习,能够对国内外的形势与政策有更深刻、更全面、更真实的了解。"形势与政策"课程是高校思想政治理论课的重要组成部分,是对学生进行形势政策教育的主要渠道、主要阵地,在大学生的思想政治教育中担负了重要的使命,具有不可替代的重要作用。

形势是制定政策的依据,政策影响形势的发展。大学生需要吃透政策的原意,懂得灵活变通,具备创新能力。与此同时,大学生还应顺应形势与政策,发展自我;找准自己的发展目标,结合自己的优势,定位自己的发展方向;依据个人目标,制定切实可行的方案,努力奋斗,构建知识结构体系;拓展素质,不断提高个人能力,打造出"诚、勤、信、行"的良好品质;将形势与政策为我所用,形成对形势与政策的敏锐的洞察力和深刻的理解力,利用形势与政策,实现自我大发展。树立一个远大理想,做一个成功人士!

关注世界。当今世界飞速发展,"两耳不闻窗外事,一心只读圣贤书"的时代过去了。地球村里的变化日新月异。生在当代,作为大学生,抛掉陈旧的观念,拥抱外面精彩的世界,才是应该做的。青年是推动社会和历史前进的一支重要力量。无论是人类社会发展的历程中,还是中华民族发展的历程中,青年都发挥了重要作用。而大学生是青年中知识层次较高、最具潜力、最有创造性的群体,因此,当代大学生的精神面貌和人生价值取向,将直接影响到国家的未来,事关中华民族伟大复兴的全局。当今国内外形势风云变幻,进入21世纪的中国正面临着难得的机遇和巨大的挑战,所以,在高校大学生中广泛开展形势政策教育,对当代大学生如何在纷繁复杂的国内外形势下,正视中国面临的机遇与挑战,坚定信念,振奋精神,努力学习,报效祖国,具有重大的现实价值与深远的历史意义。

《形势与政策》一书以党的十九大和习近平新时代中国特色社会主义思想以及党的十八大以来习近平总书记系列重要讲话精神为指导,主要阐述了习近平新时代中国特色社会主义思想,形势与政策的理论体系,国际、国内形势,分析了党和国家对内对外的一系列方针、政策,阐述了党和国家制定路线、方针、政策的理论依据,并预测我国社会发展趋势等。

　　《形势与政策》一书体例新颖,内容具有很强的可读性。全书由绪论和十三章内容构成。章内设要点提示和开篇阅读。书中选重点及热点问题作为知识问答。每章结尾分设本讲思考和思考题。本书适宜高等学校的广大学生作为教材使用,也可供从事时事政策研究及对时事政策感兴趣的人士参考使用。

谢永利

2020 年 6 月

目 录

- 绪论 1
- 第一章 中国特色社会主义进入新时代 9
  - 第一节 党的十九大的鲜明主题 9
  - 第二节 我国发展新的历史方位和社会主要矛盾的变化 16
  - 第三节 党的十八大以来的历史性成就和历史性变革 21
- 第二章 中国共产党的十九大与习近平中国特色社会主义思想 28
  - 第一节 党的十九大报告主要精神和关键词 29
  - 第二节 习近平新时代中国特色社会主义思想 37
  - 第三节 新时代中国共产党的历史使命 44
  - 第四节 新时代中国特色社会主义发展的战略安排 48
- 第三章 全面深化改革,"四化"同步发展 55
  - 第一节 全面深化改革的重要意义 56
  - 第二节 农业现代化成为四化短板 62
  - 第三节 全面深化改革,促进"新四化"蓬勃发展 70
- 第四章 坚持和完善中国特色社会主义制度 推进国家治理体系和治理能力现代化 ... 77
  - 第一节 党的十九届四中全会召开的背景 77
  - 第二节 党的十九届四中全会的主要内容 80
  - 第三节 党的十九届四中全会的历史意义 85
- 第五章 中国共产党建设的新举措 89
  - 第一节 中国共产党的建设的全面进步 89
  - 第二节 新时代中国共产党的历史使命 93
  - 第三节 "三严三实"专题教育 95
  - 第四节 坚定不移全面从严治党,不断提高党的执政能力和领导水平 97
- 第六章 社会主义建设新辉煌 102
  - 第一节 社会主义建设的光辉历程 103
  - 第二节 社会主义建设的辉煌成就与经验 105
  - 第三节 大庆精神的历史作用和现实意义 112

第七章　飞速发展的中国航空航天事业　151
第一节　世界航天发展历程　152
第二节　中国航空航天事业的起步与发展　158
第三节　圆梦大飞机　170

第八章　唱响各民族大团结、大发展、大繁荣的主旋律　176
第一节　维护民族团结和社会稳定　177
第二节　新时代习近平民族工作思想　180

第九章　抗击新冠肺炎疫情的中国行动　188
第一节　中国抗击疫情的艰辛历程　189
第二节　中国疫情防控阻击战　191
第三节　中国疫情防控的认识　197

第十章　国际政治格局的新特点　213
第一节　不确定安全因素日益增多　214
第二节　多极化趋势不断加强　220
第三节　特朗普时期的美国外交政策趋向　232
第四节　发展中国家影响力逐渐提升　235

第十一章　中国与欧美大国的关系　241
第一节　中美关系　242
第二节　中俄关系　248
第三节　中欧关系　257

第十二章　中国与亚洲国家的关系　266
第一节　中日关系　267
第二节　中印关系　275
第三节　维护海洋权益，建设海洋强国　282

第十三章　不断提升的中国国家地位　291
第一节　"中国热"持续升温　292
第二节　新世纪中国面临的周边和国际安全形势　295
第三节　中国政府的战略布局和成长　299

附录一　2019年国内时事热点汇总　306

附录二　2019年国际时事热点汇总　330

参考文献　345

后　记　348

绪 论
Exordium

要点提示

- 形势与政策概述
- 形势与政策课程的基本内容及学习方法
- 大学生学习形势与政策课程的重要意义

开篇阅读

形势是指国内国际社会政治、经济、文化等发展的状况和态势;政策是指党和国家为实现一定时期的目标和任务而制定的行为准则。高校形势与政策教育内容包括基本理论、基本形势与政策、当前形势与政策和热点问题。大学生学会正确认识和把握形势与政策,对自身具有重大意义:有助于大学生明确自身历史使命;有助于培养大学生解决实际问题的能力;有利于提高大学生思想政治素质。

《教育部关于加强新时代高校"形势与政策"课建设的若干意见》(教社科〔2018〕1号)中指出,"形势与政策"课是理论武装时效性、释疑解惑针对性、教育引导综合性都很强的一门高校思想政治理论课,是帮助大学生正确认识新时代国内外形势,深刻领会党的十八大以来党和国家事业取得的历史性成就、发生的历史性变革、面临的历史性机遇和挑战的核心课程,是第一时间推动党的理论创新成果进教材、进课堂、进学生头脑,引导大学生准确理解党的基本理论、基本路线、基本方略的重要渠道。

在大学生中进行形势与政策的教育,有利于大学生全面、准确地了解世情、国情、党情和民情,从而加深对社会主义事业的热爱,增进爱国主义情怀的培养,同时也有利于大学生形成正确的世界观、人生观和价值观。

形势与政策课程由形势与政策两部分内容组成。其中,形势是指国内国际社会政治、经济、文化等发展的状况和态势;政策是指党和国家为实现一定时期的目标和任务而制定的行为准则。政策的制定要以国内外形势的发展为依据,而形势的发展必然会导致政策的相应调整。因此,这两部分的教育活动是紧密相连的。

形势与政策课程的开设,有利于大学生全面认识国内国际形势的变化,从而调动学生了解形势与政策的自觉性和主动性,培养大学生独立思考、辩证看待时政问题的能力。对大学生进行形势与政策的教育是系统的、渐进的、具有鲜明时代特色的工作,其最终目的是培养大学生科学认识、准确判断形势的能力,培养大学生正确的时局观,树立正确的形势认知观。

一、形势与政策概述

(一)形势与政策的概念

简单地说,形势就是事物发展的形态和趋势,政策就是政党或国家为实现一定的任务而制定的行为准则,是一系列谋略、法令、措施、办法、方法和条例等的总称。总有一些人不希望出现的形势存在,因此,在一定条件下,人们根据对形势的了解、分析和判断,可以发挥主观能动性,人为地改变某些影响因素,或充分利用某些客观条件,采取一些干预措施,从而主动地控制或改变形势的发展方向,促进事物向符合人们主观愿望的方向发展。

1. 形势的内涵

形势是指客观事物发展的基本状况和趋势,是客观事物在诸种矛盾运动过程中所呈现出来的一种态势。任何客观事物都会受其内在影响因素和外在影响因素制约,形势就是事物诸多内在因素、外在因素的综合反映。形势的产生和事物总体发展趋势是不以人的意志为转移的,人们的思想或行为可以在一定时期、一定程度上对形势产生影响,但形势由简单到复杂、由低级到高级发展的客观规律性是无法改变的。由于影响形势形成的各种因素相互联系,所以各种形势也是紧密联系、彼此影响的,同时随着影响因素在不同时期的变化,形势会发生相应的变化,并呈现出不同的表现形式,这使形势体现出鲜明的关联性、复杂性和阶段性。

不同时间、空间和内容会形成不同类型的形势,如在时间上,可分为过去(某个节点或时期)形势、当前形势和未来形势;在空间上,可分为国际形势、国内形势和地区形势等;在内容上,可分为经济形势、政治形势、文化形势等。如同人的价值观念中必定有一种居核心主导地位一样,在各方面形势中同样有一种起主导作用的形势决定着全局的形势,这是因为事物存在着主要矛盾和次要矛盾。因此形势还可以分为主要形势和一般形势。

人们应用一定的思想方法,在对形势进行科学分析并做出一定的事实判断和价值判断的过程中形成的基本观点、原则和方法(即关于分析形势的思想观点的总称),就是所谓形势观。

全面而准确地观察、分析、把握形势,其实质是认识世界的过程,而这个过程有利于人们在变化多端的形势下保持清醒的头脑,在更宽广的领域了解现实,正确分析、判断形势及其规律,把握机遇,因势利导、预见未来,从而主动地控制或改变形势的发展方向和程度,促进事物向符合某种主观愿望的方向发展。

2. 政策的内涵

政策是国家机关、政党及其他社会团体在特定时期为实现或服务于一定社会政治、经济、文化目标所采取的政治行为或规定的行为准则,它是一系列谋略、法令、措施、办法、方法、条例等的总称。政策正确与否直接关系着中国特色社会主义事业的兴衰成败。

在阶级社会中,政策只代表特定阶级的利益,从来不代表全体社会成员的利益、不反映所有人的意志。中国共产党作为中国特色社会主义事业的领导核心,代表中国最广大人民的根本利益,解决民众最关心的公共问题,这是政策阶级性和公共性的重要体现。任何政策哪怕在同一时期、同一范围内,针对不同受众,都有正确与错误之分,但政策一旦被制定和执行,对全社会来说,便成为一种有约束力的行为准则和行为规范,除非经过法定程序修订后方能改变,这也体现了政策的非绝对正确性、权威性、原则性与灵活性。在一定的时段、历史和国情条件下,政策才能发挥相对的作用,这也体现了政策的时效性。政策属于上层建筑范畴,建立在不同经济基础之上的政策,在各自存在和活动的领域内具有相对的稳定性。正是这种稳定性使社会经济能够持续发展,社会政治能够健康发展,社会文化能够繁荣发展。

政策的实质是统治阶级利益和意志的反映,含有统治、治理、管理国家一切行为的谋略或策略的意思,它以权威形式标准化地规定在一定的历史时期内,应该达到的奋斗目标,遵循的行动原则,完成的明确任务,实行的工作方式,采取的一般步骤和具体措施。国家作为阶级统治的工具,其维护统治所具有的政治和社会经济的双重性职能,决定了政策的最终目的是解决社会利益分配的问题,服务社会经济的发展。

政策制定者根据某一客观形势和发展目标的需要,结合性质各异、错综复杂的社会关系,利用国家管理的手段、工具和杠杆(即政策)影响公众的看法、观念或思想意识,促进公众对政策的认同,规范人们的行为准则,对社会中人们的行为或事物的发展起到制约或促进作用,协调各种利益关系,保证整个社会生活和谐进行,引导人们的行为或事物朝着期望的方向发展。在这一过程中,政策体现出了鲜明的导向、控制和协调等功能。

(二)形势与政策的关系

形势与政策互为因果,同时又相互影响制约。明确两者之间的关系,有利于深入分析、掌握和判断形势,科学、有效地制定政策,贯彻落实政策精神,对事件和问题的处理也有积极的促进作用。

从存在与认识的角度分析,形势与政策分属于不同的范围。形势属于存在领域,具有客观性;政策属于认识领域,具有主观性。经实践考察,形势与政策之间存在十分密切的联系。这种联系主要表现在形势对政策的决定作用与政策对形势的反作用。

1. 形势对政策的决定作用

形势是科学制定政策的依据。列宁指出:"实际的政治形势就是如此,我们首先应该力求尽量客观、准确地判明这一形势,以便把马克思主义的策略建立在它应当依据的唯一牢固的基础上,即建立在事实的基础上。"制定政策,无论从客观实际出发,还是从主观判断出发,反映了两种对立的世界观和方法论,前者是唯物主义的,后者是唯心主义的。要科学地制定有效的政策,必须遵循唯物主义的要求,从客观存在的形势出发来考虑问题,只有如此,才有可能制定出正确的政策;反之,则可能制定出错误的即不会产生任何积极作用的政策。需要指出的是,形势对政策的影响作用,不是一种自发的直接的作用过程,而是必须经过人这一中介来实现的。正因为如此,人对形势的认识和判断对于政策的制定具有重大的意义。

形势是检验政策的客观尺度。一项政策是否科学有效,仅凭人的主观判断是很难确证的,必须通过实践和实践的结果进行检验。形势作为一种客观的存在,最能反映政策的实际效果,正确的政策一般总是能够促进形势朝着政策追求的方向发展;反之则可能使形势的发展背离政策所追求的发展方向。从这种意义上说,形势完全可以成为检验政策的一种客观尺度。

2. 政策对形势的反作用

依据唯物辩证法关于思维与存在的关系原理,人的认识不仅受客观存在的影响和制约,同时,认识还对客观存在具有巨大的能动的反作用。政策作为人认识的产物,在指导、规范人的行动过程中必然对社会及社会形势的发展产生重大影响。可以说,世界上没有不影响政策的形势,也没有不作用于形势的政策。值得注意的是,政策对形势的影响作用,不仅表现在政策对形势的正面影响方面,而且还表现在政策对形势的负面影响方面,因此,制定科学的政策对形势具有十分重要的意义。

二、形势与政策课程的基本内容及学习方法

(一)形势与政策课程的基本内容

《教育部关于加强新时代高校"形势与政策"课建设的若干意见》指出:要紧密围绕学习贯彻习近平新时代中国特色社会主义思想,把坚定"四个自信"贯穿教学全过程,重点讲授党的理论创新最新成果,重点讲授新时代坚持和发展中国特色社会主义的生动实践,引导学生正确认识世界和中国发展大势,正确认识中国特色和国际比较,正确认识时代责任和历史使命,正

确认识远大抱负和脚踏实地。要开设好全面从严治党形势与政策的专题,重点讲授党的政治建设、思想建设、组织建设、作风建设、纪律建设以及贯穿其中的制度建设的新举措、新成效;开设好我国经济社会发展形势与政策的专题,重点讲授党中央关于经济建设、政治建设、文化建设、社会建设、生态文明建设的新决策、新部署;开设好港澳台工作形势与政策的专题,重点讲授坚持一国两制、推进祖国统一的新进展、新局面;开设好国际形势与政策专题,重点讲授中国坚持和平发展道路、推动构建人类命运共同体的新理念、新贡献。因此,高校形势与政策教育内容可分为以下四个部分。

1. 基本理论

基本理论即马克思主义的形势观和方法论。马克思列宁主义、毛泽东思想、邓小平理论、"三个代表"重要思想、科学发展观、习近平新时代中国特色社会主义思想对认识形势的论述,党和国家重要会议的重要决议与纲领性文件,党的路线、方针和政策的重要内容等,都是基本理论的重要组成部分。

2. 基本形势与政策

形势与政策是变化的,但在一定时期内,形势发展与政策调整有其规律性和必然性。如当代世界政治经济格局及总体发展趋势,国际关系的基本走向及我国政府的外交原则立场和政策,我国的基本国情、国力和国策,国内改革开放的总趋势等,这些内容在相当长的时期内是相对稳定的,其发展变化具有规律性和必然性,可以构成形势与政策课程的基本框架。

3. 当前形势与政策

国际国内形势的新变化、新发展是形势与政策课程教学的主要内容,也是大学生十分关注的部分。如国际社会发生的重大事件及发展变化趋势、国内政治经济形势的新变化、党和政府的重要会议精神以及重大改革发展举措等,都是对大学生进行形势与政策教育的重要内容。行业形势也是形势与政策教育的重要内容,一个行业的现状、发展趋势及经济地位会受到相关专业学生的关注。

4. 热点问题

形势发展变化是必然性和偶然性的统一。有时形势受偶然因素影响突然发生较大变化,引起人们广泛关注,这类问题被称为热点问题。这一部分内容虽然也遵循形势发展变化大趋势和总的变化规律,但由于其突发性和结果的不确定性,在一段时期内会引起社会关注。

(二)形势与政策课程的学习方法

形势与政策课程是一门综合性、实践性、针对性、科学性、应用性都很强的思想政治教育课程。一方面,对其相对稳定的内容和有关理论,要集中时间,进行较为系统的学习;另一方面,还要根据形势发展的需要和这门课程的自身特点,结合自己的思想实际,采取正确的灵活多样的学习方法和途径。

1. 把握重要性，领会政策性和追求合理性

把握重要性，是指在当年的形势与政策范围内，对国际国内发生事件的重点把握。国内外发生的重大事件大多纷乱而冗长，大学生要想在短时间内取得好的学习效果，不可能也没必要全面出击，而是应该把握重点。实际上，每年国内的形势与政策都有一条主线，就是党的方针政策；而国际上的形势与政策需要注意一些与中国有关的重大国际问题。领会政策性，是指形势与政策的重点内容和范围主要是党和国家的方针政策。追求合理性，是指如何运用所学知识将这些重大的政策性问题进行梳理、分解并能够举一反三，拿过来分析、理解和解决现实中的问题。

2. 自觉学习马克思主义基本理论和党的最新理论

马克思主义是科学的世界观和方法论，是指导中国革命胜利的重要思想武器，也是我们立党立国的根本指导思想，从毛泽东思想、邓小平理论、"三个代表"重要思想、科学发展观到习近平新时代中国特色社会主义思想，都是马克思主义的基本原理与中国实际相结合的产物。因此要深刻了解党和国家的方针政策，大学生必须认真学习马克思主义的基本理论和党的最新理论，自觉地运用马克思主义的立场、观点、方法，分析、理解和解决现实中的问题。同时，学习形势与政策课程，认清形势、理解政策需要多种知识的综合运用，需要对大量的信息进行分析处理。因此，还必须努力学好各种科学文化知识，拓宽知识面，打好基础，把对形势与政策的学习，建立在广博深厚的科学知识基础上；必须随时关心时事政治，注意收集和掌握大量、准确的事实材料，把对形势与政策的学习建立在丰富翔实的客观材料基础之上。

3. 参加社会实践，坚持理论联系实际

大学生在学习形势与政策课程的过程中，往往会产生对形势与政策问题的某些彷徨和疑惑，这是可以理解的，解决这些彷徨和疑惑的最好方法，就是积极参加社会实践，进行必要的社会调查。在社会实践和社会调查中了解国情，体察民意，认识社会，反省自身。此外，学习形势与政策课程，还要坚持理论联系实际，只有坚持马克思主义理论和党的先进理论的指导，才能正确认清形势的本质、规律和发展的必然趋势；只有坚持从实际出发，才能正确理解党和政府的各项方针政策。

4. 积极参加多种形式的课外学习

形势与政策这门课程的特点，决定了师生在教、学过程中不宜采取完全单一的课堂讲授形式，而应当在课堂系统学习的基础上，辅之以各种课外学习活动，就课内外的学习内容，做读书笔记、写学习心得体会等。这样，就能不断提高正确分析形势和深刻理解政策的能力，使这门课程的学习取得事半功倍的效果。

三、大学生学习形势与政策课程的重要意义

形势是制定政策的依据,政策会影响形势的发展,形势与政策教育紧跟社会现实和大学生思想实际,既对当前形势与政策以及重大事件进行理论阐述,又针对大学生的思想实际问题进行指导。了解和掌握形势与政策对大学生的发展具有重要意义,它可以帮助大学生正确分析认识党和国家面临的政治、经济形势以及现实社会、经济中存在的问题,增强大学生辨别是非的能力,引导大学生正确认识社会热点和难点问题,巩固马克思主义在意识形态领域中的指导地位。社会历史的大发展决定了个人发展的最大环境最高上限,制约着个人的可选择度,决定着大学生成功的概率,影响很具体,也很深远。作为一名大学生,深刻、全面地了解国内外形势是非常必要的。一是部分大学生对国内外形势知之甚少;二是大学生可以根据形势与政策的变化及时调整自己,以适应社会变化对人才的需求。因此,大学生学会正确认识和把握形势与政策,对自身具有重大意义。

(一)有助于大学生明确自身历史使命

和平与发展是当今时代的主题,世界多极化进程不可逆转,经济全球化趋势日益增强,高科技领域竞争日趋激烈……形势与政策课程是一个很好的学习窗口,它不仅可以帮助大学生了解国内外大事,认识和把握当前形势,还可以坚定大学生走中国特色社会主义路线的理想信念,从而激发大学生的爱国主义精神,使大学生能够在形势与政策的学习中树立正确的思想,形成正确的形势观和政策观。让大学生认清当今时代的特征是形势与政策教育的基础内容,只有掌握时代特征,才能树立正确的人生目标。如果不了解国内外政治、经济、意识形态的历史、现状和发展趋势,就无法了解时代需要什么,国家需要什么,人民需要什么。只有懂得制定和实施政策的基础知识,了解党和国家现行的路线、方针、政策以及它们的生命力,才能更为深刻地理解和切实地担当起时代责任。未来属于青年一代,当代大学生承担着全面建成小康社会,不断推进中国特色社会主义事业,实现国家富强、民族振兴、人民富裕和幸福等重要的历史使命。形势与政策教育有助于大学生认清当前国际、国内形势,使大学生明确自身历史使命,立志成才,不辜负时代的重托。

(二)有助于培养大学生解决实际问题的能力

形势与政策课程的本质任务是教育大学生学会掌握和运用科学的方法,学会运用矛盾的观点、联系的观点、发展的观点和全面的观点来观察形势、分析问题,透过纷繁复杂的表象看其内在本质;教育大学生全面、准确地了解党在制定路线、方针、政策时所依据的马克思主义基本

原理和方法论原则,从而提高其理解政策的水平和政治觉悟,使其自觉地和党中央在政治上保持一致。实现这样的教学目标,不是靠简单的说教,而是着眼于提高大学生的辩证思维能力,使其能够正确区分什么是主流,什么是支流,哪些是现象,哪些是本质,从而可以有效地帮助大学生正确地看待历史与现实、全局与局部的关系,努力学会从规律性上认识和把握形势。形势与政策教育,可以有效地提高大学生自身的理论水平、辨别分析能力,使其进一步树立科学的世界观,把握正确的政治方向,使大学生学会用正确的方法,站在正确的立场去分析问题,理解社会主义事业的曲折性,理解党的各项方针政策制定的依据,自觉地贯彻党的方针和路线,为社会主义事业竭尽全力。形势与政策课程是促进大学生由理论学习转变到实际应用的重要途径。大学生可以通过形势与政策教育,把课堂知识与社会形势、政策发展结合起来,达到真正的融会贯通,提升自身的学识乃至综合素质。

(三)有利于提高大学生思想政治素质

随着我国政治、经济的长足发展,以权谋私、贪污腐化等社会现象也时有发生。如何看待这些社会现象呢?不能正确看待这些问题的人,思想容易产生动荡,对政策持怀疑态度,个别人甚至有抵触情绪。形势作为事物存在和发展的情况与态势,是客观的,但是看待形势的立场和观点不同,即具有不同的形势观的人对形势的看法,必然会得出不同的结论。通过横向、纵向地对比国内外形势后能够得出这样的结论:不存在社会矛盾的国家是没有的,任何政策都有利有弊,都有人支持,有人反对……形势与政策教育可以使大学生开阔政治视野和政治胸怀,确立正确的政治立场、成熟的政治思维,正确了解国际、国内大事,把握形势发展趋势,进而对纷繁复杂的新情况、新问题进行科学分析,深刻、正确地观察形势,理解政策,避免在复杂的政治环境下迷失方向,从而提高理解政策的水平和政治觉悟。形势与政策教育坚持以马克思列宁主义、毛泽东思想、邓小平理论、"三个代表"重要思想、科学发展观、习近平新时代中国特色社会主义思想为指导,紧密结合全面建成小康社会的目标,针对大学生关注的热点问题和思想特点,帮助大学生认清国内外形势,教育和引导大学生全面、准确地理解党的路线、方针和政策,坚定在中国共产党领导下走中国特色社会主义道路的信心和决心,积极投身于改革开放和现代化建设伟大事业中。

形势与政策课程在思想政治教育中的作用是不可替代的,是对大学生进行形势与政策教育的主要渠道和主要阵地,是每位大学生必修的一门课程。当今国内外形势风云变幻,进入21世纪的中国正面临难得的机遇和巨大的挑战。在大学生中广泛开展形势与政策教育,能够提高大学生认识问题、分析问题和判断是非的能力,对当代大学生如何在纷繁复杂的国内外形势下,正视我国面临的机遇与挑战,坚定信念,振奋精神,努力学习,报效祖国,具有重大的现实价值与深远的历史意义。大学生进行形势与政策学习也是提高思想认识水平、开阔视野、增强责任感和大局意识的重要手段。

第一章
Chapter 1

中国特色社会主义进入新时代

要点提示

- 党的十九大的鲜明主题
- 我国发展新的历史方位和社会主要矛盾的变化
- 党的十八大以来的历史性成就和历史性变革

开篇阅读

党的十九大的鲜明主题是中国特色社会主义进入新时代。我国发展新的历史方位和社会主要矛盾的变化。党的十八大以来的历史性成就和历史性变革。中国特色社会主义进入新时代可以说是当代中国政治生活中的一个主题词、关键词、核心词。从党员干部到老百姓,到理论界、学术界,都特别关注,这是当前我们坚持和发展中国特色社会主义的一个重大理论与实践前沿问题。

第一节 党的十九大的鲜明主题

金秋时节,丹桂飘香。2017年10月,在人民大会堂,万众瞩目的中国共产党第十九次全国代表大会隆重召开。习近平总书记在会上做了题为《决胜全面建成小康社会 夺取新时代中国特色社会主义伟大胜利》的报告,2 300多名代表济济一堂,共谋党和国家发展大业,同绘民族复兴壮丽画卷。这次被称为"站在世界地图前"召开的大会,吸引了全球目光,160多个国家和地区的450多个主要政党发来1 000多份贺电函,130多个国家和地区的1 800多名境外记者进行了报道,世界进入"十九大时间"。

在中国特色社会主义进入新时代的关键时期,党的十九大站在历史和全局的高度,顺应浩浩荡荡的时代潮流,承载亿万人民的光荣梦想,擘画了决胜全面建成小康社会、夺取新时代中国特色社会主义伟大胜利的宏伟蓝图,指明了"中华号"航船驶向伟大复兴胜利彼岸的前进方向。

一、关键时期 历史盛会

历史的航道上,总有一些重要的节点,犹如高高耸立的灯塔,指引着历史前行的方向。党的十九大是在全面建成小康社会决胜阶段、中国特色社会主义进入新时代的关键时期召开的一次十分重要的大会,是在新的历史起点上开启党和国家事业新征程的一次历史性盛会。

在通往远大目标的漫漫征途中,紧要处往往只有关键几步。经过中华人民共和国成立以来的艰苦探索特别是改革开放以来的快速发展,中国特色社会主义取得了巨大成就,实现了中华民族从站起来、富起来到强起来的伟大飞跃,迎来了中华民族伟大复兴的光明前景。回首来时路,苦难辉煌、砥砺前行;展望新征程,路险且艰、任重道远。行进的中国正站在一个新的关键节点上。

发展质量的提升期。经过长期努力,我国经济发展取得了令世界震撼的伟大成就,创造了持续高速增长的奇迹,经济体量已历史性地稳居世界第二。但也要清醒地认识到,我国仍处于并将长期处于社会主义初级阶段,仍是世界上最大的发展中国家。同时,我国经济在长期高速增长中依靠高投入、高消耗,产生了一系列问题,伴生出很大的风险和挑战。我们要利用好大有作为的历史机遇期发展自己,化解面临的问题和挑战,靠"铺摊子"的老路既行不通又走不远。无论是抓住机遇,还是应对挑战,都要用更高质量的发展来实现。当前,我国正处于从"量的积累"到"质的飞跃"的关键时期,从"有没有"向"好不好"飞跃的关口,绿色科技、人工智能、生态保护等新蓝图亟待开拓,城乡、区域、收入"三大差距"亟待缩小,质量、效率、动力"三大变革"亟待实现。只有完成从数量型到质量型、从规模化到集约化、从外延式到内涵式的提升,才能实现从"体量优势"到"质量优势"的华丽转身,使发展快车驶入良性轨道。

全面改革的攻坚期。惟改革者进,惟创新者强。党的十八大以来,面对改革进入深水区、攻坚期的现状,面对一个又一个"硬骨头",改革全面发力,多点突破,纵深推进,夯基垒台立柱架梁,共推出了1 500多项改革举措,重要领域和关键环节取得突破性进展,主要领域改革主体框架基本确立。接下来,关键是要以钉钉子的精神抓落实,确保各项改革举措落地生根。随着改革的深入推进,思想障碍和利益藩篱越来越难以突破,改革的难度越来越大,能不能啃下改革的"硬骨头",决定着改革的成败、事业的兴衰。

战略目标的交汇期。今天,既是过去的凝结,也是未来的开端。从党的十九大到二十大这5年,是"两个一百年"奋斗目标的历史交汇期,我们将从第一个百年目标迈向第二个百年目标。2020年我们将全面建成小康社会,实现中国人民梦寐以求的第一个百年凤愿,同时开启全面建设社会主义现代化国家新征程,朝着更为伟大的第二个百年目标前进。能不能打赢历史交汇期的决胜战,实现完美收官、精彩开局,决定着我们的战略目标能否顺利达成。

大国外交的机遇期。100多年前,梁启超曾用"三个中国"来描述中国大历史:中国之中国、亚洲之中国、世界之中国。今日之中国,已经日益走近世界舞台的中央。放眼世界,全球治理体系变革加速推进,新兴力量快速崛起,国际格局不断演变和重构。沧海横流,方显英雄本色。能不能抓住机遇,顺势而为,更多推动国际秩序朝着有利于我的方向发展,决定着我国能不能成为具有全球影响力的大国。

知识问答

问:外国政要如何评价中共十九大?

答:外国政要的评价是:

俄罗斯总统普京:习近平的报告及围绕报告进行的讨论,都说明中国致力于面向未来的发展。中国无疑是世界经济的驱动器。

法国前总理拉法兰:中共十九大将对世界产生深远影响。

印度共产党总书记雷迪:国际社会对中共十九大积极评价,相信此次大会制定的政策将有利于维护世界和平、安全,促进共同发展。

波兰前总统克瓦希涅夫斯基:中共十九大不仅关乎中国的未来,也关乎中国与世界的关系,因此成为全世界关注的焦点。

希腊社会党国际主席、希腊前总理帕潘德里欧:中共十九大释放出团结奋进的强烈信号,彰显了追求和平、实现可持续发展、构建和谐世界的坚强决心,对中国乃至全世界都具有重要意义。

二、主题重大 意义深远

主题是方向,是灵魂,决定着党的前进方向和前途命运。从历史上看,我们党历次全国代表大会都提出并确立一个主题,作为大会最鲜明的指向。

进入新时代,我们党要举什么旗、走什么路、以什么样的精神状态、担负什么样的历史使命、实现什么样的奋斗目标,备受国内外关注。习近平总书记在党的十九大报告中向世人郑重宣示:不忘初心,牢记使命,高举中国特色社会主义伟大旗帜,决胜全面建成小康社会,夺取新时代中国特色社会主义伟大胜利,为实现中华民族伟大复兴的中国梦不懈奋斗。

这宣示了我们党始终秉持的初心使命。不忘初心,牢记使命,是激励中国共产党人不断前进的根本动力。无论走到哪里,无论走得多么辉煌,都不能忘记我们为什么出发。中国共产党人的初心和使命,就是为中国人民谋幸福,为中华民族谋复兴。自1921年以来,无论是打土豪分田地,推翻封建地主阶级的统治,还是打败日本侵略者,推翻国民党的统治,无论是热火朝天搞建设,还是披荆斩棘促改革,我们党都是为了实现国家富强、民族振兴、人民幸福而奋战。初心和使命是最初的梦想、始终的执着、永恒的追求,必将永远鼓舞中国共产党人奋勇向前。

这宣示了我们党始终高举的伟大旗帜。中国特色社会主义不是从天上掉下来的,而是从改革开放40年的伟大实践中得来的,是从中华人民共和国成立近70年的持续探索中得来的,是从我们党领导人民进行伟大社会革命近百年的实践中得来的,是从近代以来中华民族由衰到盛170多年的历史进程中得来的,是从中华文明5 000多年的传承发展中得来的,是党和人民历尽千辛万苦、付出各种代价取得的宝贵成果。得到这个成果极不容易。党要在新的历史方位上实现新时代党的历史使命,最根本的就是要高举中国特色社会主义伟大旗帜。

这宣示了我们党始终追求的奋斗目标。全面建成小康社会,是2020年必须完成的奋斗目标,现在离这个目标只剩下3年时间,冲锋号已经吹响,必须一鼓作气、决战决胜,圆满完成第一个百年奋斗目标;夺取新时代中国特色社会主义伟大胜利,为实现中华民族伟大复兴的中国梦不懈奋斗,发出向第二个百年奋斗目标进军的动员令,号召全体人民以永不懈怠的精神状态和一往无前的奋斗姿态为基本实现社会主义现代化,进而全面建成社会主义现代化强国而努力奋斗。前承几代人的求索,后启无数人的梦想,我们对未来无限憧憬。当伟大梦想照进现实,我们一定能自豪地告慰前辈:这盛世,如您所愿!

三、成果丰硕 亮点纷呈

7天五大议程;主席团会、全体大会、分组讨论会;6场记者招待会、8场集体采访、34个代表团开放日、"党代表通道"……党的十九大丰富充实的会议内容、紧张有序的会议安排、热烈充分的讨论酝酿、透明开放的自信姿态,亮点迭出、精彩纷呈,硕果累累、影响深远。

问:党的十九大如何通过"党代表通道"展现自信开放形象?

答:"党代表通道"展现自信开放形象是为了给记者提供更多近距离接触代表、采访代表的机会,党的十九大新闻中心首次安排了"党代表通道"采访活动。在不足百米的通道上,60名党代表先后站在媒体的"长枪短炮"前,就各种热点问题,与记者面对面交流。

大会产生了一个新的领导集体。邓小平同志曾深刻指出,"办好中国的事情,关键在党","关键在于共产党要有一个好的政治局,特别是好的政治局常委会"。党的十九大和十九届一中全会,选举产生了以习近平同志为核心的新一届中央领导集体,再次明确了习近平总书记在党中央、在全党的核心地位,一批经验丰富、德才兼备、奋发有为的同志进入中央领导机构,充分显示出中国特色社会主义事业蓬勃兴旺、充满活力,为在新的历史起点上推进党和国家事业发展提供了根本政治保证。雷鸣般的掌声,在人民大会堂久久回荡! 这是对新一届中央领导集体的热烈祝贺与高度拥护,也饱含着坚定信心和无限期望。

大会确立了一个新的指导思想。新时代需要新思想的指引,新征程需要新理论的领航。党的十九大概括提出了习近平新时代中国特色社会主义思想,并将其写入党章,确立为我们党的行动指南,实现了党的指导思想又一次与时俱进。这是党的十九大的灵魂,是当代中国马克思主义、21世纪马克思主义,在马克思主义中国化进程中具有里程碑意义。

大会提出了新的政治判断和战略安排。要想明确中国特色社会主义航船向何处去,首先应该明确所处的时代坐标,这是我们做好一切工作的前提和基础。党的十九大在准确把握我国发展新特点新要求的基础上,对历史方位和阶段性特征做出了重大政治判断,对未来30多年我国社会主义现代化建设做出战略安排。比如,中国特色社会主义进入新时代,我国社会主要矛盾已经转化为人民日益增长的美好生活需要和不平衡不充分的发展之间的矛盾;决胜全面建成小康社会,分两个阶段全面建成社会主义现代化强国;等等。正是基于这样的重大政治判断和战略安排,党和国家事业有了新的出发点和路线图。

大会做出了一系列新的重大部署。宏伟目标已经确立,具体路径也已指明。党的十九大就新时代坚持和发展中国特色社会主义的一系列重大理论和实践问题阐明了大政方针,就推进党和国家各方面工作做出了战略部署,提出了建设现代化经济体系、健全人民当家作主制度体系、推动社会主义文化繁荣兴盛、提高保障和改善民生水平、建设美丽中国、全面推进国防和军队现代化、坚持"一国两制"和推进祖国统一、推动构建人类命运共同体、不断提高党的执政能力和领导水平等重大战略举措。按照这些部署,各地各部门、各条战线都有了明确的实践指向。

2018年1月18日至19日,党的十九届二中全会在北京举行,审议通过了《中共中央关于修改宪法部分内容的建议》。这次宪法修改建议提出,把党和人民在实践中取得的重大理论创新、实践创新、制度创新成果上升为宪法规定,把党的十九大确定的重大理论观点和重大方针政策特别是习近平新时代中国特色社会主义思想载入国家根本法,充分体现了党和国家事业发展的新成就新经验新要求,充分反映了人民的共同意志和愿望,为新时代坚持和发展中国特色社会主义、实现"两个一百年"奋斗目标和中华民族伟大复兴的中国梦提供有力宪法保障。

知识问答

问：人民用什么样的语言赞扬了党的十九大？

答：

1. 党的十九大发出决胜全面小康的动员令，画出现代化强国的路线图，点亮民族复兴的航标灯。

2. 不忘初心，人民幸福始终挂心上；牢记使命，民族复兴永远是追求。

3. 拥抱新时代，展现新气象；踏上新征程，实现新目标。

4. 条条喜讯盛会来，声声笑语八方传；中国梦想新世纪，锦绣中华看今朝。

四、两个革命　一以贯之

2017年10月25日，习近平总书记在新当选的党的十九届中央政治局常委同中外记者见面时铿锵有力地指出："实践充分证明，中国共产党能够带领人民进行伟大的社会革命，也能够进行伟大的自我革命。"时隔两个多月，2018年1月5日，习近平总书记在学习贯彻党的十九大精神研讨班开班式上的重要讲话中再次对推进社会革命和自我革命进行了深刻阐述，强调坚持和发展中国特色社会主义要一以贯之，推进党的建设新的伟大工程要一以贯之，增强忧患意识、防范风险挑战要一以贯之。这既是对我们党97年奋斗历程的深刻总结，也为我们踏上全面从严治党、全面建设社会主义现代化国家新征程指明了方向和路径。

实行社会革命，是中国共产党的根本政治目的。97年来，中国共产党人不忘初心、接续奋斗，通过革命、建设和改革不断推进社会革命，创造了一个又一个彪炳史册的人间奇迹。新时代中国特色社会主义是我们党领导人民进行伟大社会革命的成果，也是我们党领导人民进行伟大社会革命的继续，必须一以贯之进行下去。历史和现实都告诉我们，一场社会革命要取得最终胜利，往往需要一个漫长的历史过程。必须矢志不渝坚持和发展中国特色社会主义，奋力夺取新时代社会革命的伟大胜利，努力使中国特色社会主义展现更加强大、更有说服力的真理力量。

勇于自我革命，从严管党治党，是我们党最鲜明的品格。作为一个拥有97年历史的大党，我们党之所以伟大，不是因为不犯错误，而是因为能够依靠自身的力量，同人民群众紧密结合在一起，不断自我革命，勘误纠错，从而始终保持蓬勃朝气，从胜利走向胜利。进入新时代，我们党必须以党的自我革命来推动党领导人民进行的伟大社会革命，把党建设得更加坚强有力，这既是我们党领导人民进行伟大社会革命的客观要求，也是我们党作为马克思主义政党建设和发展的内在需要。必须发挥彻底的自我革命精神，切实做到"五个过硬"，使党在革命性锻造中焕发出新的强大生机活力。

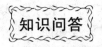

问:"五个过硬"的由来和内容是什么?

答:2018年1月5日,习近平总书记在学习贯彻党的十九大精神研讨班开班式上发表的重要讲话中,对中央委员会成员和省部级主要领导干部提出了"五个过硬"的要求。

1. 信念过硬,就是带头做共产主义远大理想和中国特色社会主义共同理想的坚定信仰者和忠实实践者。

2. 政治过硬,就是牢固树立"四个意识",在思想政治上讲政治立场、政治方向、政治原则、政治道路,在行动实践上讲维护党中央权威、执行党的政治路线、严格遵守党的政治纪律和政治规矩。

3. 责任过硬,就是树立正确政绩观,发扬求真务实、真抓实干的作风,以钉钉子精神担当尽责,真正做到对历史和人民负责。

4. 能力过硬,就是不断掌握新知识、熟悉新领域、开拓新视野,全面提高领导能力和执政水平。

5. 作风过硬,就是把人民群众放在心中,广泛开展调查研究,在全心全意为人民服务中提升政治站位、提高工作能力,在真心实意向人民学习中拓展工作视野、丰富工作经验、提高理论联系实际的水平,在倾听人民呼声、虚心接受人民监督中自觉进行自我反省、自我批评、自我教育,在服务人民中不断完善自己,持之以恒克服形式主义、官僚主义,久久为功祛除享乐主义和奢靡之风。

社会革命和自我革命是紧密联系、有机统一的。党的十八大以来的5年,我们党协同推进社会革命和自我革命,一方面,坚持全面深化改革,攻克体制机制的顽瘴痼疾,破解发展中面临的难题,使社会发展活力充分迸发,赢得人民群众的广泛认可和由衷点赞;另一方面,我们党坚定不移推进全面从严治党,坚决整治和解决人民群众反映最强烈、对党长期执政威胁最大的问题,推动党的建设开创新局面。可以说,党的十八大以来取得的历史性成就、发生的历史性变革,是我们党协同推进社会革命和自我革命的结果。

昨天的成功并不代表着今后能够永远成功,过去的辉煌并不意味着未来可以永远辉煌。中国共产党人是革命者,不能丧失革命精神。要实现党和国家兴旺发达、长治久安,全党同志必须保持过去革命战争时期的那么一股劲、那么一股革命热情、那么一种拼命精神,决不能因为胜利而骄傲,决不能因为成就而懈怠,决不能因为困难而退缩,勇于把伟大的社会革命和自我革命继续推进下去,向人民交上一份新的更加优异的答卷。

五、学懂弄通 落地做实

初冬寒意渐浓,神州热潮涌动。2017年11月,党的十九大刚刚闭幕,中央宣讲团就马不停蹄奔赴全国各地。在"中央级"宣讲的带动下,各地各部门结合各自实际,开展了形式多样的宣讲活动,推动党的十九大精神进基层进群众。在厂矿车间,在田间地头,在街道社区,在机关,在军营,在学校,各个层次、多种喜闻乐见的宣讲报告、互动交流活动,既严谨又生动,全党全国上下学习宣传贯彻党的十九大精神的高潮迅速兴起。

学习好、宣传好、贯彻好党的十九大精神,是全党全国当前和今后一个时期的首要政治任务。要按照习近平总书记提出的要求,在全党来一个大学习,在学懂弄通做实上下功夫,切实提高政治站位、树立历史眼光、强化理论思维、增强大局观念、丰富知识素养、坚持问题导向,不断把学习宣传贯彻党的十九大精神引向深入。

学懂是前提。党的十九大提出了许多重大思想、重大判断、重大战略和重大任务,最重要的就是精读党的十九大报告和党章原文,准确领会把握党的十九大精神的思想精髓和核心要义。党的十九大精神都是新内容,不是看一两遍、记住一些概念就可以的,需要多思多想,注重采取理论和实践、历史和现实、当前和未来相结合的方法,领会准、领会深、领会透。

弄通是关键。"凡事思所以然,天下第一学问。"学懂只是第一步,还要进一步融会贯通。学习掌握党的十九大精神,要联系地而不是孤立地、系统地而不是零散地、整体地而不是局部地来理解;要同学习马克思主义基本原理贯通起来,同把握党的十八大以来进行伟大斗争、建设伟大工程、推进伟大事业、实现伟大梦想的实践贯通起来,同把握党的十九大做出的战略安排和各项战略部署贯通起来。只有既见树木又见森林,才能从整体上参透悟透党的十九大精神。

做实是根本。一分部署,九分落实。社会主义是干出来的,千秋伟业必将在实干中铸就。党的十九大确定的目标任务有近期的,有中期的,也有长期的,要分清轻重缓急,有计划有秩序地加以推进。要立足自身现状、紧密结合实际,把党中央提出的战略部署转化为本地区本部门的工作任务,拿出实实在在的举措,排出任务书、时间表、路线图,以钉钉子精神全面抓好落实,按照每一个时间节点往前推进,把党的十九大确定的目标任务和战略部署落到实处。

历史长河奔流不息,在重要节点发生的事件,将影响历史发展的方向。站在历史与未来、中国与世界交汇点上,彪炳史册的党的十九大,必将为中华民族伟大复兴谱写浓墨重彩的华美篇章,必将为世界和平发展与人类进步事业做出不可磨灭的贡献。

第二节 我国发展新的历史方位和社会主要矛盾的变化

"复兴号"来了!2017年6月26日11时5分,时速高达350公里的"复兴号"动车组在京沪高铁线双向首发。"复兴号"犹如银色长龙在中华大地上疾驰穿梭,跑出了列车速度新纪录,让全世界为之惊叹。"纯中国血统"的"复兴号"承载着亿万人民追求美好生活的无限希望,承载着中华民族复兴的伟大梦想,唱响了辉煌中国的时代旋律,驶入了一个崭新时代——中国特色社会主义新时代。

复兴征途路漫漫,如今铿锵再启程。党的十九大顺应时代前进潮流,准确把握发展大势,做出中国特色社会主义进入了新时代的重大政治判断。这一重大政治判断,精辟概括了当代中国发展变革的阶段性特征,科学把握了我国发展新的历史方位,准确标定了中国特色社会主义航船前行的时代坐标。

一、中国特色社会主义进入了新时代

"厉害了,新时代""进入新时代,中国强起来""唱响新时代,生活更精彩""新时代,加油"……人们纷纷在"朋友圈"为新时代点赞,寄托对美好新时代的祝福和期待。

古人云:"辨方位而正则。"中国特色社会主义进入了新时代,是我国发展新的历史方位。这一重大政治判断,不是凭空做出的,而是有着充分的历史、时代、理论和实践的依据。概括说来,这一判断基于我国发展进入新阶段、中国共产党领导人民长期奋斗取得的伟大成就,基于社会主要矛盾发生新变化,基于党的奋斗目标有了新要求,基于我国面临新的国际环境。可以说,这一判断符合实际、顺应潮流,是发展进步、矛盾运动、历史变革的必然结果,也是谋划未来发展、开拓光明前景的战略起点。党的十九大用"三个意味着",从历史和现实、理论和实践、中国和世界相结合的维度,深刻阐明了这一判断深远的历史意义、政治意义和世界意义。

对中华民族来说,这是迎来实现伟大复兴光明前景的新时代。近代以来,西方列强的坚船利炮打开了中国的大门,中国人民遭受了战乱频仍、山河破碎、民不聊生的深重苦难,中华民族陷入了深深的黑暗之中。为了改变悲惨命运,中国共产党带领人民浴血奋战、艰辛探索、开拓创新,取得了革命、建设和改革的一个个胜利,使久经磨难的中华民族迎来了从站起来、富起来到强起来的伟大飞跃。身处新时代,中华民族从未像今天这样扬眉吐气、傲立东方,中国人民从未像今天这样自信满满、豪情万丈。

知识问答

问:中国特色社会主义进入新时代"三个意味着"有什么重大意义?

答:中国特色社会主义进入新时代在中华人民共和国发展史上、中华民族发展史上具有重大意义,在世界社会主义发展史上、人类社会发展史上也具有重大意义。

1. 意味着近代以来久经磨难的中华民族迎来了从站起来、富起来到强起来的伟大飞跃,迎来了实现中华民族伟大复兴的光明前景。

2. 意味着科学社会主义在21世纪的中国焕发出强大生机活力,在世界上高高举起了中国特色社会主义伟大旗帜。

3. 意味着中国特色社会主义道路、理论、制度、文化不断发展,拓展了发展中国家走向现代化的途径,给世界上那些既希望加快发展又希望保持自身独立性的国家和民族提供了全新选择,为解决人类问题贡献了中国智慧和中国方案。

17

对科学社会主义来说,这是在世界上高高举起中国特色社会主义伟大旗帜的新时代。500年前,世界社会主义的大幕徐徐拉开,从空想到科学、从理论到实践、从一国到多国,在人类文明进步的舞台上演绎了一幕幕社会主义兴衰成败的壮阔史诗。20世纪90年代初,世界社会主义运动陷入低谷,一些人对社会主义的前途产生悲观情绪,质疑"中国的红旗到底还能打多久"。20多年过去了,中国特色社会主义不仅大旗未倒,反而焕发出强大生机活力,奏响了科学社会主义在曲折中奋起的壮丽凯歌。

知识问答

问:新时代带来了什么新气象?

答:

1. 走进新时代,书写新篇章,中国新气派,人民新期待,生活新精彩。
2. 历史的长河翻滚着昨日辉煌的浪涛;时代的琴弦,弹奏出今朝奋进的旋律。
3. 新时代,为民族复兴接好棒,为社会主义续新篇,为世界文明添光彩。
4. 崭新的时代属于你,属于我,属于有梦想有担当有干劲的这一代。
5. 新时代继往开来、守正出新,变的是方位,不变的是使命;变的是矛盾,不变的是发展。

对整个世界来说,这是中国为解决人类问题贡献智慧和方案的新时代。现代化,是人类社会文明进步的重要标志,是世界各国特别是发展中国家孜孜以求的目标。一段时间以来,西方国家曾宣称,欧美模式是走向现代化的唯一途径,除此之外别无他途。然而欧美模式并没有带来现代化的福音,反而使一些国家尝尽了照搬西方模式的苦果。相比之下,中国特色社会主义道路越走越宽广,道路自信、理论自信、制度自信、文化自信"四个自信"不断彰显,开创了一条迥异于西方的走向现代化之路。事实证明,走向现代化的路径不是唯一的,中国道路为世界上那些既希望加快发展又希望保持自身独立性的国家和民族提供了全新选择。

二、新时代的丰富内涵

2017年10月中旬,一部名为《中国:习近平时代》的电视纪录片,在海外许多国家火了。这部由英国子午线制作公司制作、美国探索频道出品的纪录片,通过《中国:习近平时代》讲述一个个生动真实的故事,反映了5年来中国各方面发生的巨大变化。该片一经播出,在海外引起广泛热议,激起了无数外国人对中国新时代的探究热情。

中国特色社会主义进入新时代,不仅中国人关心,全世界也都在讨论。那么,新时代到底"新"在哪里?

续写新篇章。中国特色社会主义是一篇大文章,需要中国共产党人带领人民不断接续谱写。中国特色社会主义是党和人民97年来奋斗、创造、积累的根本成就。特别是改革开放以来,我们党带领人民走中国特色社会主义道路,使中国以前所未有的速度发展起来,大踏步赶上世界潮流,社会主义在中国展现出强大生命力。现在,中国特色社会主义已经站在了承前启后、继往开来的新起点上。在新的历史条件下,夺取中国特色社会主义伟大胜利,谱写新的伟大篇章,已经成为这一代中国共产党人义不容辞的历史责任。

战略新安排。建设现代化强国,是近代以来中国人民矢志不渝的不懈追求。从世界发展史看,实现现代化的国家和地区,大多都经历了300年左右的时间,而我国要用100年的时间走完发达国家几百年走过的现代化路程,其变化之快、规模之广、难度之大超乎寻常。党的十九大在深刻把握现实条件和未来趋势的基础上,做出了从决胜全面建成小康社会到基本实现现代化、再到全面建成社会主义现代化强国的新的战略安排。这是新时代中国特色社会主义的奋进节律,也是开创全面建设社会主义现代化国家新局面的动员令。

生活新向往。人民对美好生活的向往,始终是我们党的奋斗目标。我们党领导人民干革命、搞建设、抓改革,就是为了让人民过上好日子。经过长期努力,中国人民的生活芝麻开花节节高,一年更比一年好。同时,随着人民群众需求层次的不断升级,好日子又有了新向往。党的十九大适应人民群众对美好生活的多元化需求,提出了一系列惠民利民的重大举措,更加注重增进民生福祉,更加关注社会公平正义,不断增强人民群众的获得感、幸福感和安全感。

梦想新征程。实现中华民族伟大复兴,是鸦片战争以来中华儿女最伟大的梦想,需要一代又一代中国人走好长征路,前赴后继、接力前行去奋斗。经过长期以来特别是党的十八大以来的历史性变革,今天我们比历史上任何一个时期都更接近、更有信心和能力实现这个梦想。在新时代的长征路上,曙光可见、胜利在望,但前方的路也布满荆棘、沟深壑险,需要全体中华儿女团结一心、砥砺前行,形成齐心共筑中国梦的磅礴伟力。

国际新地位。随着我国综合国力不断提高,中国的国际地位显著提升,世界影响力不断扩大,同世界的关系进入新阶段,成为推动世界和平发展的参与者、建设者和引领者。在中国特色社会主义新时代,中国将顺应国际影响力不断扩大的趋势,不断开创新时代大国外交新格局,积极发出中国声音,承担更多国际责任,为推动构建人类命运共同体,为世界和平发展、人类繁荣进步做出新的更大贡献。

三、社会主要矛盾发生历史性变化

唯物辩证法告诉我们,任何一个社会都充满各种矛盾,其中起主导和支配作用的是主要矛盾,它对社会发展起决定性作用。只有准确把握社会的主要矛盾,才能找到破解难题、增强动力、拓展空间的金钥匙。

抓住了主要矛盾,其他问题就可以迎刃而解。我们党在每个发展时期,都会根据当时的历史条件准确判断社会主要矛盾,作为制定路线方针政策的根本依据。比如,土地革命战争时期,主要是代表中国人民利益的中国共产党和代表大地主大资产阶级的国民党反动派之间的矛盾;抗日战争时期,主要是中华民族同日本帝国主义之间的矛盾;解放战争时期,主要是中国人民同美帝国主义支持的国民党反动派之间的矛盾。正是抓住了各个时期的社会主要矛盾,我们党才制定了正确的革命路线，带领人民推翻了"三座大山"，取得了新民主主义革命的胜利。

1956年，社会主义改造任务基本完成，我国进入全面建设社会主义时期，党的八大做出国内的主要矛盾已经是人民对于建立先进的工业国的要求同落后的农业国的现实之间的矛盾，已经是人民对于经济文化迅速发展的需要同当前经济文化不能满足人民需要的状况之间的矛盾的重大判断。1981年，党的十一届六中全会做了进一步提炼，指出我国社会的主要矛盾是人民日益增长的物质文化需要同落后的社会生产之间的矛盾。正是基于这样的重大判断，我们党才沿着正确的轨道前进，开创了今天欣欣向荣、蒸蒸日上的良好局面。

知识问答

问：为什么发展不平衡不充分问题成为我国社会主要矛盾的主要方面？

答：党的十九大报告指出，影响满足人民对美好生活需要的因素有很多，但主要是发展不平衡不充分问题。发展不平衡，主要指各区域各方面发展不够平衡，制约了全国发展水平提升。发展不充分，主要指一些地方、一些领域、一些方面还有发展不足的问题，发展的任务仍然很重。现阶段，我国存在的发展不平衡不充分问题相互掣肘，带来很多社会矛盾和问题，是现阶段各种社会矛盾的主要根源，已经成为社会主要矛盾的主要方面，必须下功夫去认识它、解决它。

因时制宜，顺势而为。今天，中国特色社会主义进入了新时代，我国社会生产和社会需求发生了新变化。据此，党的十九大做出了我国社会主要矛盾已经发生变化的重大判断，强调人民日益增长的美好生活需要和不平衡不充分的发展之间的矛盾是我国社会主要矛盾。为什么会做出这个判断呢？这是由我国现阶段的客观实际决定的。具体来说，可以从两个方面来理解。

先看社会需求方面。今天，我国稳定解决了十几亿人的温饱问题，总体上实现了小康，不久将全面建成小康社会，人民美好生活需要日益广泛，不仅要生活富裕还要有更高质量，有更多的获得感、幸福感、安全感，对民主、法治、公平、正义、安全等方面的要求日益增长，期盼得到更好的教育、更稳定的工作、更满意的收入、更可靠的社会保障、更高水平的医疗卫生服务、更舒适的居住条件、更优美的环境、更丰富的精神文化生活。

再看社会生产方面。经过改革开放40年快速发展，我国社会生产力水平总体上显著提高，很多方面在世界上已经从"跟跑"改为"并跑"，甚至"领跑"。现在，"落后的社会生产"确实不能概括今天中国的社会生产状况，更突出的问题是发展不平衡不充分。今天的中国，繁华都市和落后乡村并存，东部发达和西部滞后同在，既有高铁、超级计算机、"中国天眼"望远镜、移动支付等领先世界的领域，也有"靠天吃饭"、铁犁牛耕等落后生产方式存在，发展不平衡不充分的问题已经成为满足人民日益增长的美好生活需要的主要制约因素。

面对这些显著变化，再讲"我国社会的主要矛盾是人民日益增长的物质文化需要同落后的社会生产之间的矛盾"，已经难以准确反映实际了。因此，党的十九大做出的重大政治判断,适应社会发展新的特点和要求,顺应人民群众新的需求和向往,为推动党和国家各项事业的发展提供了科学准确的逻辑前提。

四、正确处理"变"与"不变"的关系

现在,面对社会主要矛盾发生的变化,一些人提出这样的疑惑:是不是我们已经跨越社会主义初级阶段,不再是发展中国家了?要回答好这个问题,需要在正确处理"变"与"不变"的关系上做一番深入分析。

万物皆变,变化之中蕴含着不变。要看到,虽然我国社会主要矛盾发生了变化,但没有改变我们对我国社会主义所处历史阶段的判断,我国仍处于并将长期处于社会主义初级阶段的基本国情没有变,我国是世界最大发展中国家的国际地位没有变。必须清醒认识这一点,牢牢把握社会主义初级阶段这个基本国情和最大实际,坚持"一个中心、两个基本点"党的基本路线不动摇,以永不懈怠的精神状态夺取新时代中国特色社会主义伟大胜利。

保持适当发展速度。目前,尽管我国经济总量已位居世界第二,但人均水平还不高,只有美国的1/7左右,排在世界60多位。只有保持适当的发展速度,很多问题才能得到解决,否则经济提质增效和民生改善就无从谈起。必须坚定不移把发展作为党执政兴国的第一要务,牢牢扭住经济建设这个中心不动摇,通过解放和发展社会生产力,筑牢新时代人民美好生活的强大物质基础。

提高发展质量效益。一个时期以来,我国经济发展走的是数量规模型道路,主要依靠大投入、高消耗拉动经济增长,长此以往不可持续,最终没有出路。只有建立在高质量高效益基础上的经济大厦,才是稳固和坚实的。我国经济已由高速增长阶段转向高质量发展阶段,必须深入贯彻新发展理念,坚持质量第一、效益优先,推动经济发展质量变革、效率变革、动力变革,提高全要素生产率,使我国发展之路越走越宽广。

促进全面协调发展。经过长期努力,我们创造了令人惊叹的发展奇迹,同时也产生了不平衡、不协调、不全面的问题。要想奏响新时代中国特色社会主义发展的华丽乐章,只有各个声部、各种乐器协调发声、错落有致,才能演奏出恢宏磅礴、美妙动听的时代交响曲。必须坚持统筹兼顾、综合平衡,补齐短板、缩小差距,促进城乡区域协调发展,才能实现经济社会各领域全面发展,推动我国经济持续健康发展。

"俱往矣,数风流人物,还看今朝。"世界社会主义饱经几个世纪的风起云涌、沧海桑田,在中华大地焕发出强大的生命力。新时代中国特色社会主义,勇立人类文明发展进步的历史潮头,必将为世界社会主义运动书写出新的胜利篇章。

第三节　党的十八大以来的历史性成就和历史性变革

"蛟龙"潜水器、C919大飞机、"悟空"探测卫星、"辽宁号"航空母舰……这些在北京展览

馆"砥砺奋进的五年"大型成就展上亮相的"大国重器",吸引人们争相驻足关注。这次展览共分10个展区,通过图片文字、视频演示、实物模型等多种形式,全景式立体化展示了党的十八大以来我国各方面取得的历史性成就。3个多月的展期,现场参观人数超过260万,网上展馆浏览量超过2 200万。许多人观展后纷纷留言"厉害了,我的国!"

岁月铭刻奋斗的艰辛,时代印证铿锵的脚步。党的十八大以来的5年,是党和国家发展进程中极不平凡的5年。以习近平同志为核心的党中央举旗定向、谋篇布局,团结带领全党全国各族人民攻坚克难、砥砺奋进,推动党和国家事业取得了全方位开创性的历史性成就,发生了深层次根本性的历史性变革。党的十九大对这些历史性成就和历史性变革做了全面总结和回顾,进一步坚定了广大干部群众的"四个自信",激励全党全国各族人民为夺取新时代中国特色社会主义伟大胜利而不懈奋斗。

一、砥砺奋进的五年

2012年11月15日,在新当选的党的十八届中央政治局常委与中外记者见面会上,习近平总书记庄严承诺:"我们一定要始终与人民心心相印、与人民同甘共苦、与人民团结奋斗,夙夜在公,勤勉工作,努力向历史、向人民交出一份合格的答卷。"

5年来,面对极其复杂的国际局势,面对极其艰难的改革重任,以习近平同志为核心的党中央,以巨大的政治勇气和强烈的责任担当,励精图治,力挽狂澜,革故鼎新,开拓进取,解决了许多长期想解决而没有解决的难题,办成了许多过去想办而没有办成的大事,在各领域各方面取得了举世瞩目的辉煌成就,实现了5年前党中央许下的庄严承诺。

这是经济实力和综合国力大幅提升的5年。经过5年的奋斗,我国国内生产总值从54万亿元增长到80多万亿元,稳居世界第二,年均增长7.1%,在世界主要国家中名列前茅,对世界经济增长的贡献率超过30%,超过美国、欧元区和日本贡献率的总和,成为世界经济增长的动力之源、稳定之锚。高速公路、高速铁路里程位居世界第一,科技创新、重大工程建设捷报频传,中国的高铁、移动支付、共享单车、网购"新四大发明"耀眼全球……神州大地正在发生空前巨大的变化。

这是人民群众获得感与日俱增的5年。从2012年到2016年,全国居民人均可支配收入从16 510元增加到23 821元,年均实际增长7.4%,跑赢了经济增速。2016年居民恩格尔系数达到30.1%,已接近联合国设定的富足标准。各项民生事业取得新的重大进展,普通老百姓的获得感、幸福感、安全感大大提升,社会养老保险已经覆盖9亿多人,基本医疗保险已经覆盖13.5亿人。我们实现了6 000多万贫困人口稳定脱贫,贫困发生率从10.2%下降到4%以下。这在全世界来看都是奇迹,不仅是为中国,也是为世界做出的重大贡献。

这是民主法治迈出重大步伐的5年。5年来,中国特色社会主义民主政治建设持续推进,有效保证了人民当家做主的权利。十二届全国人大代表首次按城乡相同人口比例选举产生,一线工人和农民代表比上届提高5.18%。行政体制改革取得明显成效,深入推进"放管服"改革,国务院各部门 5 年累计取消行政审批 618 项。国家监察体制改革全面推开,逐步实现对公职人员行使权力监督的全覆盖。全面推进依法治国,中国特色社会主义法治体系不断完善,全社会法治观念明显增强,司法体制改革破冰前行,法治国家、法治政府、法治社会建设活力迸发、生机无限。

这是文化自信更加彰显的 5 年。5 年来,文化自信成为发展的中国、复兴的民族、奋进的人民最响亮的精神号角。马克思主义中国化最新成果深入人心,思想理论领域主旋律更加响亮、正能量更加强劲。社会主义核心价值观广泛弘扬,成为人们团结奋进的"最大公约数",道德模范、时代楷模、最美人物和身边好人不断涌现、群星闪耀。主流舆论持续发展壮大,媒体融合深入推进,网络空间日益清朗。文化事业和文化产业蓬勃发展,文艺创作由"高原"向"高峰"迈进,一大批有筋骨、有道德、有温度的精品力作温润心灵、激荡人心。

知识问答

问:什么是"放管服"?

答:"放管服",是简政放权、放管结合、优化服务的简称,目的是推动政府加快适应社会主义市场经济发展要求,最大限度减少审批,多措并举加强监管,不断创新、优化服务,打造便利、公平的市场环境,更大激发市场活力和社会创造力,推动政府治理体系和治理能力现代化。

这是大国外交阔步向前的 5 年。从提出构建人类命运共同体理念到提出共建"一带一路"倡议,从 APEC 北京会议到 G20 杭州峰会,从设立丝路基金到发起创办亚投行,从亚信上海峰会到金砖厦门会晤……全方位、多层次、立体化的外交布局徐徐展开,中国在世界舞台上发挥着前所未有的重要作用。我国积极参与推动全球治理体系变革,主动承担越来越多的国际责任,为世界和平与发展做出新的重大贡献。随着我国国际影响力、感召力和塑造力不断提高,越来越多的人断言"全球新未来最好的希望来自中国",认为"世界 2030 年时的面貌取决于中国"。

5 年的艰苦奋斗和光辉业绩,在中华大地上绘就了一幅波澜壮阔、气势磅礴的恢宏画卷。5 年在历史长河中只是短暂的一瞬,但在我们党和国家发展历史上写下了浓墨重彩的一笔。5 年的砥砺奋进,极大地增强了中国人民的自豪感和自信心,极大地推动了中国社会的发展进步,朝着实现中华民族伟大复兴的中国梦迈出了坚实的一步。

知识问答

问:亚投行促进世界经济发展发挥了哪些作用?

答:自 2016 年 1 月正式开业以来,亚洲基础设施投资银行运行良好,成员总数增至 84 个,受到越来越多国家的欢迎,逐步成长为国际资本市场的重要力量,有力地促进了世界政治经济格局的良性发展。

二、历史性成就和历史性变革

2017年盛夏以来,《将改革进行到底》《辉煌中国》《不忘初心 继续前进》等一部部大手笔、大气魄、大制作的政论片亮相荧屏,目不暇接、吸"睛"不断,引发亿万观众热情追剧。这些政论片从不同角度,全景式展现了5年来我国经济社会发展的伟大实践和辉煌成就,点燃万众澎湃激情,鼓舞全民奋进斗志。

5年、60个月、1 800多天,"逝者如斯夫,不舍昼夜",时间在中国的年轮上刻下了一道又一道深深印记,挑战了一个又一个"不可能"。斗转星移,沧桑巨变。新时代中国变化的程度之深、范围之广、影响之大,前所未有、世所罕见。习近平总书记深刻指出:"五年来的成就是全方位的、开创性的,五年来的变革是深层次的、根本性的。"这一精辟概括阐明了过去极不平凡的5年最鲜明的特征。

怎么看全方位?5年来,以习近平同志为核心的党中央,从整体上谋篇布局、排兵布阵,从全局上运筹帷幄、多点发力,全面推进改革发展稳定、内政外交国防、治党治国治军,在经济建设、政治建设、文化建设、社会建设、生态文明建设和党的建设上取得了巨大成就,使经济社会发展呈现出良好态势。可以说,5年成就体现在各个方面、各个领域,全面开花、处处结果,是壮美中华的精彩呈现。

开创性有哪些?5年来,以习近平同志为核心的党中央,以一往无前的宏大气魄和敢为人先的无畏勇气,提出一系列新理念新思想新战略,出台一系列重大方针政策,推出一系列重大举措,推进一系列重大工作,开创了党和国家事业的新局面。可以说,5年成就使我国各方面面貌为之一新,欣欣向荣、气象万千,焕发出无限生机和活力。

深层次"深"在哪儿?5年来,以习近平同志为核心的党中央,以英勇的气概和卓越高超的智慧推进全面深化改革,敢于涉深水、闯险滩、啃硬骨,先后出台1 500多项改革举措,重要领域和关键环节改革取得突破性进展。可以说,5年变革具有以往无可比拟的力度、广度和深度,在古今中外改革史上亘古未有、绝无他例。

为啥是根本性?5年来,以习近平同志为核心的党中央,在破中立,在立中破,坚持破立并举,推动党的面貌、国家的面貌、人民的面貌、军队的面貌、中华民族的面貌发生了前所未有的变化。特别是以抓铁有痕、踏石留印的劲头全面从严治党,正风肃纪、反腐倡廉,推动党风、政风、社会风气发生了根本性变化。可以说,5年变革直击要害、触及本质,对未来发展具有方向性和决定性的深远影响。

"惟其艰难,才更显勇毅;惟其笃行,才弥足珍贵。"有形的历史性成就和无形的变化共同作用,使党和国家事业发生历史性变革。生活在这个伟大时代的我们,目睹这些历史性成就是幸福的,亲历这些历史性变革是幸运的。

知识问答

问：党的十八大以来的历史性变革具有哪些重大意义？

答：党的十八大以来，党和国家事业发生的历史性变革，力度之大、范围之广、效果之显著、影响之深远，在我们党和国家发展史上、中华民族发展史上，都具有开创性意义。这一系列历史性变革，对于党和国家事业长远发展，对于实现"两个一百年"奋斗目标、实现中华民族伟大复兴的中国梦，将产生重大而深远的影响。

三、新起点上 勠力前行

难走的路是上坡路，登顶前的冲刺最艰辛。"正入万山圈子里，一山放出一山拦。"习近平总书记多次引用这句诗提醒我们，成绩属于过去，前方并非坦途，必须迎难而上、奋勇拼搏，逢山开路、遇水架桥，用智慧和汗水铺就一条通往胜利之巅的阳光大道。

知识问答

问：过去5年的成就有哪些？

答：

1. 过去5年，是我国经济脱胎换骨的5年，是人民群众收获满满的5年，是我们党浴火重生的5年。
2. 砥砺前行成就辉煌中国，接续奋斗绘就美好前景。
3. 中国强了，科技牛了，环境美了，风气正了，百姓富了，生活好了。
4. 行进中的中国，时时都有新变化，处处都有新气象，人人都有新感受。
5. 未雨绸缪才能把握主动，防患于未然方能化险为夷。

党的十九大对党和国家发展面临的困难和挑战，做出了清醒判断和深入分析，指出了横亘在前进道路上的"拦路虎"和"绊脚石"。破解这些难题，是把新时代中国特色社会主义推向前进的必然要求，我们这一代共产党人责无旁贷！

敢于直面问题。问题就是事物的矛盾，蕴藏着影响事物发展的因素。有问题不怕，可怕的是不敢正视、不愿面对。在推动改革发展实践中，既要看到发展不平衡不充分的突出问题，也要看到民生领域的明显短板；既要看到社会矛盾交织叠加，也要看到一些改革部署和重大政策措施需要进一步落实；既要看到社会文明程度尚需提高，也要看到意识形态领域斗争依然复杂；既要看到国家安全面临新情况，也要看到党的建设还存在很多薄弱环节；等等。必须正视这些问题，悉心洞察，才能做到心中有数，掌握解决问题的主动权。

科学辩证分析。发展过程中的问题错综复杂，相互交织，连锁反应，必须坚持用辩证的思维和科学的方法，具体问题具体分析，弄清问题的性质、找到问题的症结。有的是特定发展阶段难以避免的问题,有的是人为造成的本来可以避免的问题;有的是条件不具备一时难以解决的问题,有的是当下迫切需要解决的问题。只有把问题分析精准透彻,才能分清轻重缓急,做到胸有成竹、有的放矢地解决问题。

勇于攻坚克难。"坐而言,不如起而行。"正视问题、分析问题,最终是为了解决问题。必须要有解决问题的责任担当,抓住那些对事业发展最迫切、改革攻坚最紧要、人民群众最关心的关键问题,排出时间表、列出任务书。特别是要在坚决打好防范化解重大风险、精准脱贫、污染防治三大攻坚战上勠力同心,勇闯难关,敢打硬仗,在攻克难题堡垒中不断创造新的业绩。

四、以强烈忧患意识防范风险挑战

"木桶原理"告诉我们,一个木桶如果有短板就装不满水,木桶底板有漏洞就装不了水。我们既要善于补齐短板,更要注重加固底板。党和国家事业发展也是一样,各种风险我们都要防控,但重点要防控那些全局性风险,否则就可能迟滞或中断中华民族伟大复兴进程。

这是我们从历史教训中得出的深刻警示。近代以后,中华民族复兴进程曾多次被打断,既遭受西方列强的轮番入侵又饱受军阀混战之乱,既遭遇日本帝国主义的野蛮侵略又饱尝国民党反动统治的种种苦果,既面临西方国家全面封锁和中苏关系破裂又经历"文化大革命"十年内乱,这些内忧外患多次"把中国拖到了绝境"。

"备豫不虞,为国常道。"前进道路不可能一帆风顺,越是取得成绩的时候,越是要有如履薄冰的谨慎,越是要有居安思危的忧患,决不能犯战略性、颠覆性错误。今天,我们党和国家事业取得了历史性成就和变革,中国特色社会主义进入了新时代,但中华民族伟大复兴绝不是轻易就能实现的,必须为此付出更为艰巨、更为艰苦的努力。

站在新的历史起点上,我国正处于一个大有可为的历史机遇期,发展形势总体是好的,但面临的风险也是多方面的,有外部风险,也有内部风险,有一般风险,也有重大风险。面对当前波谲云诡的国际形势、复杂敏感的周边环境、艰巨繁重的改革发展稳定任务,增强忧患意识、防范风险挑战要一以贯之。既要有防范风险的先手,也要有应对和化解风险挑战的高招;既要打好防范和抵御风险的有准备之战,也要打好化险为夷、转危为机的战略主动战。我们将继续进行具有许多新的历史特点的伟大斗争,时刻准备战胜一切艰难险阻,朝着我们党确立的伟大目标奋勇前进。

"装点此关山,今朝更好看。"带着胜利豪情回望过去,辉煌中国的成就已永载史册;怀揣伟大梦想展望未来,锦绣中华的画卷正徐徐展开。江山如此多娇,激励无数英雄儿女挥洒精彩人生,共同绘就一幅绚丽多彩的华夏盛世图。

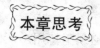

1. 如何理解党的十九大的鲜明主题?

2. 我国发展的历史方位和社会主要矛盾是什么?
3. 如何看待党的十八大以来的历史性成就?

思考题

1. 中共十九大的深远意义是什么?
2. 新时代的丰富内涵是什么?
3. 党的十八大以来的历史性成就和历史性变革是什么?

第二章
Chapter 2

中国共产党的十九大与习近平中国特色社会主义思想

要点提示

- 党的十九大报告主要精神和关键词
- 习近平新时代中国特色社会主义思想
- 新时代中国共产党的历史使命
- 新时代中国特色社会主义发展的战略安排

开篇阅读

中国共产党第十九次全国代表大会于10月18日至24日在北京举行。这是在全面建成小康社会决胜阶段、中国特色社会主义进入新时代的关键时期召开的一次十分重要的大会。大会高举中国特色社会主义伟大旗帜,以马克思列宁主义、毛泽东思想、邓小平理论、"三个代表"重要思想、科学发展观、习近平新时代中国特色社会主义思想为指导,分析了国际国内形势发展变化,回顾和总结了过去5年的工作和历史性变革,做出了中国特色社会主义进入了新时代、我国社会主要矛盾已经转化为人民日益增长的美好生活需要和不平衡不充分的发展之间的矛盾等重大政治论断,深刻阐述了新时代中国共产党的历史使命,确立了习近平新时代中国特色社会主义思想的历史地位,提出了新时代坚持和发展中国特色社会主义的基本方略,确定了决胜全面建成小康社会、开启全面建设社会主义现代化国家新征程的目标,对新时代推进中国特色社会主义伟大事业和党的建设新的伟大工程做出了全面部署。大会批准了习近平同志代表十八届中央委员会所做的《决胜全面建成小康社会,夺取新时代中国特色社会主义伟大胜利》的报告,批准了中央纪律检查委员会的工作报告,审议通过了《中国共产党章程(修正案)》,选举产生了新一届中央委员会和中央纪律检查委员会。

习近平同志的报告,深刻回答了新时代坚持和发展中国特色社会主义的一系列重大理论和实践问题,描绘了决胜全面建成小康社会、夺取新时代中国特色社会主义伟大胜利的宏伟蓝图,进一步指明了党和国家事业的前进方向,是全党全国各族人民智慧的结晶,是我们党团结带领全国各族人民在新时代坚持和发展中国特色社会主义的政治宣言和行动纲领,是马克思主义的纲领性文献。《中国共产党章程(修正案)》将习近平新时代中国特色社会主义思想写入党章,确立为我们党必须长期坚持的指导思想。修改后的党章充分体现了党的十八大以来党的理论创新、实践创新、制度创新成果,充分体现了党的十九大报告确立的重大理论观点和重大战略思想,对推进党的事业和党的建设必将更好发挥规范和指导作用。

党的十九届一中全会选举产生了以习近平同志为核心的新一届中央领导集体,一批经验丰富、德才兼备、奋发有为的同志进入中央领导机构,充分显示出中国特色社会主义事业蓬勃兴旺、充满活力。

认真学习宣传贯彻党的十九大精神,事关党和国家工作全局,事关中国特色社会主义事业长远发展,事关最广大人民根本利益,对于动员全党全国各族人民更加紧密地团结在以习近平同志为核心的党中央周围,高举中国特色社会主义伟大旗帜,坚定道路自信、理论自信、制度自信、文化自信,为实现推进现代化建设、完成祖国统一、维护世界和平与促进共同发展三大历史任务,为决胜全面建成小康社会、夺取新时代中国特色社会主义伟大胜利、实现中华民族伟大复兴的中国梦、实现人民对美好生活的向往继续奋斗,具有重大现实意义和深远历史意义。

第一节　党的十九大报告主要精神和关键词

一、全面准确学习领会党的十九大精神

学习领会党的十九大精神,必须坚持全面准确,坚持读原著、学原文、悟原理,做到学深悟透。要认真研读党的十九大报告和党章,学习习近平总书记在党的十九届一中全会上的重要讲话精神,着重把握以下几个方面。

1. 深刻领会党的十九大的主题

不忘初心,牢记使命,高举中国特色社会主义伟大旗帜,决胜全面建成小康社会,夺取新时代中国特色社会主义伟大胜利,为实现中华民族伟大复兴的中国梦不懈奋斗。这是党的十九大的主题,明确回答了我们党在新时代举什么旗、走什么路、以什么样的精神状态、担负什么样的历史使命、实现什么样的奋斗目标的重大问题。中国共产党人的初心和使命,就是为中国人民谋幸福,为中华民族谋复兴。这个初心和使命是激励中国共产党人不断前进的根本动力。中国特色社会主义是改革开放以来党的全部理论和实践的主题,在未来的征程上,要高举中国

特色社会主义伟大旗帜,更加自觉地增强道路自信、理论自信、制度自信、文化自信,确保党和国家事业始终沿着正确方向胜利前进。决胜全面建成小康社会是到2020年必须完成的奋斗目标,要举全党全国之力,为实现第一个百年奋斗目标而奋斗。全面建成小康社会是党和国家事业发展的一个阶段性目标,这个目标实现后,我们要在新的历史起点上夺取新时代中国特色社会主义伟大胜利,为实现中华民族伟大复兴的中国梦不懈奋斗。

2. 深刻领会习近平新时代中国特色社会主义思想的历史地位和丰富内涵

党的十八大以来,以习近平同志为核心的党中央,坚持解放思想、实事求是、与时俱进、求真务实,坚持辩证唯物主义和历史唯物主义,紧密结合新的时代条件和实践要求,以全新的视野深化对共产党执政规律、社会主义建设规律、人类社会发展规律的认识,进行艰辛理论探索,取得重大理论创新成果,创立了习近平新时代中国特色社会主义思想。习近平新时代中国特色社会主义思想,是对马克思列宁主义、毛泽东思想、邓小平理论、"三个代表"重要思想、科学发展观的继承和发展,是马克思主义中国化最新成果,是党和人民实践经验和集体智慧的结晶,是中国特色社会主义理论体系的重要组成部分,是全党全国人民为实现中华民族伟大复兴而奋斗的行动指南,必须长期坚持并不断发展。习近平新时代中国特色社会主义思想,从理论和实践结合上系统回答了新时代坚持和发展什么样的中国特色社会主义、怎样坚持和发展中国特色社会主义这个重大时代课题,回答了新时代坚持和发展中国特色社会主义的总目标、总任务、总体布局、战略布局和发展方向、发展方式、发展动力、战略步骤、外部条件、政治保证等基本问题,并且根据新的实践对经济、政治、法治、科技、文化、教育、民生、民族、宗教、社会、生态文明、国家安全、国防和军队、"一国两制"和祖国统一、统一战线、外交、党的建设等各方面做出理论分析和政策指导。党的十九大报告用"8个明确"概括了这一思想的主要内容。为贯彻落实习近平新时代中国特色社会主义思想,党的十九大报告提出新时代坚持和发展中国特色社会主义的基本方略,并概括为"14个坚持"。习近平新时代中国特色社会主义思想,是指导思想层面的表述,在行动纲领层面称之为中国特色社会主义基本方略。要全面贯彻党的基本理论、基本路线、基本方略,更好引领党和人民事业发展。

3. 深刻领会党的十八大以来党和国家事业发生的历史性变革

党的十八大以来的5年,是党和国家发展进程中极不平凡的5年。5年来,以习近平同志为核心的党中央科学把握当今世界和当代中国发展大势,顺应实践要求和人民愿望,举旗定向、运筹帷幄,统揽伟大斗争、伟大工程、伟大事业、伟大梦想,统筹推进"五位一体"总体布局、协调推进"四个全面"战略布局,以巨大的政治勇气和强烈的责任担当,提出一系列新理念新思想新战略,出台一系列重大方针政策,推出一系列重大举措,推进一系列重大工作,解决了许多长期想解决而没有解决的难题,办成了许多过去想办而没有办成的大事,推动党和国家事业发生历史性变革。5年来的成就是全方位的、开创性的,5年来的变革是深层次的、根本性的。

这些历史性变革,对党和国家事业发展具有重大而深远的影响。

4. 深刻领会中国特色社会主义进入了新时代

经过长期努力,中国特色社会主义进入了新时代,这是我国发展新的历史方位。这个新时代,是承前启后、继往开来、在新的历史条件下继续夺取中国特色社会主义伟大胜利的时代,是决胜全面建成小康社会、进而全面建设社会主义现代化强国的时代,是全国各族人民团结奋斗、不断创造美好生活、逐步实现全体人民共同富裕的时代,是全体中华儿女勠力同心、奋力实现中华民族伟大复兴中国梦的时代,是我国日益走近世界舞台中央、不断为人类做出更大贡献的时代。中国特色社会主义进入新时代,在中华人民共和国发展史上、中华民族发展史上具有重大意义,在世界社会主义发展史上、人类社会发展史上也具有重大意义。这意味着近代以来久经磨难的中华民族迎来了从站起来、富起来到强起来的伟大飞跃,迎来了实现中华民族伟大复兴的光明前景;意味着科学社会主义在21世纪的中国焕发出强大生机活力,在世界上高高举起了中国特色社会主义伟大旗帜;意味着中国特色社会主义道路、理论、制度、文化不断发展,拓展了发展中国家走向现代化的途径,给世界上那些既希望加快发展又希望保持自身独立性的国家和民族提供了全新选择,为解决人类问题贡献了中国智慧和中国方案。

5. 深刻领会我国社会主要矛盾的变化

中国特色社会主义进入新时代,我国社会主要矛盾已经转化为人民日益增长的美好生活需要和不平衡不充分的发展之间的矛盾。我国稳定解决了十几亿人的温饱问题,总体上实现小康,不久将全面建成小康社会,人民美好生活需要日益广泛,不仅对物质文化生活提出了更高要求,而且在民主、法治、公平、正义、安全、环境等方面的要求日益增长。同时,我国社会生产力水平总体上显著提高,社会生产能力在很多方面进入世界前列,更加突出的问题是发展不平衡不充分,这已经成为满足人民日益增长的美好生活需要的主要制约因素。我国社会主要矛盾的变化是关系全局的历史性变化,对党和国家工作提出了许多新要求。要在继续推动发展的基础上,着力解决好发展不平衡不充分问题,大力提升发展质量和效益,更好满足人民在经济、政治、文化、社会、生态等方面日益增长的需要,更好推动人的全面发展、社会全面进步。我国社会主要矛盾的变化,没有改变我们对我国社会主义所处历史阶段的判断,我国仍处于并将长期处于社会主义初级阶段的基本国情没有变,我国是世界最大发展中国家的国际地位没有变。我们要牢牢把握社会主义初级阶段这个基本国情,牢牢立足社会主义初级阶段这个最大实际,牢牢坚持党的基本路线这个党和国家的生命线、人民的幸福线。

6. 深刻领会新时代中国共产党的历史使命

实现中华民族伟大复兴是近代以来中华民族最伟大的梦想。中国共产党一经成立,就把实现共产主义作为党的最高理想和最终目标,义无反顾肩负起实现中华民族伟大复兴的历史使命,团结带领人民进行了艰苦卓绝的斗争,谱写了气吞山河的壮丽史诗。今天,我们比历史上任何时期都更接近、更有信心和能力实现中华民族伟大复兴的目标。行百里者半九十。中华民族伟大复兴，绝不是轻轻松松、敲锣打鼓就能实现的，必须准备付出更为艰巨、更为艰苦的努力。实现伟大梦想，必须进行伟大斗争。这个伟大斗争就是具有许多新的历史特点的伟大斗争。要充分认识这场伟大斗争的长期性、复杂性、艰巨性，发扬斗争精神，提高斗争本领，不断夺取伟大斗争新胜利。实现伟大梦想，必须建设伟大工程。这个伟大工程就是我们党正在深入推进的党的建设新的伟大工程。要不断增强党的政治领导力、思想引领力、群众组织力、社会号召力，确保我们党永葆旺盛生命力和强大战斗力。实现伟大梦想，必须推进伟大事业。这个伟大事业就是中国特色社会主义伟大事业。要更加自觉地增强"四个自信"，既不走封闭僵化的老路，也不走改旗易帜的邪路，始终坚持和发展中国特色社会主义。伟大斗争，伟大工程，伟大事业，伟大梦想，紧密联系、相互贯通、相互作用，其中起决定性作用的是党的建设新的伟大工程。建设伟大工程，要结合伟大斗争、伟大事业、伟大梦想的实践来进行，确保党始终走在时代前列、始终成为全国人民的主心骨、始终成为坚强领导核心。

7. 深刻领会实现第一个百年奋斗目标和向第二个百年奋斗目标进军

改革开放之后，我们党对我国社会主义现代化建设做出战略安排，提出"三步走"战略目标和"两个一百年"奋斗目标。从现在到2020年，是全面建成小康社会决胜期。要按照全面建成小康社会各项要求，紧扣我国社会主要矛盾变化，突出抓重点、补短板、强弱项，特别是要坚决打好防范化解重大风险、精准脱贫、污染防治的攻坚战，使全面建成小康社会得到人民认可、经得起历史检验。党的十九大对第二个百年奋斗目标进行了战略规划，将全面建设社会主义现代化国家的新征程分为两个阶段来安排。第一个阶段，从2020年到2035年，在全面建成小康社会的基础上，再奋斗15年，基本实现社会主义现代化。第二个阶段，从2035年到本世纪中叶，在基本实现现代化的基础上，再奋斗15年，把我国建成富强民主文明和谐美丽的社会主义现代化强国。从全面建成小康社会到基本实现现代化，再到全面建成社会主义现代化强国，是新时代中国特色社会主义发展的战略安排。

8. 深刻领会社会主义经济建设、政治建设、文化建设、社会建设、生态文明建设等方面的重大部署

在经济建设上，要贯彻新发展理念，建设现代化经济体系，以供给侧结构性改革为主线，推动经济发展质量变革、效率变革、动力变革，不断增强我国经济创新力和竞争力。在政治建设上，要坚持党的领导、人民当家做主、依法治国有机统一，健全人民当家作主制度体系，发展社会主义民主政治，推进社会主义民主政治制度化、规范化、程序化。在文化建设上，要坚定文化自信，推动社会主义文化繁荣兴盛，牢牢掌握意识形态工作领导权，培育和践行社会主义核心价值观，加强思想道德建设，繁荣发展社会主义文艺，推动文化事业和文化产业发展。在社会建设上，要提高保障和改善民生水平，加强和创新社会治理，不断满足人民日益增长的美好生活需要,让改革发展成果更多更公平惠及全体人民。在生态文明建设上,要践行绿水青山就是金山银山的理念,加快生态文明体制改革,形成节约资源和保护环境的空间格局、产业结构、生产方式、生活方式,建设美丽中国。

9. 深刻领会国防和军队建设、港澳台工作、外交工作的重大部署

面对国家安全环境的深刻变化,面对强国强军的时代要求,必须坚持走中国特色强军之路,全面贯彻习近平强军思想,贯彻新形势下军事战略方针,建设强大的现代化陆军、海军、空军、火箭军和战略支援部队,打造坚强高效的战区联合作战指挥机构,构建中国特色现代作战体系,全面推进国防和军队现代化,把人民军队建设成为世界一流军队。保持香港、澳门长期繁荣稳定,必须全面准确贯彻"一国两制"、"港人治港"、"澳人治澳"、高度自治的方针,严格依照宪法和基本法办事,让香港、澳门同胞同祖国人民共担民族复兴的历史责任,共享祖国繁荣富强的伟大荣光。必须继续坚持"和平统一、一国两制"方针,扩大两岸经济文化交流合作,推动两岸同胞共同弘扬中华文化,推动两岸关系和平发展,推进祖国和平统一进程,绝不允许任何人、任何组织、任何政党、在任何时候、以任何形式、把任何一块中国领土从中国分裂出去。中国将坚持和平发展道路,高举和平、发展、合作、共赢的旗帜,恪守维护世界和平、促进共同发展的外交政策宗旨,坚定不移在和平共处五项原则基础上发展同各国的友好合作,积极促进"一带一路"国际合作,继续积极参与全球治理体系改革和建设,推动建设相互尊重、公平正义、合作共赢的新型国际关系,推动构建人类命运共同体,同世界各国人民一道建设持久和平、普遍安全、共同繁荣、开放包容、清洁美丽的世界。

10. 深刻领会坚定不移全面从严治党的重大部署

党要团结带领人民进行伟大斗争、推进伟大事业、实现伟大梦想,必须毫不动摇坚持和完善党的领导,毫不动摇把党建设得更加坚强有力。要坚持和加强党的全面领导,坚持党要管党、全面从严治党,以加强党的长期执政能力建设、先进性和纯洁性建设为主线,以党的政治建设为统领,以坚定理想信念宗旨为根基,以调动全党积极性、主动性、创造性为着力点,全面推进党的政治建设、思想建设、组织建设、作风建设、纪律建设,把制度建设贯穿其中,深入推进反腐败斗争,不断提高党的建设质量,把党建设成为始终走在时代前列、人民衷心拥护、勇于自我革命、经得起各种风浪考验、朝气蓬勃的马克思主义执政党。

二、党的十九大报告十大关键词

1. 新时代

十九大报告摘要:这个新时代,是承前启后、继往开来、在新的历史条件下继续夺取中国特色社会主义伟大胜利的时代,是决胜全面建成小康社会、进而全面建设社会主义现代化强国的时代,是全国各族人民团结奋斗、不断创造美好生活、逐步实现全体人民共同富裕的时代,是全

体中华儿女勠力同心、奋力实现中华民族伟大复兴中国梦的时代,是我国日益走近世界舞台中央、不断为人类做出更大贡献的时代。

这是党对中国社会发展的历史方位提出的新判断。在这个阶段,我们的生产力发展达到了相当的水平。在进入新时代以后,中国特色社会主义已经完成了发展的阶段,开始向发展起来以后的方向迈进。如何把这个新判断体现到未来的发展实践中呢?我们自然需要新的指导思想、新的理论武装,这就是新时代中国特色社会主义思想。这是当代中国共产党人把马克思主义基本原理与中国发展实践结合起来,所体现的马克思主义中国化的最新成果,是把中国特色社会主义引向更大胜利的行动指南。

2. 强起来

十九大报告摘要:中国特色社会主义进入新时代,意味着近代以来久经磨难的中华民族迎来了从站起来、富起来到强起来的伟大飞跃,迎来了实现中华民族伟大复兴的光明前景;意味着科学社会主义在21世纪的中国焕发出强大生机活力,在世界上高高举起了中国特色社会主义伟大旗帜;意味着中国特色社会主义道路、理论、制度、文化不断发展,拓展了发展中国家走向现代化的途径,给世界上那些既希望加快发展又希望保持自身独立性的国家和民族提供了全新选择,为解决人类问题贡献了中国智慧和中国方案。

中国"强起来",体现在建设一个强有力的执政党,体现在发展更重质量的经济,寻求更有质量的增长;体现在民生的改善和社会福祉的提升;体现在文化事业的发展和文化自信的增强;体现在绿色现代化引领发展,美丽中国建设成绩斐然。从"富起来"走向"强起来"的5年,是实现第一个百年奋斗目标胜利在望的承上启下的关键5年。展望新的5年,中国在以习近平同志为核心的党中央领导下,还将继续坚持"五位一体"总体布局和"四个全面"战略布局,为人的全面发展和社会全面进步而不懈努力,在世界舞台中心为全人类做出新的更大贡献。

3. 主要矛盾

十九大报告摘要:中国特色社会主义进入新时代,我国社会主要矛盾已经转化为人民日益增长的美好生活需要和不平衡不充分的发展之间的矛盾。我国稳定解决了十几亿人的温饱问题,总体上实现小康,不久将全面建成小康社会,人民美好生活需要日益广泛,不仅对物质文化生活提出了更高要求,而且在民主、法治、公平、正义、安全、环境等方面的要求日益增长。同时,我国社会生产力水平总体上显著提高,社会生产能力在很多方面进入世界前列,更加突出的问题是发展不平衡不充分,这已经成为满足人民日益增长的美好生活需要的主要制约因素。

从物质文明建设到精神文明建设,再到后来的政治文明建设、和谐社会建设和生态文明建设,是改革开放30多年发展历程水到渠成的结果。现代社会中人们对民主、法治、公平、正义、安全、环境等方面的要求,同样在与日俱增,不能再以物质文化需要简单概括,也不能单独依靠经济建设解决问题。在这个意义上说,新的社会主要矛盾的表述指向的是人的全面发展,跟中国特色社会主义"五位一体"的总体布局和"四个全面"的战略布局更能够无缝对接,也咬合得更加紧密。而且,我国社会生产能力已很难称为"落后",新的主要矛盾的表述体现了党中央对当前我国经济社会发展状况的新判断。

4. "四个伟大"

十九大报告摘要:伟大斗争,伟大工程,伟大事业,伟大梦想,紧密联系、相互贯通、相互作用,其中起决定性作用的是党的建设新的伟大工程。推进伟大工程,要结合伟大斗争、伟大事业、伟大梦想的实践来进行,确保党在世界形势深刻变化的历史进程中始终走在时代前列,在应对国内外各种风险和考验的历史进程中始终成为全国人民的主心骨,在坚持和发展中国特色社会主义的历史进程中始终成为坚强领导核心。

改革开放以来,党的全国代表大会对我国改革开放和社会主义现代化建设实践经验的理论总结,不同程度上都贯穿着"四个伟大"的总体思路。我国改革开放和社会主义现代化建设实践也蕴含着"四个伟大"的完整逻辑。"四个伟大"的内在逻辑关系是:推进中国特色社会主义伟大事业的目标,是实现中华民族伟大复兴的中国梦,中国特色社会主义是实现中华民族伟大复兴的必由之路;实现中国梦不可能一蹴而就,是十分艰难曲折的过程,要实现中国梦,必须积极进行具有许多新的历史特点的伟大斗争;要领导好、进行好这一伟大斗争,就必须推进党的建设,加强和完善党的领导。

5. 全面小康

十九大报告摘要:从现在到2020年,是全面建成小康社会决胜期。要按照十六大、十七大、十八大提出的全面建成小康社会各项要求,紧扣我国社会主要矛盾变化,统筹推进经济建设、政治建设、文化建设、社会建设、生态文明建设,坚定实施科教兴国战略、人才强国战略、创新驱动发展战略、乡村振兴战略、区域协调发展战略、可持续发展战略、军民融合发展战略,突出抓重点、补短板、强弱项,特别是要坚决打好防范化解重大风险、精准脱贫、污染防治的攻坚战,使全面建成小康社会得到人民认可、经得起历史检验。

决胜全面建成小康社会主要是一个时间概念,具体就是指到2020年全面建成小康社会。"全面建成"意味着全国每个地方、每个人都不能落下,比如831个贫困县全部都要"摘帽"。这是一种非常刚性的时间要求,全面建成小康社会的目标确实到了决胜阶段。如果不以"决胜"的姿态实现这个目标,今后阶段的目标就难以展开。

6. 新征程

十九大报告摘要:从十九大到二十大,是"两个一百年"奋斗目标的历史交汇期。我们既要全面建成小康社会、实现第一个百年奋斗目标,又要乘势而上开启全面建设社会主义现代化国家新征程,向第二个百年奋斗目标进军。

综合分析国际国内形势和我国发展条件,从2020年到本世纪中叶可以分两个阶段来安排。第一个阶段,从2020年到2035年,在全面建成小康社会的基础上,再奋斗15年,基本实现社会主义现代化。第二个阶段,从2035年到本世纪中叶,在基本实现现代化的基础上,再奋斗15年,把我国建成富强民主文明和谐美丽的社会主义现代化强国。

"新征程"不是空泛的口号和概念,其内涵包括国家走向现代化的很多方面。提出"新征程",有助于全党、全国人民对现阶段的目标形成更加清醒的认识,有助于我们明确新时代的目标、任务、战略。开启全面建设社会主义现代化国家新征程与中国特色社会主义进入新时代相匹配、相吻合。实现中国特色社会主义新时代的目标,必须要经历社会主义现代化国家的新征程。

7. 新时代中国特色社会主义思想

十九大报告摘要:我们党坚持以马克思列宁主义、毛泽东思想、邓小平理论、"三个代表"重要思想、科学发展观为指导,坚持解放思想、实事求是、与时俱进、求真务实,坚持辩证唯物主义和历史唯物主义,紧密结合新的时代条件和实践要求,以全新的视野深化对共产党执政规律、社会主义建设规律、人类社会发展规律的认识,进行艰辛理论探索,取得重大理论创新成果,形成了新时代中国特色社会主义思想。

中国特色社会主义进入新时代的根本标志是形成了习近平新时代中国特色社会主义思想。这个思想是十八大以来党的重大理论创新成果,是对马克思列宁主义、毛泽东思想、邓小平理论、"三个代表"重要思想、科学发展观的继承和发展,是马克思主义中国化的最新成果,是党和人民实践经验和集体智慧的结晶,是中国特色社会主义理论体系的重要组成部分,是全党全国人民为实现中华民族伟大复兴而奋斗的行动指南,必须长期坚持并不断发展。

8. 土地承包

十九大报告摘要:巩固和完善农村基本经营制度,深化农村土地制度改革,完善承包地"三权"分置制度。保持土地承包关系稳定并长久不变,第二轮土地承包到期后再延长30年。

第二轮土地承包到期后再延长30年,进一步给农民吃了一颗定心丸。土地承包制度是农民普遍关心的关键问题,其影响非常广泛。在这一决定做出后,围绕我国农村土地改革将出台新的政策,以保证政策的衔接性。这一系列新的政策将进一步保障农民的土地权益。

9. 全面依法治国领导小组

十九大报告摘要:全面依法治国是国家治理的一场深刻革命,必须坚持厉行法治,推进科学立法、严格执法、公正司法、全民守法。成立中央全面依法治国领导小组,加强对法治中国建设的统一领导。

十八届四中全会提出全面推进依法治国的总目标和重大任务以后,依法治国迈出了关键的一步。"法治国家""法治政府""法治社会""依宪执政""依法执政"等说法的提出,说明我国依法治国的目标已经非常明确。有了明确的目标,如何落实依然是突出的问题,也是老百姓集中关注的问题。建设法治国家和法治社会,只有法律条文还不够,还有必要设立全面依法治国领导小组,把全面依法治国落到实处。设立领导小组就是对全面依法治国最大的组织保障。这一决定回应了当下社会对司法公正的呼唤,有助于用法律保护老百姓的权益,也是我国走向国家治理现代化的重要保障。

10. 青春梦想

十九大报告摘要:青年兴则国家兴,青年强则国家强。青年一代有理想、有本领、有担当,国家就有前途,民族就有希望。中国梦是历史的、现实的,也是未来的;是我们这一代的,更是青年一代的。中华民族伟大复兴的中国梦终将在一代代青年的接力奋斗中变为现实。全党要关心和爱护青年,为他们实现人生出彩搭建舞台。广大青年要坚定理想信念,志存高远,脚踏实地,勇做时代的弄潮儿,在实现中国梦的生动实践中放飞青春梦想,在为人民利益的不懈奋斗中书写人生华章!

青年最有朝气、最有活力、最具创造精神,在中国特色社会主义新时代,绽放青春梦想,青年首先要构筑灵魂的归巢,不忘初心跟党走,牢固树立理想信念,始终坚定四个自信;要志存高远,脚踏实地,把学习作为首要任务,树立梦想从学习开始、事业靠本领成就的观念;要肩负起时代赋予的重任,敢于吃苦,勤于实践,善于开拓,争当先锋,成就"奋斗的青春"。

第二节　习近平新时代中国特色社会主义思想

2017年11月初,《习近平谈治国理政》第二卷中英文版隆重面世,面向全球发行,在国内掀起了持续阅读学习热潮,也在国际上引起了广泛热议和点赞。这是继《习近平谈治国理政》之后,又一部学习领会习近平新时代中国特色社会主义思想的权威读本。翻开这部经典著作,习近平新时代中国特色社会主义思想的精髓要义和理论品格跃然纸上,散发出耀眼的真理光芒和无穷的思想魅力。

伟大时代需要伟大理论的引领。党的十九大一个突出亮点和重大历史贡献,就是把习近平新时代中国特色社会主义思想确立为我们党必须长期坚持的指导思想,并写入党章,实现了党的指导思想又一次与时俱进,这反映了全党全国各族人民的共同愿望。站在新的历史起点上,我们党高擎这一伟大思想火炬,就是要照亮实现中华民族伟大复兴的中国梦的伟大征程,凝聚起全体人民团结奋斗的磅礴伟力。

一、新时代催生新理论

"问渠那得清如许?为有源头活水来。"中国特色社会主义进入新时代,是习近平新时代中国特色社会主义思想产生的时代背景。进入新时代,风云变幻的国际局势、深刻变革的发展阶段、勇气非凡的自我革命，催生了习近平新时代中国特色社会主义思想。

新世情呼唤新方案。当今世界正发生着广泛而深刻的变化，新机遇新挑战层出不穷；当代中国正发生着广泛而深刻的变革，中国日益走近世界舞台的中央。身处新时代，世界这么变，中国怎么办？面对世界局势的复杂变化和中国国际地位的快速提升，如何在变幻莫测的时局中保持"乱云飞渡仍从容"的坚强定力，如何在稍纵即逝的机遇中赢得"长风破浪会有时"的战略主动，迫切需要给出新的解决方案。

知识问答

问：为什么《习近平谈治国理政》及其第二卷是学习习近平新时代中国特色社会主义思想的权威读本？

答：《习近平谈治国理政》及其第二卷收入了习近平总书记从党的十八大闭幕后至2017年9月29日期间的讲话、谈话、演讲、批示和贺电等重要著作，是学习习近平新时代中国特色社会主义思想的权威读本。

新事业呼唤新指南。经过改革开放以来的不懈努力，我们创造了举世瞩目的中国奇迹，也带来了许多"成长的烦恼"。我们告别了缺衣少食的短缺经济，却又面临着不平衡不充分发展的困扰；"中国制造"行销全世界，可"中国创造"才刚刚破茧而出；人民物质文化生活水平不断提高，但对美好生活的向往更加强烈。面对事业发展中的新矛盾新问题新期待，如何提高发展质量和效益、保持强劲发展动力，如何决胜全面建成小康社会、夺取新时代中国特色社会主义伟大胜利，迫切需要给出新的行动指南。

新工程呼唤新引领。中国共产党作为世界第一大党，领导着最大的发展中国家。大要有大的样子，大也有大的难处。当前，党的建设形势总体是好的，同时也面临着不少挑战。党员人数多，统一思想实属不易；党内存在大量利益矛盾，协调处理颇为棘手；一些党组织涣散，管理监督时有缺位；等等。在推动党的建设新的伟大工程中，如何强化"四个意识"，提升自我净化、自我完善、自我革新、自我提高能力，增强党的创造力、凝聚力、战斗力，迫切需要给出新的前进指引。

在这样的时代大背景下，以习近平同志为核心的党中央，以巨大的政治勇气和强烈的责任担当，从理论和实践的结合上，系统回答了在新时代坚持和发展什么样的中国特色社会主义、怎样坚持和发展中国特色社会主义的重大问题，创立了习近平新时代中国特色社会主义思想。这一科学理论作为党和人民实践经验和集体智慧的结晶，是马克思主义中国化最新成果，是中国特色社会主义理论体系的重要组成部分，是全党全国各族人民为实现中华民族伟大复兴而奋斗的行动指南。

时代是思想之母，实践是理论之源。习近平新时代中国特色社会主义思想是时代孕育的结果,是在回应和解答时代课题过程中形成的。比如,从布局上讲,党的十八大以来中国特色社会主义事业的不断拓展,形成了"五位一体"总体布局和"四个全面"战略布局;从经济建设上讲,主动适应把握引领经济发展新常态、深化供给侧结构性改革、推进"三农"工作,提出了提高经济发展质量、建设现代化经济体系的思想;从脱贫攻坚工作上讲,着眼扶贫脱贫的伟大实践,提出了精准扶贫、精准脱贫的思想;从外交领域上讲,大力推进外交理论和实践创新、积极推进"一带一路"国际合作,提出了构建人类命运共同体、坚定不移推进中国特色大国外交的思想;从党建方面来讲,以严肃党内政治生活、加强党内监督为抓手坚定推进全面从严管党治党,提出了新时代党的建设总要求、以党的政治建设为统领的思想;等等。可以说,没有5年来伟大实践取得的伟大成就和变革,就没有新思想的创立和诞生。

"横空大气排山去,砥柱人间是此峰。"在这一科学理论创立过程中,习近平总书记发挥了决定性作用,做出了决定性贡献,用他的名字命名这一理论是众望所归、名副其实、当之无愧,充分体现了我们党在理论上的成熟和自信。

二、科学完整的理论体系

理论因其科学而具有穿透力,思想因其丰富而充满解释力。习近平新时代中国特色社会主义思想,紧紧围绕坚持和发展中国特色社会主义,提出了一系列具有开创性意义的新理念新思想新战略,涵盖经济建设、政治建设、文化建设、社会建设、生态文明建设和党的建设各个领域,涉及改革发展稳定、内政外交国防、治党治国治军等各个方面,是一个系统完整、逻辑严密的科学理论体系。

"龙衮九章,但挈一领。"深刻领会这一科学理论体系的丰富内涵,要把握"四梁八柱",要抓住精髓要义;要理解一系列独创性的思想理论观点,要弄通它们之间的内在逻辑关系;要知其然,也要知其所以然。只有这样,才能准确掌握这个理论体系内容的全面性和丰富性、结构的系统性和完整性,真正做到融会贯通、悟其真谛。

知识问答

怎样理解习近平新时代中国特色社会主义思想?

答:

1. 新时代催生新思想,新思想指引新征程;新实践孕育新理论,新理论指导新发展。
2. 习近平新时代中国特色社会主义思想源于时代,出自实践,散发真理光芒,产生无穷力量。
3. 新的历史方位呼唤新的思想论断,新的时代使命呼唤新的思想指引。
4. "强"起来的中国,"近"起来的目标,更加需要"强"起来的理论,"新"起来的思想。

主题主线是大梁。从"建设有中国特色的社会主义",到"开创中国特色社会主义事业新局面",再到"夺取新时代中国特色社会主义伟大胜利",我们党始终把坚持和发展中国特色社会主义作为全部理论和实践的主题。党的十八大以来,我们党高举中国特色社会主义伟大旗帜,走进新时代,续写新篇章。中国特色社会主义犹如一根红线,贯穿了5年来全部理论和实践探索的辉煌历程。把握住这个主题主线,就真正把握了这个理论体系的根本。

"八个明确"立支柱。习近平新时代中国特色社会主义思想内涵丰富,其中最重要最核心的内容,就是"八个明确"。这"八个明确"每一个都很重要,点明了总任务、总布局和主要矛盾,囊括了"五位一体"总体布局、"四个全面"战略布局、外交国防等各个方面,支撑起了宏伟思想大厦的整体框架。掌握了这"八个明确",就能真正做到观其全貌、提纲挈领、举要驭繁。

知识问答

问:什么是"八个明确"

答:

1.明确坚持和发展中国特色社会主义,总任务是实现社会主义现代化和中华民族伟大复兴。在全面建成小康社会的基础上,分两步走在本世纪中叶建成富强民主文明和谐美丽的社会主义现代化强国。

2.明确新时代我国社会主要矛盾是人民日益增长的美好生活需要和不平衡不充分的发展之间的矛盾,必须坚持以人民为中心的发展思想,不断促进人的全面发展、全体人民共同富裕。

3.明确中国特色社会主义事业总体布局是"五位一体"、战略布局是"四个全面",强调坚定道路自信、理论自信、制度自信、文化自信。

4.明确全面深化改革总目标是完善和发展中国特色社会主义制度、推进国家治理体系和治理能力现代化。

5.明确全面推进依法治国总目标是建设中国特色社会主义法治体系、建设社主义法治国家。

6.明确党在新时代的强军目标是建设一支听党指挥、能打胜仗、作风优良的人民军队,把人民军队建设成为世界一流军队。

7.明确中国特色大国外交要推动构建新型国际关系,推动构建人类命运共同体。

8.明确中国特色社会主义最本质的特征是中国共产党领导,中国特色社会主义制度的最大优势是中国共产党领导,党是最高政治领导力量,提出新时代党的建设总要求,突出政治建设在党的建设中的重要地位。

基本方略筑根基。伟大的理论之所以伟大,就在于不仅告诉我们"是什么",而且指导我们"怎么办"。党的十九大报告提出的"十四个坚持",是新时代坚持和发展中国特色社会主义的基本方略,是对习近平新时代中国特色社会主义思想的实践展开。可以说,这"十四个坚持"的每一个都有很强的现实针对性和指导性,是思想化为行动的导航仪、路线图、方法论。

> **知识问答**
>
> 问:什么是"十四个坚持"?
> 答:坚持党对一切工作的领导,坚持以人民为中心,坚持全面深化改革,坚持新发展理念,坚持人民当家做主,坚持全面依法治国,坚持社会主义核心价值体系,坚持在发展中保障和改善民生,坚持人与自然和谐共生,坚持总体国家安全观,坚持党对人民军队的绝对领导,坚持"一国两制"和推进祖国统一,坚持推动构建人类命运共同体,坚持全面从严治党。

"八个明确"和"十四个坚持"缺一不可、相辅相成,构成了习近平新时代中国特色社会主义思想的主体内容,必须贯通起来把握。"八个明确"是指导思想层面的表述,讲的是怎么看,回答的是新时代坚持和发展什么样的中国特色社会主义的问题;"十四个坚持"是行动纲领层面的表述,讲的是怎么办,回答的是新时代怎样坚持和发展中国特色社会主义的问题。把这两者融为一体,恰恰体现了习近平新时代中国特色社会主义思想理论与实践相统一、战略与战术相结合的理论特色,为我们从纷繁复杂的事物表象中把准脉搏、掌握规律,不断提高攻坚克难、驾驭复杂局面的能力,提供了行动指南和方法论指引。

这一科学理论体系博大精深,好比一棵参天大树,扎根沃土、主干道劲、枝繁叶茂。仔细领悟、反复研之,我们深深地感受到蕴藏其中的真理力量、信仰味道和思想光芒。

三、伟大的历史性贡献

2017年年初以来,一个由北大留学生拍摄的《歪果仁研究协会》短视频节目在网上火了。他们"海采"外国人爱上中国的理由:"手机在手,天下我有""移动支付,领先全球""共享单车,说走就走""中国高铁,圈粉世界"……中国正在发生着让世界称奇的变化。

气象更新遍人间,生机勃勃满神州。5年来,从城市到农村,从沿海到内地,从塞外到江南,处处呈现出欣欣向荣的景象,中华大地正在发生震古烁今的变化。目睹这一伟大奇迹的人们不禁要问,变化之奥秘何在?归结到一点,就在于有习近平新时代中国特色社会主义思想的强大指引。

从政治意义看,它确立了全体人民团结奋斗的新指针。有了思想上的统一才有行动上的一致。我们这么大一个国家、这么大一个政党,怎样才能团结起来、凝聚起来?根本要靠理论指引、靠思想感召。习近平新时代中国特色社会主义思想,以强大的解释力创造力凝聚力,激励着全党全国各族民朝着共同的目标昂扬奋进,成为人们心中永远的"主心骨""定盘星"。实践证明并将继续证明,只有这一思想,而没有别的什么思想,能够解决中国特色社会主义、中华民族的前途命运问题。

从历史意义看,它引领中华民族前所未有地接近伟大复兴的目标。历史的大潮有多么波澜壮阔,理论的意义就有多么深邃久远。100多年来,无数中华儿女为了实现民族复兴前赴后继、接续奋斗,汇成了一部创造历史的壮阔史诗。习近平新时代中国特色社会主义思想,聚焦"从哪里来、到哪里去"的历史追问,系统阐述了民族复兴的深刻内涵、历史方位、实现路径和战略步骤,使我们实现了精神上的完全主动、战略上的完全主动,为实现中华民族伟大复兴的中国梦提供了强大精神力量,标注了正确前进方向。

知识问答

问:学习贯彻习近平新时代中国特色社会主义思想怎样既把握精髓要义又把握发展脉络?

答:习近平新时代中国特色社会主义思想是植根中国大地、符合中国实际、具有中国气派的科学理论,是顺应时代要求、响应人民心声、遵循执政规律的科学理论。学习贯彻习近平新时代中国特色社会主义思想,既要准确把握它的历史地位、精髓要义和实践要求也要科学把握它的理论渊源和发展脉络,更加坚定实现中华民族伟大复兴中国梦的信心和决心。

从理论意义看,它开辟了马克思主义新境界。老祖宗不能丢,又要讲新话,这是我们党对待马克思主义的基本态度。

习近平新时代中国特色社会主义思想,既毫不动摇地坚持马克思主义立场观点方法,遵循科学社会主义基本原则,又弘扬与时俱进的理论品格。这一科学理论体系以新理念新思想新战略,写出了马克思主义的新版本,实现了马克思主义基本原理与中国具体实际相结合的又一次飞跃,为发展21世纪马克思主义、当代中国马克思主义做出了历史性贡献。

从实践意义看,它指引着中国特色社会主义不断创造新辉煌。思想领先是最重要的领先。5年来,正是在这一伟大理论的指引下,社会主义中国各方面发生着最深刻的巨变,各领域焕发出最蓬勃的生机和活力,中国以前所未有的自信姿态巍然屹立在世界东方,亿万人民前所未有地感受到了作为中国人的骄傲和自豪。对于这一点,置身这个伟大时代的每个人都有切身体会。

从世界意义看,它贡献了推动世界发展的新方案。当今世界发展走到了一个新的十字路口,人类该往何处去?有人这样比喻:"这个世界生病了。"有的国家"病急乱投医",有的国家兜售所谓的"灵丹妙药"……结果病情非但没有好转,反而加重,全世界都在渴求济世药方。习近平新时代中国特色社会主义思想准确把脉,为解决世界发展问题开出了良方,不仅给世界上那些既希望加快发展又希望保持自身独立性的国家和民族提供了新的路径指引,而且给人类文明思想宝库增添了绚丽夺目的瑰宝。

四、新思想指引新征程

理论创新定航标,理论武装起新潮。无论是企业工厂还是田间地头,无论是机关学校还是街道社区,无论是边关哨所还是驻外使馆,无论是报纸杂志还是"两微一端"……全国上下学习热情高涨,处处都能感受到学习习近平新时代中国特色社会主义思想的浓厚氛围。在如火如荼的学习中,我们欣喜地看到,这一科学理论正日益深入人心,转化为广大干部群众的自觉行动。

领导干部带头学。真学真懂是真信真用的前提。只有真正学深悟透,才能增强理论认同和实践自觉。要坚持以领导干部为重点,以党委(党组)理论学习中心组为载体,抓好这一"关键少数"的学习,从而带动全党全社会不断把学习引向深入。发扬学到底、悟到位的精神,读原著、学原文、悟原理、原原本本、原汁原味地学,深刻认识这一思想在理论上的突破创新、在实践上的科学指导作用,不断往深里走、往实里走、往心里走,真正领会好科学体系、精神实质、重大意义和实践要求,做到学思用贯通、知信行统一,自觉用马克思主义中国化最新成果武装头脑、指导实践、推动工作。

宣传普及要深入。理论只有生动才能感染人。近来,"学习小组""习进行时"以及《厉害了,我们的新时代》《社会主义"有点潮"》《凡事说理》等一批微信公众号、网上专栏和电视节目,如雨后春笋般竞相涌现,以通俗易懂、生动活泼的方式普及理论,产生了很好的效果。要深入总结这些宣传普及的好经验好做法,运用现代媒体传播手段,推出更多喜闻乐见、形式多样的理论文章、通俗读物和微视频、微平台、理论电视片,更好地析事明理、解疑释惑,使习近平新时代中国特色社会主义思想更加入脑入心。

联系实际要落地。理论联系实际,是我们党的优良学风。要紧密联系新时代中国特色社会主义生动实践学,联系我们正在做的工作实际学,联系党员干部群众的思想实际学,努力学以致用、用以促学、学用相长。学习的目的全在运用。要把学习的成效切实转化为坚定拥戴核心、忠诚紧跟领袖的高度自觉,往深里转化为夺取决胜全面建成小康社会伟大胜利、开启全面建设社会主义现代化国家新征程的具体行动,转化为研究新情况、解决新问题的实际能力,转化为昂扬向上、实干兴邦的精神状态。

理论大潮,滚滚向前。新时代提出新课题,新课题催生新理论,新理论引领新实践。一个古老而又年轻的中国,从历史深处走来,昂首迈入新时代,必将在习近平新时代中国特色社会主义思想的指引下,在中华民族伟大复兴的征程中绘就更加壮美的画卷。

第三节　新时代中国共产党的历史使命

在上海中共一大会址重温誓词,在嘉兴南湖红船追溯初心……党的十九大闭幕仅一周,习近平总书记就带领新一届中共中央政治局常委,专程来到我们党梦想启航的地方,沿着早期共产党人的足迹,探寻我们党的根脉。这次回望和追寻,充分彰显了新一届中央领导集体为实现中华民族伟大复兴接续奋斗的强烈使命担当,赢得了广大人民群众的真心点赞。

不忘初心,方得始终。97年前,中国共产党肩负起伟大历史使命从这里出发,一代代共产党人笃定目标、接续前行,不断开拓中华民族伟大复兴的光明前景。党的十九大报告深情回顾了我们党为完成历史使命走过的艰辛历程,号召全党为完成新时代中国共产党的历史使命而团结奋斗。

一、党的最高理想和最终目标

1921年6月29日,老一辈革命家谢觉哉在日记中写道:"午后六时,叔衡往上海,偕行者润之,赴全国○○○○○之招。"为避免反动派搜查,中共一大会址纪念馆用5个圆圈代指"共产主义者"。发端于上海石库门的"全国共产主义者之招",吸引了无数优秀中华儿女义无反顾投身党的事业,矢志不渝为共产主义奋斗终身。

共产主义是人类最崇高的社会理想,寄托着人类关于美好未来的全部情愫和渴望。共产主义是一种科学思想,它的提出犹如一次壮丽日出,照亮了人类通向理想社会的康庄大道。共产主义也是一种现实运动,深刻改变了世界历史的走向,改变了亿万人民的悲惨命运,迎来了人类解放的光明前景。中国共产党一经成立,就把实现共产主义作为最高理想和最终目标,把为中国人民谋幸福、为中华民族谋复兴作为初心和使命。在97年波澜壮阔的历史进程中,我们党始终把共产主义远大理想同国家前途命运紧紧统一起来,把共产主义坚定信仰同人民幸福生活紧紧联系在一起。

共产主义犹如磐石,是中国共产党人的崇高信仰。理想之光不灭,信念之光不灭。中国共产党之所以叫共产党,就是因为我们党始终把共产主义作为不懈追求的远大理想。近一个世纪以来,共产主义始终是我们党须臾不可忘却的信仰,激励着一代又一代共产党人英勇奋斗,成千上万的烈士为了这个理想献出了宝贵生命。"敌人只能砍下我们的头颅,决不能动摇我们的信仰",如此视死如归、大义凛然的誓言生动表达了共产党人对远大理想的坚贞。可以说,我们党几经挫折而不断奋起,历尽苦难而淬火成钢,归根到底在于心中的远大理想和革命信念始终坚定执着,始终闪耀着火热的光芒。

共产主义就像明灯,是实现民族复兴的科学指引。共产主义作为人类社会最高形态,揭示了人类社会发展的必然趋势,标明了人类社会从低级到高级、从落后到进步的历史进程。实现共产主义是我们党的最高纲领,也是实现中华民族伟大复兴的指路明灯。美好未来映照前进方向,崇高目标凝聚磅礴力量。在共产主义的光辉旗帜下,中华民族从站起来、富起来到强起来的步伐更加激情豪迈、铿锵有力。

知识问答

问:中国共产党的初心和梦想及"四个伟大"的关系?

答:

1. 建党初心矢志不渝,红船精神历久弥新。

2. 信仰之光,犹如黑暗中的明灯,照亮人们前行的道路;信仰之塔,恰似大海里的航标,指引巨轮远航的方向。

3. 实现中华民族伟大复兴,要用梦想领航,用旗帜指引,用信念定向,用价值凝魂,用实干成就,形成追梦逐梦圆梦的磅礴力量。

4. 伟大梦想是总牵引,伟大斗争是总抓手,伟大工程是总保证,伟大事业总任务。

共产主义好比愿景,是激励人们奋斗的美好向往。人民有信仰,国家有力量,民族有希望。共产主义对理想社会做出了生动描绘,比如生产力高度发展,物质极大丰富,人们精神觉悟极大提高,彻底消灭剥削,消除两极分化,实现人的全面而自由的发展。《共产党宣言》告诉人们,共产主义是"绝大多数人的、为绝大多数人谋利益的独立的运动"。这项伟大的事业必将激励一代又一代的中华儿女为之不懈努力,为创造属于自己的美好生活而接续奋斗。

共产主义不是一蹴而就的,而是分阶段实现的,是一个由低级向高级不断发展的过程。我们坚持和发展中国特色社会主义,就是在社会现实中不断增加共产主义的因素,向人类最崇高的社会理想不断靠近。要深刻认识共产主义远大理想和中国特色社会主义共同理想的辩证关系,既不能离开发展中国特色社会主义事业、实现民族复兴的现实工作而空谈远大理想,也不能因为实现共产主义是一个漫长的历史过程就讳言甚至丢掉远大理想。因此,我们必须坚定中国特色社会主义共同理想,不断增强"四个自信",脚踏实地,接续奋斗,朝着远大目标不断前进。

二、勇担民族复兴的历史重任

中华民族是世界上伟大的民族,在5 000多年的历史长河中,创造了灿烂瑰丽的中华文明,为人类文明进步做出了不可磨灭的贡献。鸦片战争后,中国遭受了千年未有之变局,陷入内忧外患的黑暗境地,国家积贫积弱,社会战乱不已,生灵涂炭。为了实现中华民族伟大复兴,无数仁人志士奋起寻求救国救民、振兴中华的道路,但都壮志未酬,终究未能改变旧中国的社会性质和中国人民的悲惨命运。

1921年,中国共产党登上了历史的舞台,这是开天辟地的大事变。从此,中国革命的面貌焕然一新,中国人民谋求民族独立、人民解放和国家富强、人民幸福的斗争就有了主心骨,中国人民就从精神上由被动转为主动。无数的共产党人义无反顾肩负起实现中华民族伟大复兴的历史使命,团结带领人民进行了艰苦卓绝的斗争,谱写了气吞山河的壮丽史诗。

在风雨如磐的革命岁月,"为有牺牲多壮志"是中国共产党人为民族解放使命担当的鲜明写照。据不完全统计,从1921年到1949年,我们党领导的革命队伍中,有名可查的烈士就达370多万名。这在世界政党史上绝无仅有,没有哪个政党能像中国共产党这样为了完成使命付出如此巨大的牺牲。经过28年的浴血奋战,我们党团结带领人民取得了新民主主义革命的胜利,推翻压在中国人民头上的帝国主义、封建主义、官僚资本主义"三座大山",完成了民族独立和人民解放的历史任务,实现了中国从几千年封建专制统治向人民民主的伟大飞跃。

在筚路蓝缕的建设时期,"敢教日月换新天"是中国共产党人为国家建设使命担当的生动注脚。成千上万的英雄模范人物,公而忘私、殚精竭虑,投身新中国热火朝天的建设事业。经过艰苦卓绝的不懈探索,我们党团结带领人民完成社会主义革命,确立社会主义基本制度,为当代中国一切发展进步奠定了根本政治前提和制度基础,实现了中华民族由近代不断衰落到根本扭转命运、持续走向繁荣富强的伟大飞跃。

在春潮涌动的改革年代,"会当水击三千里"是中国共产党人为国家富强使命担当的集中体现。无数共产党人以"敢为天下先"的开拓精神,勇立时代潮头,推动改革开放从农村到城市,从沿海到内地,从经济领域到政治、文化、社会、生态等各方面,使中国大踏步赶上时代。经过锐意进取的改革创新,我们党团结带领人民开辟了中国特色社会主义道路,破除阻碍国家和民族发展的一切思想和体制障碍,使中国人民的面貌、社会主义中国的面貌、中国共产党的面貌发生了历史性变化。

"莽莽神州,已倒之狂澜待挽;茫茫华夏,中流之砥柱伊谁?"百年的使命担当,百年的奉献牺牲,百年的砥砺前行,百年的沧桑巨变,以无可辩驳的事实向世人证明,中国共产党无愧于历史、无愧于人民、无愧于时代,是实现中华民族伟大复兴历史使命的合格担当者!只有回看走过的路、比较别人的路、远眺前行的路,弄清楚我们从哪儿来、往哪儿去,很多问题才能看得深、把得准,才能创造新的辉煌。

三、为民族复兴接续奋斗

1930年,毛泽东同志在《星星之火,可以燎原》中写道:"它是站在海岸遥望海中已经看得见桅杆尖头了的一只航船,它是立于高山之巅远看东方已见光芒四射喷薄欲出的一轮朝日……"今天,我们比历史上任何时期都更接近、更有信心和能力实现中华民族伟大复兴的目标。这个伟大梦想,是已经看得见桅杆尖头的航船,是已见光芒四射喷薄欲出的朝日。越是接近目标越需要再接再厉,全党为了实现中华民族伟大复兴必须统筹推进"四个伟大",为之付出更为艰苦的努力。

伟大斗争逐梦。"看似寻常最奇崛,成如容易却艰辛。"实现中华民族伟大复兴,是一条充满风险、面临挑战的拼搏之路。前面还有许多"雪山""草地"等待我们去跨越,有许多"娄山关""腊子口"需要我们去征服,任何贪图安逸、消极懈怠、回避矛盾的思想和行为都会使实现梦想的努力功亏一篑。我们要充分认识具有许多新的历史特点的伟大斗争的长期性、复杂性、艰巨性,以昂扬的斗志和无畏的精神,做到"五个更加自觉"不断夺取伟大斗争新胜利,为通往伟大梦想铺就一条壮阔坦途。

伟大工程筑梦。在近百年的筑梦路上,中国共产党始终是实现中华民族伟大复兴的先锋和脊梁。历史已经证明并将继续证明,没有中国共产党的领导,民族复兴必然是空想。实现伟大梦想是一项长期而艰巨的历史任务,对我们党提出了全方位、整体性的挑战。这就要求我们深入推进党的建设新的伟大工程,不断增强党的政治领导力、思想引领力、群众组织力、社会号召力,把党建设得更加坚强有力。唯有如此,我们党才能在新的历史征程中交出优异的答卷,谱写民族复兴更加辉煌的篇章。

问:什么是"五个更加自觉"?
答:
1. 全党要更加自觉地坚持党的领导和我国社会主义制度,坚决反对一切削弱、歪曲、否定党的领导和我国社会主义制度的言行。
2. 更加自觉地维护人民利益,坚决反对一切损害人民利益、脱离群众的行为。
3. 更加自觉地投身改革创新时代潮流,坚决破除一切顽瘴痼疾。
4. 更加自觉地维护我国主权、安全、发展利益,坚决反对一切分裂祖国、破坏民族团结和社会和谐稳定的行为。
5. 更加自觉地防范各种风险,坚决战胜一切在政治、经济、文化、社会等领域和自然界出现的困难和挑战。

伟大事业圆梦。经过改革开放以来的不懈努力,中国特色社会主义在中华大地生根发芽、开枝展叶,收获了累累硕果,创造了一个个彪炳史册的人间奇迹,使古老中国焕发出勃勃生机,使中国人民前所未有地接近民族复兴伟大梦想。抚今追昔,我们由衷地感到,这条道路是通往美好生活的必由之路,这个理论体系是照亮前进方向的耀眼灯塔,这套制度是保障发展进步的坚强守护,这种文化是凝魂聚气的精神纽带。我们有理由也必须坚定中国特色社会主义道路自信、理论自信、制度自信、文化自信,不为任何风险所惧,不为任何干扰所惑,使中华"复兴号"列车始终沿着正确的轨道前进,承载着人们对美好生活的期望驶向更加灿烂的明天。

知识问答

问:为什么说中国共产党是中华民族伟大复兴事业的推动者、引领者、实践者?

答:一部中国共产党的历史,就是中国共产党人为实现中华民族伟大复兴而不懈奋斗的历史。中国共产党是中华民族伟大复兴事业的推动者、引领者、实践者。为了实现中华民族伟大复兴的历史使命,无论是弱小还是强大,无论是顺境还是逆境,我们党都初心不改、矢志不渝,团结带领人民历经千难万险,付出巨大牺牲敢于面对曲折勇于修正错误,攻克了一个又一个看似不可能攻克的难关,从胜利走向胜利。

伟大斗争、伟大工程、伟大事业、伟大梦想紧密联系、相互贯通、相互作用,是一个有机统一的整体。伟大梦想指引正确方向,为伟大斗争、伟大工程、伟大事业提供领航导向;伟大斗争昭示担当精神,为伟大工程、伟大事业、伟大梦想扫除障碍、提供牵引;伟大工程锻造领导力量,为伟大斗争、伟大事业、伟大梦想提供坚强保证;伟大事业宣示道路旗帜,为伟大斗争、伟大工程、伟大梦想开辟前进路径。在"四个伟大"中,起决定性作用的是党的建设新的伟大工程。在新时代,我们要把伟大斗争、伟大工程、伟大事业、伟大梦想贯通起来理解、协同起来贯彻,在坚持和发展中国特色社会主义伟大实践中不断创造新的辉煌业绩。

万水千山不忘来时路,树高千尺根深在沃土。一个不记得来路的民族,是没有出路的民族;一个忘记初心的政党,是没有前途的政党。从一叶扁舟到巍巍巨轮,从数十名到 8 900 多万名党员,即将跨越百年的中国共产党恰是风华正茂。只要不忘初心、牢记使命、顽强奋斗,永远年轻的中国共产党就一定能团结带领亿万人民,掌舵"中华号"巨轮劈波斩浪,胜利驶向美好的未来。

第四节　新时代中国特色社会主义发展的战略安排

1949 年,毛泽东同志在天安门城楼上庄严宣告中华人民共和国中央人民政府成立。中国人民站起来了,中华民族从此开启现代化的百年新航程。到 21 世纪中叶,我们将全面建成社会主义现代化强国,实现现代化的伟大目标。百年的矢志不渝,百年的接续奋斗,中华儿女在挫折中奋起、在变革中图强,奋力书写出恢宏的现代化壮美诗篇。

进入新时代,中国特色社会主义已经成功走完了现代化的"前半程",站在了一个新的起点上。党的十九大对未来 30 多年现代化的"后半程"进行了战略安排,提出决胜全面建成小康社会、基本实现现代化,进而全面建成社会主义现代化强国,描绘了全面建设社会主义现代化国家新征程的美好前景。

一、擘画新征程的宏伟蓝图

170多年前,鸦片战争的炮火轰开了中国闭关锁国的大门,震醒了"天朝上国"的美梦,由此开启了艰苦追寻现代化的进程,各种救亡图强的方案竞相登场。无论是洋务运动的"中体西用",还是"百日维新"的昙花一现;无论是"预备立宪"的草草收场,还是辛亥革命的"民主共和",都没有找到开启现代化大门的钥匙,最终难免被历史大潮淘汰的宿命,黯然落幕,惨淡离场。

知识问答

问:怎样理解制定发展战略是我们党治国理政的一条重要经验?

答:我们党治国理政的一条重要经验,是根据不同发展阶段制定相应发展战略,一届接着一届办、一代接着一代干。党的十九大提出的"两步走"战略,把基本实现社会主义现代化的目标提前了15年,对第二个百年奋斗目标的表述更加完整,勾画了我国社会主义现代化建设的时间表、路线图,意义十分重大。

中国共产党的诞生,犹如黑暗中的一道闪电,划破了旧中国漆黑的夜幕,照亮了中国通往现代化的前进道路。在28年的浴血奋战中,无数中国共产党人怀着扶大厦于将倾之时、救国家于危亡之际的民族大义,抛头颅、洒热血,用鲜血和生命铸就了一条国家独立、民族解放的光辉之路。正是在中国共产党的领导下,我们才取得了新民主主义革命的胜利,推翻了"三座大山",建立了新中国,走上了现代化的康庄大道。

现代化的漫漫长路,好比一场接力赛,从站起来到富起来再到强起来,需要一棒传一棒、一代接一代,前赴后继、不断努力。在不同发展时期,我们党总能因时而变、随事而制,确立一个又一个新目标,激励人们团结一致、携手奋进。中华人民共和国成立初期,我们党明确提出实现"四个现代化",把我国建设成为社会主义强国的任务和目标。改革开放后,我们党对我国社会主义现代化建设做出战略安排。1987年,党的十三大提出"三步走",引领从温饱到小康的历史性跨越。1997年,党的十五大谋划新的"三步走",确定到2010年、建党100年和中华人民共和国成立100年的发展目标,锚定21世纪中叶基本实现现代化。经过中华人民共和国成立近70年特别是改革开放40年的不断积累,我们迈上了一个更高的发展台阶,迎来了现代化的光明前景。

知识问答

问：党的十三大提出的中国经济建设"三步走"战略部署是什么？

答：1987年10月，党的十三大提出中国经济建设"三步走"的战略部署：第一步目标，1981年到1990年实现国民生产总值比1980年翻一番解决人民的温饱问题，这在20世纪80年代末已基本实现；第二步目标，1991年到20世纪末国民生产总值再增长1倍，人民生活达到小康水平；第三步目标，到21世纪中叶人均国民生产总值达到中等发达国家水平，人民生活比较富裕，基本实现现代化。

问：党的十五大提出新的"三步走"战略是什么？

答：党的十五大提出新的"三步走"战略：展望21世纪，我们的目标是，第一个十年实现国民生产总值比2000年翻一番，使人民的小康生活更加宽裕，形成比较完善的社会主义市场经济体制；再经过十年的努力，到建党100年时，使国民经济更加发展各项制度更加完善；到21世纪中叶中华人民共和国成立100年时，基本实现现代化，建成富强民主文明的社会主义国家。

百年征途谋新篇，雄心壮志启新程。党的十九大高瞻远瞩地擘画了到21世纪中叶之前中国发展的战略安排，为今后30多年全面建设社会主义现代化国家规划了路线图。从现在到2020年，是全面建成小康社会决胜期。在此基础上，分两个阶段来实现第二个百年奋斗目标。从2020年开始再奋斗15年，到2035年基本实现社会主义现代化；从2035年到21世纪中叶，在基本实现现代化的基础上，再奋斗15年，把我国建成富强民主文明和谐美丽的社会主义现代化强国。这个宏伟的战略安排，吹响了决胜全面建成小康社会、夺取新时代中国特色社会主义伟大胜利的冲锋号，激励全体人民朝着伟大目标奋勇前进。

二、决胜全面建成小康社会

小康，是千百年来中国人民梦寐以求的社会理想。到2020年全面建成小康社会，是中国共产党向历史和人民做出的庄严承诺，是我们党建党以来不懈追求的奋斗目标，是实现中华民族伟大复兴征程中一座重要的里程碑。现在，离这个宏伟目标实现只剩下3年，胜利在望，成功在即。百年目标、千年夙愿即将变为现实，我们无比振奋，为之欢欣鼓舞。

决胜阶段最关键，冲锋时刻愈奋勇。全面建成小康社会已到了一鼓作气、决战决胜的历史节点。党的十九大对今后3年全面建成小康社会的各项工作做出安排部署，提出一系列明确的任务和要求。夺取全面建成小康社会的最后胜利，时间紧迫、任务繁重，需要以时不我待、只争朝夕的精神状态不懈奋斗。必须举全党全国之力，紧扣我国社会主要矛盾变化，综合施策、精准发力,突出抓重点、补短板、强弱项,特别是要坚决打好防范化解重大风险、精准脱贫、污染防治三大攻坚战,推动经济社会持续健康发展,确保全面建成小康社会完美收官。

知识问答

问:为什么说全面建成小康社会是社会主义现代化进程中一座重要里程碑?

答:全面建成小康社会与基本实现现代化之间,在时间上紧密衔接,在各项事业发展上全面对接,是承前启后、继往开来的关系。如期实现全面建成小康社会目标,标志着我们跨过了现代化建设第三步战略目标必经的承上启下的重要发展阶段,对于顺利开启全面建设社会主义现代化国家新征程意义十分重大。

防控风险。"安而不忘危,存而不忘亡,治而不忘乱。"2020年全面建成小康社会,可能是我国发展面临的各方面风险不断积累甚至集中显露的时期。必须增强风险防控意识,提高风险防控能力,有效防范各种风险的冲击,防止外部风险演化为内部风险,防止经济金融风险演化为政治社会风险,防止个体风险演化为系统性风险。增强忧患意识、防范风险挑战要一以贯之。

精准脱贫。截至2017年年底,全国贫困人口还有约3 000万人,其中相当一部分居住在艰苦边远地区,处于深度贫困状态,属于脱贫攻坚要啃的"硬骨头"。剩余的脱贫任务量虽变小,但难度增大。必须集中力量攻关,调动各方力量,采取多种措施,以解决突出制约问题为重点,以重大扶贫工程和到村到户帮扶措施为抓手,以补短板为突破口,强化支撑保障体系,加大政策倾斜力度,确保贫困地区和贫困群众同全国人民一道进入全面小康社会。

知识问答

问:决胜全面建成小康社会三大攻坚战的重点任务是什么?

答:2017年12月召开的中央经济工作会议提出,今后3年要重点抓好决胜全面建成小康社会的防范化解重大风险、精准脱贫、污染防治三大攻坚战。

1. 打好防范化解重大风险攻坚战重点是防控金融风险,要服务于供给侧结构性改革这条主线,促进形成金融和实体经济、金融和房地产、金融体系内部的良性循环,做好重点领域风险防范和处置,坚决打击违法违规金融活动,加强薄弱环节监管制度建设。

2. 打好精准脱贫攻坚战要保证现行标准下的脱贫质量,既不降低标准,也不吊高胃口,瞄准特定贫困群众精准帮扶,向深度贫困地区聚焦发力激发贫困人口内生动力,加强考核监督。

3. 打好污染防治攻坚战,要使主要污染物排放总量大幅减少,生态环境质量总体改善,重点是打赢蓝天保卫战,调整产业结构,淘汰落后产能,调整能源结构,加大节能力度和考核,调整运输结构。

污染防治。目前，我国环境形势依然严峻，大气、水、土壤等污染问题仍较突出，垃圾围城、垃圾围村现象仍较普遍，人民日益增长的优美生态环境需要还不能得到有效满足。必须牢固树立绿色发展理念，坚持节约优先、保护优先、自然恢复为主，加快产业结构优化升级，优化国土空间开发格局，着力解决损害群众健康、社会反映强烈的突出环境问题，创造宁静、和谐、美丽的绿色家园。

三、基本实现现代化是什么样

1987年，党的十三大提出了到21世纪中叶基本实现社会主义现代化战略目标。党的十九大提出，到2035年基本实现社会主义现代化，比原定时间足足提前了15年。这一重大战略调整，是适应我国发展实际和趋势做出的必然选择，彰显了新时代中国特色社会主义的充足底气和强大自信。

知识问答

问：基本实现社会主义现代化的决心和信心是什么？

答：

1. 百年奋斗，胜利在望；百尺竿头，更进一步。

2. 30年不长，时不我待；中国梦不远，只争朝夕。

3. 战略一小步，复兴一大步；齐心为国家，聚力现代化。

4. 发展战略阶阶进，芝麻开花节节高。

5. 三分战略，七分执行。不落实，再好的蓝图只能是一纸空文，再美的夙愿只能是空中楼阁。

那么，基本实现社会主义现代化是什么样？概而言之，就是经济建设、政治建设、文化建设、社会建设和生态文明建设"五位一体"，都要达到基本实现现代化的目标。

现代化经济体系基本建成。到那时，我国经济实力、科技实力将大幅跃升。发展空间格局得到优化，经济将保持中高速增长、产业迈向中高端水平，经济发展实现由数量和规模扩张向质量和效益提升的根本转变，经济活力明显增强，形成若干世界级先进制造业集群，全要素生产率明显提升。在2020年建成创新型国家之后，到2035年跻身创新型国家前列。

国家治理体系和治理能力现代化基本实现。到那时，人民平等参与、平等发展权利得到充分保障，法治国家、法治政府、法治社会基本建成。一方面，党的领导、人民当家做主、依法治国达到高度有机统一，人民代表大会和协商民主制度更加完善，人民民主更加充分发展；另一方面,依法治国得到全面落实,科学立法、严格执法、公正司法、全民守法的局面基本形成。

社会文明程度达到新的高度。到那时,全体人民的文化自信、文化自觉和文化凝聚力不断提高,国家文化软实力显著增强。中国梦和社会主义核心价值观深入人心,爱国主义、集体主义、社会主义思想广泛弘扬,公共文化服务体系、现代文化产业体系和市场体系基本建成,人民思想道德素质、科学文化素质、健康素质明显提高。中外文化交流更加广泛,中华文化走出去达到新水平。

全体人民共同富裕迈出坚实步伐。到那时,我国进入高收入国家行列,人民生活更为宽裕,现代社会治理格局基本形成。基本实现基本公共服务均等化,实现幼有所育、学有所教、劳有所得、病有所医、老有所养、住有所居、弱有所扶的美好愿景,人均预期寿命和国民受教育程度达到世界先进水平。实现政府治理和社会调节、居民自治良性互动,人民获得感、幸福感、安全感更加充实、更有保障、更可持续,社会充满活力又和谐有序。

美丽中国目标基本实现。到那时,生态文明制度更加健全,生态环境根本好转。基本建立清洁低碳、安全高效的能源体系和绿色低碳循环发展的经济体系,基本形成绿色发展的生产方式和绿色低碳的生活方式,基本建立生态安全屏障体系,大气、水、土壤等环境状况明显改观。我国碳排放总量将在2030年左右达到峰值后呈现下降态势,在应对全球气候变化和促进绿色发展中发挥重要作用。

四、社会主义现代化强国的美丽图景

1954年,毛泽东同志曾说过:"我们有充分的信心,克服一切艰难困苦,将我国建设成为一个伟大的社会主义共和国。我们正在前进。我们正在做我们的前人从来没有做过的极其光荣伟大的事业。"60多年后的今天,伟大的憧憬已经看得见曙光,当我们重温这段话时,由衷地感到鼓舞和振奋,激发"唤起工农千百万,同心干"的豪情壮志。

到21世纪中叶,我国将全面建成富强民主文明和谐美丽的社会主义现代化强国,物质文明、政治文明、精神文明、社会文明和生态文明将全面提升。到那时,中国将是一幅什么样的美丽图景?

国力鼎盛。我国社会生产力水平大幅提高,核心竞争力名列世界前茅,经济总量和市场规模超越其他国家,全面建成社会主义现代化强国,成为综合国力和国际影响力领先的国家。国民素质显著提高,中国精神、中国价值、中国力量成为中国发展的重要影响力和推动力。

制度定型。实现国家治理体系和治理能力现代化,是社会主义现代化强国的制度基础。未来30多年我国深化改革开放的目标,就是进一步革除体制机制弊端,在各领域、各方面加强制度建设,最终形成一套比较成熟、完整、定型的制度体系。坚持依法治国和以德治国有机结合,形成又有集中又有民主、又有纪律又有自由、又有统一意志又有个人心情舒畅生动活泼的政治局面。

  人民幸福。我国城乡居民将普遍拥有较高的收入、富裕的生活、健全的基本公共服务,享有更加幸福安康的生活,全体人民共同富裕基本实现,公平正义普遍彰显,社会充满活力而又规范有序。天蓝、地绿、水清的优美生态环境成为普遍常态,开创人与自然和谐共生新境界。

  世界强国。我国作为具有悠久历史的文明古国,将焕发出前所未有的生机活力,对构建人类命运共同体、推动世界和平与发展将做出更大贡献,中华民族将以更加昂扬的姿态屹立于世界民族之林。

  "千红万紫安排著,只待新雷第一声。"拥有960多万平方公里土地、5 000多年灿烂文明、13亿多人口的泱泱大国,夺取新时代中国特色社会主义伟大胜利、全面建成社会主义现代化强国,具有无比广阔的时代舞台,具有无比深厚的历史底蕴,具有无比强大的前进定力。我们完全有信心、有理由相信,伟大目标一定要实现、一定能够实现。

本章思考

1. 如何理解新时代中国特色社会主义理论体系的科学内涵?
2. 如何理解新时代中国共产党的历史使命?
3. 如何表述社会主义现代化强国的美丽图景?

思考题

1. 习近平新时代中国特色社会主义思想的历史性贡献是什么?
2. 中国共产党为什么能够勇担民族复兴的历史重任?
3. 为什么说全面建成小康社会到了决胜阶段的关键期?

第三章
Chapter 3

全面深化改革，"四化"同步发展

要点提示

◆ 全面深化改革的重要意义
◆ "新四化"的内涵与现状
◆ 全面深化改革，促进"新四化"蓬勃发展

开篇阅读

中国的改革从党的十一届三中全会起，至今已经走过40年历程。国家的发展水平进入了中等收入国家的行列。在这个新的历史节点上，习近平总书记做出了"四个全面"的战略部署。其中的重要方面是全面深化改革。我们需要站在全局和历史的高度，明确全面深化改革的战略布局，尤其要明确当前的全面深化改革与过去40年的改革既有延续性，更有新的内容。同时要对所涉及的各项改革在全面深化改革的总体框架中正确定位。只有这样，才能推动新时期的改革步入新的高度。

中国农村改革的成就举世瞩目。农村初步形成了维护农民经济利益、有利于资源优化配置的社会主义市场经济体制，即建立了以家庭承包经营为基础、统分结合的双层经营体制，开始了农村工业化、城市化的进程，努力构建多元化、竞争性的农村金融体系，逐步提高农民进入市场的组织化程度，逐步放开了农产品市场。要深化农村改革，就要落实中共中央十八届三中全会通过的《中共中央关于全面深化改革若干重大问题的决定》，在经济上保障农民的物质利益，在政治上尊重农民的民主权利，继续解放和发展农业与农村的生产力。党的十九大报告提出实施乡村振兴战略。必须始终把解决好"三农"问题作为全党工作重中之重。构建现代农业产业体系、生产体系、经营体系，完善农业支持保护制度，发展多种形式适度规模经营，培育

新型农业经营主体,健全农业社会化服务体系,实现小农户和现代农业发展有机衔接。

十八大报告提出信息化、工业化、城镇化、农业现代化"四化同步"发展,强调四化融合形成新的发展合力。"新四化"在新时期提出了新要求,建立健全城乡融合发展体制机制和政策体系,加快推进农业农村现代化。

第一节 全面深化改革的重要意义

一、全面深化改革的历史必然性和现实紧迫性

理解和认识全面深化改革的历史必然性和现实紧迫性,需要从理论和历史、现在和未来全面把握。

(一)理论和历史:中国特色社会主义在改革中产生和发展

社会主义社会不是一成不变的,同其他社会一样,社会主义也是在生产力和生产关系、经济基础和上层建筑的矛盾运动中发展的。但与阶级斗争是阶级社会发展的直接动力不同,社会主义社会发展的直接动力是改革。

社会主义社会基本矛盾和直接发展动力理论是中国共产党人的贡献。马克思、恩格斯科学阐明了人类社会基本矛盾运动的一般规律及其在一些社会形态尤其是资本主义社会中的运动形式,但没有具体分析社会主义社会的矛盾问题。毛泽东以中国的实践经验为基础,运用马克思主义基本原理,全面阐述了社会主义社会的矛盾,形成了比较系统的理论。概括起来主要有:社会主义社会仍然存在着生产关系和生产力之间的矛盾、上层建筑和经济基础之间的矛盾,它们是推动社会主义社会不断前进的根本动力。

邓小平充分肯定了毛泽东关于社会主义社会基本矛盾的理论,他说:"关于基本矛盾,我想现在还是按照毛泽东同志在《关于正确处理人民内部矛盾的问题》一文中的提法比较好。"同时,又进一步指出:"当然,指出这些基本矛盾,并不就完全解决了问题,还需要就此作深入的具体的研究。"党的十一届三中全会以后,他在总结历史经验教训的基础上,对社会主义社会的基本矛盾,特别是社会主义初级阶段的主要矛盾状况进行了深入思考,在新的实践中丰富和发展了这一理论,提出了改革是社会主义社会发展直接动力的思想,强调革命是解放生产力,改革也是解放生产力,为改革开放提供了理论基础。

改革开放开创和发展了中国特色社会主义,使社会主义在中国呈现出勃勃生机。改革开放40年来,党带领人民锐意改革,在各个领域、各个层面为生产力发展扫清障碍,极大地解放和发展了社会生产力,变革之深、影响之广前所未有,成就举世瞩目。在世界经济年均增速

2.8%的情况下,我国经济保持了年均近两位数的增长速度,成为世界第二大经济体、第一大贸易国,人民生活从温饱不足发展到向全面小康迈进。回顾改革开放以来的历程,每一次重大改革都给党和国家发展注入了新的活力、给事业前进增添了强大动力,改革每前进一步,都推动了中国特色社会主义的发展,都深化了我们对中国特色社会主义的认识,都进一步完善了中国特色社会主义制度。十八大以来,全面深化改革取得了重大突破,蹄疾步稳推进全面深化改革,坚决破除各方面体制机制弊端。改革全面发力、多点突破、纵深推进,着力增强改革系统性、整体性、协同性,压茬拓展改革广度和深度,推出1 500多项改革举措,重要领域和关键环节改革取得突破性进展,主要领域改革主体框架基本确立。中国特色社会主义制度更加完善,国家治理体系和治理能力现代化水平明显提高,全社会发展活力和创新活力明显增强。

(二)现实和未来:改革是实现"两个一百年"目标和中华民族伟大复兴的关键一招

改革是一个国家、一个民族的生存发展之道。没有改革开放就没有当代中国的发展进步。只有社会主义才能救中国,只有改革开放才能发展中国、发展社会主义、发展马克思主义。改革只有进行时,没有完成时。党的十八大以来,以习近平同志为核心的党中央坚持马克思主义的立场、观点和方法,从社会主义实践的历史和中国特色社会主义发展的现实需要出发,把全面深化改革作为"四个全面"战略布局中具有突破性和先导性的关键环节,具有新的历史特点的伟大斗争的重要方面。

全面深化改革,是顺应当今世界发展大势的必然选择。纵观世界,变革是大势所趋、人心所向。现在世界各国正在加快推进变革,新的一轮科技革命和产业革命正在孕育兴起。在这样的形势下,要如期全面建成小康社会,实现中华民族伟大复兴,必须认清形势、居安思危、奋起直追。停顿和倒退没有出路,思想僵化、故步自封,必将被时代所淘汰。我们要顺应浩浩荡荡的历史潮流,承担起自己的历史责任,以更大的政治勇气和智慧、更有力的措施和办法推进改革。

全面深化改革,是解决中国现实问题的根本途径。改革是由问题倒逼而产生,又在不断解决问题中得以深化。同时,旧的问题解决了,新的问题又会产生,因而改革既不可能一蹴而就、也不可能一劳永逸。当前我国发展还面临一系列突出矛盾和挑战,前进道路上还有不少困难和问题。破解发展中面临的难题,化解来自各方面的风险挑战,推动经济社会持续健康发展,必须依靠全面深化改革。

全面深化改革,关系到党和人民的事业前途命运,关系党的执政基础和执政地位。中国特色社会主义进入新时代,要站在更高起点谋划和推进改革,改革要有方向、有立场、有原则。坚持什么样的改革方向,决定着改革的性质和最终的成败。全面深化改革的深刻性质和复杂性质前所未有,各种思想文化相互激荡,各种矛盾相互交织,各种诉求相互碰撞,各种力量竞相发声。在这种情况下,确保改革沿着有利于党和人民事业发展的正确方向前进就越发重要。

二、全面深化改革的总目标和方向

习近平总书记多次深刻地阐述了全面深化改革的总目标和方向,准确理解和把握其精神,对全面推进社会主义改革和坚持改革的社会主义方向具有重要的意义。

(一)改革总目标:完善和发展中国特色社会主义制度与推进国家治理体系和治理能力现代化不可分割

党的十八届三中全会通过了《中共中央关于全面深化改革若干重大问题的决定》,对全面深化改革做出了战略部署,提出全面深化改革的总目标是完善和发展中国特色社会主义制度,推进国家治理体系和治理能力现代化。

国家治理体系是在党领导下管理国家的制度体系,包括经济、政治、文化、社会、生态文明和党的建设等各领域体制机制、法律法规安排,也就是一整套紧密相连、相互协调的国家制度。国家治理能力则是运用国家制度管理社会各方面事务的能力,包括改革发展稳定、内政外交国防、治党治国治军等各个方面。推进国家治理体系和治理能力现代化的根本目的是完善和发展,而不是改变和放弃中国特色社会主义,要完善和发展中国特色社会主义,必须推进国家治理体系和治理能力现代化。不讲完善和发展中国特色社会主义制度,只讲国家治理体系和治理能力的现代化,会迷失方向;不推进国家治理体系和治理能力的现代化,中国特色社会主义很难坚持和发展。

推进国家治理体系和治理能力现代化,必须切实解决好制度模式的选择问题。而一个国家选择什么样的治理体系,是由这个国家的历史传承、文化传统、经济社会发展水平决定的,是由这个国家的人民决定的。中国共产党在全国执政以后,不断探索这个问题,虽然也发生了严重曲折,但在国家治理体系和治理能力上积累了丰富经验,取得了重大成果,改革开放以来的进展尤为显著。

推进国家治理体系和治理能力现代化,必须解决好价值体系问题。培育和弘扬社会主义核心价值体系和核心价值观,有效整合社会意识,是社会系统得以正常运转、社会秩序得以有效维护的重要途径,是国家治理体系和治理能力的重要方面。能否构建具有强大感召力的核心价值观,关系社会能否和谐稳定,关系国家能否长治久安。要大力培育和弘扬社会主义核心价值体系和核心价值观,加快构建充分反映中国特色、民族特性、时代特征的价值体系,努力抢占价值体系的制高点。

中国今天的国家治理体系，是在中国历史传承、文化传统、经济社会发展的基础上长期发展、渐进改进、内生性演化的结果。我们的国家治理体系和治理能力总体上是好的，是适应我国国情和发展要求的，也得到了国际上越来越多的人的肯定。同时，也应该看到，相比我国经济社会发展要求，相比人民群众期待，相比当今世界日趋激烈的国际竞争，相比实现国家的长治久安，我们在国家治理体系和治理能力方面还有许多亟待改进的地方，还需要通过全面深化改革，下大力气推进国家治理体系和治理能力现代化。

总目标的实现离不开一个个具体目标，因此党的十八届三中全会既提出了全面深化改革的总目标，也在总目标统领下明确了经济体制、政治体制、文化体制、社会体制、生态文明体制和党的建设制度深化改革的具体目标。紧紧围绕使市场在资源配置中起决定性作用深化经济体制改革，紧紧围绕坚持党的领导、人民当家作主、依法治国有机统一深化政治体制改革，紧紧围绕建设社会主义核心价值体系、社会主义文化强国深化文化体制改革，紧紧围绕更好地保障和改善民生、促进社会公平正义深化社会体制改革，紧紧围绕建设美丽中国深化生态文明体制改革。

（二）改革方向：核心是坚持党的领导和中国特色社会主义制度

坚持社会主义市场经济改革方向。提出建立社会主义市场经济体制的改革目标，是建设中国特色社会主义进程中的一个重大理论和实践创新，解决了世界上其他社会主义国家长期没有解决的一个重大问题。党的十八届三中全会提出经济体制改革是全面深化改革的重点，核心问题是处理好政府和市场的关系，使市场在资源配置中起决定性作用和更好地发挥政府作用。这是党在理论上又一个重大创新，有利于树立关于政府和市场关系的正确观念，有利于转变经济发展方式，有利于转变政府职能，有利于抑制消极腐败现象。

坚持社会主义市场经济改革方向，不仅是经济体制改革的基本遵循，也是全面深化改革的重要依托。使市场在资源配置中发挥决定性作用，主要涉及经济体制改革，但必然会影响到政治、文化、社会、生态文明和党的建设等各个领域。中国40年改革之所以能够顺利推进并取得历史性成就，根本原因在于始终坚持了正确的改革方向和改革立场，既不封闭僵化，也不改旗易帜。习近平总书记多次强调，中国是一个大国，不能出现颠覆性错误。所谓的颠覆性错误，就是指根本性、方向性错误。全面深化改革，必须坚持正确的方向。

坚持改革的正确方向，就是要坚持四项基本原则这个立国之本。最核心的是在改革中坚持和完善党的领导，坚持和完善中国特色社会主义制度。党是改革的倡导者、推动者、领导者，改革能否顺利推进，关键取决于党，取决于党的领导。中国特色社会主义是党带领人民长期奋斗的根本成就，是当代中国发展进步的根本方向。中国特色社会主义，是与时俱进的、发展着的社会主义。坚定中国特色社会主义的制度自信，不是故步自封，而是通过改革不断革除体制机制弊端，使制度不断完善和持久。

全面深化改革，是要不断促进现代化建设各个环节、各个方面相协调，不断促进生产关系与生产力、上层建筑与经济基础相协调，为不断解放和发展社会生产力、继续充分释放全社会创造活力提供制度保障，使中国特色社会主义制度不断发展和完善。在不同时期、不同阶段，改革的重点不同，不同领域不同方面的改革进展不同，但总体上不存在哪些方面改了，哪些方面没有改，一切妨碍经济社会发展的体制机制弊端都在改、都要改，但是必须坚持的不能改的，再过多长时间也不会改，要有政治原则和底线，有政治定力。能不能继续沿着中国特色社会主义道路深化改革，是一个涉及改革性质的原则问题，偏离坚持和改善党的领导、偏离坚持和完善中国特色社会主义制度，都是南辕北辙。

全面深化改革必须坚持改革沿着中国特色社会主义方向前进。方向决定道路，道路决定命运。我国改革开放之所以能取得巨大成功，关键是我们把党的基本路线作为党和国家的生命线，始终坚持把以经济建设为中心同四项基本原则、改革开放这两个基本点统一于中国特色社会主义伟大实践，既不走封闭僵化的老路，也不走改旗易帜的邪路，坚定不移走中国特色社会主义道路。改革是社会主义制度的自我完善和发展，不是对社会主义制度的改弦更张，不实行改革开放死路一条，搞否定社会主义方向的"改革开放"也是死路一条，不论怎么改革，怎么开放，都要始终坚持中国特色社会主义道路、中国特色社会主义理论体系、中国特色社会主义制度。

全面深化改革必须坚持改革开放，往有利于维护社会公平正义、增进人民福祉的方向前进。促进社会公平正义，增进人民福祉是全面深化改革的出发点和落脚点，是坚持党全心全意为人民服务根本宗旨的必然要求。在不同发展水平上，在不同历史时期，不同的人，对社会公平正义的认识和诉求不同。我们讲促进社会公平正义，是从最广大人民利益出发，从社会发展水平，从社会大局，从全体人民的角度出发，通过创新制度安排，创造更加公平正义的社会环境，让改革发展的成果更多更公平地惠及全体人民，保证人民平等参与、平等发展的权利，实现好、维护好、发展好最广大人民利益，给人民群众带来更多的获得感。

三、全面深化改革的意义

第一，推动经济现代化和国家管理制度现代化同步实现。国家管理制度属于上层建筑范畴，经济现代化属于经济基础范畴。国家制度适应经济基础的变化是一般性规律。随着我国社会主义市场经济的发展，经济、社会和国家事务管理面临的问题更复杂，需要协调的利益关系更加繁乱，这就需要建立更加完备、更加成熟和更加定型的国家制度体系。国家制度及其执行能力集中体现为国家的治理体系和治理能力。

第二，致力于由相对富裕和先富带动后富向共同富裕转变。公平正义是社会主义的内在诉求。在马克思主义看来，分配公平只有在生产资料公有制的条件下才能得到实现。因而，在全面深化改革中积极发展社会主义因素，坚持巩固和发展公有制经济，坚持推进劳动和资本共享型的企业制度和合作制经济，是转向共同富裕道路的必由之路。这既是中国特色社会主义的本质要求，也是中国人民的根本利益。在全面深化改革的过程中，我们党提出"努力使全体人民学有所教、劳有所得、病有所医、老有所养、住有所居"的奋斗目标，具有特定的政策含义。一方面，它使社会主义共同富裕从理论上与西方国家福利制度相区别；另一方面，它又从实践层面有力地纠正了单纯市场决定论的全面市场化主张，有利于我国构建社会主义和谐社会。

第三，开启创新驱动引领社会主义大国崛起的新局面。历史证明，每一次重大技术革命都会引起国际经济关系的大重组和部分国家的率先崛起。在当前世界产业结构升级不断提速的趋势下，信息化和工业化的深度融合，将使得新一代信息技术、互联网特别是移动互联网技术、大数据技术、语音计算技术不断被引入现代生活，使得3D打印等数字化制造过程成为新的工业化热点。全面深化改革，加快实施创新驱动发展战略，将为我国加入和引领新一轮科技革命创造良好的条件。我国具有广阔的国内市场和充沛的资源，拥有雄厚的物质基础，完全可以在大数据时代占据先机，在绿色能源等新能源技术和太空技术方面占领国际竞争的制高点。

第四，转向经济全球化倒逼机制下的自主开放。经济全球化是一柄双刃剑，既带来开放的利益，又常常使落后国家被锁定在增长陷阱中。尽管我国经济融入全球化程度日益加深，但在高技术领域和新型服务业领域，我国却面临着各种无形的封锁。与贸易大国地位极不相称的是，我国在国际市场上往往没有相应的价格话语权。经济全球化形成的这种倒逼机制，使我国发展服务业和新型产业的紧迫性越来越强，传统产业优化升级的压力日益加大。在全面深化改革的过程中，通过更大范围和更深层次的开放，掌握价格话语权和开辟中国资本的国际投资空间，将有利于我国逐渐掌握对外开放的主动权，在资本开放上坚持中国核心利益，在国际贸易中保持中国利益优势。

第五，更加展现中国特色的内涵。对于中国特色社会主义有两个较为广泛的共识：一是其社会主义的目标取向以及社会主义的经济制度基础，二是中国道路对传统文化的改造和对人类先进文化的借鉴。毛泽东指出："我们不但要把一个政治上受压迫、经济上受剥削的中国，变为一个政治上自由和经济上繁荣的中国，而且要把一个被旧文化统治因而愚昧落后的中国，变为一个被新文化统治因而文明先进的中国。"全面深化改革将继承这一重要的历史使命，并在新的历史阶段将其化作全面建成小康社会的动力源泉。在全面深化改革的语境下，中国特色与道路自信、制度自信是相互关联的，其本身构成中国国际话语权的基础。中国梦的战略构想和社会主义核心价值观的提出，正是新时期、新阶段中国文化进入国际话语权体系的一个展示。

第二节 农业现代化成为四化短板

一、"新四化"提出的背景

纵观中国改革开放以来现代化建设的成就,在经济持续增长的推动下,目前我国已进入工业化、城镇化发展的中期阶段,工业化与信息化不断融合,以城带乡和以工促农的城乡格局初步形成。然而,农业发展仍相对落后,农业现代化建设步伐从整体上看仍滞后于工业化、信息化和城镇化发展。为此,我国在十七届五中全会中提出"要在工业化、城镇化深入发展中同步推进农业现代化",继"三化同步"推进的理念提出后,2012年党中央在十八大报告中又从战略层面上将"新四化同步"作为新时期现代化发展的思路,进一步提出了"城镇化和农业现代化相互协调,实现工业化、信息化、城镇化和农业现代化协调发展"。工业化、信息化、城镇化和农业现代化同步发展战略的提出,需要把握新时期阶段性和客观性的要求,丰富农业现代化的发展思路和方式,完善农业现代化的推进措施。

从理论意义来看,随着国家战略的调整和新时期经济社会格局的变化,推进工业化、信息化、城镇化和农业现代化同步发展已经成为建设中国特色社会主义现代化的重大理论创新和实践创新。但同时要看到,目前我国农业发展方式较为粗放,资源消耗过大、农村环境污染愈发严重,农业资源供需矛盾日益突出、环境承载压力不断加大,农业的本质仍然是生计型农业,仍然以粮食安全为核心,农产品供需出现"紧平衡、难平衡"局面,农业现代化滞后于工业化、信息化和城镇化发展的矛盾依然突出,城乡关系、工农关系依然不协调。目前,我国正处于转变经济发展方式时期,如何加快现代化建设,争取2020年底全面建成小康社会,重点在于同步推进四化建设,而同步推进"四化"发展,关键是要加快推进农业现代化,充分发挥工业化、信息化、城镇化对农业现代化的支撑与带动作用,实现工农和城乡协调发展。

二、"新四化"概念界定

(一)概念界定

工业化是指工业(主要是指其中的制造业)或第二产业的产值在国民生产总值(GDP)中比重不断上升的过程,以及从事工业的就业人数在总就业人数中比重不断上升的过程。工业化是一个国家由传统的、落后的农业国向现代的、先进的工业国转变的历程中,所发生的一系列经济、社会与文化发展的变化。从量的扩张角度来看,工业化最显著的特征是第二产业占GDP的比重不断上升,而第一产业所占的比重不断下降。从质的变化角度来看,二次产业的蓬勃发展将会对整个国民经济结构的调整起到很大的促进作用,同时大幅度提高社会生产力。

城镇化简言之就是指一个国家或一个区域的人口、产业、资本、市场的集中过程。城镇化过程中的特征是农村人口不断向城镇转移,第二、三产业不断向城镇集聚,结果是使城镇数量增加、城镇规模扩大。人口城镇化是城镇化最本质的特征,通常用城镇人口占总人口的比重来表示城镇化水平。

农业现代化是指从传统落后农业向现代发达农业转化的过程,以及实现这一过程的手段。具体而言,是指传统农业通过运用现代先进的科学技术,提高生产过程中的物质技术装备水平,调整农业生产结构,对农业进行专业化、社会化分工,提高农业总要素生产率水平,最终达到经济效益、社会效益、生态效益协同发展和可持续发展的现代农业的过程。

信息化是指运用现代信息技术革命来推动经济发展,促进社会进步以及生产力解放的过程,是由传统的工业社会向信息社会演进的过程。在这一历程中,信息技术得到广泛的应用并趋于主导作用,信息资源得到充分的开发利用且逐步居于核心地位,在市场机制发挥基础作用和政府有目的的宏观调控的协同作用下,实现相关要素的优化组合。

(二)"新四化"发展的逻辑关系

工业化为农业现代化提供所需物质和技术装备,能够提高农业的全要素生产率,是实现现代化农业的关键;工业化为城镇化的发展提供必要的产业支撑,同时,城镇工业的发展可以创造更多的就业岗位,有效解决城镇化进程中新增人口的就业问题,结果会吸纳更多的人口、资源向城镇集中;工业化是信息化发展的基础,它为信息化提供发展所需的设备、资金和人员。

城镇化的推进能够带动产业和经济活动在地理空间上的聚集,这就为工业化的发展提供了各类配套的公用设施和劳动力要素。随着城镇化进程加快,农业人口向城镇集中,反过来促进了城镇要素向农村的流动,为统筹城乡发展创造了新的条件。城镇化是信息化发展的载体和依托。一方面,城镇化为信息化发展提供了广阔的地理空间,离开了城镇化,信息化便失去了栖身之地;另一方面,城镇化带动的资源集聚效应,提高了信息化效率,有效降低了信息化成本。

总之,信息化对工业化、城镇化和农业现代化的发展起到了催化与加速的作用。信息化为农业现代化发展提供信息资源支撑,可以优化农业投入产出结构,及时提供国际农产品市场信息,增强农产品国际竞争力。信息化能够提高工业化效率,有助于对传统工业进行技术改造,降低能耗,缓解经济增长造成的环保压力,降低生产成本和交易成本,提高资源利用率,改变现有的工业化粗放增长模式,从而走高科技、低能耗、少污染、好效益的新型工业化道路;同时,信息化与工业化的有效融合,有利于推动经济结构的优化调整,形成高新技术产业的基础。

农业现代化是工业化、城镇化和信息化发展的重要保证。一方面,在农业现代化进程中,农业实现生产的规模化、机械化和集约化经营,提高了农业全要素生产率,为工业发展提供了原始资本积累,也为城镇化提供了食物等保障;另一方面,工业化和城镇化的发展,带来了一系列问题,例如,要素分配不公、收入差距扩大等,而农业现代化的实现可以有效解决以上问题,从而反过来推动工业化和城镇化发展。同时,随着农业现代化发展,农业生产对机械设备、农药化肥、农业咨询等的需求也不断增加,这些都为工业化和信息化的发展提供了广阔的市场。城镇化的本质是需要人口的城镇化,需要农业部门释放劳动力要素,而农业现代化的实现,减少了农业对劳动力的需求,有利于加快农业人口向非农产业的转移,从而为城镇化的发展提供了相对廉价的劳动力。

由以上分析构造"新四化"发展逻辑关系。"新四化"之间相互影响、相辅相成。工业化为城镇化提供了经济保障和产业支撑,而城镇化为工业化提供了发展空间和相关配套设施。工业化、城镇化、信息化能够带动农业现代化发展,农业现代化反过来则为工业化、城镇化、信息化提供支撑、保障和市场。信息化对工业化、城镇化和农业现代化起到催化作用,为其发展提供了重要手段,反映在工业化中,提高了产出规模和效率;反映在城镇化中,提升了城镇功能;反映在农业现代化中,提高了农业生产效率,大大丰富了现代农业的内容。

(三)"新四化"同步发展的基本内涵

在经济维度上,"新四化"同步发展实际上是城乡经济一体化。在市场机制作用下,资源、资金、技术等在城乡地理空间上,在不同产业间能够有序流动并且达到优化组合,最终实现城乡经济持续发展。

在社会维度上,"新四化"同步发展是指国家或一个区域为了实现社会安定和谐和可持续发展,采取一定措施来调整城乡两大空间的经济利益分配,使城乡共同拥有一个公平的发展环境和生存空间。

在生态维度上,"新四化"同步发展是指出于社会整体的利益和人民的基本需求考虑,将各个产业以及城镇的生产和生活活动纳入整体社会的生态系统中,对各自的贡献和负面影响进行全面评价,最终建立一个共建、共有、共享的生态系统。

在文化维度上,"新四化"同步发展是指从接受城乡文化差异性和互补性等出发,采用客观科学、与时俱进的文化价值观将城乡文化统筹起来,实现乡土观念和现代城市文明的有机融合,促进城乡社会发展一体化。

总的来说,"新四化"同步发展是把"区域"作为研究单元,寻求区域全面、协调、可持续的发展路径;实现"新四化"发展不单单是指达到空间的均衡发展,而是通过城乡分工、彼此带动的循环发展过程,最终形成一个有效集聚、有机结合、深度协作的优化空间网络系统,本质是为全体国民创造一个环境友好、生活富裕的生存环境。

三、"新四化"现状

（一）"新四化"同步发展、彼此关联、相互促进，但从中国的现实来讲，"四化"发展是不同步的

主要表现在以下几方面：

第一，工业化发展粗放，信息化发展滞后。2000年以来，工业增加值占国内生产总值比重在45%左右，目前处于工业化中后期。但工业化粗放式的数量扩张特征明显、产能过剩。2002年以来，我国电话普及率和互联网普及率呈井喷式增长，中国居民家庭通信设备发展迅速，信息化水平显著提高。再者，对中国的信息化程度进行国际比较，结果发现，中国目前的"信息状态"指数为51.4，排名第79；"信息密度"指数为48.5，排名第84；"信息运用"指数为54.4，排名为第78。可见，中国信息化水平远低于发达国家水平。

第二，城镇化发展滞后，而且拉动能力较弱。1978年以来，中国城镇化率持续上升，2012年全国城镇化率达到52.6%，比1978年提高了34.7个百分点。但是，城镇化质量却滞后于经济发展、工业化和非农化进程。中国有2.2亿非农转移人口没有获得城镇户口，大量进城农民工子女的教育问题得不到妥善解决。当前城镇化进程中，出现了生产、就业、消费和居住的不同步，城市实际居住人口和户籍人口不一致，土地和人口城镇化速度不一致。中国当前的城镇化质量较低，没有充分发挥城镇化创造需求的作用。

第三，农业生产水平较低，而且发展更滞后。同世界水平相比，中国的农业现代化水平较低，而且滞后于工业化和城镇化。例如，按照农业劳动生产率、土地产出率、机械化程度等8项指标测算，农业现代化水平居世界第51位，结果导致农业现代化发展滞后于工业化和城镇化。城乡收入差距和消费差距持续扩大。1990年，城镇居民人均可支配收入是农村居民人均纯收入的2.2倍，到2011年扩大到3.1倍。不难看出，在中国经济高速发展的同时，经济结构失衡的矛盾更加突出。这进一步说明工业化和城镇化的驱动乏力。

（二）"新四化"同步发展的制度障碍

实现"新四化"同步发展的关键，不是如何处理"新四化"之间的关系，而是营造"新四化"同步发展的外部环境。具体来说，在明确"新四化"同步发展目标、认清"新四化"同步发展现状的基础上，思考现在的制度或体制是否有利于实现这一目标。下面分别考察制约"新四化"同步发展的土地制度、户籍制度、行政体制和高教制度，考察这些制度或体制的历史变迁、现状以及对"新四化"同步发展的消极影响。

1. 中国的土地制度

土地是进行农业生产活动最基本的生产资料,土地制度是农村的一项最基本制度。在中国,如何创新土地制度,促进土地制度发挥其激励作用,进而实现土地资源的优化配置,并保障农民的合法权益,是实现"新四化"同步发展的最大难点,也是实现"新四化"同步发展必须解决的制度问题。

(1)土地制度变迁。我国农村土地制度变化经历了三个不同阶段:第一阶段是1949~1955年,农村土地归农民所有,由农民经营;第二阶段是1956~1978年,农村土地由集体统一经营,农民没有土地所有权和经营权;第三阶段是1978年以后,农村实行家庭联产承包责任制,土地所有权归农村集体所有,农户拥有土地承包经营权,即"两权分离"的阶段。值得注意的是,1990年以来,随着工业化和城镇化的发展,农村劳动力大量流动,土地制度在原有"两权分离"的基础上,又出现了"三权分立"格局。具体表现在:集体拥有土地所有权,集体成员(即农户)拥有土地承包权,土地经营权可以流转。

(2)土地制度存在问题。第一,土地产权主体不明。土地制度规定,农村土地归"集体"所有,但主体对象却不明确,导致农村集体土地产权主体虚设或缺位。特别是,当各利益集团为争取农地用途非农化带来的巨额收益时,这种模糊的产权主体关系,不仅加速了农地非农化趋势,而且无法保障农民土地的基本权益。

第二,产权实现机制缺失。实现财产权的关键在于是否具有合法的转让权。但是,由于产权主体不明晰和产权不完整,不能帮助农民有效实现土地产权的收益,使得现实中土地资源要素配置扭曲,土地产权效率低下。此外,由于现阶段农民行使土地权利意识不足,农民组织化程度较低,结果很容易出现侵害农民土地权益现象。

第三,农村土地产权歧视。根据现行土地法规,城市土地可以在一级市场交易,而农村集体土地却不能。农村土地只有通过征地手段,转变为国有土地后才能实现在一级市场上交易。农村土地产权歧视,导致城乡土地市场割裂。

由于土地制度存在上述问题,在推进工业化和城镇化过程中,势必出现侵犯农民土地权益现象。因此,现有土地资源配置效率低下,进一步加剧了城乡发展失衡,不利于"新四化"同步发展。

2. 中国的户籍制度

中国的户籍制度对一系列制度起着重要的支撑作用,例如,公共产品和社会服务、基本消费品供应、土地管理、劳动就业、社会保障与教育等制度。因此,户籍制度改革可有效促进劳动力流动和人才资源有效配置,推动城乡统筹发展,是"新四化"同步过程中必须解决的重点问题之一。

(1)户籍制度变迁。中国的户籍制度改革大致可以分为三个阶段:第一阶段是1949~

1957年,这一阶段着重户籍的登记管理职能,主要目的是加强户口管理和控制人口流动。第二阶段是1958~1978年,这一阶段重心是限定人口自由流动,其中,主要是严格约束人口在城乡之间的流动行为,极力限制农民向城市迁移,同时形成大量城市居民迁入农村的逆城市化运动(如知识青年上山下乡等)。第三阶段是1978年改革开放以来,户籍制度主要体现相关利益分配,在就业、教育、住房、医疗、社会保障等方面,把公民的诸多福利权益与户口捆绑在一起。户籍制度是中国二元经济结构的核心制度,是政府控制与管理社会的重要手段。

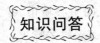

问:何为二元经济结构?
答:二元经济结构是指发展中国家现代化的工业和技术落后的传统农业同时并存的经济结构(传统经济与现代经济并存)。即在农业发展还比较落后的情况下,超前进行了工业化,优先建立了现代工业部门。

(2)户籍制度存在问题。第一,限制人口流动,扩大城乡差距。20世纪中期,为了重工业发展的需要,开始实行户籍制度来严格控制城市的规模,阻碍农村劳动力向城市流动。户籍制度的存在,导致中国严重的城乡分割,扩大城乡收入差距。

第二,导致户口歧视,出现户口特权。随着社会经济发展水平的提高,现阶段"户口"的功能更加强大。出现城里人歧视乡下人,形成城乡地区封锁。户籍制度实际上形成"户口特权"。例如,当前的一个北京户口,含有高达80余项福利,其绑定利益超过百万元。不难推断,按平均城镇家庭5口人计算,仅仅一个"户口特权"所带来的潜在收益,北京市家庭人均收入比其他地区高出20万元。

第三,民工潮大量涌现,加剧城镇不协调。改革开放以来,农村剩余劳动力开始大量不断地向城镇流动,出现了当时的"民工潮"现象,对原有城乡的二元户籍制度形成了巨大的冲击。由于户籍制度的刚性约束存在,城镇化进程中出现了一些不协调现象。例如,生产、消费、就业和居住不一致,城市实际居住人口和户籍人口不一致,土地城镇化和人口城镇化不一致等现象。因此,不管从工业化到城镇化,还是到统筹城乡发展,最后实现"新四化"同步发展,随着中国经济社会发展战略的转变,现有户籍制度正要迎来重要的转折点,对户籍制度进行改革的呼声也日益高涨。

3. **中国的行政体制**

(1)行政资源优势。行政资源是一种软实力,是一种无形资源要素。在中国,行政资源是决定区域发展最重要的基础性要素,很大程度上决定和影响着其他资源的数量和质量。例如,政治中心(首都或省会城市)具有以下优势:得到中央政府或者省政府的大力关怀与支持;得到其他省市或地方的大力援助与支持;对各种要素特别是人才具有吸引力。因此,对于一个地区或城市来说,引起公众的注意力是这个地区或城市竞争力的最大资源优势。

第一,行政分布极不平衡,财富积累过于集中。中国的政治中心和行政管理中心主要分布在首都或省会城市。北京是中国的政治中心,同时也是中国的行政管理中心;同样,省会城市是各省的政治中心,同时也是各省的行政管理中心。由于行政资源的特有优势,全国的经济都集中在首都北京,各省经济都集中在省会城市。

第二,大量资源向上流动,剥夺地方发展机会。一方面,由于大城市具有行政资源优势,因此投资发展机会较多。在政策、经济和技术因素诱导下,大量资源要素流向中心城市,导致中心城市发展动力过剩。另一方面,由于地方城市缺乏行政资源优势,投资发展机会较少。受政策、经济和技术因素疲软制约,大量资源要素流出,导致地方中小城市发展动力不足。

第三,大城市蔓延式扩张,造成巨大环境压力。随着资源要素向行政管理中心城市的积聚,大中城市投资呈现爆发式增长;开发投资的快速增长,进一步吸引大量劳动力向中心城市迁移;人口的急剧增长,导致了大城市病出现。其主要后果是,随着城镇化与人口的增长,城市遭受越来越严峻的环境压力;中心城市蔓延式扩张,导致中心城市生态系统和经济系统失调;城市人口的剧增,直接增加了城市生活污水、垃圾等废弃物的产生量;土地利用引发激烈矛盾,造成经济的畸形发展。

(3) 政府职能错位。行政的职能在于管理,而不是直接参与;政府是市场行为的组织者、管理者,而不是被管理者,更不是身兼两职。然而,中国的情况却恰恰相反,政府是政治和经济一起抓,结果导致政府职能错位。

第一,政府干预市场经济。政府在许多行业中拥有垄断权,控制许多领域的生产与服务,这些行业的准入机制非常严格,并且对非国有企业实行歧视性政策。由于缺乏市场竞争压力,许多国有垄断企业仍习惯用行政指令管理方式,导致企业内部政企不分。很显然,政府对市场的干预降低了生产效率,造成了资源的浪费。

第二,公共服务质量下降。政府过多干预市场的结果,不仅造成了资源的浪费,而且降低了政府提供公共服务的质量。在许多的公共服务领域,例如石油、电信、民航、铁路等行业,存在着严重的垄断行为,导致这些国有垄断行业很少运用国际通行的(收益率、价格上限、边际成本等)定价方式,相反,是由政府依照《中华人民共和国价格法》规定,按照定价权限和范围,来制定价格的方式,结果直接影响了政府提供公共服务的质量。

第三,限制非政府组织。实际上,现有政府职能取代了许多非政府组织的功能。由于市场经济体制尚未完善,政府过多地管制和干预市场,结果是企业、非政府组织受到较大限制,甚至遭受不公正待遇,很少或无法参与社会公共事务,没有充分发挥他们在公共事务中的积极作用。

4. 中国的高等教育制度(简称"高教制度")

高等教育具有公益性和社会性两个属性,是一种带有公共物品色彩的资源。高等教育公平是社会公平的重要内容,高等教育公平的实现程度是社会总体进步的表现,是衡量教育发展水平的重要标志。但是,只有适应经济社会发展的高等教育,才能满足社会和个人对教育的需求,才能有效发挥教育对经济社会的推动作用。所以,必须要建立完善的教育体制,保证教育公平,从而符合"新四化"同步发展的要求。

(1)高教制度变迁。从20世纪70年代后期以来,中国开始高等教育体制的探索与改革,具体分为三个阶段:第一阶段是1978~1984年,这一阶段改革的重点是扩大高校办学自主权。第二阶段是1985~1992年,1985年5月,中共中央做出了《关于教育体制改革的决定》,高等教育开始围绕办学体制,管理体制,投资体制,招生、收费和毕业生就业制度,学校内部管理体制等方面进行改革。第三阶段是1993年以来,中共中央、国务院联合颁发了《中国教育改革和发展纲要》,这一阶段在"五大体制"改革全面深入的基础上,突出"管理体制改革"的重点和难点问题。

(2)高教制度存在的问题。第一,高校分布过于集中,地区间分布不平衡。中国的高等学校主要分布在大城市和特大城市。例如,北京有83所高校,上海有63所高校,武汉有61所高校,西安有49所高校。总之,大城市和特大城市高校数量占全国的46%以上。而且,高校分布与当地人口数量不协调。更为重要的是,被列入"211工程"建设的大学,全国共有112所,北京有26所,上海有9所,而人口大省河南只有1所。

第二,重点院校定点招生,升学机会极不均等。高等学校的招生应当打破地区格局,建立全国统一的报考制度,公平竞争,择优录取。但是,中国高校招生计划存在明显的地区歧视。例如,2012年,清华大学在北京计划招生203人,在河南仅仅计划招生91人;实际上北京只有7.3万考生,而河南有80多万考生。更严重的是,重点院校还要确定当地的招生比例。例如,北京大学在北京市招生占总招生总数的13%,而其他省市共占87%,平均不到3%;同样,复旦大学在上海市的招生数占总招生数的40%,武汉大学在湖北省招生50%,浙江大学在浙江省招生比例高达70%。

第三,资源分配极不合理,教育社会性难以体现。国外的经验是,例如美国的重点院校都是私立的,教育经费都是自食其力,而教育部门负责公立院校投资。中国的情况恰恰相反,教育部主要负责重点院校投入,省属院校需要地方财政负担。政府运用行政手段分配稀缺教育资源,从而决定所有高校的利益和发展。结果教育的社会性功能难以实现,造成中国教育的畸形发展,许多地方优秀考生不能进入理想大学。实际上,中国教育公共职能缺失,很大程度上为地区教育服务。

第四,教育社会功能较低,拉大区域经济差异。高等教育不但为区域经济发展提供了充足的人才资源,而且提供了经济发展所需的科研成果;同时,大学基础设施建设过程中,能够有力刺激当地经济的发展,大学生的消费也带动了高校周边地区的经济发展。由此可见,高等教育资源的合理布局对地区经济发展具有重大影响力。很显然,根据上面的分析,目前中国高等教育的发展趋势,将进一步拉大区域经济发展不平衡,不利于实现"新四化"同步发展的长远目标。

第三节 全面深化改革,促进"新四化"蓬勃发展

农业、农村、农民问题是关系国计民生的根本性问题,必须始终把解决好"三农"问题作为全党工作重中之重。要坚持农业、农村优先发展,按照产业兴旺、生态宜居、乡风文明、治理有效、生活富裕的总要求,建立健全城乡融合发展体制机制和政策体系,加快推进农业农村现代化。巩固和完善农村基本经营制度,深化农村土地制度改革,完善承包地"三权"分置制度。保持土地承包关系稳定并长久不变,第二轮土地承包到期后再延长30年。深化农村集体产权制度改革,保障农民财产权益,壮大集体经济。确保国家粮食安全,把中国人的饭碗牢牢端在自己手中。构建现代农业产业体系、生产体系、经营体系,完善农业支持保护制度,发展多种形式适度规模经营,培育新型农业经营主体,健全农业社会化服务体系,实现小农户和现代农业发展有机衔接。促进农村一二三产业融合发展,支持和鼓励农民就业创业,拓宽增收渠道。加强农村基层基础工作,健全自治、法治、德治相结合的乡村治理体系。培养造就一支懂农业、爱农村、爱农民的"三农"工作队伍。

以促进人的城镇化为核心、提高质量为导向的新型城镇化战略,是新时代中国特色社会主义发展的重要实践,是建设现代化国家的关键举措,也是实施乡村振兴战略和区域协调发展战略的有力支撑。2018年是贯彻党的十九大精神的开局之年,是改革开放40周年,是决胜全面建成小康社会、实施"十三五"规划承上启下的关键一年。做好2018年新型城镇化工作,必须深入学习贯彻习近平新时代中国特色社会主义思想和党的十九大精神,全面贯彻落实中央经济工作会议、中央农村工作会议和政府工作报告部署,坚持稳中求进工作总基调,坚持新发展理念,紧扣我国社会主要矛盾变化,推动新型城镇化高质量发展,努力实现在新起点上取得新突破。经推进新型城镇化工作部际联席会议审议并报告国务院同意,现制定并实施2018年新型城镇化建设重点任务如下。

一、加快农业转移人口市民化

(一)全面放宽城市落户条件

继续落实1亿非户籍人口在城市落户方案,加快户籍制度改革落地步伐,促进有能力在城镇稳定就业生活的新生代农民工、在城镇就业居住5年以上和举家迁徙的农业转移人口、农村

学生升学和参军进入城镇人口在城市举家落户,鼓励对高校和职业院校毕业生、留学归国人员及技术工人实行零门槛落户。中小城市和建制镇要全面放开落户限制。大城市对参加城镇社保年限的要求不得超过5年,其中Ⅱ型大城市不得实行积分落户,有条件城市要进一步降低社保年限要求;Ⅰ型大城市中实行积分落户的要大幅提高社保和居住年限的权重,鼓励取消年度落户数量限制。超大城市和特大城市要区分城区、新区和所辖市县,制定差别化落户条件,探索搭建区域间转积分和转户籍通道。探索租赁房屋的常住人口在城市公共户口落户制度。落实地方政府主体责任,2018年实现进城落户1 300万人。

(二)强化常住人口基本公共服务

实现居住证制度覆盖城镇全部未落户常住人口,显著提高居住证发放量。以居住证为载体向未落户人口提供城镇基本公共服务,鼓励城市群及都市圈内居住证互认。落实"两为主、两纳入"要求,实现公办学校普遍向随迁子女开放。整合城乡居民基本医保制度,深入推进城乡居民异地就医直接结算,强化基本医保、大病保险和医疗救助等制度的衔接,发展远程医疗服务。研究制定权属不变、符合规划条件下非房地产企业依法取得使用权的土地作为住宅用地的办法,深化利用农村集体经营性建设用地建设租赁住房试点,推动建立多主体供应、多渠道保障、租购并举的住房制度。将符合条件的常住人口纳入公租房保障范围和住房公积金制度覆盖范围。

(三)深化"人地钱挂钩"配套政策

深化"人钱挂钩、钱随人走",在安排中央和省级财政转移支付时综合考虑农业转移人口落户数量等因素,完善对落户较多地区的中央财政资金奖励政策。深化"人地挂钩、以人定地",在制定各地区土地利用计划和安排城镇新增建设用地规模时,进一步增加上年度农业转移人口落户数量指标的权重。

(四)不断提升新市民融入城市能力

推进中国公共招聘网与各地区公共就业服务机构联网,更好地为农民工等新市民提供求职招聘服务。落实农民工职业技能提升计划、农民工等人员返乡创业培训5年行动计划,制定推行终身职业技能培训政策。实施"求学圆梦行动",重点依托职业院校广泛支持农民工接受学历继续教育与非学历培训。推进职业教育东西协作行动计划,促进贫困地区劳动力转移就业。

二、提高城市群建设质量

（一）全面实施城市群规划

编制实施粤港澳大湾区发展规划，印发实施关中平原、兰州—西宁、呼包鄂榆等跨省区城市群规划，加快实施长三角、长江中游、成渝、中原、哈长、北部湾等城市群规划，指导省级行政区内城市群规划编制实施。建立城市群协同发展机制及配套政策，强化规划编制、产业布局、基础设施、公共服务、生态环保等重点领域合作，促进城市群内大中小城市和小城镇网络化发展。

（二）稳步开展都市圈建设

在城市群内选择若干具备条件的中心城市及周边中小城市，提高中心城市产业质量和公共服务水平，增强对人口的吸引力和承载力；引导要素在城市间高效配置，有效疏解中心城市非核心功能和产业；完善公共交通主导的交通网络体系，加快布局建设市域（郊）铁路，鼓励发展多层次、多模式、多制式的轨道交通系统，推动基础设施联通和公共服务共享，打造同城效应明显、一体化程度高的都市圈。

（三）加快培育新生中小城市

稳妥有序增设一批中小城市，继续开展撤县设市、撤地设市，推动城市群及国家新型城镇化综合试点地区范围内符合条件的县和非县级政府驻地特大镇率先设市。优化城市市辖区规模结构，制定市辖区设置标准、市辖区设置审核办法，稳步推进撤县（市）设区，增强设区市辐射带动作用。

（四）引导特色小镇健康发展

落实《关于规范推进特色小镇和特色小城镇建设的若干意见》，强化监督检查评估和规范纠偏，支持一批特色小镇高质量发展。对已公布的两批 403 个国家级特色小城镇、96 个全国运动休闲特色小镇，开展定期测评和优胜劣汰工作。省级人民政府要强化主体责任，调整优化特色小镇实施方案、创建数量和配套政策。

三、提高城市发展质量

（一）提升城市经济质量

适应科技新变化、人民新需要，发挥城市产业载体和创新高地作用，促进要素从低质低效领域向优质高效领域流动,建设实体经济、科技创新、现代金融、人力资源协同发展的产业体系,增强创新力、需求捕捉力、品牌影响力、核心竞争力。支持东部地区率先推动高质量发展,加快培育世界级先进制造业集群。构建城市间尤其是城市群内横向错位发展、纵向分工协作的产业格局,探索户籍转换、土地指标调剂、税收分享等机制。超大城市和特大城市要发挥在产业选择和人才吸引上的优势,集中发展高端产业和产业高端。

(二)优化城市空间布局

加快划定生态保护红线、永久基本农田、城镇开发边界3条控制线,以及生态、农业、城镇空间,作为城市空间布局基本框架。以资源环境承载能力为硬约束,建设精明增长的紧凑城市。加强和规范城市生态建设,推进生态修复城市修补,塑造城市特色风貌,深入创建森林城市和生态园林城市,鼓励有条件地区打造特色山城水城。促进城市产城融合、职住平衡,实现住宅、办公、商业、休闲等功能区相互交织,有序推进"城中村"、老旧小区改造,2018年改造各类棚户区580万套,推进部分商品住房库存量大的三四线城市和县城去库存。高标准建设城市基础设施,优先发展公共交通,深入创建公交都市。完善快速路、主次干路和支路级配合理的城市路网系统,建设城市人行道、非机动车道系统和行人过街设施。支持一批综合客运枢纽、货运枢纽(物流园区)建设。加强排涝管网、地下综合管廊和消防设施建设。健全菜市场、停车场等便民服务设施。

(三)建设绿色人文城市

推进城市绿色低碳发展,开展城市水生态修复治理,实施国家节水行动,全面建设海绵城市,整治长江经济带地级及以上城市黑臭水体,推进城市污水处理提质增效;稳步推进北方地区冬季清洁取暖;推广绿色建筑与建筑节能;出台资源循环利用基地建设实施方案,推进生活垃圾分类立法;研究建立城市绿色发展指标体系。厚植城市人文底蕴,提炼文化经典元素和标志性符号,合理应用于城市建设运营及公共空间。

(四)推进城市治理现代化

提升城市开放度和包容性,吸纳多元化人群参与城市治理,强化市民主人翁意识,加强精细化管理、人性化服务。分级分类推进新型智慧城市建设,以新型智慧城市评价工作为抓手,引导各地区利用互联网、大数据、人工智能推进城市治理和公共服务智慧化,建设城市空间基础地理信息数据库,力争所有市县整合形成数字化城市管理平台。全面推进健康城市建设,提升社会健康治理水平。着力解决交通拥堵、交通安全以及停车难、停车乱问题。推进城市地质调查示范。

四、加快推动城乡融合发展

（一）做好城乡融合发展顶层设计

顺应城乡融合发展大趋势，坚持以工补农、以城带乡，以完善产权制度和要素市场化配置为重点，制定建立健全城乡融合发展体制机制和政策体系的意见措施，激活主体、激活要素、激活市场，推动城乡要素配置合理化、产业发展融合化、公共服务均等化、基础设施联通化、居民收入均衡化，加快形成工农互促、城乡互补、全面融合、共同繁荣的新型工农城乡关系。

（二）清除要素下乡各种障碍

研究完善农民闲置宅基地和闲置农房政策，允许农村承包土地的经营权依法向金融机构融资担保、入股从事农业产业化经营，深化农村承包土地的经营权和农民住房财产权抵押贷款试点，探索县级土地储备公司和平台公司参与"两权"抵押，激活乡村沉睡的资源。确保财政投入稳定增长，健全适合农业、农村特点的农村金融体系，鼓励引导工商资本下乡，推广市民农庄等模式。大力培育新型职业农民，建设农村专业人才队伍，发挥科技人才支撑作用，鼓励社会各界投身乡村建设，创新农村人才培育引进使用机制。引导乡村"开门借力"，善用城市新技术、新商业模式及庞大消费需求。建设农村产权流转交易平台。

（三）推进城乡产业融合发展

构建农村一二三产业融合发展体系，创建认定一批国家农村产业融合发展示范园和先导区，实施产业兴村强县行动，发展农产品加工流通、农村休闲旅游养老、"互联网+"现代农业和设施农业。全面开展农村集体资产清产核资、集体成员身份确认，推进集体经营性资产股份合作制改革，探索农村集体经济新的实现形式和运行机制。启动新型农业经营主体培育工程，促进小农户和现代农业发展有机衔接。推动县级政府调整优化村庄用地布局，有效利用农村零星分散的存量建设用地。预留部分规划建设用地指标用于单独选址的农业设施和休闲旅游设施等建设。对利用收储农村闲置建设用地发展农村新产业新业态的，给予新增建设用地指标奖励。

（四）推动公共资源向农村延伸

把公共基础设施建设的重点放在农村，加快农村公路、供水、供气、环保、电网、物流、信息、广播电视建设，进一步提高农村饮水安全保障程度，加大农村"厕所革命"推进力度。优先发展农村教育事业，全面加强乡村小规模学校和乡镇寄宿制学校建设，完善农村社会保障体系，建设健康乡村。统筹山水林田湖草系统治理,加强农村突出环境问题综合治理,实施农村人居环境整治三年行动方案。引导社会资本参与农村基础设施和公共服务设施建设。

五、深化城镇化制度改革

(一)深化城乡土地制度改革

改进耕地占补平衡管理办法,建立高标准农田建设等新增耕地指标和城乡建设用地增减挂钩节余指标跨省域调剂机制。深入推进城镇低效用地再开发,探索开展闲置土地处置试点。全面完成土地承包经营权确权登记颁证,扎实推进房地一体的农村集体建设用地和宅基地确权登记颁证。完善农村承包地"三权分置"制度。探索宅基地所有权、资格权、使用权"三权分置",落实宅基地集体所有权,保障宅基地农户资格权和农民房屋财产权,适度放活宅基地和农民房屋使用权,严格禁止下乡利用农村宅基地建设别墅大院和私人会馆。允许地方多渠道筹集资金,用于村集体对进城落户农民自愿退出承包地和宅基地的补偿。系统总结农村土地制度改革三项试点经验,逐步扩大试点,修改《土地管理法》。

(二)健全城镇化投融资机制

引导地方政府在新型城镇化建设中量力而行,防范化解隐性债务风险。强化财政资金和政府投资引导,提高资金使用效率。分类稳步推进地方融资平台公司市场化转型,剥离政府融资职能,支持转型中的融资平台公司及转型后的公益类国企依法合规承接政府公益类项目。推动地方国企提高收益上缴比例,用于新型城镇化建设。规范开发性、政策性、商业性金融和保险资金投入机制,审慎合规经营,加强风险评估,鼓励金融机构加强与城镇化项目规划和运营机构的合作。推动设立国家新型城镇化建设基金。完善PPP模式,提高民间资本收益预期。

(三)推进行政管理体制改革

探索市辖经济功能区和行政区合署办公。推动省级人民政府制定设镇设街道标准,顺应人口流动趋势精简乡镇街道。深入推进经济发达镇行政管理体制改革,推动特大镇扩权赋能。推动机构精简和职能相近部门合并,鼓励探索大部门制改革。进一步缩减审批事项、优化审批流程,推动行政审批集成化服务和综合行政执法。

(四)放大试点地区改革平台作用

全面总结第一批国家新型城镇化综合试点成果,提炼可复制可推广的典型经验,在全国范围内有序推开。推动第二批、第三批试点地区加快改革步伐,发挥好牵引作用。试点地区要将建立健全城乡融合发展体制机制和政策体系作为重要任务,积极探索创新。

各地区各部门要高度重视新型城镇化建设,统一思想、提高认识、明确分工,突出改革创新,狠抓政策落地,切实凝聚合力。充分发挥推进新型城镇化工作部际联席会议作用,国家发展改革委要强化统筹协调和督导检查,各有关部门要加强配合、主动作为,排好时间表、路线图、优先序,确保所负责的任务取得实效。各地区要强化主体责任意识,结合本地实际,以钉钉子精神做实、做细、做好各项具体工作,推进新型城镇化高质量发展。

本章思考

1. 全面深化改革的历史必然性和现实紧迫性。
2. 全面深化改革的意义。
3. "新四化"及其特征。

思考题

1. 全面深化改革的总目标和方向是什么?
2. "新四化"同步发展的制度障碍是什么?
3. 如何理解全面深化改革,促进"新四化"蓬勃发展?

第四章
Chapter 4

坚持和完善中国特色社会主义制度 推进国家治理体系和治理能力现代化

> **要点提示**
>
> ◆ 党的十九届四中全会召开的背景
> ◆ 推进国家治理体系和治理能力现代化
> ◆ 党的十九届四中全会的历史意义

> **开篇阅读**

中国共产党第十九届中央委员会第四次全体会议,于2019年10月28日至31日在北京举行。出席这次全会的有,中央委员202人,候补中央委员169人。中央纪律检查委员会常务委员会委员和有关方面负责同志列席会议。党的十九大代表中的部分基层同志和专家学者也列席会议。全会由中央政治局主持。中央委员会总书记习近平作了重要讲话。全会听取和讨论了习近平受中央政治局委托作的工作报告,审议通过了《中共中央关于坚持和完善中国特色社会主义制度、推进国家治理体系和治理能力现代化若干重大问题的决定》。习近平就《决定(讨论稿)》向全会作了说明。

第一节 党的十九届四中全会召开的背景

中华人民共和国成立70周年。新中国70年取得的历史性成就充分证明,中国特色社会主义制度是当代中国发展进步的根本保证。从党和国家事业发展的全局和长远出发,中央政治局决定这次中央全会专题研究坚持和完善中国特色社会主义制度、推进国家治理体系和治理能力现代化。

一、实现"两个一百年"奋斗目标的重大任务

建设社会主义现代化国家、实现中华民族伟大复兴，是我们党孜孜以求的宏伟目标。自成立以来，我们党就团结带领人民为此进行了不懈奋斗。随着改革开放逐步深化，我们党对制度建设的认识越来越深入。1980年，邓小平同志在总结"文化大革命"的教训时就指出："领导制度、组织制度问题更带有根本性、全局性、稳定性和长期性。""制度好可以使坏人无法任意横行，制度不好可以使好人无法充分做好事，甚至会走向反面。"1992年，邓小平同志在南方谈话中说："恐怕再有三十年的时间，我们才会在各方面形成一整套更加成熟、更加定型的制度。"党的十四大提出："在九十年代，我们要初步建立起新的经济体制，实现达到小康水平的第二步发展目标。再经过二十年的努力，到建党一百周年的时候，我们将在各方面形成一整套更加成熟更加定型的制度。"党的十五大、十六大、十七大都对制度建设提出明确要求。

问：什么是"两个一百年"？

答：第一个一百年，是到中国共产党成立100年时（2021年）全面建成小康社会；第二个一百年，是到新中国成立100年时（2049年）建成富强、民主、文明、和谐、美丽的社会主义现代化强国。

党的十八大以来，我们党把制度建设摆到更加突出的位置，强调"全面建成小康社会，必须以更大的政治勇气和智慧，不失时机深化重要领域改革，坚决破除一切妨碍科学发展的思想观念和体制机制弊端，构建系统完备、科学规范、运行有效的制度体系，使各方面制度更加成熟更加定型"。党的十八届三中全会首次提出"推进国家治理体系和治理能力现代化"这个重大命题，并把"完善和发展中国特色社会主义制度、推进国家治理体系和治理能力现代化"确定为全面深化改革的总目标。党的十八届五中全会进一步强调，"十三五"时期要实现"各方面制度更加成熟更加定型，国家治理体系和治理能力现代化取得重大进展，各领域基础性制度体系基本形成"。

党的十九大作出到本世纪中叶把我国建成富强民主文明和谐美丽的社会主义现代化强国的战略安排，其中制度建设和治理能力建设的目标是：到2035年，"各方面制度更加完善，国家治理体系和治理能力现代化基本实现"；到本世纪中叶，"实现国家治理体系和治理能力现代化"。党的十九届二中、三中全会分别就修改宪法和深化党和国家机构改革作出部署，在制度建设和治理能力建设上迈出了新的重大步伐。党的十九届三中全会指出："我们党要更好领

导人民进行伟大斗争、建设伟大工程、推进伟大事业、实现伟大梦想,必须加快推进国家治理体系和治理能力现代化,努力形成更加成熟更加定型的中国特色社会主义制度。这是摆在我们党面前的一项重大任务。"现在,我们党有必要对坚持和完善中国特色社会主义制度、推进国家治理体系和治理能力现代化进行系统总结,提出与时俱进完善和发展的前进方向和工作要求。

知识问答

问:"四个伟大"的具体表述是什么?
答:进行伟大斗争、建设伟大工程、推进伟大事业、实现伟大梦想。

二、新时代改革开放推向前进的根本要求

在改革开放40多年历程中,党的十一届三中全会是划时代的,开启了改革开放和社会主义现代化建设历史新时期;党的十八届三中全会也是划时代的,开启了全面深化改革、系统整体设计推进改革的新时代,开创了我国改革开放的新局面。党的十八届三中全会推出336项重大改革举措。经过5年多的努力,重要领域和关键环节改革成效显著,主要领域基础性制度体系基本形成,为推进国家治理体系和治理能力现代化打下了坚实基础。同时,也要看到,这些改革举措有的尚未完成,有的甚至需要相当长的时间去落实,我们已经啃下了不少硬骨头但还有许多硬骨头要啃,我们攻克了不少难关但还有许多难关要攻克,我们决不能停下脚步,决不能有松口气、歇歇脚的想法。习近平在庆祝改革开放40周年大会上强调,要"坚持方向不变、道路不偏、力度不减,推动新时代改革开放走得更稳、走得更远"。这就要求从全面建设社会主义现代化国家的战略需要出发,对全面深化改革工作进一步作出部署。

相比过去,新时代改革开放具有许多新的内涵和特点,其中很重要的一点就是制度建设分量更重,改革更多面对的是深层次体制机制问题,对改革顶层设计的要求更高,对改革的系统性、整体性、协同性要求更强,相应地建章立制、构建体系的任务更重。新时代谋划全面深化改革,必须以坚持和完善中国特色社会主义制度、推进国家治理体系和治理能力现代化为主轴,深刻把握我国发展要求和时代潮流,把制度建设和治理能力建设摆到更加突出的位置,继续深化各领域各方面体制机制改革,推动各方面制度更加成熟更加定型,推进国家治理体系和治理能力现代化。

三、应对风险挑战、赢得主动的有力保证

古人讲,"天下之势不盛则衰,天下之治不进则退"。当今世界正经历百年未有之大变局,国际形势复杂多变,改革发展稳定、内政外交国防、治党治国治军各方面任务之繁重前所未有,我们面临的风险挑战之严峻前所未有。这些风险挑战,有的来自国内,有的来自国际,有的来自经济社会领域,有的来自自然界。我们要打赢防范化解重大风险攻坚战,必须坚持和完善中国特色社会主义制度、推进国家治理体系和治理能力现代化,运用制度威力应对风险挑战的冲击。

第二节 党的十九届四中全会的主要内容

党的十九届四中全会紧扣"坚持和完善中国特色社会主义制度、推进国家治理体系和治理能力现代化"这个主题,从党的十九大确立的战略目标和重大任务出发,着眼于坚持和巩固中国特色社会主义制度、确保党长期执政和国家长治久安,着眼于完善和发展中国特色社会主义制度、全面建设社会主义现代化国家,着眼于充分发挥中国特色社会主义制度优越性、推进国家治理体系和治理能力现代化,全面总结党领导人民在我国国家制度建设和国家治理方面取得的成就、积累的经验、形成的原则,重点阐述坚持和完善支撑中国特色社会主义制度的根本制度、基本制度、重要制度,部署需要深化的重大体制机制改革、需要推进的重点工作任务。

问:党的十九届四中全会的主题?
答:坚持和完善中国特色社会主义制度、推进国家治理体系和治理能力现代化

《中共中央关于坚持和完善中国特色社会主义制度、推进国家治理体系和治理能力现代化若干重大问题的决定》由15部分构成,分为三大板块。第一板块为第一部分,是总论,主要阐述中国特色社会主义制度和国家治理体系发展的历史性成就、显著优势,提出新时代坚持和完善中国特色社会主义制度、推进国家治理体系和治理能力现代化的重大意义和总体要求。第二板块为分论,聚焦坚持和完善支撑中国特色社会主义制度的根本制度、基本制度、重要制度,安排了13个部分,明确了各项制度必须坚持和巩固的根本点、完善和发展的方向,并作出工作部署。第三板块为第十五部分和结束语,主要就加强党对坚持和完善中国特色社会主义制度、推进国家治理体系和治理能力现代化的领导提出要求。

全会充分肯定党的十九届三中全会以来中央政治局的工作。一致认为,面对国内外风险挑战明显增多的复杂局面,中央政治局高举中国特色社会主义伟大旗帜,坚持以马克思列宁主义、毛泽东思想、邓小平理论、"三个代表"重要思想、科学发展观、习近平新时代中国特色社会主义思想为指导,全面贯彻党的十九大和十九届二中、三中全会精神,准确把握国内国际两个大局,着力抓好发展和安全两件大事,加强战略谋划,增强战略定力,坚持稳中求进工作总基调,继续统筹推进"五位一体"总体布局和协调推进"四个全面"战略布局,团结带领全党全国各族人民攻坚克难、砥砺前行,庆祝中华人民共和国成立70周年系列活动极大振奋和凝聚了

第四章　坚持和完善中国特色社会主义制度　推进国家治理体系和治理能力现代化

党心军心民心,庆祝改革开放40周年系列活动增强了将改革进行到底的信心,"不忘初心、牢记使命"主题教育成效明显,深化党和国家机构改革各项工作胜利完成,改革开放全面深化,经济社会保持健康稳定发展,坚决打好三大攻坚战和应对各种风险挑战工作有力有效,国防和军队现代化深入推进,推动党和国家各项事业取得新的重大进展。

全会提出,中国特色社会主义制度是党和人民在长期实践探索中形成的科学制度体系,我国国家治理一切工作和活动都依照中国特色社会主义制度展开,我国国家治理体系和治理能力是中国特色社会主义制度及其执行能力的集中体现。

全会认为,中国共产党自成立以来,团结带领人民,坚持把马克思主义基本原理同中国具体实际相结合,赢得了中国革命胜利,并深刻总结国内外正反两方面经验,不断探索实践,不断改革创新,建立和完善社会主义制度,形成和发展党的领导和经济、政治、文化、社会、生态文明、军事、外事等各方面制度,加强和完善国家治理,取得历史性成就。党的十八大以来,我们党领导人民统筹推进"五位一体"总体布局、协调推进"四个全面"战略布局,推动中国特色社会主义制度更加完善、国家治理体系和治理能力现代化水平明显提高,为政治稳定、经济发展、文化繁荣、民族团结、人民幸福、社会安宁、国家统一提供了有力保障。实践证明,中国特色社会主义制度和国家治理体系是以马克思主义为指导、植根中国大地、具有深厚中华文化根基、深得人民拥护的制度和治理体系,是具有强大生命力和巨大优越性的制度和治理体系,是能够持续推动拥有近十四亿人口大国进步和发展、确保拥有五千多年文明史的中华民族实现"两个一百年"奋斗目标进而实现伟大复兴的制度和治理体系。

全会强调,我国国家制度和国家治理体系具有多方面的显著优势,主要是:坚持党的集中统一领导,坚持党的科学理论,保持政治稳定,确保国家始终沿着社会主义方向前进的显著优势;坚持人民当家作主,发展人民民主,密切联系群众,紧紧依靠人民推动国家发展的显著优势;坚持全面依法治国,建设社会主义法治国家,切实保障社会公平正义和人民权利的显著优势;坚持全国一盘棋,调动各方面积极性,集中力量办大事的显著优势;坚持各民族一律平等,铸牢中华民族共同体意识,实现共同团结奋斗、共同繁荣发展的显著优势;坚持公有制为主体、多种所有制经济共同发展和按劳分配为主体、多种分配方式并存,把社会主义制度和市场经济有机结合起来,不断解放和发展社会生产力的显著优势;坚持共同的理想信念、价值理念、道德观念,弘扬中华优秀传统文化、革命文化、社会主义先进文化,促进全体人民在思想上精神上紧紧团结在一起的显著优势;坚持以人民为中心的发展思想,不断保障和改善民生、增进人民福祉,走共同富裕道路的显著优势;坚持改革创新、与时俱进,善于自我完善、自我发展,使社会充满生机活力的显著优势;坚持德才兼备、选贤任能,聚天下英才而用之,培养造就更多更优秀人才的显著优势;坚持党指挥枪,确保人民军队绝对忠诚于党和人民,有力保障国家主权、安全、发展利益的显著优势;坚持"一国两制",保持香港、澳门长期繁荣稳定,促进祖国和平统一的显著优势;坚持独立自主和对外开放相统一,积极参与全球治理,为构建人类命运共同体不断作出贡献的显著优势。这些显著优势,是我们坚定中国特色社会主义道路自信、理论自信、制度自信、文化自信的基本依据。

全会强调,必须坚持以马克思列宁主义、毛泽东思想、邓小平理论、"三个代表"重要思想、科学发展观、习近平新时代中国特色社会主义思想为指导,增强"四个意识",坚定"四个自信",做到"两个维护",坚持党的领导、人民当家作主、依法治国有机统一,坚持解放思想、实事求是,坚持改革创新,突出坚持和完善支撑中国特色社会主义制度的根本制度、基本制度、重要制度,着力固根基、扬优势、补短板、强弱项,构建系统完备、科学规范、运行有效的制度体系,加强系统治理、依法治理、综合治理、源头治理,把我国制度优势更好转化为国家治理效能,为实现"两个一百年"奋斗目标、实现中华民族伟大复兴的中国梦提供有力保证。

全会提出,坚持和完善中国特色社会主义制度、推进国家治理体系和治理能力现代化的总体目标是,到我们党成立一百年时,在各方面制度更加成熟更加定型上取得明显成效;到二〇三五年,各方面制度更加完善,基本实现国家治理体系和治理能力现代化;到新中国成立一百年时,全面实现国家治理体系和治理能力现代化,使中国特色社会主义制度更加巩固、优越性充分展现。

全会提出,坚持和完善党的领导制度体系,提高党科学执政、民主执政、依法执政水平。必须坚持党政军民学、东西南北中,党是领导一切的,坚决维护党中央权威,健全总揽全局、协调各方的党的领导制度体系,把党的领导落实到国家治理各领域各方面各环节。要建立不忘初心、牢记使命的制度,完善坚定维护党中央权威和集中统一领导的各项制度,健全党的全面领导制度,健全为人民执政、靠人民执政各项制度,健全提高党的执政能力和领导水平制度,完善全面从严治党制度。

全会提出,坚持和完善人民当家作主制度体系,发展社会主义民主政治。必须坚持人民主体地位,坚定不移走中国特色社会主义政治发展道路,确保人民依法通过各种途径和形式管理国家事务,管理经济文化事业,管理社会事务。要坚持和完善人民代表大会制度这一根本政治制度,坚持和完善中国共产党领导的多党合作和政治协商制度,巩固和发展最广泛的爱国统一战线,坚持和完善民族区域自治制度,健全充满活力的基层群众自治制度。

全会提出,坚持和完善中国特色社会主义法治体系,提高党依法治国、依法执政能力。建设中国特色社会主义法治体系、建设社会主义法治国家是坚持和发展中国特色社会主义的内在要求。必须坚定不移走中国特色社会主义法治道路,全面推进依法治国,坚持依法治国、依法执政、依法行政共同推进,坚持法治国家、法治政府、法治社会一体建设。要健全保证宪法全面实施的体制机制,完善立法体制机制,健全社会公平正义法治保障制度,加强对法律实施的监督。

第四章　坚持和完善中国特色社会主义制度　推进国家治理体系和治理能力现代化

全会提出，坚持和完善中国特色社会主义行政体制，构建职责明确、依法行政的政府治理体系。国家行政管理承担着按照党和国家决策部署推动经济社会发展、管理社会事务、服务人民群众的重大职责。必须坚持一切行政机关为人民服务、对人民负责、受人民监督，创新行政方式，提高行政效能，建设人民满意的服务型政府。要完善国家行政体制，优化政府职责体系，优化政府组织结构，健全充分发挥中央和地方两个积极性体制机制。

全会提出，坚持和完善社会主义基本经济制度，推动经济高质量发展。公有制为主体、多种所有制经济共同发展，按劳分配为主体、多种分配方式并存，社会主义市场经济体制等社会主义基本经济制度，既体现了社会主义制度优越性，又同我国社会主义初级阶段社会生产力发展水平相适应，是党和人民的伟大创造。必须坚持社会主义基本经济制度，充分发挥市场在资源配置中的决定性作用，更好发挥政府作用，全面贯彻新发展理念，坚持以供给侧结构性改革为主线，加快建设现代化经济体系。要毫不动摇巩固和发展公有制经济，毫不动摇鼓励、支持、引导非公有制经济发展，坚持按劳分配为主体、多种分配方式并存，加快完善社会主义市场经济体制，完善科技创新体制机制，建设更高水平开放型经济新体制。

全会提出，坚持和完善繁荣发展社会主义先进文化的制度，巩固全体人民团结奋斗的共同思想基础。发展社会主义先进文化、广泛凝聚人民精神力量，是国家治理体系和治理能力现代化的深厚支撑。必须坚定文化自信，牢牢把握社会主义先进文化前进方向，激发全民族文化创造活力，更好构筑中国精神、中国价值、中国力量。要坚持马克思主义在意识形态领域指导地位的根本制度，坚持以社会主义核心价值观引领文化建设制度，健全人民文化权益保障制度，完善坚持正确导向的舆论引导工作机制，建立健全把社会效益放在首位、社会效益和经济效益相统一的文化创作生产体制机制。

全会提出，坚持和完善统筹城乡的民生保障制度，满足人民日益增长的美好生活需要。增进人民福祉、促进人的全面发展是我们党立党为公、执政为民的本质要求。必须健全幼有所育、学有所教、劳有所得、病有所医、老有所养、住有所居、弱有所扶等方面国家基本公共服务制度体系，注重加强普惠性、基础性、兜底性民生建设，保障群众基本生活。满足人民多层次多样化需求，使改革发展成果更多更公平惠及全体人民。要健全有利于更充分更高质量就业的促进机制，构建服务全民终身学习的教育体系，完善覆盖全民的社会保障体系，强化提高人民健康水平的制度保障。坚决打赢脱贫攻坚战，建立解决相对贫困的长效机制。

全会提出，坚持和完善共建共治共享的社会治理制度，保持社会稳定、维护国家安全。社会治理是国家治理的重要方面。必须加强和创新社会治理，完善党委领导、政府负责、民主协商、社会协同、公众参与、法治保障、科技支撑的社会治理体系，建设人人有责、人人尽责、人人享有的社会治理共同体，确保人民安居乐业、社会安定有序，建设更高水平的平安中国。要完善正确处理新形势下人民内部矛盾有效机制，完善社会治安防控体系，健全公共安全体制机制,构建基层社会治理新格局,完善国家安全体系。

全会提出,坚持和完善生态文明制度体系,促进人与自然和谐共生。生态文明建设是关系中华民族永续发展的千年大计。必须践行绿水青山就是金山银山的理念,坚持节约资源和保护环境的基本国策,坚持节约优先、保护优先、自然恢复为主的方针,坚定走生产发展、生活富裕、生态良好的文明发展道路,建设美丽中国。要实行最严格的生态环境保护制度,全面建立资源高效利用制度,健全生态保护和修复制度,严明生态环境保护责任制度。

全会提出,坚持和完善党对人民军队的绝对领导制度,确保人民军队忠实履行新时代使命任务。党对人民军队的绝对领导是人民军队的建军之本、强军之魂。必须牢固确立习近平强军思想在国防和军队建设中的指导地位,巩固和拓展深化国防和军队改革成果,构建中国特色社会主义军事政策制度体系,全面推进国防和军队现代化,确保实现党在新时代的强军目标,把人民军队全面建成世界一流军队,永葆人民军队的性质、宗旨、本色。要坚持人民军队最高领导权和指挥权属于党中央,健全人民军队党的建设制度体系,把党对人民军队的绝对领导贯彻到军队建设各领域全过程。

全会提出,坚持和完善"一国两制"制度体系,推进祖国和平统一。"一国两制"是党领导人民实现祖国和平统一的一项重要制度,是中国特色社会主义的一个伟大创举。必须严格依照宪法和基本法对香港特别行政区、澳门特别行政区实行管治,维护香港、澳门长期繁荣稳定。建立健全特别行政区维护国家安全的法律制度和执行机制。要坚定推进祖国和平统一进程,完善促进两岸交流合作、深化两岸融合发展、保障台湾同胞福祉的制度安排和政策措施,团结广大台湾同胞共同反对"台独"、促进统一。

全会提出,坚持和完善独立自主的和平外交政策,推动构建人类命运共同体。必须统筹国内国际两个大局,高举和平、发展、合作、共赢旗帜,坚定不移维护国家主权、安全、发展利益,坚定不移维护世界和平、促进共同发展。要健全党对外事工作领导体制机制,完善全方位外交布局,推进合作共赢的开放体系建设,积极参与全球治理体系改革和建设。

全会提出,坚持和完善党和国家监督体系,强化对权力运行的制约和监督。党和国家监督体系是党在长期执政条件下实现自我净化、自我完善、自我革新、自我提高的重要制度保障。必须健全党统一领导、全面覆盖、权威高效的监督体系,增强监督严肃性、协同性、有效性,形成决策科学、执行坚决、监督有力的权力运行机制,构建一体推进不敢腐、不能腐、不想腐体制机制,确保党和人民赋予的权力始终用来为人民谋幸福。

全会强调,坚持和完善中国特色社会主义制度、推进国家治理体系和治理能力现代化,是全党的一项重大战略任务。各级党委和政府以及各级领导干部要切实强化制度意识,带头维护制度权威,做制度执行的表率,带动全党全社会自觉尊崇制度、严格执行制度、坚决维护制度。加强制度理论研究和宣传教育,引导全党全社会充分认识中国特色社会主义制度的本质特征和优越性,坚定制度自信。推动广大干部严格按照制度履行职责、行使权力、开展工作,提高推进"五位一体"总体布局和"四个全面"战略布局等各项工作能力和水平。

全会号召,全党全国各族人民要更加紧密地团结在以习近平同志为核心的党中央周围,坚定信心,保持定力,锐意进取,开拓创新,为坚持和完善中国特色社会主义制度、推进国家治理体系和治理能力现代化,实现"两个一百年"奋斗目标、实现中华民族伟大复兴的中国梦而努力奋斗!

第三节 党的十九届四中全会的历史意义

党的十九届四中全会准确把握我国国家制度和国家治理体系的演进方向和规律,突出坚持和完善党的领导制度,抓住了国家治理的关键和根本;突出守正创新、开拓进取,彰显了中国特色社会主义制度自信;突出系统集成、协同高效,体现了强烈的问题导向和鲜明的实践特色。《中共中央关于坚持和完善中国特色社会主义制度 推进国家治理体系和治理能力现代化若干重大问题的决定》回答了"坚持和巩固什么、完善和发展什么"这个重大政治问题,既阐明了必须牢牢坚持的重大制度和原则,又部署了推进制度建设的重大任务和举措,坚持根本制度、基本制度、重要制度相衔接,统筹顶层设计和分层对接,统筹制度改革和制度运行,体现了总结历史和面向未来的统一、保持定力和改革创新的统一、问题导向和目标导向的统一,必将对推动各方面制度更加成熟更加定型、把我国制度优势更好转化为国家治理效能产生重大而深远的影响。

从中国社会主义的实践历程,乃至于中国几千年国家制度和国家治理的历史演变上看,为中华民族迈向伟大复兴提供制度保证;从当代中国发展进步上看,我们要继续推动改革开放,仍然要在坚持和完善国家制度和国家治理体系上下大功夫;从应对风险挑战上看,必须坚持和完善中国特色社会主义制度、推进国家治理体系和治理能力现代化,不断把制度优势更好转化为国家治理效能,打赢防范化解重大风险攻坚战。十九届四中全会研究部署的是解决筑牢中国长治久安的制度根基,是为实现中华民族伟大复兴提供制度保证。

党的十九届四中全会是在庆祝新中国成立70周年的重要节点,向全面建成小康社会、实现第一个百年奋斗目标迈进的关键之年召开的一次重要会议,是一次对国家制度和国家治理体系问题进行开创性研究和系统性解决的中央全会。党的十一届三中全会以来,迄今召开的专门研究重要主题的中央全会共34次,研究国家制度和国家治理的中央全会仅此一次,可谓意义深远而重大。

我们可以用若干个"第一次"来形容十九届四中全会。比如,第一次用一次中央全会专题研究国家制度和国家治理体系;第一次系统描绘了中国特色社会主义的制度"图谱";第一次全面揭示了中国特色社会主义制度和国家治理体系的显著优势；第一次全面回答了在我国国家制度和国家治理上应该"坚持和巩固什么""完善和发展什么"等等。从深层次认识十九届四中全会的重大意义，还可以从以下三个维度上加以理解。

一、我国国家制度和国家治理历史演进的重大意义

从中国社会主义的实践历程上，乃至于中国几千年国家制度和国家治理的历史演变上看，十九届四中全会对国家制度和治理体系予以专门研究和部署是具有重大意义的。

一个国家选择什么样的国家制度和国家治理体系，是由这个国家的历史文化、社会性质、经济发展水平决定的。在几千年的历史演进中，中华民族创造了灿烂的古代文明，形成了关于国家制度和国家治理的丰富思想。鸦片战争以后，建立什么样的国家制度是近代以来无数仁人志士苦苦探索的命题。中国共产党人一出现在历史舞台，就致力于建立人民当家作主的新国家、新社会，不但提出了关于未来国家制度的主张，而且带领人民为之奋斗了20多年。中华人民共和国成立后，执政的中国共产党领导人民继续探索解决这个问题，取得了明显成就。党领导人民建立的国家制度，总体上适合中国实际、适应我国当时的经济基础，虽然还存在初创阶段的不成熟、不完善，但开创性地建立了人民当家作主的新型国家制度，这是很了不起的。

党的十一届三中全会开启了改革开放历史新时期，也开启了中国特色社会主义制度自我完善和发展的历史新起点。我们党以全新的视野来认识和解决国家制度和国家治理体系问题，鲜明提出走自己的路、建设有中国特色的社会主义，积极推进经济体制及其他体制改革，形成中国特色社会主义制度，不断完善国家治理，为改革开放和现代化建设提供了坚实制度保障。40多年来，党带领人民积极推进党的领导体制和经济体制、政治体制、文化体制、社会体制、生态文明体制、军事体制等方面的改革，不断完善和发展中国特色社会主义制度，国家治理体系的活力和效率不断提升。

党的十八大以来，通过统筹推进"五位一体"总体布局、协调推进"四个全面"战略布局，推动中国特色社会主义制度更加完善、国家治理体系和治理能力现代化水平明显提高，为党和国家事业发生历史性变革提供了有力保障。怎样治理中国这样具有超长时间历史纵深、超大幅员国土面积、超大数量人口规模、超常复杂民族宗教结构乃至越来越超大规模经济体量的社会主义发展中国家，在以往的世界社会主义实践中是没有任何现成模式可以学习的。我们主要任务是完善和发展中国特色社会主义制度，为党和国家事业发展、为人民幸福安康、为社会和谐稳定、为国家长治久安提供一整套更完备、更稳定、更管用的制度体系。正如十九届四中全会指出，这是为了使中国特色社会主义制度进一步适应我国经济社会发展的要求，满足人民群众期待，实现国家长治久安。简言之，党的十九届四中全会全面梳理和概括了一整套中国特色社会主义制度和国家治理体系，其重大历史意义就是为中华民族迈向伟大复兴提供制度保证。

二、推动当代中国发展进步的实践意义

从当代中国发展进步上看,新中国成立70年来,党领导人民把马克思主义基本原理同中国具体实际相结合,不断探索实践,不断改革创新,形成和发展了包括党的领导和经济、政治、文化、社会、生态文明、军事、外事等在内的中国特色社会主义制度体系。正是在此基础上,我国发生了天翻地覆的变化,取得了彪炳史册的成就。中国特色社会主义制度体系是当代中国发展进步的根本保障,对于这一点越来越多的人看得更加清楚了,甚至连原先对我国抱有偏见的一些西方学者在事实面前也不得不承认了。

十九届四中全会指出,党的十八大以来,由于中国特色社会主义制度不断完善发展,国家治理体系和治理能力明显提高,从而为政治稳定、经济发展、文化繁荣、民族团结、人民幸福、社会安宁、国家统一提供了有力的制度保障。我们要继续推动当代中国发展进步,实现中华民族伟大复兴的目标,仍然要在坚持和完善中国特色社会主义制度、推进国家治理体系和治理能力现代化上下大功夫。习近平总书记深刻指出:"我们党立志于中华民族千秋伟业,不仅要保持中国特色社会主义制度和国家治理体系的稳定性和延续性,而且要不断增强其发展性和创新性,推动中国特色社会主义制度更加成熟更加定型,为确保中国特色社会主义事业长盛不衰、实现中华民族伟大复兴提供牢靠而持久的制度保证。"但是,与实现这个伟大目标相比,我们现有的制度和制度体系还有"短板"、"弱项"等,这就是十九届四中全会指出的"坚持和巩固什么,完善和发展什么"所要解决的问题。

三、防范化解重大风险的现实意义

从应对风险挑战上看,当今世界正经历百年未有之大变局,国际形势复杂多变,改革发展稳定、内政外交国防、治党治国治军各方面任务之繁重前所未有,我们面临的风险挑战之严峻前所未有。这些风险挑战,有的来自国内,有的来自国际,有的来自经济社会领域,有的来自自然界。我们要打赢防范化解重大风险攻坚战,必须坚持和完善中国特色社会主义制度、推进国家治理体系和治理能力现代化,不断把制度优势更好转化为国家治理效能应对风险挑战的冲击。

习近平总书记关于防范化解风险的系列重要论述,是坚持和完善中国特色社会主义制度、推进国家治理体系和治理能力现代化的重要内容。习近平总书记强调指出,在前进道路上我们面临的风险考验只会越来越复杂,甚至会遇到难以想象的惊涛骇浪。我们面临的各种斗争不是短期的而是长期的,至少要伴随我们实现第二个百年奋斗目标全过程。

知识问答

问：怎样理解十九届四中全会指出的"坚持和巩固什么，完善和发展什么"所要解决的问题？

答：党的十八大以来，由于中国特色社会主义制度不断完善发展，国家治理体系和治理能力明显提高，从而为政治稳定、经济发展、文化繁荣、民族团结、人民幸福、社会安宁、国家统一提供了有力的制度保障。我们要继续推动当代中国发展进步，实现中华民族伟大复兴的目标，仍然要在坚持和完善中国特色社会主义制度、推进国家治理体系和治理能力现代化上下大功夫。习近平总书记深刻指出："我们党立志于中华民族千秋伟业，不仅要保持中国特色社会主义制度和国家治理体系的稳定性和延续性，而且要不断增强其发展性和创新性，推动中国特色社会主义制度更加成熟更加定型，为确保中国特色社会主义事业长盛不衰、实现中华民族伟大复兴提供牢靠而持久的制度保证。"但是，与实现这个伟大目标相比，我们现有的制度和制度体系还有"短板"、"弱项"等，这就是十九届四中全会指出的"坚持和巩固什么，完善和发展什么"所要解决的问题。

思想是行动的先导。我们只有立足当前、着眼长远，充分认识十九届四中全会研究部署国家制度和国家治理问题的重大意义，才能够在思想上真正领会坚持和完善中国特色社会主义制度、推进国家治理体系和治理能力现代化，是全党的一项重大战略任务。

本章思考

1. 党的十九届四中全会召开的背景。
2. 党的十九届四中全会的主要内容。
3. 党的十九届四中全会的历史意义。

思考题

1. 为什么说坚持和完善中国特色社会主义制度、推进国家治理体系和治理能力现代化是新时代改革开放推向前进的根本要求？
2. 坚持和完善中国特色社会主义制度、推进国家治理体系和治理能力现代化的总体目标是什么？
3. 如何从"第一次"的角度理解十九届四中全会的重大意义？

第五章

Chapter 5

中国共产党建设的新举措

> **要点提示**
>
> ◆ 中国共产党建设的最根本经验
> ◆ 全面加强中国共产党的自身建设

> **开篇阅读**

十八大以来,全面从严治党成效卓著。全面加强党的领导和党的建设,坚决改变管党治党宽松软状况。推动全党尊崇党章,增强政治意识、大局意识、核心意识、看齐意识,坚决维护党中央权威和集中统一领导,严明党的政治纪律和政治规矩,层层落实管党治党政治责任。坚持照镜子、正衣冠、洗洗澡、治治病的要求,开展党的群众路线教育实践活动和"三严三实"专题教育,推进"两学一做"学习教育常态化制度化,全党理想信念更加坚定、党性更加坚强。贯彻新时期好干部标准,选人用人状况和风气明显好转。党的建设制度改革深入推进,党内法规制度体系不断完善。把纪律挺在前面,着力解决人民群众反映最强烈、对党的执政基础威胁最大的突出问题。出台中央八项规定,严厉整治形式主义、官僚主义、享乐主义和奢靡之风,坚决反对特权。巡视利剑作用彰显,实现中央和省级党委巡视全覆盖。坚持反腐败无禁区、全覆盖、零容忍,坚定不移"打虎""拍蝇""猎狐",不敢腐的目标初步实现,不能腐的笼子越扎越牢,不想腐的堤坝正在构筑,反腐败斗争压倒性态势已经形成并巩固发展。

第一节 中国共产党的建设的全面进步

中共十八大刚结束,习近平同志就在一中全会上对全党提出"必须以更大的决心和勇气抓好党的自身建设",并在与中外记者见面时响亮地提出"我们的责任,就是同全党同志一道,坚持党要管党、从严治党"。此后,在新进中央委员、候补委员学习贯彻中共十八大精神研讨班上,在中央纪委二次全会上,在全国组织工作会议等各种不同场合,习近平总书记反复强调,"打铁还需自身硬"。对我们这样一个拥有8500多万党员、在一个13亿人口大国长期执政的党,管党治党一刻不能松懈。2012年12月,中央政治局做出关于改进工作作风、密切联系群众的八项规定,为全党做出了示范和表率。党要管党、从严治党的各项要求,在党的建设各个方面得到贯彻落实。

一、坚定理想信念,补好精神上的"钙",党的思想理论建设成效显著

中共十八大以后,在中央政治局第一次集体学习时,习近平同志说:"理想信念就是中国共产党人精神上的'钙',没有理想信念,理想信念不坚定,精神上就会'缺钙',就会得'软骨病'。"坚定的理想信念,无论是对中国共产党来说,还是对每个中国共产党党员来说,都具有根本性意义和不可估量的作用。中共十八大以来,党中央强调要抓好思想理论建设这个根本、党性教育这个核心、道德建设这个基础,解决好广大党员干部世界观、人生观、价值观这个"总开关"问题,中国共产党的马克思主义水平有了新的提高。以各级党校、行政学院和干部学院为主阵地,通过中心组学习、教育培训、专题研讨等多种方式开展对中国特色社会主义理论体系和习近平总书记系列重要讲话的深入学习。广大党员干部的方向更加明确,思想更加统一,力量更加凝聚,信心更加充足。中国共产党坚持两手抓、两手都要硬,进一步掌握意识形态工作的领导权、管理权、话语权,社会主义意识形态的主导性和感召力进一步加强,全党全国人民团结奋斗的思想基础更加巩固。积极培育和践行社会主义核心价值观,广大党员干部率先垂范、以身作则,发挥引领示范作用,全社会的道德风尚进一步改善。

二、着力培育选拔党和人民需要的好干部,大力加强基层、基础工作,党的组织建设取得新进展

党要管党,首先是管好干部;从严治党,关键是从严治吏。习近平同志在全国组织工作会议上强调,进行具有许多新的历史特点的伟大斗争,实现党的十八大确定的各项目标任务,关键在党,关键在人。关键在党,就是要确保党在发展中国特色社会主义历史进程中始终成为坚强领导核心。关键在人,就要建设一支宏大的高素质干部队伍。他还指出,建设这样一支队伍,要按照"信念坚定、为民服务、勤政务实、敢于担当、清正廉洁"的标准,大力培育党和人民需要的好干部。中共十八大以来,我们党积极推进干部人事制度改革,着力破解干部工作中存在的"唯票""唯分""唯GDP""唯年龄"等问题,修订了《党政领导干部选拔任用工作条例》,为

培养选拔党和人民需要的好干部奠定了扎实的制度基础。

中共十八大以来,习近平总书记多次对人才队伍建设和人才工作做出重要指示,强调没有一支宏大的高素质人才队伍,中国梦这篇大文章就难以顺利写下去。中国共产党始终坚持党管人才原则,大力推进人才发展体制机制改革和政策创新,推进"千人计划""万人计划"等重大人才工程,人才工作开创了新的局面,一支规模宏大、专业门类齐全、能力素质较高的人才大军已初步形成。

回顾中共十八大以来中国共产党加强组织建设的历程,我们认识到:中国共产党是执政党,用人权是最重要的执政权。削弱党管干部就等于削弱党的领导,放弃党管干部就意味着放弃党的领导。党的干部队伍建设和干部人事制度改革必须紧紧围绕"好干部"要求,解决"为谁选人""用什么理念选人""选什么样的人""依据什么选人"等问题,构建一套有效管用、简便易行的选人用人机制,形成与中国特色社会主义制度相适应的干部制度体系。实现中国梦要有强大的智力支撑,伟大的事业呼唤各类优秀人才。我们必须高度重视人才工作,破除影响人才流动、使用、发挥作用的各种体制机制障碍,千方百计吸引人才、招揽人才,集聚各方面人才为实现中国梦而奋斗。

三、坚持不懈地加强党的作风建设,党同人民群众的血肉联系进一步增强

中共十八大以来,中央以作风建设作为突破口加强管党治党工作,在党内外、国内外产生积极影响,受到普遍好评。中央领导同志带头贯彻落实"八项规定",为各级党组织和广大党员干部树立了榜样。各级党政机关陆续出台细化八项规定的具体措施,会风、文风、学风、工作作风和生活作风不断改进。中国共产党党风政风带动了社风民风的好转。以为民、务实、清廉为主要内容的党的群众路线教育实践活动,是新形势下我们党依靠自身力量和人民群众的帮助监督解决自身问题的成功实践。第一批教育实践活动已经取得重要阶段性成果,"四风"得到有效遏制,人民群众反映强烈的突出问题得到认真解决,新形势下做好群众工作的能力进一步提高。第二批教育实践活动正在扎实推进。在这次教育实践活动中,各级党组织及其班子成员以整风精神开展批评和自我批评,党员干部从理想信念、党性修养和人生观、世界观、价值观上剖析原因,深挖根源,触动了思想深处的一些东西,真正收到了"照镜子、正衣冠、洗洗澡、治治病"的效果。

中共十八大以来加强作风建设的经验,给我们以深刻启示:作为马克思主义执政党,不但要有强大的真理力量,而且要有强大的人格力量。真理力量集中体现在我们党的正确理论上,人格力量集中体现在中国共产党的优良作风上。必须坚持问题导向,解决突出问题,紧紧抓住

"讲认真"这个要害,破解作风建设中的难题。必须持之以恒,建立长效机制,善始善终、善做善成、久久为功,让人民群众不断看到实实在在的成效和变化,真正取信于民。

四、坚持以零容忍态度反对腐败,廉政建设和反腐败斗争向纵深发展

腐败是社会的毒瘤,也是一种极其复杂的社会现象,党的性质和宗旨决定了中国共产党与腐败现象是水火不相容的。中共十八大以来,党中央加大了反腐败的力度,始终保持反腐败的高压态势,坚持"老虎""苍蝇"一起打,既坚决查处领导干部违纪违法案件,又切实解决发生在群众身边的不正之风和腐败问题。一批"老虎""苍蝇"纷纷落马,彰显了中国共产党惩治腐败的坚定决心,遏制了腐败蔓延的势头,赢得了民心。中国共产党的十八届三中全会强调:"坚持用制度管权管事管人,让人民监督权力,让权力在阳光下运行,是把权力关进笼子里的治本之策。"在治标的同时,中央持续推进反腐倡廉制度建设,强调用完善制度的办法从源头上杜绝腐败滋生的土壤,审议通过了《建立健全惩治和预防腐败体系2013—2017年工作规划》等一系列反腐败法规文件,惩治和预防腐败体系建设进一步完善,反腐败制度建设进一步加强。

回顾中共十八大以来加强反腐倡廉建设的历程,我们深刻认识到:必须以最坚决的态度反对腐败。反对腐败、建设廉洁政府的问题解决不好,就会对中国共产党造成致命伤害,甚至亡党亡国。古今中外,概莫能外。要充分认识反腐败斗争的长期性、复杂性、艰巨性,以猛药去病、重典治乱的决心,以刮骨疗毒、壮士断腕的勇气,坚决把党风廉政建设和反腐败斗争进行到底。要善于用法治思维和法治方式反对腐败,加强反腐倡廉的国家立法和党内法规制度建设,把权力关进法律和制度的笼子里,形成不敢腐的惩戒机制、不能腐的防范机制、不易腐的保证机制。

五、积极推进党的建设制度改革,党的建设科学化水平进一步提高

加强制度建设,是中国共产党坚持党要管党、从严治党的一条基本经验。中共十八大以来,党中央高度重视党的制度建设,做出了一系列重要部署。中国共产党的十八大闭幕不久,习近平总书记就发表了"认真学习党章、严格遵守党章"的重要讲话,指出认真学习、严格遵守党章,是加强党的建设的基础性工作;提出建立健全党内制度体系,要以党章为根本依据。全党开展了对党章的学习,遵守党章、贯彻党章、维护党章的自觉性不断增强。近些年来,一系列重要的党内制度法规相继出台。中共十八大以来加强党的制度建设的历程,使我们进一步认识到制度建设的重要性和紧迫性。党的建设制度是国家治理体系的基础,党的建设制度改革成效如何、进展如何,直接关系着全面深化改革总目标是否能够实现。党的建设制度改革涉及党和国家整个领导体制、领导制度,推进党的建设制度改革,必须把准党的建设制度改革的方

向,有利于加强和改善党的领导,有利于提高党的执政能力,有利于巩固党的执政地位。党的建设制度改革的重点是,着力深化党的组织制度方面的改革,着力深化干部选拔任用制度改革,着力深化干部管理制度改革,着力健全改进作风常态化制度,着力健全党的基层组织体系,着力强化权力运行制约和监督体系。要用党的建设制度改革的新成效,来推动全面深化改革和经济社会全面发展的新进步。

知识问答

问:四中全会关于中国共产党的五项建设的内容是什么?
答:切实加强思想、组织、作风,反腐倡廉建设和制度建设。

第二节 新时代中国共产党的历史使命

100多年前,十月革命一声炮响,给中国送来了马克思列宁主义。中国先进分子从马克思列宁主义的科学真理中看到了解决中国问题的出路。在近代以后中国社会的剧烈运动中,在中国人民反抗封建统治和外来侵略的激烈斗争中,在马克思列宁主义同中国工人运动的结合过程中,1921年中国共产党应运而生。从此,中国人民谋求民族独立、人民解放和国家富强、人民幸福的斗争就有了主心骨,中国人民就从精神上由被动转为主动。

中华民族有5 000多年的文明历史,创造了灿烂的中华文明,为人类做出了卓越贡献,成为世界上伟大的民族。鸦片战争后,中国陷入内忧外患的黑暗境地,中国人民经历了战乱频仍、山河破碎、民不聊生的深重苦难。为了民族复兴,无数仁人志士不屈不挠、前仆后继,进行了可歌可泣的斗争,进行了各式各样的尝试,但终究未能改变旧中国的社会性质和中国人民的悲惨命运。

实现中华民族伟大复兴是近代以来中华民族最伟大的梦想。中国共产党一经成立,就把实现共产主义作为党的最高理想和最终目标,义无反顾肩负起实现中华民族伟大复兴的历史使命,团结带领人民进行了艰苦卓绝的斗争,谱写了气吞山河的壮丽史诗。

我们党深刻认识到,实现中华民族伟大复兴,必须推翻压在中国人民头上的帝国主义、封建主义、官僚资本主义三座大山,实现民族独立、人民解放、国家统一、社会稳定。我们党团结带领人民找到了一条以农村包围城市、武装夺取政权的正确革命道路,进行了28年浴血奋战,完成了新民主主义革命,1949年建立了中华人民共和国,实现了中国从几千年封建专制政治向人民民主的伟大飞跃。

我们党深刻认识到,实现中华民族伟大复兴,必须建立符合我国实际的先进社会制度。我们党团结带领人民完成社会主义革命,确立社会主义基本制度,推进社会主义建设,完成了中华民族有史以来最为广泛而深刻的社会变革,为当代中国一切发展进步奠定了根本政治前提和制度基础,实现了中华民族由近代不断衰落到根本扭转命运、持续走向繁荣富强的伟大飞跃。

我们党深刻认识到,实现中华民族伟大复兴,必须合乎时代潮流、顺应人民意愿,勇于改革开放,让党和人民事业始终充满奋勇前进的强大动力。我们党团结带领人民进行改革开放新的伟大革命,破除阻碍国家和民族发展的一切思想和体制障碍,开辟了中国特色社会主义道路,使中国大踏步赶上时代。

96年来,为了实现中华民族伟大复兴的历史使命,无论是弱小还是强大,无论是顺境还是逆境,我们党都初心不改、矢志不渝,团结带领人民历经千难万险,付出巨大牺牲,敢于面对曲折,勇于修正错误,攻克了一个又一个看似不可攻克的难关,创造了一个又一个彪炳史册的人间奇迹。

今天,我们比历史上任何时期都更接近、更有信心和能力实现中华民族伟大复兴的目标。

行百里者半九十。中华民族伟大复兴,绝不是轻轻松松、敲锣打鼓就能实现的。全党必须准备付出更为艰巨、更为艰苦的努力。

实现伟大梦想,必须进行伟大斗争。社会是在矛盾运动中前进的,有矛盾就会有斗争。我们党要团结带领人民有效应对重大挑战、抵御重大风险、克服重大阻力、解决重大矛盾,必须进行具有许多新的历史特点的伟大斗争,任何贪图享受、消极懈怠、回避矛盾的思想和行为都是错误的。全党要更加自觉地坚持党的领导和我国社会主义制度,坚决反对一切削弱、歪曲、否定党的领导和我国社会主义制度的言行;更加自觉地维护人民利益,坚决反对一切损害人民利益、脱离群众的行为;更加自觉地投身改革创新时代潮流,坚决破除一切顽瘴痼疾;更加自觉地维护我国主权、安全、发展利益,坚决反对一切分裂祖国、破坏民族团结和社会和谐稳定的行为;更加自觉地防范各种风险,坚决战胜一切在政治、经济、文化、社会等领域和自然界出现的困难和挑战。全党要充分认识这场伟大斗争的长期性、复杂性、艰巨性,发扬斗争精神,提高斗争本领,不断夺取伟大斗争新胜利。

实现伟大梦想,必须建设伟大工程。这个伟大工程就是我们党正在深入推进的党的建设新的伟大工程。历史已经并将继续证明,没有中国共产党的领导,民族复兴必然是空想。我们党要始终成为时代先锋、民族脊梁,始终成为马克思主义执政党,自身必须始终过硬。全党要更加自觉地坚定党性原则,勇于直面问题,敢于刮骨疗毒,消除一切损害党的先进性和纯洁性的因素,清除一切侵蚀党的健康肌体的病毒,不断增强党的政治领导力、思想引领力、群众组织力、社会号召力,确保我们党永葆旺盛生命力和强大战斗力。

实现伟大梦想,必须推进伟大事业。中国特色社会主义是改革开放以来党的全部理论和实践的主题,是党和人民历尽千辛万苦、付出巨大代价取得的根本成就。中国特色社会主义道路是实现社会主义现代化、创造人民美好生活的必由之路,中国特色社会主义理论体系是指导党和人民实现中华民族伟大复兴的正确理论,中国特色社会主义制度是当代中国发展进步的根本制度保障,中国特色社会主义文化是激励全党全国各族人民奋勇前进的强大精神力量。全党要更加自觉地增强道路自信、理论自信、制度自信、文化自信,既不走封闭僵化的老路,也不走改旗易帜的邪路,保持政治定力,坚持实干兴邦,始终坚持和发展中国特色社会主义。

伟大斗争、伟大工程、伟大事业、伟大梦想,紧密联系、相互贯通、相互作用,其中起决定性作用的是党的建设新的伟大工程。推进伟大工程,要结合伟大斗争、伟大事业、伟大梦想的实践来进行,确保党在世界形势深刻变化的历史进程中始终走在时代前列,在应对国内外各种风险和考验的历史进程中始终成为全国人民的主心骨,在坚持和发展中国特色社会主义的历史进程中始终成为坚强领导核心。

第三节 "三严三实"专题教育

党的十八大以来,以习近平同志为总书记的党中央,高度重视领导干部的作风建设。2014年3月9日,在十二届全国人大二次会议安徽代表团参加审议时,习近平总书记对各级领导干部提出"既严以修身、严以用权、严以律己,又谋事要实、创业要实、做人要实"的要求。此后,习近平进一步指出,"三严三实"要求是共产党人最基本的政治品格和做人准则,也是党员、干部的修身之本、为政之道、成事之要。

在十二届全国人大二次会议安徽代表团参加审议时,习近平总书记指出:各级领导干部都要树立和发扬好的作风,既严以修身、严以用权、严以律己,又谋事要实、创业要实、做人要实。严以修身,就是要加强党性修养,坚定理想信念,提升道德境界,追求高尚情操,自觉远离低级趣味,自觉抵制歪风邪气。严以用权,就是要坚持用权为民,按规则、按制度行使权力,把权力关进制度的笼子里,任何时候都不搞特权、不以权谋私。严以律己,就是要心存敬畏、手握戒尺,慎独慎微、勤于自省,遵守党纪国法,做到为政清廉。谋事要实,就是要从实际出发谋划事业和工作,使点子、政策、方案符合实际情况、符合客观规律、符合科学精神,不好高骛远,不脱离实际。创业要实,就是要脚踏实地、真抓实干,敢于担当责任,勇于直面矛盾,善于解决问题,努力创造经得起实践、人民、历史检验的实绩。做人要实,就是要对党、对组织、对人民、对同志忠诚老实,做老实人、说老实话、干老实事,襟怀坦白,公道正派。要发扬钉钉子精神,保持力度、保持韧劲,善始善终、善作善成,不断取得作风建设新成效。

随后,中共中央政治局召开民主生活会,中共中央总书记习近平主持会议并发表重要讲话。会议认为,党的十八大以来,中央政治局结合落实中央八项规定、深入改进作风和开展"三严三实"专题教育,分别召开民主生活会,效果都很好。《关于新形势下党内政治生活的若干准则》规定,中央政治局每年要召开民主生活会。要落实好这一规定,把每次民主生活会都开好、开出高质量,在全党起到示范作用。

习近平强调,党的历史、新中国发展的历史都告诉我们:要治理好我们这个大党、治理好我们这个大国,保证党的团结和集中统一至关重要,维护党中央权威至关重要。维护党中央权威,是中央政治局贯彻执行《关于新形势下党内政治生活的若干准则》《中国共产党党内监督条例》的重要要求。中央政治局的同志要牢固树立政治意识、大局意识、核心意识、看齐意识,坚持以党的旗帜为旗帜、以党的方向为方向、以党的意志为意志,当政治上的明白人。对党忠诚,关键是要有坚定的理想信念。"四个意识"不是空洞的口号,不能只停留在口头表态上,要切实落实到行动上。大家要以党的基本路线为根本遵循,认真领会和正确把握党的理论和路线方针政策,多从人类发展大潮流、世界变化大格局、中国发展大历史来认识和把握党的基本路线,深刻领会为什么基本路线要长期坚持。

习近平指出,对党忠诚、永不叛党,是党章对党员的基本要求。在对党忠诚问题上,中央政治局的同志必须纯粹。对党忠诚,不是抽象的而是具体的,不是有条件的而是无条件的,必须体现到对党的信仰的忠诚上,必须体现到对党组织的忠诚上,必须体现到对党的理论和路线方针政策的忠诚上。人民立场是马克思主义政党的根本政治立场,人民是历史进步的真正动力,群众是真正的英雄,人民利益是我们党一切工作的根本出发点和落脚点。中南海要始终直通人民群众,我们要始终把人民群众放在心中脑中。中央政治局的同志必须做到以人民忧乐为忧乐、以人民甘苦为甘苦,牢固树立以人民为中心的发展思想,始终怀着强烈的忧民、爱民、为民、惠民之心,察民情、接地气,倾听群众呼声,反映群众诉求。

党的十八大以来,中央政治局在执行民主集中制方面是做得好的,始终坚持和发展党内民主,特别是通过多种方式、多种渠道扩大了民主,有力推进了科学决策、民主决策、依法决策。中央政治局要继续在坚持民主集中制方面成为全党典范,坚持民主基础上的集中和集中指导下的民主相结合。大家都是这个领导集体的一员,要摆正自己的位置,无论担任什么职务、拥有多大权力都要执行集体做出的决策,无论做什么决定、办什么事情都必须符合大局需要。纪律严明是维护党的团结和集中统一的重要保证。每一个党员对党的政治纪律和政治规矩都要心存敬畏、严格遵守,中央政治局的同志首先应该做到,在指导思想和路线方针政策以及关系全局的重大原则问题上,脑子要特别清醒、立场要特别坚定。要严格执行重大问题请示报告制度,处理好全局和局部关系、中央和地方关系。我们党之所以坚强有力,党管干部原则是很重要的原因,要自觉坚持党管干部原则。

习近平指出,党和国家事业发展,离不开全党脚踏实地、真抓实干。抓工作,是停留在一般性号召还是身体力行,成效大不一样。讲实话、干实事最能检验和锤炼党性。中央政治局的同志要带头崇尚实干、狠抓落实,深入调研、精准发力,让改革发展稳定各项任务落下去,让惠及百姓的各项工作实起来。抓好落实,必须大兴调查研究之风,对真实情况了然于胸。面对新形势新挑战,要发扬斗争精神,既要敢于斗争,又要善于斗争,在事关中国特色社会主义前途命运的大是大非问题上坚定不移,在改革发展稳定工作中敢于碰硬,在全面从严治党上敢于动硬,在维护国家核心利益上敢于针锋相对,不在困难面前低头,不在挑战面前退缩,不拿原则做交易,不在任何压力下吞下损害中华民族根本利益的苦果。

习近平强调,中央政治局要在开展批评和自我批评方面为全党做表率,做勇于自我革命的战士。要坚持实事求是,勇于批评和自我批评,勇于听取不同意见,及时改正错误。批评和自我批评的武器,不仅对下级要敢用,对同级特别是对上级也要敢用。不能职务越高就越说不得、碰不得。批评和自我批评的武器要多用、常用、用够、用好,使之成为一种习惯、一种自觉、一种责任。

习近平指出,党要赢得民心,党中央要有权威,必须廉洁。要强化宗旨意识,坚定理想信念和精神追求,端正思想品行,提升道德境界,带头推动党风建设。要求全党做到的,中央政治局的同志首先要做到。要提高廉洁自律意识,在依法用权、正确用权、干净用权中保持廉洁,在守纪律、讲规矩、重名节中做到自律。中央政治局的同志要抵制特权思想,不搞特殊化,加强对亲属子女和身边工作人员的教育管理。

第四节 坚定不移全面从严治党,不断提高党的执政能力和领导水平

中国特色社会主义进入新时代,我们党一定要有新气象新作为。打铁必须自身硬。党要团结带领人民进行伟大斗争、推进伟大事业、实现伟大梦想,必须毫不动摇坚持和完善党的领导,毫不动摇把党建设得更加坚强有力。

全面从严治党永远在路上。一个政党,一个政权,其前途命运取决于人心向背。人民群众反对什么、痛恨什么,我们就要坚决防范和纠正什么。全党要清醒认识到,我们党面临的执政环境是复杂的,影响党的先进性、弱化党的纯洁性的因素也是复杂的,党内存在的思想不纯、组织不纯、作风不纯等突出问题尚未得到根本解决。要深刻认识党面临的执政考验、改革开放考验、市场经济考验、外部环境考验的长期性和复杂性,深刻认识党面临的精神懈怠危险、能力不足危险、脱离群众危险、消极腐败危险的尖锐性和严峻性,坚持问题导向,保持战略定力,推动全面从严治党向纵深发展。

新时代党的建设总要求是:坚持和加强党的全面领导,坚持党要管党、全面从严治党,以加强党的长期执政能力建设、先进性和纯洁性建设为主线,以党的政治建设为统领,以坚定理想信念宗旨为根基,以调动全党积极性、主动性、创造性为着力点,全面推进党的政治建设、思想建设、组织建设、作风建设、纪律建设,把制度建设贯穿其中,深入推进反腐败斗争,不断提高党

的建设质量,把党建设成为始终走在时代前列、人民衷心拥护、勇于自我革命、经得起各种风浪考验、朝气蓬勃的马克思主义执政党。

(一)把党的政治建设摆在首位

旗帜鲜明讲政治是我们党作为马克思主义政党的根本要求。党的政治建设是党的根本性建设,决定党的建设方向和效果。保证全党服从中央,坚持党中央权威和集中统一领导,是党的政治建设的首要任务。全党要坚定执行党的政治路线,严格遵守政治纪律和政治规矩,在政治立场、政治方向、政治原则、政治道路上同党中央保持高度一致。要尊崇党章,严格执行新形势下党内政治生活若干准则,增强党内政治生活的政治性、时代性、原则性、战斗性,自觉抵制商品交换原则对党内生活的侵蚀,营造风清气正的良好政治生态。完善和落实民主集中制的各项制度,坚持民主基础上的集中和集中指导下的民主相结合,既充分发扬民主,又善于集中统一。弘扬忠诚老实、公道正派、实事求是、清正廉洁等价值观,坚决防止和反对个人主义、分散主义、自由主义、本位主义、好人主义,坚决防止和反对宗派主义、圈子文化、码头文化,坚决反对搞两面派、做两面人。全党同志特别是高级干部要加强党性锻炼,不断提高政治觉悟和政治能力,把对党忠诚、为党分忧、为党尽职、为民造福作为根本政治担当,永葆共产党人政治本色。

(二)用新时代中国特色社会主义思想武装全党

思想建设是党的基础性建设。革命理想高于天。共产主义远大理想和中国特色社会主义共同理想,是中国共产党人的精神支柱和政治灵魂,也是保持党的团结统一的思想基础。要把坚定理想信念作为党的思想建设的首要任务,教育引导全党牢记党的宗旨,挺起共产党人的精神脊梁,解决好世界观、人生观、价值观这个"总开关"问题,自觉做共产主义远大理想和中国特色社会主义共同理想的坚定信仰者和忠实实践者。弘扬马克思主义学风,推进"两学一做"学习教育常态化制度化,以县处级以上领导干部为重点,在全党开展"不忘初心、牢记使命"主题教育,用党的创新理论武装头脑,推动全党更加自觉地为实现新时代党的历史使命不懈奋斗。

(三)建设高素质专业化干部队伍

党的干部是党和国家事业的中坚力量。要坚持党管干部原则,坚持德才兼备、以德为先,坚持五湖四海、任人唯贤,坚持事业为上、公道正派,把好干部标准落到实处。坚持正确选人用人导向,匡正选人用人风气,突出政治标准,提拔重用牢固树立"四个意识"和"四个自信"、坚决维护党中央权威、全面贯彻执行党的理论和路线方针政策、忠诚干净担当的干部,选优配强各级领导班子。注重培养专业能力、专业精神,增强干部队伍适应新时代中国特色社会主义发展要求的能力。大力发现储备年轻干部,注重在基层一线和困难艰苦的地方培养锻炼年轻干部,源源不断选拔使用经过实践考验的优秀年轻干部。统筹做好培养选拔女干部、少数民族干部和党外干部工作。认真做好离退休干部工作。坚持严管和厚爱结合、激励和约束并重,完善干部考核评价机制,建立激励机制和容错纠错机制,旗帜鲜明为那些敢于担当、踏实做事、不谋私利的干部撑腰鼓劲。各级党组织要关心爱护基层干部,主动为他们排忧解难。

人才是实现民族振兴、赢得国际竞争主动的战略资源。要坚持党管人才原则,聚天下英才而用之,加快建设人才强国。实行更加积极、更加开放、更加有效的人才政策,以识才的慧眼、爱才的诚意、用才的胆识、容才的雅量、聚才的良方,把党内和党外、国内和国外各方面优秀人才集聚到党和人民的伟大奋斗中来,鼓励引导人才向边远贫困地区、边疆民族地区、革命老区和基层一线流动,努力形成人人渴望成才、人人努力成才、人人皆可成才、人人尽展其才的良好局面,让各类人才的创造活力竞相迸发、聪明才智充分涌流。

(四)加强基层组织建设

党的基层组织是确保党的路线方针政策和决策部署贯彻落实的基础。要以提升组织力为重点,突出政治功能,把企业、农村、机关、学校、科研院所、街道社区、社会组织等基层党组织建设成为宣传党的主张、贯彻党的决定、领导基层治理、团结动员群众、推动改革发展的坚强战斗堡垒。党支部要担负好直接教育党员、管理党员、监督党员和组织群众、宣传群众、凝聚群众、服务群众的职责,引导广大党员发挥先锋模范作用。坚持"三会一课"制度,推进党的基层组织设置和活动方式创新,加强基层党组织带头人队伍建设,扩大基层党组织覆盖面,着力解决一些基层党组织弱化、虚化、边缘化问题。扩大党内基层民主,推进党务公开,畅通党员参与党内事务、监督党的组织和干部、向上级党组织提出意见和建议的渠道。注重从产业工人、青年农民、高知识群体中和在非公有制经济组织、社会组织中发展党员。加强党内激励关怀帮扶。增强党员教育管理针对性和有效性,稳妥有序开展不合格党员组织处置工作。

(五)持之以恒正风肃纪

我们党来自人民、植根人民、服务人民,一旦脱离群众,就会失去生命力。加强作风建设,必须紧紧围绕保持党同人民群众的血肉联系,增强群众观念和群众感情,不断厚植党执政的群众基础。凡是群众反映强烈的问题都要严肃认真对待,凡是损害群众利益的行为都要坚决纠正。坚持以上率下,巩固拓展落实中央八项规定精神成果,继续整治"四风"问题,坚决反对特权思想和特权现象。重点强化政治纪律和组织纪律,带动廉洁纪律、群众纪律、工作纪律、生活纪律严起来。坚持开展批评和自我批评,坚持惩前毖后、治病救人,运用监督执纪"四种形态",抓早抓小、防微杜渐。赋予有干部管理权限的党组相应纪律处分权限,强化监督执纪问责。加强纪律教育,强化纪律执行,让党员、干部知敬畏、存戒惧、守底线,习惯在受监督和约束的环境中工作生活。

(六)夺取反腐败斗争压倒性胜利

人民群众最痛恨腐败现象,腐败是我们党面临的最大威胁。只有以反腐败永远在路上的坚韧和执着,深化标本兼治,保证干部清正、政府清廉、政治清明,才能跳出历史周期率,确保党和国家长治久安。当前,反腐败斗争形势依然严峻复杂,巩固压倒性态势、夺取压倒性胜利的决心必须坚如磐石。要坚持无禁区、全覆盖、零容忍,坚持重遏制、强高压、长震慑,坚持受贿行贿一起查,坚决防止党内形成利益集团。在市县党委建立巡查制度,加大整治群众身边腐败问题力度。不管腐败分子逃到哪里,都要缉拿归案、绳之以法。推进反腐败国家立法,建设覆盖纪检监察系统的检举举报平台。强化不敢腐的震慑,扎牢不能腐的笼子,增强不想腐的自觉,通过不懈努力换来海晏河清、朗朗乾坤。

(七)健全党和国家监督体系

增强党自我净化能力,根本靠强化党的自我监督和群众监督。要加强对权力运行的制约和监督,让人民监督权力,让权力在阳光下运行,把权力关进制度的笼子。强化自上而下的组织监督,改进自下而上的民主监督,发挥同级相互监督作用,加强对党员领导干部的日常管理监督。深化政治巡视,坚持发现问题、形成震慑不动摇,建立巡视巡察上下联动的监督网。深化国家监察体制改革,将试点工作在全国推开,组建国家、省、市、县监察委员会,同党的纪律检察机关合署办公,实现对所有行使公权力的公职人员监察全覆盖。制定国家监察法,依法赋予监察委员会职责权限和调查手段,用留置取代"两规"措施。改革审计管理体制,完善统计体制。构建党统一指挥、全面覆盖、权威高效的监督体系,把党内监督同国家机关监督、民主监督、司法监督、群众监督、舆论监督贯通起来,增强监督合力。

(八)全面增强执政本领

领导13亿多人的社会主义大国,我们党既要政治过硬,也要本领高强。要增强学习本领,在全党营造善于学习、勇于实践的浓厚氛围,建设马克思主义学习型政党,推动建设学习大国。增强政治领导本领,坚持战略思维、创新思维、辩证思维、法治思维、底线思维,科学制定和坚决执行党的路线方针政策,把党总揽全局、协调各方落到实处。增强改革创新本领,保持锐意进取的精神风貌,善于结合实际创造性推动工作,善于运用互联网技术和信息化手段开展工作。增强科学发展本领,善于贯彻新发展理念,不断开创发展新局面。增强依法执政本领,加快形成覆盖党的领导和党的建设各方面的党内法规制度体系,加强和改善对国家政权机关的领导。增强群众工作本领,创新群众工作体制机制和方式方法,推动工会、共青团、妇联等群团组织增强政治性、先进性、群众性,发挥联系群众的桥梁纽带作用,组织动员广大人民群众坚定不移跟党走。增强狠抓落实本领,坚持说实话、谋实事、出实招、求实效,把雷厉风行和久久为功有机结合起来,勇于攻坚克难,以钉钉子精神做实、做细、做好各项工作。增强驾驭风险本领,健全各方面风险防控机制,善于处理各种复杂矛盾,勇于战胜前进道路上的各种艰难险阻,牢牢把握工作主动权。

本章思考

1. 为什么要抓好中国共产党的自身建设?
2. 中国共产党党员自身如何治党、兴党、强党?
3. 新时代中国共产党的历史使命是什么?
4. 如何落实好领导干部"三严三实"专题教育?
5. 如何坚定不移全面从严治党,不断提高党的执政能力和领导水平?

思考题

1. 进行中国共产党的建设,最根本的经验是什么?
2. 加强和改进新形势下中国共产党的建设,总体要求是什么?
3. "三严三实"专题教育的主要内容是什么?
4. 如何坚定不移全面从严治党,不断提高党的执政能力和领导水平?

第六章
Chapter 6

社会主义建设新辉煌

要点提示

- 中华人民共和国60多年的历史回顾
- 社会主义建设的辉煌成就与经验
- 大庆精神的历史作用和现实意义

开篇阅读

中华人民共和国成立后的第一个30年，中国共产党领导全国各族人民有步骤地实现从新民主主义向社会主义的转变。十一届三中全会之后的30多年，我们真正进入了新的历史发展时期，全面改革开放，建立社会主义市场经济体制，全面建成小康社会，构建社会主义和谐社会。两个"30年"，共同成就了我们民族的历史，虽然期间有挫折、有失误，但总体而言，中华人民共和国60多年的历史是光辉灿烂的。

以"爱国、创业、求实、奉献"为核心内容的大庆精神，是20世纪50年代末在社会主义建设初期的历史背景下形成的，是石油战线老一辈领导人和广大职工，在波澜壮阔的大庆石油会战中，学习运用马列主义、毛泽东思想，继承发扬中国共产党、中国工人阶级和人民解放军优良传统的丰硕精神成果。大庆精神是中华民族自古以来以爱国主义为核心的团结统一、勤劳勇敢、自强不息传统在新中国石油战线上的生动展现。铁人精神是对王进喜同志崇高品德的高度概括，是我国石油职工精神风貌的集中体现，是大庆精神的具体化、人格化。大庆精神与井冈山精神、长征精神、延安精神、雷锋精神、"两弹一星"精神等革命精神一脉相传、交相辉映，都是中华民族精神的重要组成部分，是中国共产党的伟大精神。

第一节　社会主义建设的光辉历程

中华人民共和国的成立,是中华民族悠久历史发展中的一个伟大转折点。从此,全国各族人民在中国共产党的领导下,迈入了社会主义革命和建设的崭新历史时期。

一、新中国成立后的第一个30年(1949年至1978年)

从1949年中华人民共和国成立到1978年党的十一届三中全会,可以称为中华人民共和国成立后的第一个30年。这30年,是中华人民共和国奠定基础的时期,既有凯歌行进的胜利,也经历了比较多的挫折。从国民经济建设和发展的角度看,这30年可以划分为3个阶段。

第一个阶段,基本完成社会主义改造的时期(1949年至1956年)。从1949年10月中华人民共和国成立起到1956年,中国共产党领导全国各族人民有步骤地实现从新民主主义向社会主义的转变,迅速恢复了国民经济并开展了有计划的经济建设,在全国绝大部分地区基本上完成了对生产资料私有制的社会主义改造。在这个历史阶段中,中国共产党确定的指导方针和基本政策是正确的,取得的胜利是辉煌的。特别是中国共产党在这个时期中,创造性地开辟了一条适合中国特点的社会主义改造的道路,在社会主义发展史上是一个重要的贡献。

第二个阶段,社会主义建设曲折发展的时期(1956年至1976年)。这一时期又可以分为两个小的阶段:开始全面建设社会主义的10年(1956年至1966年)和社会主义建设遭受严重挫折的10年(1966年至1976年)。总体上讲,这一时期我们国家虽然也有过这样那样的失误,甚至比较严重的失误,但仍然取得了很大的成就。我们国家赖以进行现代化建设的物质技术基础,很大一部分是在此期间建立起来的;全国经济文化建设等方面的骨干力量和他们的工作经验,大部分也是在此期间培养和积累起来的,同时中国共产党在这20年中也积累了领导社会主义建设的重要经验。总之,这一时期是社会主义建设在曲折中发展的时期,是中华人民共和国在各方面经历风雨和考验的时期。

第三个阶段,历史的伟大转折时期(1976年至1978年)。1976年10月,以粉碎"四人帮"为标志到十一届三中全会之前,党和国家进入到了一个伟大的历史转折时期。这一转折以十一届三中全会胜利召开为标志而最终完成。

新中国成立后的第一个30年,前进与挫折同在,成就与失误并存,但成绩是主要的。十一届六中全会《关于建国以来党的若干历史问题的决议》对这段历史做了充分的肯定。这30年所取得的成就和经验,是全党和全国各族人民继续前进,取得今后进步和发展的基础。

二、中华人民共和国成立后的30多年(1979年至今)

从1979年初至今,是中华人民共和国成立以后的30多年,也是改革开放的30多年。十一届三中全会之后,我们国家真正进入了新的历史发展时期,开始了中国特色社会主义的全新事业。这个时期大致可分为以下6个阶段。

第一个阶段,改革开放思想的提出和初步实践阶段。这个阶段大体上从1978年十一届三中全会到1982年党的十二大。1978年12月召开的十一届三中全会,是中华人民共和国成立以来中国共产党的历史上最具有深远意义的伟大转折,标志着中国共产党重新确立了马克思主义的思想路线、政治路线、组织路线,标志着中国共产党人在新的时代条件下的伟大觉醒,显示了中国共产党顺应时代潮流和人民愿望、勇敢开辟建设社会主义新道路的坚强决心。

第二个阶段,全面改革阶段。从1982年中国共产党的十二大到1988年9月中共中央做出《关于治理经济环境整顿经济秩序全面深化改革的决议》。1982年,在中国共产党的十二大上,邓小平同志提出:照抄照搬别国经验、别国模式,从来不能得到成功。我们要把马克思主义的普遍真理同我国的具体实际结合起来,走自己的道路,建设有中国特色的社会主义。十二大之后,经济体制改革迅速地在全国范围内全面展开。全面改革、对外开放使我国经济经历了一个加速发展的飞跃时期,整个国民经济提高到一个新的水平。

第三个阶段,治理整顿阶段。从1988年9月中共中央做出《关于治理经济环境整顿经济秩序全面深化改革的决议》到1992年邓小平南方谈话。这一阶段针对经济过热,通货膨胀严重,社会生产和消费总量不平衡、结构不合理,经济秩序混乱等社会问题,进行了以治理经济环境、整顿经济秩序为重点的改革。

第四个阶段,以建立社会主义市场经济体制为目标的改革攻坚阶段。从1992年邓小平南方谈话到中国共产党的十六大召开。这一阶段党中央带领全国各族人民,从容应对挑战并成功化解来自政治、经济和自然领域的风险与挑战,把改革开放的伟大事业成功地推向了21世纪。

第五个阶段,以全面建设小康社会和构建社会主义和谐社会为主题的改革阶段。这一阶段大体从中国共产党的十六大到中国共产党的十八大的召开。这期间大约10年时光,党中央以邓小平理论和"三个代表"重要思想为指导,深入贯彻落实科学发展观,继续解放思想,坚持改革开放,推动科学发展,促进社会和谐,是中国综合国力大幅提升和人民得到更多实惠的10年,是中国国际地位显著提高、影响显著增强的10年,也是中国共产党的创造力、凝聚力、战斗力显著增强和全国各族人民更加紧密团结的10年。

第六个阶段,以全面建成小康社会为主题的决定性阶段。这一阶段从中国共产党的十八大到现在,高举中国特色社会主义伟大旗帜,以邓小平理论、"三个代表"重要思想、科学发展观为指导,解放思想,改革开放,凝聚力量,攻坚克难,坚定不移沿着中国特色社会主义道路前进,为全面建成小康社会而奋斗。中国共产党十八大报告明确指出,建设中国特色社会主义,总依据是社会主义初级阶段,总布局是"五位一体",总任务是实现社会主义现代化,实现中华民族伟大复兴,并且使发展成果更多更公平惠及全体人民。

两个30年,都是中华民族走过的道路,从而构成了中华人民共和国发展史上的两个重要阶段。前一个30年为后一个30多年奠定了必要的政治前提、制度基础和物质基础;后一个30多年在前一个30年的基础上,实现了一次历史性飞跃,取得了更为丰硕的成果。两个"30年",中国共产党紧紧依靠人民,把马克思主义基本原理同中国实际和时代特征结合起来,独立自主走自己的路,历经千辛万苦,付出各种代价,取得革命建设改革伟大胜利,开创和发展了中国特色社会主义,从根本上改变了中国人民和中华民族的前途命运。两个"30年",共同成就了中华民族的历史,虽然期间有挫折、有失误,但总体而言,中华人民共和国60多年的历史是光辉灿烂的。

> **知识问答**

问:什么叫"五位一体"?

答:"五位一体"是中共十八大报告的"新提法"之一。中国共产党的十八大报告对推进中国特色社会主义事业做出"五位一体"的总体布局,着眼于全面建成小康社会、实现社会主义现代化和中华民族伟大复兴。具体包括:经济建设、政治建设、文化建设、社会建设、生态文明建设。

第二节 社会主义建设的辉煌成就与经验

一、社会主义建设的辉煌成就

60多年,在人类历史的长河中不过是短暂的一瞬。但由于中国人民站起来了,60多年的社会主义建设和改革,使中国这块古老的土地发生了翻天覆地的变化,使党、国家和人民的面貌发生了历史性变化,其主要成就表现在以下几个方面。

(一)建立了工人阶级领导的、以工农联盟为基础的人民民主专政的国家政权,中国人民掌握了自己的命运

中国是有5 000多年历史的文明古国,但人民当家做主,真正成为国家、社会和自己命运的主人,只是在中国共产党执政以后才成为事实,这是中国人民社会政治地位的根本变化。新型的人民民主专政国家政权的建立,标志着中国实现了从几千年的封建专制政治向人民民主

政治的伟大跨越,标志着中国人民从此站立起来了,中华民族的发展从此开启了新的历史纪元。

(二)建立了社会主义制度,实现了中国历史上最伟大最深刻的社会变革

中华民族创造性地开辟了一条适合中国特点的社会主义改造道路,消灭了剥削制度和剥削阶级,成功地实现了由新民主主义到社会主义的转变,全面确立了社会主义基本制度,使占世界人口近1/4的东方大国进入了社会主义社会,为新中国的发展奠定了坚实的制度基础。这是中国社会变革和历史进步的巨大飞跃,也极大地支持和推进了世界社会主义事业。

(三)开辟了中国特色社会主义道路和形成了中国特色社会主义理论体系,为实现中华民族的伟大复兴找到了正确道路和理论指导

以中国共产党的十一届三中全会为标志,中国进入了社会主义事业发展的新时期。在长期社会主义建设的基础上,我们总结国内国际的历史经验,经过艰辛探索,实行了改革开放的新政策,确立了中国共产党在社会主义初级阶段的基本理论、基本路线、基本纲领和基本政策,从而成功地开辟了中国特色社会主义道路,并形成了包括邓小平理论、"三个代表"重要思想、科学发展观以及习近平总书记系列重要讲话精神等重大战略思想在内的中国特色社会主义理论体系。

(四)彻底结束了旧中国一盘散沙的局面,巩固了国家的独立,实现了国家的高度统一和各民族的空前团结

中国废除了西方列强强加的不平等条约和帝国主义在中国的一切特权,封建式的割据局面在中国大地上一去不复返了,56个民族同呼吸、共命运、心连心,形成了平等、团结、互助的社会主义民族关系。各政党、各人民团体团结一心、同舟共济。全体社会主义劳动者、拥护社会主义的爱国者和拥护祖国统一的爱国者,为了祖国的统一和繁荣,结成最广泛的爱国统一战线。香港、澳门胜利回归祖国,发展前景美好,实现了全民族的夙愿,展现了"一国两制"的魅力。海峡两岸同胞血浓于水,交流不断加强,合作不断扩大,共识越来越多,最终解决台湾问题、完成祖国统一必将实现。

(五)建立了独立的和比较完整的国民经济体系,经济实力和综合国力显著增强,国际地位空前提高

中华人民共和国成立初期,经济千疮百孔,极其落后。但是到了2010年,中国就超过了美国,成为全球制造业第一大国。美国从1895年直到2009年,已经在制造业世界第一的"宝座"上稳坐了114年,而中国制造业结束了美国这段辉煌历史。根据世界粮农组织(FAO)统计,中国的谷物产量占世界总量比重一直处于世界第一位。另外,在国际贸易、外汇储备、外资引进大国、消费大国、互联网、科技人力资源等方面也均占有极高的地位,最近几年开始处在世界第一的位置。

(六)人民群众的生活水平显著提高,13亿中国人不仅解决了温饱问题,而且总体上实现了小康

1949年的中国是世界上贫困人口最多的国家,人均预期寿命只有35岁,人均国民收入只有27美元。到2016年,我国人均国内生产总值上升到8 126美元。我国人均寿命已上升到75岁,九年制义务教育基本普及,广大人民群众家庭财产普遍增多,吃、穿、住、行、用水平明显提高,中国人千百年来梦想和追求的"小康生活"在新中国总体上实现了。

(七)社会主义文化事业蓬勃发展,全国人民的精神生活日益丰富,新中国的国家形象逐步形成

中国共产党的十八大报告强调指出:"倡导富强、民主、文明、和谐,倡导自由、平等、公正、法治,倡导爱国、敬业、诚信、友善,积极培育和践行社会主义核心价值观。"这一论述明确了社会主义核心价值观的基本理念和具体内容,指出了社会主义核心价值体系建设的现实着力点,是对社会主义核心价值体系建设的新部署、新要求。正确理解社会主义核心价值观的内涵,深刻把握积极培育和践行社会主义核心价值观的重要性,对于推进社会主义核心价值体系建设,用社会主义核心价值体系引领社会思潮、凝聚社会共识,具有重要的理论意义和实践意义。

增强社会主义核心价值体系的凝聚力和感召力。社会主义核心价值体系是兴国之魂,是社会主义先进文化的精髓,决定着中国特色社会主义发展方向,是文化建设的根本任务。没有社会主义核心价值体系的支撑,就谈不上文化的真正发展;没有人民群众对社会主义核心价值体系发自内心的认同,就谈不上文化的凝聚力。只有以社会主义核心价值体系作为全党全国各族人民团结奋斗的共同思想道德基础,才能实现文化强国建设的目标。所以,建设文化强国,关键在于不断增强社会主义核心价值体系的凝聚力和感召力,在全党全社会形成统一指导思想、共同理想信念、强大精神力量、基本道德规范,使党和国家事业发展始终保持正确的方向,使全国各族人民为了国家的发展振兴而共同团结奋斗。

提升国家文化软实力和国际影响力。在历史上我国曾经是一个文化强国,我国的价值观念、制度文明和艺术文化等对周边国家乃至全世界产生了强大的吸引力和影响力。当今世界,衡量

综合国力的一个重要标准就是看一个国家的文化在国际上的影响力,特别是其价值理念、发展道路、国民素质、国家形象等能不能在国际上有竞争力,能不能赢得更多的国际认同,能不能占领世界文化高地。因此,我们需要着力增强国家文化软实力,深入把握文化交流规律,进一步加强对外宣传和文化交流,创新文化走出去模式,推动中华文化走向世界,增强我国文化产业国际竞争力,扩大中华文化国际影响力,维护国家文化安全,为人类文明进步做出更大贡献。

激发文化创新活力。我国文化资源丰厚,是文化产品生产的大国。建设文化强国,需要进一步探索和掌握社会主义市场经济条件下文化创新的规律,进一步激发文化创新活力。不解决创新动力不足、创新活力不够、创新能力不强的问题,文化产品数量再多,也不能说是文化大发展大繁荣。增强文化创新活力,关键是进一步解放和发展文化生产力,激发文化工作者的积极性、主动性和创造性,同时努力培育、引导和提升人民群众的文化创造和文化消费能力。一方面,应在大胆利用各种文化资源的基础上,走中国特色社会主义文化发展道路,创造贴近时代、贴近生活、体现中国风格和中国气派的文化产品。另一方面,应提升全社会的文化品位,激发有思想、有影响力的文化创作。坚持尊重劳动、尊重知识、尊重人才、尊重创造,大力增强创新意识、培育创新精神、提高创新能力、营造创新环境,激励文化工作者不断创造精品力作。

(八)锻造了一支党绝对领导下的人民军队,国防和军队建设取得重大成就

人民军队经过长期的革命战争,打败了拥有优势装备、异常凶残的国内外敌人,为中华人民共和国的成立立下了不朽的功勋。中华人民共和国成立后,人民解放军始终坚持全心全意为人民服务的宗旨,在巩固国防、抵抗侵略,保卫社会主义制度和人民的和平劳动,参加国家社会主义建设和抗击各种自然灾害中发挥了重大作用。十一届三中全会后,人民军队重新确立了"把我军建设成一支强大的现代化、正规化、革命军队"的总目标,军队革命化、现代化、正规化建设全面加强,中国特色军事变革加速推进,裁军任务顺利完成,中国特色精兵之路成功开辟,军队武器装备建设成效显著。目前,人民解放军正在全面履行党和人民赋予的新世纪新阶段的历史使命,科学判断世界发展大势,准确把握世界军事发展新趋势。中共中央总书记习近平强调,世界新军事革命对中国既是机遇,也是挑战。中国要登高望远、见微知著,看到世界军事领域发展变化走向,看到世界新军事革命重大影响,形成科学的认识和判断,与时俱进大力推进军事创新,有针对性地推进国防和军队建设改革,更好地坚持党对军队的绝对领导、坚持人民军队根本宗旨,努力建立起一整套适应信息化战争和履行使命要求的新的军事理论、体制编制、装备体系、战略战术、管理模式。使我军真正担当起中国共产党赋予的历史重任。60多年来,人民解放军大力弘扬听党指挥、服务人民、英勇善战的优良传统,树立了人民军队威武之师、文明之师、和平之师的良好形象。

（九）始终不渝奉行互利共赢的开放战略，坚持在和平共处五项原则基础上全面发展同各国的友好合作

中国始终不渝奉行互利共赢的开放战略，通过深化合作促进世界经济强劲、可持续、平衡增长。中国一直致力于缩小南北差距，支持发展中国家增强自主发展能力。中国加强同主要经济体宏观经济政策协调，通过协商妥善解决经贸摩擦。中国坚持权利和义务相平衡，积极参与全球经济治理，推动贸易和投资自由化便利化，反对各种形式的保护主义。

中国坚持在和平共处五项原则基础上全面发展同各国的友好合作，改善和发展同发达国家关系，拓宽合作领域，妥善处理分歧，推动建立长期稳定健康发展的新型大国关系。中国坚持与邻为善、以邻为伴，巩固睦邻友好，深化互利合作，努力使自身发展更好惠及周边国家。中国注重加强同广大发展中国家的团结合作，共同维护发展中国家正当权益，支持扩大发展中国家在国际事务中的代表性和发言权，永远做发展中国家的可靠朋友和真诚伙伴。中国还积极参与多边事务，支持联合国、二十国集团、上海合作组织、金砖国家等发挥积极作用，推动国际秩序和国际体系朝着公正合理的方向发展。扎实推进公共外交和人文交流，维护我国海外合法权益。

二、社会主义建设的辉煌经验

60多年来，中华人民共和国的步伐虽然有时迈得那么沉重，甚至也有迷途，但全国各族人民在中国共产党的坚强领导下，艰苦奋斗，克服重重困难，终于大踏步赶上了时代潮流，稳定走上了奔向富裕安康的广阔道路。是什么唤醒了中华民族的青春和创造力呢？又是什么成就了中国的光荣和梦想呢？我们认为其基本经验主要有以下几个方面。

（一）60多年来的历史充分证明，只有社会主义才能救中国，只有中国特色社会主义才能更好更快地发展中国

社会主义在中国的出现，首先是和近代中国的救亡图存联系在一起的。1840年鸦片战争以后，中国沦为半殖民地半封建社会，整个国家贫穷落后，不断遭受帝国主义的侵略。如何才能使国家摆脱危亡的厄运，救广大人民于水深火热之中，是当时中国面临的根本问题。戊戌变法乃至辛亥革命等，都没有解决中国繁荣富强的问题。历史无情地证明，资本主义在中国是走不通的。是新民主主义革命的胜利和社会主义基本制度的建立，拯救了中国和中国人民，也为中国的进一步发展提供了政治和制度的保证。

为什么只有中国特色社会主义才能更好更快地发展中国呢？因为新中国成立以后前30年的实践也同时证明，并不是建立了社会主义制度以后，中国就能够自然而然地发展起来，就

能够轻轻松松地找到一条理想的发展之路。历史从来不会让人们轻易摘取它的胜利之果。如同民主革命时期我们是尝了不少苦头之后,才最终找到了正确的革命道路一样,探索社会主义建设的道路也同样经过了曲折和痛苦。最早意识到这个问题的是毛泽东。1956年苏共二十大后,毛泽东就提出要以苏为鉴,探索中国的社会主义建设道路。1978年党的十一届三中全会之后中国又开始了新的探索、新的认识,并成功地开辟了中国特色社会主义道路。改革开放的历史告诉我们,这条道路是又好又快的发展之路,是实现中华民族复兴的必由之路,也是中国人民的幸福之路。

(二)60多年来的历史充分证明,中国共产党的领导是中国巨大的政治优势和组织优势,只有坚持和完善党的领导,社会主义中国才会获得持续、科学发展的根本保证

中华人民共和国成立60多年来的历史表明,中国共产党的坚强领导,是中华民族独立、解放和自立于世界民族之林的根本前提,是社会主义制度建立、形成、巩固和发展的根本保证,是社会主义中国不断发展壮大、繁荣富强的根本条件。

邓小平在南方谈话中告诫我们,中国的问题关键在党。但党的问题关键在哪里呢?我们认为,党的问题的关键在民主。党内民主是党的生命。民主是一所伟大的学校,只有当执政党特别是他的绝大多数领导干部,把维护党的民主视为维护党的生命的时候,勇于学习民主、实践民主、运用民主和捍卫民主的时候,打破"周期率"的时代就真正到来了,中华民族伟大复兴的时代也就到来了。经过了60多年的磨炼之后,今天,中国欣喜地看到,中国共产党正朝着这一目标坚实稳步地前行着。这是中国的民族之福,是中国持续、科学发展的根本保证。

(三)60多年来的历史充分证明,只有坚持把马克思主义基本原理同中国实际相结合,不断推进马克思主义中国化,中国才能保持创造活力和明确前进的方向

中国近现代的国情决定了,马克思主义之于中国人民,不是一般的理论学说,而是翻身解放求得民族新生的强大思想武器。事实上在中国人民长期的解放斗争中,马克思主义也确实起到了这样的功能。因此,中国的执政党及其人民,对马克思主义有着一种特殊的情感,把它作为我们立党立国的根本指导思想,作为引领我们不断前进的伟大旗帜。马克思主义是工人阶级的世界观,是工人阶级认识世界和改造世界的思想武器,它有一个鲜明的特点就是理论联系实际。由于实践是不断发展的,作为反映实践、指导实践的马克思主义理论需要不断创新,因此与时俱进是马克思主义的基本理论品质。马克思主义之所以能够在中国发挥如此巨大的

作用,一个极其重要的原因,就是工人阶级政党在实现自身的历史使命中,不断把马克思主义的普遍真理与中国的具体实践相结合,不断解决时代赋予的课题,不断推进马克思主义中国化。尤其是中共十一届三中全会前后,中国共产党首先进行了思想路线上的拨乱,实现了把马克思主义普遍真理同中国的具体实践相结合的第二次历史性飞跃,形成了中国特色社会主义理论体系,从而使中国共产党和中国人民焕发出无穷的创造力,使中国在正确的道路上阔步前进。

(四)60多年来的历史充分证明,在工作重心转移后,只有坚持以经济建设为中心,同时积极稳妥地改革生产关系和上层建筑领域中的弊端,才能保持社会的全面发展

按照马克思主义的要求,无产阶级在夺取政权、上升为统治阶级之后,一个中心的任务,就是尽可能快地增加劳动生产力的总量。中国在基本完成社会主义改造后召开的中国共产党的八大也是这样做的。大会指出,社会主义制度在中国已经基本上建立起来,国内的主要矛盾已经不再是工人阶级和资产阶级的矛盾,而是人民对于经济文化迅速发展的需要同当前经济文化不能满足人民需要的状况之间的矛盾,全国人民的主要任务是集中力量发展社会生产力,实现国家工业化,逐步满足人民日益增长的物质和文化需要。这为新时期社会主义事业的发展指明了方向。但遗憾的是随着社会主义改造后国内外形势的变化,中国共产党在认识上出现了偏差,对中共八大确定的、以发展经济和改善民生为主要任务的正确方针发生动摇,不恰当地以阶级斗争取代经济建设作为党的中心工作,提出了"以阶级斗争为纲"的错误指导方针,以至于工作重心的转移一直到中共十一届三中全会才完成。实践告诉我们,大规模的群众性阶级斗争结束之后,全党的工作重心必须而且应该迅速转移到经济建设上来,除非发生大规模的外敌入侵,这个原则决不能动摇。在经济社会发展中,肯定会有这样那样的问题,只有用发展的办法,用改革的办法,用法治的办法去解决前进中的各种问题,特别要积极稳妥地改革生产关系和上层建筑领域中的弊端,我们的社会才能以较小的成本换得更大的进步,才会有全面的发展。

(五)60多年来的历史充分证明,国家的统一安全,社会的稳定和谐,全国各族人民的团结友爱,是中国事业胜利的重要保证

短短60多年,中华人民共和国取得的成就来之不易,举世瞩目。这里有一条基本的经验,就是中国始终维护了国家的统一安全,保持了全国各民族的团结友爱,没有让任何分裂祖国的阴谋得逞。中国共产党的几代领袖在这个问题上都是坚定不移的。毛泽东早在1957年就指

出,国家的统一,人民的团结,国内各民族的团结,这是中国的事业必定要胜利的基本保证。邓小平多次强调,国家的主权和安全要始终放在第一位。中国的最高利益就是稳定,稳定才能搞建设。没有安定团结的政治环境,没有稳定的社会秩序,什么事也干不成。江泽民在1999年就告诫全党,西方一些敌对势力与我国一些分裂主义势力加紧勾结,利用民族、宗教问题,不断地挑起事端,就是企图在中国打开一些缺口,而实现其"西化""分化"中国的政治图谋,我们千万不能麻痹大意。胡锦涛也多次提出,必须站在国家安全和发展战略的高度,统筹经济建设和国防建设,应对各种安全威胁。中国必须保持清醒的认识,采取得力的措施,决不能让他们的阴谋得逞,以影响中国发展的大局。

(六)60多年来的历史充分证明,搞好社会主义现代化建设,必须面向世界、面向未来,不要封闭自己,要大胆地积极地吸收和借鉴世界文明优秀成果

社会主义本质上是现代大工业的产物,是在继承人类已有文明成果特别是资本主义创造的文明成果基础上,随着全球化进程产生和发展起来的。因此,社会主义和共产主义不可能是地域性的、封闭性的,它内含着开放性、交往性和世界性。中国几十年社会主义建设正反两方面的经验,揭示了一条真理:外部的封锁不以中国的意志为转移,更重要的是现代化建设要有一种世界眼光、未来视野,不能自己封闭自己,更不能夜郎自大,邓小平晚年一个重要的贡献,就是不管遇到多大的困难,始终坚持改革开放的基本政策不变。他多次强调,切不要把中国搞成一个关闭性的国家,实行关闭政策的做法对我们极为不利。邓小平在1992年南方谈话中,告诫全党,社会主义要赢得与资本主义相比较的优势,就必须大胆吸收和借鉴人类社会创造的一切文明成果,吸收和借鉴当今世界各国包括资本主义发达国家的一切反映现代社会生产规律的先进经营方式和管理方法。中国之所以能取得今天的成就,能具有今天的国际影响,就是坚持了一条面向世界、面向未来的社会主义的开放之路,社会主义的建设之路。

第三节 大庆精神的历史作用和现实意义

以"爱国、创业、求实、奉献"为核心内容的大庆精神,是在社会主义建设初期的历史背景下形成的,是石油战线老一辈领导人和广大职工,在波澜壮阔的大庆石油会战中,学习运用马列主义、毛泽东思想,继承发扬中国共产党、中国工人阶级和人民解放军优良传统的丰硕精神成果。大庆精神是中华民族自古以来以爱国主义为核心的团结统一、勤劳勇敢、自强不息传统在新中国石油战线上的生动展现。铁人精神是对王进喜同志崇高品德的高度概括,是我国石油职工精神风貌的集中体现,是大庆精神的具体化、人格化。大庆精神与井冈山精神、长征精神、延安精神、雷锋精神、"两弹一星"精神等革命精神一脉相传、交相辉映,都是中华民族精神

的重要组成部分,是中国共产党的伟大精神。

一、大庆精神的历史沿革,形成过程

20世纪50年代末到60年代初,是新中国石油工业具有深远意义的转折期。当时,国家经济异常困难,石油工业形势严峻。1959年9月26日,松辽大地响惊雷——松基三井喷油,大庆油田诞生。面对重重困难,大庆人艰苦创业,奏响了气壮山河的激越战歌,有力地支撑了屡弱的国民经济,令民族精神为之大振,演绎了中国石油工业的传奇。

历世纪风云,伴祖国同行。大庆油田在祖国发展中壮大,不仅为国家创造了巨大的物质财富,还铸就了以大庆精神、铁人精神为核心的巨大精神财富。

第一阶段:艰苦创业 开展会战(1960~1963年)

这一时期,高速度、高水平地拿下了大油田;孕育产生了大庆精神。

在短短的三年里,英雄的大庆石油人开展了艰苦卓绝的石油大会战,从根本上改变了中国石油工业的落后面貌。1963年12月4日《第二届全国人民代表大会第四次会议新闻公报》宣布:我国需要的石油,过去绝大部分依靠进口,现在已经基本可以自给了。

1960年,来自祖国四面八方的数万名石油职工思想觉悟、知识水平、个人经历、地域文化、民风习俗等不尽相同。为了统一思想,会战工委组织职工学习"两论",分析形势,明确会战的意义,使人们的思想认识达到高度统一,价值取向达到高度一致,党的优良作风、民族传统文化、工人阶级的优秀品质以及军队文化、乡村文化、矿山文化、西北文化、北大荒文化等诸多文化,在火热的实践中相互融合,为大庆精神的形成奠定了重要基础。

当时,国外敌对势力对我国实行经济封锁和军事威胁,国内连续3年遭受自然灾害,国经济陷入严重困难。数万名会战队伍,连吃饭、住宿等起码的生存条件都成了问题。会战职工没有被困难吓倒,井队搬迁没有机械设备就人拉肩扛,没有房子就挖地窖子、建"干打垒",吃饭缺粮,就两稀一干,挖野菜充饥。会战队伍在艰苦环境中倍受磨炼,闯出了一条自力更生、艰苦奋斗发展石油工业的道路。广大会战职工在大雨和洪水面前毫不退缩,向老天爷宣战,提出了"抢晴天,战阴天,无雨特干,小雨大干,大雨猛干"的口号,战胜了雨季,站住了脚跟,坚定不移地把会战打了上去。

康世恩同志曾经这样评价石油大会战:"忘记了大庆石油大会战,就没有大战略,中国石油工业就打不开大局面。"因此,大庆石油大会战取得的胜利是集中全国人民力量办大事的成功范例。在国家计委、经委、建委的安排部署下,全国各有关单位迅速调拨钢材、汽车、水泥、拖拉机、机床、木材等设备物资和八千吨石油专用设备,有力地支持和支援了大庆石油会战。

1962年8月22日,军委副主席叶剑英到大庆油田视察,看到如火如荼的大会战场景,欣然题词:大地沉沉睡万年,人民科学变油田;一场会战十三路,预祝高歌唱凯旋。

第二阶段:全面开发,快速上产(1964~1975年)

这一时期,大庆油田全面开发,快速上产;大庆精神在全国叫响。

"文革"期间,大庆石油人坚持"大干社会主义有理、大干社会主义有功、大干社会主义光荣、大干了还要大干"的精神,生产建设一天也没有停止,原油产量平均每年以28%的速度递增,有力地支撑了濒临崩溃的国民经济大厦。1971年日本记者杉山市平在《大庆访问记》中说:"大庆对中国整个工业来说,她是在同反对全面封锁、禁运斗争过程中成长壮大的。大庆油田,作为中国工人阶级自力更生建立的革命工业体系,成为一个完美的典型出现在大草原的一角。"

第三阶段:解放思想,高产稳产(1976~2002年)

这一时期,大庆油田始终保持了年产原油5 000万吨以上;继承发扬大庆精神。

大庆石油人以时不我待、只争朝夕的拼搏劲头,认真贯彻党的路线、方针、政策,依靠科技进步,全面建高美丽油田,顺利实现了重组改制,还实现了年产原油5 000万吨以上连续27年高产稳产,这与国外同类油田平均稳产期短则3~5年,长只不过12年相比,创造了世界同类油田开发史上的奇迹。

第四阶段:持续有效发展,创建百年油田(2003年至今)

这一时期,大庆油田主营业务保持强劲发展势头;赋予了大庆精神新的时代内涵。

大庆油田公司以党的路线、方针、政策为指导,忠诚实践"三个代表"重要思想,树立落实科学发展观和习近平新时代中国特色社会主义思想推进百年油田建设,续写了年产油量第一、采收率第一、全国纳税第一的纪录,谱写了大庆油田可持续发展的新篇章。

综上,从20世纪50年代末荒原深处的油龙出世一直到今天,大庆油田的名字时刻与共和国的发展紧密相连,她的成长始终与新中国的振兴息息相关。她的激情创造和巨大贡献,融入国家、民族的永恒记忆,成为党领导建设社会主义工业企业的成功典范。大庆是党的大庆,是共和国的大庆,是全国人民的大庆。自油田开发建设以来,先后有百余位党和国家领导人来大庆油田视察,留下了闪光的足迹,是大庆永远的光荣和与时俱进的强大动力。

知识问答

问:简述大庆精神的历史沿革

答:第一阶段:艰苦创业 开展会战(1960~1963年)

第二阶段:全面开发,快速上产(1964~1975年)

第三阶段:解放思想,高产稳产(1976~2002年)

第四阶段:持续有效发展,创建百年油田(2003年至今)

二、会战英模彰显个体光芒

（一）铁人精神

大庆精神是我们民族精神的重要组成部分,是我们永需继承的精神财富,是无比宝贵的政治资产和文化资源。铁人精神是人格化的大庆精神,是王进喜同志崇高思想、优秀品德的高度概括,集中体现了我国石油工人的精神风貌,铸就了石油企业优秀的人文品格。

1.铁人精神的丰富内涵

铁人精神是大庆精神的具体化、人格化,是大庆精神的灵魂,是中华民族的重要的精神支柱,有着极其丰富的内涵。

对铁人精神内涵比较早且规范地做出表述的是《大庆企业文化辞典》。

铁人精神是全国著名劳动模范、铁人王进喜的崇高思想、优秀品德的高度概括,是中国石油工人精神风貌的集中体现。"铁人"精神内涵丰富,主要是:"为祖国分忧、为民族争气"的爱国主义精神;为"早日把中国石油落后的帽子甩到太平洋里去""宁可少活二十年,拼命也要拿下大油田"的忘我的拼搏精神;为革命"有条件要上,没有条件创造条件也要上"的艰苦奋斗精神;"要为油田负责一辈子""干工作要经得起子孙万代检查",对技术精益求精,为革命"练一身硬功夫、真本事"的科学求实精神;"甘愿为党为人民当一辈子老黄牛",不计名利,不计报酬,埋头苦干的高尚情操;"当了干部,还是个钻工",决不能特殊,决不能高人一头,时时处处严格要求自己,谦虚谨慎、戒骄戒躁,永做人民普通劳动者的可贵品格;热爱同志、关心同志,千方百计解决群众疾苦的深厚的无产阶级感情;刻苦学习马列著作和毛泽东著作的高度自觉性。这一精神是王进喜朴素的阶级意识在党的培养教育下、在新中国石油工业奋斗中的升华,是中华民族的传统美德在共产主义思想照耀下的结晶,是"铁人"自身的品格与许许多多石油战线先进人物精神境界的融合。它作为大庆企业精神的重要组成部分,有着不朽的价值和永恒的力量。

在2003年大庆思想理论界纪念铁人诞辰80周年时,许多纪念文章都把铁人精神的内涵概括为5种精神,最权威的是发表在2003年《求是》杂志第17期的文章《铁人精神:推进企业发展的不竭动力》。在这篇文章中把铁人精神的内涵概括为5种精神:"为祖国分忧、为民族争气"的爱国主义精神;为"早日把中国石油落后的帽子甩到太平洋里去""宁可少活二十年,拼命也要拿下大油田"的忘我的拼搏精神;干事业"有条件要上,没有条件创造条件也要上"的艰苦奋斗精神;"要为油田负责一辈子""干工作要经得起子孙万代检查",对工作精益求精,为革命"练一身硬功夫、真本事"的科学求实精神;不计名利,不计报酬,埋头苦干的"老黄牛"精神。这样提出的5种精神基本上是《大庆企业文化辞典》对铁人精神表达的进一步的简明化。

2.铁人精神的具体表现

(1)"宁可少活二十年,拼命也要拿下大油田"的精神,体现了以王进喜为代表的大庆石油职工一不怕苦、二不怕死的奉献意识。

"头顶天山鹅毛雪,面临戈壁大风沙……"听到《我为祖国献石油》这首歌,人们都会这样说:石油工人太艰苦了!这结论没有错。但这毕竟是艺术化了的艰苦。实际上,石油工人遇到的困难,吃的苦,遭的罪,远比歌中唱到的多得多。如果说搞石油是艰苦的事业,那么,最能体现这种艰苦劲的,也莫过于大庆会战了。

大庆会战的序幕拉开之时,正是我国发生三年经济困难的时期。那时会战的主战场萨尔图只有几十户人家,周围一望无边的大草原上有许多季节性的积水洼地和低位沼泽以及大大小小的碱水泡子。既有国民经济困难的大环境,又有自然条件恶劣的小环境,这就注定了这场会战是一场苦战,一场恶仗。

会战最早选定的主战场并不在萨尔图,而是在油田南部的大同镇。大庆油田喷出工业油流的第一口探井——松基3井就在这附近。在准备会战的日子里,包括总工程师、总地质师、大学教授等各类工程技术人员在内的4万多人的会战队伍,一下子都开到了这里。但是,会战队伍在这里刚喘口气,就传来了新的消息:位于北部的萨尔图构造第一口探井萨66井、杏树岗构造第一口探井杏66井、喇嘛甸构造高点上的喇72井相继喷出高产量的工业油流,这表明,南起敖包塔、北到喇嘛甸的800余平方公里范围内都是含油区。萨尔图又在滨洲线上,交通方便,自然成为石油会战的重点。相比之下,大同镇的自然条件要比萨尔图好得多,但是地下石油的储量没有萨尔图多。如果把主战场摆在萨尔图,用当时石油部长余秋里的话来说,就能抱个"大金娃娃";而主战场摆在大同镇,就只能抱个"小金娃娃"。转移战场,意味着走向大荒原,迎接困难的挑战。为了抱个"大金娃娃",会战大军不畏艰辛,进行百里大搬迁。这就是大庆石油会战史上著名的"挥师北上"。此时,江南已是春拂绿柳,而萨尔图仍在冰封雪飘。几万人的会战队伍,一下子集中到这毫无依托的大荒原上,一些意想不到的困难都出现了。形势十分严峻。上,有很多矛盾难以解决;不上,国家又急需石油。此时此刻,上至会战领导小组组长、石油部副部长康世恩,下至每一个普遍的会战职工,4万多人的脑海里几乎同时出现一个大问号:怎么办?

人心浮动,靠什么统一思想?在关键时刻,会战工委做出的第一个决定,就是号召会战职工学习毛主席的光辉著作《实践论》和《矛盾论》。在篝火旁,在牛棚和马厩里,随时可以看到会战职工手捧"两论"学习和讨论的情景。广大职工用马列主义、毛泽东思想分析会战形势。他们说:在我们面前确有很多矛盾,但千矛盾,万矛盾,国际上的霸权主义实行经济封锁,用石油卡我们脖子是最大的矛盾;在我们面前确有很多困难,但这困难,那困难,国家缺油是最大的困难。上,无非是多吃点苦,多流点汗;不上,国际上的霸权主义继续卡我们,国家就会更困难。

王进喜向战友们说:"我们工人阶级,就是要有这样的雄心。现在我们流点汗、吃点苦,为的是快快把我们国家建设得更强大,只要国家有了油,再苦再累也高兴。""一分钟也不能等。有条件要上,没有条件创造条件也要上。""宁可少活20年,拼命也要拿下大油田!"王进喜的话表达了大庆人对待困难的顽强态度和艰苦创业的钢铁意志。他们正是在生活、生产都缺乏常规保证的条件下,充分发挥主观能动性,从多方面创造条件,打破常规,克服了正常情况下难以克服的困难。

会战伊始,荒原茫茫,没有房子住,帐篷、活动板房又不够住,就挖地窖子,不知什么时候被废弃的牛棚、马厩也住上人了。有的人还是什么都住不上,没办法,只能天当房,地当床,几十个人扯起一张篷布盖在身上。王进喜带领的1205钻井队,下火车来到目的地马家窑的第一天晚上,就住在一间三堵破墙、四面透风的马厩里。他们三十几个人挤在里边,背靠背地过一夜。不知道什么时候,有几个伙伴挤得实在受不了,就抱来一堆草,摸黑找到一个夹道,躺下就睡。醒来一看,原来睡在一口井边,地下全是冰!

会战第一年的雨季到了。老天爷不作美。这一年雨多,小雨不断,大雨十天八天就下一场。住帐篷、活动板房、牛棚马厩的会战职工,饱受雨淋之苦。下雨了,外面大下,里面小下,外面雨住了,里面还在滴答。漏雨了,要避开,就要挪床,有时挪动几次,也找不到一处不漏的地方。床上不能睡,大家就挤在一起,合顶一块雨布,坐着睡。有时候,住处灌满了雨水,早晨起来,鞋子、脸盆都漂走了。雨水一多,蚊子、瞎虻、小咬儿就多,而且多得吓人,到处咬你,叫你痛得受不了。会战职工风趣地说:"萨尔图有'三宝':蚊子、瞎虻和小咬儿。"

这一年,冬天又来得早。国庆节前就下了一场鹅毛大雪,这是老天爷向风餐露宿的会战职工发出的警告。萨尔图最低的气温可达到零下40度,天当房、地当床是要冻死人的。面对老天爷的警告,有人产生了南下哈尔滨"猫冬"的念头,这样,就可以享一冬福了。这种想法,当然不会成为会战领导决策的依据,因为他们想的是创造条件,坚持会战。

于是,一场赶在入冬前"治窝"的战斗打响了。全油田从上到下,人人动手,挖土打墙。机关干部晚上办公,白天盖"干打垒",钻井工人白天钻井,晚上盖"干打垒"。仅用两个月时间,就建成了30多万平方米的"干打垒",不但使几万人有了住处,还做到"油进站、车进库、菜进窖、粮进仓",保证了生产的正常进行。因为冻土施工,有些"干打垒"不保温,数九寒天睡一宿,第二天一早起来,被子就冻结在墙上了,鞋子冻在地上得用手撬下来。又因为是应急,有些"干打垒"的窗户糊不上纸,安不上玻璃,就用油毡纸钉上。屋里不通气,取暖烧原油时油烟子特别大,不要说常住,就是待一天,住一宿,全身都像打了一遍"黑又亮(鞋油)",除了牙齿,没有白的地方。靠"干打垒",会战职工度过了第一个严冬。以后他们又盖了100多万平方米"干打垒"。当时在油田上,绝大部分职工住的是"干打垒",油田党委、油田总指挥部、油田政治部领导机关的办公室也是"干打垒",整个矿区的非生产性建筑,除了一所中心医院和个别科研机关外,其余如食堂、商店、卫生所和文化娱乐场所等,也都是"干打垒"和少量简易的砖瓦平房。当年的大庆，实际上是一个"干打垒"城。

在那上上下下普遍勒紧腰带的日子里。生活上的另一个大困难，就是缺吃的。石油工人从事繁重的体力劳动，仅靠1.5公斤定量是远远不够的，况且定量一降再降，最低时每天只能"五两保三餐"。尽管黑龙江省委顾全大局，每月调给战区7.5万公斤粮食，但也远远填不饱肚子。当时有个口号，叫作"勒紧腰带，坚持会战"。经过几个月的苦干、苦熬，终于熬来了万物生长的季节，野菜救了"驾"。各单位每天都抽出一些人，由副书记为"黄花司令"带人去采野菜，吃上了"野菜包子黄花汤"。有位工人编出这样一则顺口溜："野菜包子黄菜汤，吃到嘴里分外香，挥锹舞镐扶刹把，会有伙夫一背膀。"

长期吃野菜，又加上繁重的体力劳动，一些职工得了浮肿病，最多时出现了4 000多名浮肿病患者。这期间，职工家属又一批批来到油田，吃粮吃菜更加困难。为了渡过难关，战区工委号召家属组织起来，发扬南泥湾精神，自己动手搞农副业生产，"五把铁锹闹革命"就是在这样的背景下发生的。那是1962年4月16日，钻井指挥部机关的职工家属王秀敏、杨学春、丛桂兰、吕玉莲，在45岁的家属薛桂芳带领下，扛着铁锹，背上行李，抱着孩子，到远离驻地15公里外的地方去开荒种地。在那里，她们利用钻井队留下来的活动房架，找了个破帐篷，搭起了一个简易住房。晚上，大人小孩子就睡在垫着干草的地上，她们用铁锹翻地，3天开了0.3公顷，手上打出了血泡，也没有人叫苦叫累。在她们的带动下，陆续又来了一些家属。她们又用人拉犁，赶在春播前开出2公顷地，种上了大豆，到秋天打了1 800多公斤。会战工委领导及时总结推广了这个典型。于是，"五把铁锹闹革命精神"成为鼓舞广大家属发挥"半边天"作用的巨大力量，她们纷纷走出家门，参加集体农副业生产。据统计，53年来，大庆职工家属已开荒种地近2万公顷，累计生产粮食6.2亿多公斤，蔬菜15亿多公斤，肉5 800多万公斤，蛋1 690多万公斤，鱼420多万公斤，奶320多万公斤，水果660多万公斤。有5.5万名农村户口的家属连续12年不吃商品粮。

搞石油生产建设，"万事俱备"的情况是没有的。特别是大庆会战初期，只有400多辆汽车，10多台吊车，设备严重不足，运输上不去。大庆人硬是靠发扬"人拉肩扛精神"，把会战打了上去。在这方面，王进喜和他带领的1205钻井队表现得尤为突出。

这个队到大庆的第二天就忙了起来。有的到车站打听钻机什么时间到，有的去井场作打井准备。后来钻机到了吊车不够用，60吨重的钻机，怎么从车上卸下来，又怎么安起来呢？大家都很着急。就在这时，党支部开了会。王进喜说："没有吊车，咱们有'宝贝'，照样干！"有人问："啥宝贝？"王进喜说："大活人！毛主席不是教导咱们人的因素第一吗？大家讨论一下怎么办？"有人说："人拉肩扛也要把钻机弄到井场！"王进喜说："对，咱们就是只能干，不能等。"说干就干，全队职工用木板垫，绳子拉，橇杠撬，奋战了4昼夜，把钻机和设备卸下火车，拉到了井位，将40多米高的井架竖立在井场上。

要开钻了,水管线没接好,钻机没有水,就像人没有血液一样,动弹不得。王进喜主张:没有水,端水也要开钻。有人反对说,这简直胡闹!王进喜问他:"我们打井怎么是胡闹?"那人反问:"你看哪个国家是用手端水打井?"王进喜说:"就是我们国家!我们就是尿尿也要打井!"在王进喜的带领下,职工们纷纷去端水,大桶、小桶、脸盆、灭火器外壳,都成了运水工具。

刚刚保证了开钻用水,地下又发生了漏层。漏层好像个无底洞,水一进去就被吞干。怎么办?大伙说:"漏多少,端多少。"井水端干了,他们就跑到一里多远的水塘砸冰取水。有的人脚冻成了冰疙瘩,有的人手冻得失去了知觉,他们都全然不顾。他们一共端了200吨水,终于战胜了漏层,打完了第一口井。

王进喜在整个石油会战中,处处发扬艰苦创业的精神,他的"宁可少活20年,拼命也要拿下大油田"的豪言壮语,他那:"北风当电扇,大雪是炒面,天南海北来会战,誓夺头号大油田"的气壮山河的诗篇,激励了千千万万的人。一次王进喜在指挥放井架时,被钻杆砸伤了腿,血从裤脚流下来,昏倒在井场。他苏醒过来后,看到指导员在为他包扎止血,战友们围在他身边哭,而井架还没有放倒,便猛地坐起来,高喊:"继续放井架!"然后忍痛坚持指挥。

第二口井开钻后,他的双腿还没好,领导和战友们送他住院,他几次偷偷地溜回钻井队,拄着双拐在现场指挥。有一天,他突然发现井喷迹象,如果不采取措施,及时制止,就会把几十米高的井架通通吞进地层。制服井喷,必须用重晶石粉加大泥浆的比重来压井。当时井上没有重晶石粉,他立即决定用水泥加土拌合泥浆。可是,由于没有搅拌设备,单靠泥浆泵循环一时搅拌不起来,在这紧急关头,王进喜甩掉双拐,纵身跳进泥浆池,挥动胳膊、腿脚,用身体搅拌水泥和土。他和另外两名战友,搅动了3个多小时。井喷事故避免了,王进喜的皮肤却被碱性很强的泥浆烧起了水泡,伤腿也被烧红了。战友们拉他回来后,他竟痛倒在钻杆上。

像王进喜这样艰苦的典型,在会战中还涌现出许多。

谁无血肉之躯?谁不想延长自己的生命?然而,以铁人王进喜为代表的大庆人,却用自己的血肉之躯、自己的宝贵生命,去拼搏、去苦战,图的是为祖国、为人民拿下一个举足轻重的大油田,为祖国、为人民换来一个更加光明、美好的明天。他们的胸怀是博大的,他们的风格是高尚的!他们的进取、他们的拼搏、他们的奋斗,可歌可泣,永垂史册!

(2)"没有条件、创造条件也要上"的精神,生动地体现了石油职工为了早日拿下大油田,为国分忧、知难而上的奋斗勇气和在战略上藐视困难,在战术上重视困难的科学态度。

众所周知,大庆石油会战,是在困难的时期、困难的地方、困难的条件下进行的,面对重重困难,会战是打上去,还是退下来?是等条件具备了再上,还是创造条件上?石油工人从《实践论》和《矛盾论》的光辉著作中,看透了困难,找到了答案,大家一致认识到:"这困难、那困难、都是暂时的、局部的困难,无非是我们多吃苦、多受累,而国家缺油才是最大的困难,上有困难,退下来国家和人民的困难就更大。"在困难面前,会战党委反复教育职工"在思想上,要树立艰苦奋斗、勤俭节约的观点;在生产建设上,要全面贯彻执行党的自力更生、奋发图强、艰苦奋斗、勤俭建国的方针,在日常工作和生活中,要形成艰苦朴素的风气。"石油职工把自己在会战中所要付出的艰苦劳动同国家面临的困难紧密联系在一起。喊出了"有条件要上,没有条件创造条件也要上"的豪迈誓言。大家自觉地迎着困难,艰苦创业,解决了一个又一个物质上、思想上、工作上和科学技术上的难题。

1960年,刚进十月,天就开始降雪,人要换棉衣,生产设施要保温,而几万名职工仍然住在帐篷和活动板房里,为了确保冬季生产和会战职工过冬,从机关到基层,每天出动上万人挖沟埋管,把新铺设的输油供水管线深埋地下,技术人员和工人还创造了"长烟道"、"热风吹"、"平顶盘管加热炉"等多种多样的保温设施。解决了油井和油、气集输管线的保温问题,与此同时,从领导干部、总工程师、大学教授到生产工人,都组织起来,动手挖土打夯,盖"干打垒"。仅两个月就建成了30万平方"干打垒"房子,解决了几万人过冬的问题。

广大职工家属为了早日拿下大油田,在各种物质条件、生活设施条件暂时不具备的情况下,充分发挥工人阶级的主人翁责任感和内在的积极性,形成了宝贵的革命精神,创造了必要条件,把会战打了上去,把油田拿了下来。石油会战职工把"有条件要上,没有条件创造条件也要上"的口号,写进了自己的队史、厂史,大庆各级党组织把它当作激励职工奋发图强、自力更生、艰苦创业的战斗口号,鼓舞新老石油职工为建设大庆、发展大庆做出新贡献。

(3)"干工作要为油田负责一辈子,要经得起子孙后代的检查"的精神,体现了以苦为乐、吃苦耐劳、科学求实的作风。

1961年2月,铁人被任命为钻井指挥部生产二大队大队长,负责管理12个钻井队。王进喜学习技术知识始终坚持学以致用。他说:"干,才是马列主义。不干,半点马列主义也没有!"他带领工人们不断地从实际需要出发搞技术革新。为提高钻井速度,他和工人改革游动滑车。为打好高压易喷井,他带领工人研究改进泥浆泵。为提高钻井质量,他和科技人员一起研制成功控制井斜的"填满式钻井法"。他还在多年的钻井工作中摸索出一套高超的"钻井绝技",能根据井下声音判断钻头磨损情况。他对待工作严谨认真,一丝不苟,经常向工人强调:"干工作要为油田负责一辈子,要经得起子孙万代的检查"。要求工人做到的,铁人必先自己做到。1961年春,部分井队为了追求速度,产生了忽视质量的苗头,连铁人带过的1205队也打斜了一口井。为了扭转这种情况,4月19日,油田召开千人大会,对钻井质量问题提出严肃批评,这个日子被人们称为"难忘的四一九"。事后,已担任大队长的王进喜带头背水泥,把超过规定斜度的井填掉了。有人说:"填了这口井,就给标杆队的队史写下了耻辱的一页。"铁人说:"没有这一页,队史就是假的。这一页不仅要记在队史上,还要记在我们每个人的心里。我们要让后人知道,我们填掉的不光是一口井,还填掉了低水平、老毛病和坏作风!"

1964年底,铁人王进喜当选为第三届全国人大代表;1966年2月,他被中组部任命为大庆会战指挥部副指挥;1969年4月,他出席党的"九大",并当选为中央委员,但他位高不自居,功高不自傲。他常说:"我从小放过牛,知道牛的脾气,牛出力最大,享受最少,我要老老实实地为党和人民当一辈子老黄牛。"

铁人爱工人。他发现天冷时工装不保暖,工人们弯腰或蹲下干活时,总是会露出后腰,就到缝补厂建议把棉工裤后腰加高加厚,还给工人做了皮背心和皮护膝。在一次意外的事故中,1205队的青年钻工张启刚不幸牺牲,铁人得知消息后立刻赶到井场,他含着泪对工人们说:"启刚连婚都没有结就走了,他的父母就是我们的父母。"安排完张启刚的后事,他掏出30元钱和20斤粮票,让人每月要按时给张启刚的父母寄钱。可半年后,张启刚的父母寄来一封信,信上说今年收成不好,生活没有着落,信中还夹着三根长长的白发。老母想儿,白发揪心。原来每月寄去的钱让别人给领走了。在大队干部会上,王进喜手捧来信和三根白发哽咽着说:"启刚走了,我们连老人家都养不好,咋能对得起为石油牺牲的同志?"铁人和1205队干部重新定了供养老人的具体办法,重新核实了老人的地址并按月寄钱给老人。铁人直至去世前还叮嘱1205队的干部一定要把张启刚的父母照顾好,奉养百年。

铁人爱孩子。会战职工的家属和孩子陆续从老家搬到油田,铁人看到一些孩子在荒原上乱跑,他说:"我自己尝够了没文化的苦,决不能再耽误了孩子们"。于是他带人在大队机关附近支起一顶帐篷,垒起土台子,搭上木板当课桌,建起了油田的第一所小学——帐篷小学。第一批只有6个学生,铁人亲自任校长,并为学生们上了第一课。学生越来越多,教室也由帐篷变成"干打垒",变成了红砖房,又变成了楼房。后来,为了纪念铁人,这所小学被命名为"铁人小学"。

铁人对职工和家属关怀备至,对自己和家人却严格要求。他家10口人,母亲、妻子、弟弟、妹妹和五个孩子都住在一起,全靠他一人供养。像他家这样的特困户,每月可以得到30元钱的长期补助,可是铁人把这些钱全都补助给了其他困难职工。

铁人同母亲商量后给家里定下了一条规矩:公家的东西一分也不能沾。由于劳累过度,铁人患了严重的胃病和关节炎,上级为照顾他的身体,给他配了一台威力斯吉普车,可他却把这台车当成了大队的生产、生活用车,全大队谁都能用,唯独自己家里人不能用。老母亲病了,大队领导瞒着铁人把车派去准备送老人看病。可老人家说:进喜定下的规矩,我当妈的不能破!最后还是铁人的大儿子用自行车推着奶奶去卫生所看的病。

王进喜从普通钻工成长为全国闻名的铁人;从朴素的报恩思想发展形成铁人精神,铸就了石油之魂。

铁人曾在笔记本上这样写道:"我是个普通工人,没啥本事,就是为国家打了几口井,一切成绩和荣誉都是党和人民的。我自己的小本本上只能记差距。"

1966年国庆节期间,铁人应邀到北京人民艺术剧院做报告,演员李光复在后台见到铁人,就请他签名,铁人就在这本毛主席语录上写下了内涵丰富、充满哲理的"五讲":讲进步不要忘了党,讲本领不要忘了群众,讲成绩不要忘了大多数,讲缺点不要忘了自己,讲现在不要割断历史。铁人的"五讲",体现了他对党忠诚、心系群众、谦虚谨慎、胸怀博大、实事求是的高尚品质,是铁人毕生学习和实践的结晶,也是他为我们留下的宝贵思想财富。时隔40多年,铁人"五讲"仍然绽放着光彩,具有时代气息和现实意义。

知识问答:

问:铁人精神的具体表现?

答:1."宁可少活二十年,拼命也要拿下大油田"的精神,体现了以王进喜为代表的大庆石油职工一不怕苦、二不怕死的奉献意识。

2."没有条件、创造条件也要上"的精神,生动地体现了石油职工为了早日拿下大油田,为国分忧、知难而上的奋斗勇气和在战略上藐视困难,在战术上重视困难的科学态度。

3."干工作要为油田负责一辈子,要经得起子孙后代的检查"的精神,体现了以苦为乐、吃苦耐劳、科学求实的作风。

(二)其他典型先进个人

1960年7月1日,在"七一万人大会"上,大庆"五面红旗"披红戴花受到表彰。他们是王进喜、马德仁、段兴枝、薛国邦、朱洪昌。

1. 尖刀队长马德仁

马德仁,生于1926年,中共党员。1960年3月,新疆石油管理局决定让队长马德仁、支部书记韩荣华,带队代表新疆局到松辽参加石油大会战。命令一下达,他们就立即整理行装出发。经过几天几夜的长途跋涉,4月1日凌晨到达新的战场。当时天还没亮,几十号人下了火车就一齐挤到萨尔图火车站小小的候车室,由于天气寒冷,他们人挨人、人靠人地互相取暖。天亮后,马德仁派人去找指挥部,其他人上街吃了点面条。8点钟左右,会战指挥部派来3辆解放牌卡车把他们拉到星火牛场,全队职工卸下行李,马德仁分配大家打扫牛棚。用马车去拉羊草,然后把羊草铺在地上,搭起一个大通铺。按1、2、3、4班顺序,一个个排号就位住了下来。在头上青天一顶、脚踏荒原一片的艰苦环境里,全体职工没一个人有怨言。然而,几十号人吃饭成了大问题。开始队里没有食堂,在老百姓家搭伙,每顿是苞米面窝窝头加咸菜,非常艰苦。马德仁看到全体职工大都是年轻小伙,饭量大,就千方百计想办法自己建食堂。他带领职工首先把一个猪圈打扫干净,砌上炉灶,接着找星火牛场的两名家属帮助做饭,把队上食堂建了起来。在极端困难的情况下,他常常几天几夜不离井场,每一口井从搬家、开钻、完钻、再搬家,寸步不离。在打1958井时,井场离驻地很远,需送饭到井场吃。有时饭少了,他就紧紧腰带宁肯挨饿,也总让工人们先吃饱。为抢钻井进尺,他从未好好休息过,疲倦得不行了,就把头伏在膝盖上闭闭眼。在他的带领下,全队创造了月钻井"五开四完"、"六开五完"等新纪录,用8个半月的时间打井 22 口,实现了钻井进尺上双万米。1960 年 7 月,他被会战初期党的临时办事机构——石油工业部机关党委树为全战区"五面红旗"之一。1977 年石油工业部授予他"会战初期五位著名老标兵之一"的称号。

1961 年,他带领全队职工用九个半月时间打井 28 口,实现了钻井进尺 31 700 米,超过了前苏联格林尼亚功勋钻井队的水平,刷新了世界钻井进尺纪录。实现了全年安全生产无事故,使口口井质量合格,全年机械利用率达到 99%,创造了全国中型钻机月完钻井数、月进尺、日进尺、班进尺、钻头使用、低成本等 21 项全国高纪录。

1963 年,他发动职工认真总结经验,不断树立新的奋斗目标,继续扩大战果,向新的高峰奋力攀登,又打出了"三一"优质试验井,创造了钻机月钻井进尺 4 615 米,队日进尺 1 080.26 米的全国最高纪录。

他所领导的 1202 钻井队先后被授予"卫星钻井队"、"钢铁钻井队"、"永不卷刃的尖刀"等称号。他为大庆油田的早期开发建设做出了贡献。

2. 智勇双全的队长段兴枝

段兴枝,1930 年出生,中共党员。1960 年带 1247 钻井队到大庆参加石油会战。刚到大庆,为早日开钻,在没有运输设备的情况下,组织职工人拉肩扛安装钻机,竖起井架,与各钻井队展开劳动竞赛。当竞赛进入高潮时,1203 队的油井突然发生了井喷,急需要泥浆压井,而他们泥浆池里的泥浆已经用完,1203 队职工非常着急。段兴枝知道后,立即亲自带领工人去支援,并把本队的重晶石粉送给了兄弟队,使井喷很快解除。为了保证安全生产,段兴枝经常一天 24 小时和工人顶在井上。他检查检查这里,看看那里,钻台上下什么活都干。看见泥浆稠了,他就挽起裤腿下到泥浆池里去搅拌泥浆……在钻 16 号井时,已是 10 月中旬,夜里刮起了六七级大风,寒流初上,天气寒冷。开完生产会后,段兴枝立刻就从队部一口气跑到井场。正赶上起钻,他就登上二层平台,帮助工人进行高空操作。前空里,冷风刺骨,寒气逼人。段兴枝坚持和工人一起操作,忙个不停,出了一头汗。工人们说:"天气虽冷,但是干部在身边,我们心里就觉得格外温暖"。

段兴枝善于把冲天的革命干劲和严谨的科学态度结合起来,当时被人们誉为"智勇双全的钻井队长"。他带领职工大搞技术革新,把大钻机小鼠洞接单根的工艺移植到 BY—40 钻机上,提高了工作效率。同时首创了冲鼠洞的新工艺,在全油田和全国石油系统推广。会战中,打一口井的时间逐步缩短到 3～4 天,而钻机搬家一次却要 7～8 天。为了更多地打好井,必须提高搬家的速度。这时候设备仍然是比较缺乏。段兴枝广泛吸取技术员、老工人的意见,带领全队职工反复研究试验,创出了用自己的柴油机的动力索引自己的钻机前进的"钻机自走"的新方法,缓解了油田拉运设备少的矛盾,曾在钻井队普遍推广。他还和工人们一起,针对夏季雨多,道路泥泞,电测车到不了井场的情况,想出了利用游动滑车拉电测车到井场的办法,保证了电测顺利进行。

在生产中,他率领的钻井队多次创出优异成绩,被会战指挥部授予"钢铁钻井队"的光荣称号。他多次被评为石油部五好标兵、模范标兵。曾当选为湖北省第五届人大代表。

3. 保原油外输队长薛国邦

薛国邦,1928年出生,1949年起在玉门油田当司钻,后任采油队队长。1954年加入中国共产党。1958年起先后提出不起泵压裂等五百多项革新建议,被采纳后,提高了原油日产量。1959年玉门油田237号井发生供油管脱扣喷油时,他用胸膛顶住管线脱口,避免了一起爆炸事故。同年出席全国群英会,所在的采油队被授予全国先进集体称号。1960年调大庆油田后,曾任大庆油田采油队队长、油田党委副书记,中共大庆市委副书记、工会主席等职务。

薛国邦是大庆会战初期大庆油田第一个采油队长,第一个攻克清蜡难关,大庆第一列原油外输的生产和装车任务也是薛国邦采油队完成的。

1960年3月。薛国邦组建了大庆油田上的第一个采油队,开进了这片被芦苇隐没的沼泽地。奉命管理萨66井。这口井是萨尔图油田第一口生产井。这口井管理得好坏,对今后油田大批油井的投产具有重要的意义。因此,从领导到工人,都把它视为掌上明珠。

3月的天气,江南正是春暖花开的时节。可大庆却是冰天雪地,呼啸的西北风,吹得人们直打冷颤。在一个雪花飞舞的夜晚,薛国邦组织全体职工,围着篝火,召开了动员会。他慷慨激昂地说:"要想扎根井场,扎根油田,就得用我们的双手创造条件,战胜困难,没有房子我们自己盖。"

夜战开始了。工人们七手八脚,铲冰雪、刨冻土、割芦苇、钉架子。当太阳从东方升起的时候,一座木板芦苇结构的房子,在草原的寒风中立了起来。

为了扎扎实实地管好这口油井,取得"四全四准"资料,为国家生产原油,无论是白天,还是夜晚,薛国邦总是在采油树跟前转来转去,摸摸这儿,听听那儿,看看压力,分析记录下来的数据。若是遇到风天雨天,更是放心不下,一会儿蹲在采油树旁凝神静听着可疑的声音,一会儿又聚精会神地观察井口压力的变化。一天,油井突然发生了变化,原油产量直线下降,半天找不出原因,大家有些心慌了,薛国邦也急得满头是汗。他竭力抑制自己的内心的不安,站在采油树跟前,侧着身子,静静地听着出油的声音,蹲下观察套管压力,又走上清蜡操作台,看看油管压力,最后跳下操作台,三步并作两步地走到土油池边。油嘟嘟地间歇喷着,他观察了半天,心里倏地亮了起来,绷紧的脸也豁然开朗了,原来是地面管线结了硬蜡。故障迅速排除了,油井又恢复了生产。大庆油田就是从薛国邦接管的这一口油井,首先取得了20项"四全四准"的资料,准确地掌握了油层情况,为石油大会战的全面展开创造了条件。

当年大会战的序幕刚刚拉开时,油田会战指挥部决定,在6月1日前,把大庆生产的原油运出去,向党中央、向毛主席报喜,向祖国人民献礼。第一列车原油外运的生产和装车任务交给了薛国邦采油队。为了保证原油及时运出去,不影响外运的时间,采油队成立了外运突击队,薛国邦自任队长。在当时大会战的条件下,由于输油管线还没有来得及铺设好,得把几口井生产的原油,集中地输到一口井的土油池子里储存起来,然后,再用管线连接起来,输送到东油库的储油池子里,最后才能装上油罐车。

临近6月1日没有几天了,气温又比较低,储油池里的加温盘管热度不够,原油一时化不开,电泵无法把原油打入输油管线。如果不抓紧将原油尽快地输出去,将会影响原油外运的时间。薛国邦看在眼里急在心上,他果断地决定,用锅炉蒸气给原油加温,当蒸气管线插入储油池子里以后,原油开始融化了。这个储油池子面积有100多平方米,深有一米多。蒸气只能把储油池子边上的原油化开,中间却依然如故。有两名工人着急地扯着薛国邦的衣襟问:"薛队长,只有中间化不开,咋办?"薛国邦斩钉截铁地说:"咋办,跳下去。"说着他毅然脱掉棉衣,从工人手里拿过蒸气管线,就跳进了储油池子里,双手抱住高温蒸汽管,用蒸汽温原油。蒸汽管把他的手烫坏了,也全然不顾,其他几名工人看到队长跳了下去,他们也纷纷跟着跳下去,在石油工人火一样的革命精神的燃烧下,原油开始融化了。随着电泵的运转声,原油被打入了输油管线,装上了油罐车。

当第一列原油外输剪彩的时候,人们发现薛队长不在场。一个小伙子找来找去,最后在板房的后面找到了熟睡的老队长,却是怎么叫也叫不醒,他实在太累了。

他工作勤勤恳恳,任劳任怨,从不计较个人得失和安危,曾多次冒着生命危险抢救发生事故的油井。有一次供油管线脱扣,他奋不顾身地用胸膛顶住喷着原油的管口,高压原油的强大压力打得他周身麻木。几乎失去知觉,但他以顽强的毅力,坚持到底,终于保住了油井。至今,在第一列原油外输的历史性画面上,也没留下薛国邦的影子,然而大庆油田,处处刻下了他的名字。

1954年,薛国邦在玉门油矿就被评为全国石油系统先进生产者。1958年,出席了全国社会主义建设积极分子代表大会。1959年,被评为全国劳动模范,出席甘肃省和全国工业建设"群英会"。1977年,石油工业部授予他"会战初期五位著名老标兵之一"的称号,1978年,被评为黑龙江省劳动英雄。

4. 骨头比钢铁硬的朱洪昌

朱洪昌,1933年出生,1955年加入中国共产党,1959年由甘肃到大庆参加石油会战。历任施工小组长、工段长、副大队长、厂长、中国石油天然气总公司管道局局长等职务。

大庆石油会战初期,朱洪昌所在的三大队负责承建17.2公里大口径、长距离输水管线。当时他担任副大队长职务,为保证任务尽快完成,他和工人一起连克许多难关。一次,托管机履带板被钢丝绳卡住变形,为不影响施工,工人们商量采用喷灯加热使钢板变直的办法。不料喷灯喷油过多,机车四周燃起大火。他不顾危险,甩掉衣服,冲上去奋力扑打,手和脸烧起串串火炮。火扑灭了,他被送进了医院。可他不顾医生的劝阻,伤势稍有好转就出了院。供水管线通水试压时,他带着伤到各处去检查试压情况。当发现有一处焊缝冻裂漏水时,为不影响全线试压,他决定带压带水补焊。他不顾身上旧伤未愈,跳进水中一边用手把漏缝的水抹干,一边让焊工补焊,飞溅的焊花刺穿了朱洪昌手上缠着的绷带,露出了还未长好的嫩肉。焊工见此情景,马上停止了补焊,他却说:"现在前线各部门等水等得嗷嗷叫,不能把工期误在我们这儿,今天我就要比一比,是钢铁硬,还是我们共产党员骨头硬。"就这样,他忍着焊花的灼痛,一直坚持着把漏缝焊完。

在施工中,老家来信,告诉他孩子因病重住院,经抢救无效死去。他强忍悲痛,继续在工地指挥生产。过后别人问他:"孩子死了,你不想吗?"他说:"孩子死了是一家的事,输水管线建不成,打不出油来是国家大事。"6月22日,整天下着滂沱大雨,朱洪昌工段在20公里输水管线上冒着大雨进行最后试压。泵机一开动,出口处第一个阀门就被冲坏了,水流往外喷出很高。如果不立即抢修,就可能发生更大的事故,在这千钧一发的时刻,朱洪昌第一个跳进了冰冷的水沟中,在他的带动下,几个钳工、管工也跟着跳了下去。瓢泼似的大雨和泥泞冰冷的沟水,把他们浑身上下全湿透了。草原上阵阵的冷风吹来,寒冷刺骨,朱洪昌坚持奋战了3个多小时,终于把阀门修好了,解除了危险。从水沟上来的时候,大家的衣服滴滴答答地往下滴水,几个同志冻得直哆嗦。朱洪昌把他们送回宿舍。自己换上衣服,又回到施工现场指挥生产,直到深夜两点多钟才回来。可是,休息了两个小时后,他又返回工地了。就这样,朱洪昌领着大家一直苦战了3天3夜,终于顺利地完成了试压任务。

他的事迹鼓舞着整个战区的干部工人,人们称赞他是钢铁施工队长,永不褪色的红旗。他所带领的工段连续7次获得油田建设"一级红旗",并荣获"油田建设标杆队""钢铁突击队"等光荣称号。他于1958年被评为甘肃省先进生产者、青年突击红旗手,1959年又出席了全国工业建设"群英会",曾当选为第三届全国人大代表。

三、大庆精神铸就新辉煌

(一)新铁人树新风

1."新时期铁人"王启民

王启民,浙江省湖州市人,1937年出生,1978年加入中国共产党,教授级高级工程师,曾任大庆石油管理局勘探开发研究院院长。王启民1961年从北京石油学院毕业后来到大庆油田,多年来,他以"铁人"王进喜为榜样,坚守"宁肯把心血熬干,也要让油田稳产再高产"的信念,全身心地投入油田地质开发研究工作,先后主持了油田8项重大开发试验任务,参加了40项科研攻关课题和油田"七五""八五""九五"开发规划编制研究等工作,为大庆油田开发建设,特别是油田开采进入中晚期后的高产稳产做出了突出的贡献。

王启民先后荣获国家和省部级科技奖励18项。1997年获得石油集团公司"铁人科技成就奖"。1978年被选为第五届全国人大代表;1986年被国家人事部授予"中青年有突出贡献专家";1991年被黑龙江省授予"特等劳动模范"称号;1995年获得"全国先进工作者称号"、中国石油天然气总公司特等劳动模范。1997年荣获全国"五一"劳动奖章、中组部授予的"全国优秀共产党员"称号,中国石油天然气总公司党组授予王启民"新时期铁人"称号。1997年1月17日,受到了江泽民总书记和李鹏总理的亲切接见。1997年9月当选为中共第十五次全国代表大会代表和中央委员会候补委员。1997年4月17日,中央宣传部、中国石油天然气总公司、国家经贸委、全国总工会、国家科委、黑龙江省委在人民大会堂隆重举行王启民先进事迹报告会,在全国掀起了学习宣传"新时期铁人"王启民先进事迹的热潮。2002年王启民荣获"李四光地质科学奖野外地质工作者奖"。

(1)长中国人志气,敢为天下先

1961年,王启民怀着一腔献身祖国石油事业的热血,来到"荒原一片篝火红"的大庆油田会战工地,开始了攀登油田开发科技高峰的艰辛征程。当时,油田正处于极端艰难的创业时期。有外国专家断言:像大庆含蜡这么高的油田,中国人根本没能力开发。刚刚分到油田地质指挥所的王启民,内心受到极大震动。在铁人王进喜"宁可少活二十年,拼命也要拿下大油田"钢铁誓言激励下,他和所里几个同学写下了一副气势豪迈的对联:"莫看毛头小伙子,敢笑天下第一流",横批为"闯将在此"。他们还特意将"闯"字中的"马"字写得大大的,突破了门框。王启民说:"我们就是要靠自己的力量,闯出中国自己的油田开发之路!"

油田开发是一门科学。大庆油田从一开始就采用注水开发。就是把水注入油层,使油层保持一定的压力,然后将油从岩缝中挤出来。国外流行的理论是"温和注水,均衡开采"。循着这条思路进行油田开发,负效应很快显现出来了:地层压力下降,产量随之下降。到1964年,油田出现了注水三年,一半油井被水淹,采收率只有5%的严重局面。王启民心里愕然:照此下去,油田采不上油来,命运可想而知……

为了解决这个重大难题,王启民决心在实践中找答案。他一头扎进井场,吃住在阴冷潮湿的帐篷里,与现场工人、技术人员一起取资料,搞分析,进行实验。由于环境恶劣,他患了类风湿僵直性脊椎炎,疼得走路都直不起腰来。在这种情况下,他不顾同志们的劝阻,硬是咬紧牙关忍着疼痛,不离井场,以严细认真的态度,取全取准每份资料和每个数据。并认真进行室内实验和系统分析。通过他的艰苦努力,终于找到了问题的答案。在一次油田技术座谈会上,他对当时油田开发的主要理论——温和注水,提出了质疑。他胸有成竹地说:"这里每口井都有数十个油层,每个油层厚薄相差很大,各层吸水多少也不同,呈典型的非均质特点,要人为达到注入水都均衡推进是违反客观规律的。"他还形象地说,原油层就像大个子运动员,体力好,跑得快;薄油层、差油层就像体力差、跑得慢的小个子运动员。要想让他们齐头并进,必然事倍功半。应该能快则快,该慢则慢。这就是"因势利导,逐步强化,转移接替"的注采方法。他的科学分析受到油田领导的赞扬,并让他带个小组进行大胆试验。

试验小组在王启民的带领下,选择了一口含水已达60%的油井进行试验。奇迹出现了:该井日产量由原来的三十多吨猛增到六十多吨,而含水则下降了。油田推广他们的经验,培养出三百多口日产百吨以上的高产井。从而打破了国外"温和注水、均衡开采"的传统观念,创出了大庆油田中低含水阶段保持油田稳产的路子,大长了中国人的志气。

王启民说:一个人生命的价值不在于你拥有了多少,而在于你奉献了多少。什么时候精神都不能趴下。咬牙挺过来,人生和科研都会出现新天地。谁说中国人靠自己的力量开发不了这么复杂的大油田! 我们就是要跨过洋人头,敢为天下先!

(2) 为打开地下大门,不顾个人安危

王启民认为,要使油田持续高产稳产,必须有一整套油田开发方法及配套的工艺技术做保证。其中首当其冲是必须搞清地下油层的分布状况。他设想能不能把地下的地质情况画成一张图,使千米之下的油层一目了然?

为此,从1970年开始,他率队到中区西部进行长达10年的接替稳产试验。3 000多个日夜,他和工人们一道施工作业,逐井取样化验,分析数据,经常一干就是一个通宵。夏夜,蚊虫成群,一巴掌打在身上,满身是血点。冬季,帐篷里结满了冰,冻得人们筛糠般打冷战……王启民10年前在野外作业时落下的风湿病逐渐加重,发作时疼得额头直冒虚汗,虽然整天罗锅着腰,却连自己的鞋带都系不上。有一段时间,风湿病转移到眼睛上,引起虹膜炎,两只眼球血红血红的。大家劝他回去养病,他却说:"我是组长,最了解试验方案和进展情况,怎么能走呢?"他的妻子陈宝玲心疼他的身体,一次悄悄地协商好调他去北京工作,可他却在商调函上写上"本人不同意"。妻子气得要和他离婚,他却说:"那里有大油田吗? 要走你走,我不走"。

一年春节,试验组的同志都回家了,王启民却认为这正是看资料、搞分析的好机会,就一个人留了下来。鹅毛大雪,凛冽寒风,淹没了远处的灯火和喜庆的爆竹声。王启民拥着床棉被坐在床上,借助微弱的灯光,专注地分析着一个个曲线,描绘着一张张图表。他不时哈哈热气,舒展一下僵硬的手指。这个本该合家团圆的夜晚,他就这样雕像般一直工作到黎明。

有人做过统计,在中区西部试验的10年中,王启民和同伴们共采集分析了1 000多万个数据资料。通过对一个井点一个井点地核对分析,最后选出了比较符合实际的数据资料,编绘了全油田第一张主力油层高含水期地下油水饱和度图。从这些图上可以看出油水分布状况。依据此图,他们对两口残余饱和度高的井进行了层系补孔,施工后一口井日产量增加了40多吨,含水降到20%,另一口井日产量从50吨上升到130吨。

在一次汇报会上,王启民如数家珍,用三天时间将试验区83口井的分类、层段、动态等资料和几万个数据讲得清清楚楚,使在场的人们无不折服,称他为油田开发地质的"活字典"。

依据油水分布状况,室内模拟试验及大量现场试验,王启民创立了油田中含水期"分层开采、接替稳产"的方法,成为大庆油田实现稳产目标的基石,确保每年 5 000 万吨产量延续了 5 年。到 1989 年,大庆油田第一个稳产 10 年的计划刚走到一半,由于主力厚油层开采已达到高峰点,含水又开始上升,稳产前景又变得十分严峻。有人悲观地认为大庆油田继续稳产没有希望了。可王启民却充满信心地说:"大庆稳产前景十分光明!"

王启民这样断言是有根据的。因为大量的实验表明,在油田的主力油层之外,低渗透层和厚度在 0.5 米以下的薄油层十分发育,只是由于开发技术的限制,这些油层没有被划入可开采范围。这是一片广阔的领域,大有作为的地方。根据所掌握的第一手资料,王启民创造性地提出了"细分开采、接替稳产"的开发理论和方法。在这个开发理论和方法的指引下,大庆油田从低渗透层和薄油层中又找到了近 10 亿吨的储量。当 12 000 口加密调整井散布在近 2 000 平方公里的荒原上时,年产原油 5 000 万吨稳产 10 年已稳操胜券。

(3)不畏险阻,勇于攀登,再创世界奇迹

马克思有一句名言:"在科学的道路上没有平坦的大道可走,只有在那崎岖小路的攀登上不畏劳苦的人,才有希望达到光辉的顶点。"

1985 年,大庆油田实现第一个 10 年稳产目标后,又提出一个更富挑战性的目标:再稳产 10 年,向世界油田开发高水平迈进。按一般规律,每个油田勘探开发都有上产、稳产、减产三个阶段。就世界同类油田而言,稳产期最长 12 年,短的只有 3 年至 5 年。让大庆再稳产 10 年,可以说是奇迹,难度不言而喻。

正当油田上下为之殚精竭虑的时候,已担任研究院副总地质师的王启民,却对两块不起眼的"石头"产生了浓厚的兴趣。这两块取自千米地下的岩芯,就摆在他的办公桌上,有时王启民一连几天盯着它们发呆。夜深人静的时候,他凝视着岩芯上斑斑点点的油渍,思绪掠过时空,复原着亿万年前表外储层内原油生成、运移的全过程……这种未被国家列入矿藏储量表内、早已被国内外油田判了"死刑"的表外储层,在大庆油田几乎每口井、每个储层都有。它们虽然单个看起来微不足道,但集腋成裘,加在一起的数量非常可观。如果能开采出来,大庆第二个 10 年稳产就有了资源保证。

为了揭开岩芯的秘密,王启民通过苦苦求索,确信:在地质结构没有发生重大变化的情况下,既然这些黑色精灵能钻进这些状若"千层饼"的密室里,我们一定就能把它驱赶出来,让它们为人民服务。

然而,当他兴奋地提出开采表外储层的设想时,许多人却持怀疑态度。一个巨大的挑战摆在王启民面前。放弃努力,他依然是功成名就,备受尊重的油田开发专家;而坚持己见,就要冒失败和名誉扫地的风险。为了国家的利益,他充满信心,毅然选择了后者。他发誓:"宁肯把血熬干,也要保持油田高产稳产。"于是,他以滚石上山的勇气和求实创新的科学态度,和同伴一起攻关。

他们先打了三口探井,全告失败。王启民没有气馁,和有关人员认真分析失败的原因,重新审定方案,又在试验区内打了19口油水井,结果又有一半含水高达60%。表外储层能不能开采,再次引起了人们的争论。

面对挫折,王启民没有怨天尤人,而是认真总结教训。他和试验组的同志们,以科学求实的态度,一口井一口井地反复分析数据。功夫不负有心人。他们终于找到了症结所在,经过52次封窜、堵水,逐渐使这19口井都达到了正常产能。

为了验证表外储层的开采价值,1988年,王启民带领试验组选择了最差的油层含钙表外储层进行试验并取得成功。在7年时间里,他们通过对1 500多口井的地质解剖、分析,4个试验区45口井的试油、试采,10口取芯井的岩芯测定和分析,为全面开发表外储层提供了科学依据,使表外储层开采试验取得了突破性进展,为油田第二个10年稳产奠定了坚实的资源基础。

历史迈进了90年代,大庆油田进入特高含水开发阶段,油田稳产的目标又面临新的挑战;

沿用世界上采用的"提液稳产"的办法,油田综合含水将上升到86.36%,年产液量将激增1.62亿吨,生产效益大大降低。

采液量不增,这样开采下去,油田产量就会以17%的速度递减。

国家要求大庆必须稳产。这不只是企业的兴衰问题,而且直接关系到我国石油工业和国民经济发展的大局。

油田的领导人找到王启民,问能不能稳产?王启民点点头,他拿出了一张绘制好的油田高含水后移5年的图表,提出"稳油控水"的思路,即在保持原油稳产的同时,又要控制综合含水上升率。

1991年,"稳油控水"作为大庆油田重大战略方针被提上议事日程,这一巨大系统工程涉及以沉积相为重点的精细地质描述和可采储量预测等一系列配套技术及上百个攻关课题。全油田几万名科技人员和广大职工的积极性都调动起来了。

到1995年底,"稳油控水"获得巨大成功,实现了年含水上升率不超过0.3%。"八五"期间,与国家审定的油田开发指标相比,5年累计多产原油610.6万吨,少产液24 749万吨,加上少注水、少作业、少用电、少建配套工程,累计增收节支150亿元。1995年,实现了年产5000万吨原油稳产20年,大庆人又攀登上了一个新的油田开发的世界高峰。

(4)团结协作,淡泊名利,关心他人和事业比关心自己为重

王启民主持研究试验的项目,多是事关油田发展的重大科研课题。参加者少则几个人,多则几十人,上至技术专家下至钻井工人。每搞一次现场试验,每担一个科研课题,他都博采众

长,认真听取各方面意见。

从1985年开始,大庆油田有三个地区连续两年发生大面积油井套管损坏,最严重的南八区147口油井,损坏率高达95.9%。套管损坏导致部分区块关井,严重威胁整个油田的正常生产。王启民心急如焚,带领几名技术骨干,深入现场进行调研和技术攻关。套管损坏涉及地质、工程、管理等多方面专业,为了彻底查清套管损坏原因,王启民打破学科界限,虚心向各方面技术人员请教,向现场的工人师傅请教。他们白天到地质队查阅资料,晚上再把资料借回来和大家一起研究。遇到一些具体问题,王启民就把现场老工人请来,一个一个讨教,共同研究解决问题的办法。靠着这种团结协作精神,他们终于查清了套管损坏的原因,并提出了具体的防范、整治措施,使被称作"井瘟"的套管成片破损得到有效治理。

研究院退休的高级工程师潘景为是王启民的同学和搭档,王启民关心体贴他人的情景,给他留下了深刻印象。当年搞高效注水开发时,王启民和试验组的同志住在油田区的一个采油队,因为房子小,5个人只有3张床。为了照顾其他同志,他就天天睡桌子。更令潘景为钦佩的是,王启民从不把自己的科研成果当作个人私产,他更注重研究过程中的沟通和交流。他组织科研人员撰写了几千篇科技报告和论文,付出了很多精力,但只要不是自己主笔的文章,不是自己主要负责的项目,他从不让人署上他的名字,而是在论文审核人一栏郑重地写了"王启民",不计名利却甘愿承担责任。

1996年,国际地质大会在北京召开。会议原先通知王启民和课题组成员、年轻的高级工程师吕晓光参加,进京后大会只给了一个名额。由谁宣读论文呢?第二天一早,王启民郑重地将会议出席证挂在吕晓光胸前对他说:"你去吧,让外国专家看看大庆年轻专家的水平。"吕晓光看着王院长真诚期待的目光,半天才有力地点了一下头。那天,他站在国际地质大会讲台上,镇定自若,收放自如,引起全场各种肤色的石油专家的强烈反响。

1997年1月1日,中国石油天然气总公司授予王启民首届"铁人科技成就奖"金奖,以奖励他多年来在大庆油田开发中做出的突出贡献。面对鲜花和掌声,王启民表示:"我取得的每项成绩都包含着油田许多科技人员和现场工人的心血,我只是他们的代表,是代表他们领奖的。"对于总公司发给他的10万元奖金,他自己一分钱没要,而是当作科研奖励基金,鼓励广大科技人员搞科研。

(5)一心为公,清正廉洁,看似无情胜有情

王启民不仅是科技攻关的先进典型,也是党风廉政建设的先进典型。自参加工作36年来,无论职务、地位发生多大变化,他始终坚持国家和人民的利益高于一切。为了国家和人民的利益,不惜牺牲个人和家庭的利益,甚至不顾妻子情、儿女情、父母情。他爱妻子,却不能尽责;他爱父母,却没有尽孝;他爱儿女,却没有给予特殊"关照"。王启民和妻子陈宝玲是大学同学,1961年毕业时,他们主动报名来大庆参加石油会战。结婚后,小两口常常十天半个月见

不上一次面。会战初期，随着原油产量不断上升，油田开发中的一些问题也相继暴露出来。1963年，这个刚刚开发的大油田，出现大部分油井下面的油层被水淹没，只能采出地质储量5%原油的严重局面。油田领导要求：尽快把这个地下"定时炸弹"挖出来。当时在地质指挥所动态组工作的王启民，不分昼夜在现场取岩芯化验、分析数据资料，根本没有时间照顾怀孕的妻子。

1963年的11月份，陈宝玲即将临产，所领导劝王启民送她回北京娘家生孩子。当时大庆不通火车，陈宝玲收拾好行装，盼着王启民早点回来。王启民却忙着搞油田年终动态总结，根本抓不着他的影。一连几天过去了，王启民还是没露面。一位老同学看到陈宝玲急迫无助的样子，就赶到现场找到王启民："宝玲快生了，你不送我们送。"王启民这才连夜赶回家，第二天一早把妻子送到哈尔滨火车站。上车前陈宝玲心里不托底，担心车上这段时间熬不过去。可看到王启民左右为难的样子，她只说了一句："早上检查时，医生说还得等两天。"王启民如释重负，急急忙忙返回了大庆。结果，陈宝玲在车上挺不住了，孩子生在了途中的锦州铁路医院。怕王启民着急，陈宝玲只把娘家的地址告诉院方。三天后，陈宝玲年迈的母亲搀扶着虚弱的女儿，抱着刚出生的外孙女，冒着风雪踏上开往北京的列车。此刻，千里之外的王启民正夜以继日地攻坚。经过调研，他大胆提出"分层开采，接替稳产"的开采方式，突破了国内外油田一直采用的"温和注水，均衡开采"的理论，解决了油田中低含水期高水平开发的技术关键。

王启民有一儿一女。儿子王庆文就读哈尔滨工业大学毕业后，被招到油田化学助剂厂当工人，在清油工段干起了成品油检尺工作。一开始，他觉得挺满足。可是一段时间后，眼看周围一些同学调走的调走，换单位的换单位，他的心也跟着活起来。有人劝他："你父亲是研究院领导，叫他找找人，换个工作还不是小菜一碟。"王庆文想想也是，就向父亲提出了调动的事。王启民听后很认真地对他说："不要跟社会上的一些现象攀比。只要你是那块料，在哪个岗位都能干出名堂来。"

1994年10月，王庆文被调到装车场当上了装卸工，和柴油、汽油打起交道。这个活虽说不太艰苦，但王庆文总有低人一等的感觉。架不住同事的劝说，他又向父亲提出换个技术活的想法。王启民说："你本职工作都干不好，有啥资格要调动？"

王启民的女儿王锦梅和丈夫都在研究院工作，直到今天，研究院很多人仍不知他们与王启民的关系。王锦梅说："像父亲这样的人，我们从来不敢奢望他能给我们丝毫'关照'。尤其是我丈夫，要想在工作中取得成绩并被认可，首先得过我父亲这一关。"王锦梅的丈夫是研究院的业务尖子，论文最多，职称、外语考试也名列榜首，由于受指标限制，评高级职称时耽误了一年。"父亲只要说句话就能解决问题，可他就是不说。"王锦梅回忆道，"有一次我赌气说，如果有地方调动，我一定离开这个单位。不过，父亲对油田的热爱和对事业的执著，却始终深深影响着我们，激励我们把工作干得更好。"

第六章 社会主义建设新辉煌

1960年6月17日,是王启民一生中刻骨铭心的日子。这天,他突然接到浙江湖州老家的电报:父亲病故,速回家料理后事。想到父母含辛茹苦把他养大,又省吃俭用供他上大学的恩情,他恨不得立刻插翅飞回去。

当时王启民在大庆实习,正赶上为油田开发提供科学依据的节骨眼上,如果他走了试油队的技术工作就会受到影响。如果不回去父亲的后事又没人张罗料理。悲痛万分的王启民,深深地陷入了家庭和事业的矛盾中。他心事重重地在井场上徘徊。想起铁人王进喜"宁可少活二十年,拼命也要拿下大油田"的钢铁誓言,目睹热火朝天的会战场面,他几次走到领导面前,几次又把到嘴边的话咽了回去。他默默地将电报揣进口袋,硬起心肠给家里拍了封电报,请老家的亲戚帮助料理父亲的后事。

1992年9月,王启民的弟弟来信:母亲患脑血栓,不能说话,盼望临终前见上一面。王启民不忍卒读,泪水溢出眼窝。想起父亲去世时未能尽孝的遗憾,他打定主意,把工作安排一下,就回老家侍候母亲最后的日子。可是,正赶上为实现第二个10年稳产目标进行技术攻关的关键时期,每天加班加点都觉得时间不够用,又怎能走得开呢?王启民又一次陷入矛盾之中。

他当时想,先把这一段忙过去,到时回家心里也踏实。为了使母亲能得到较好的治疗,他给家里寄了两次钱,指望病重的母亲能再等上他一段时间。不料,不久传来了母亲去世的噩耗,没能见到母亲最后一面。

这一切在一般人看来,似乎有些冷酷无情,然而,这里面却包含着更深、更远的情。体现了他处处以国家和人民的利益为重,毫无自私自利之心的精神。值得我们每个人学习。正如毛泽东同志在《纪念白求恩》一文中所说的那样:"一个人的能力有大小,但只要有这点精神就是一个高尚的人,一个纯粹的人,一个有道德的人,一个脱离了低级趣味的人,一个有益于人民的人"。王启民就是这样的一个人。

2."铁人精神新传人"李新民

41年前,中国石油工人的杰出代表、"铁人"王进喜倒下时,留下一个遗愿"把井打到国外去!"今天,这一夙愿已被他的继任者、1205钻井队第18任队长李新民实现了。

(1)接过铁人队的队旗

1205钻井队是铁人王进喜生前带过的队伍,大庆会战时期,曾经创造了22小时钻一口1221米中深井、年进尺12.7万米的全国纪录。铁人打出的第一口井萨55井,至今还汩汩地向外流淌着原油。

1990年,李新民从大庆石油学校钻井专业毕业,来到大庆1205钻井队,成了这个英雄集体中的一员。

到井队的第一课,就是接受队史教育。面对一面面鲜红的锦旗、一排排闪光的奖牌,一种强烈的责任感从李新民心头油然而生。

李新民好学。把全队的人都当成自己的师傅,不懂就问,不会就练。经常是下班后还在井上,给老师傅当帮手、打下手,不断观察和琢磨。不到半年时间,他就全面掌握了井队6个操作岗位的技能。

很快,谙熟钻井工艺的李新民担任了技术员。队员都知道他常说的话:"技术精不精,主要看你责任心强不强""技术措施不到位,主要是责任心不到位"。

喇区一口疑难井施工中发生卡钻事故,整整一个月,李新民天天在井上分析地层构造,寻找卡钻原因,制定技术措施。疑难井攻下来了,他瘦了一圈。

1995年1月,李新民走上了副队长岗位,担子重了,责任大了。他觉得"当队干部要经得起责任的考验,要有敢于负责的勇气"。

上任不久,队长去北京参加劳模会。当时,1205钻井队正在杏树岗地区打疑难井。这一地区地质情况复杂,被称为五毒俱全的"老虎口",易卡、易漏、易喷。不出事还好,出事就是大事故。李新民向队长保证:"你就放心去吧!"

从第一口井开始,他就盯在现场,严格执行技术措施,严密组织生产,随时了解施工的第一手资料,对地上、地下的每一点变化都了如指掌,一有特殊情况马上采取措施,有好几次把事故消灭在萌芽中。

队长出差15天,他带领1205钻井队优质高效打出3口疑难井,还创出了复杂井的新纪录。

2003年,李新民从1205钻井队第17任队长盛文革手中接过铁人队的队旗,也记住他说的话:"1205钻井队队长不是权力,不是利益,更不是荣誉,而是一份沉甸甸的责任!"

作为第18任队长,他时刻牢记老铁人"不干,半点马列主义也没有"的教诲,在苦脏累活面前,总是抢在先;遇到危险与困难,总是冲在前。他也始终认为,钻井要苦干,更要巧干,对于新工艺、新技术,他总是有一种浓厚的兴趣。

2003年初,1205队承担了新型直流变频钻机的试验任务。施工中,李新民胳膊不慎被井架销子刮伤,鲜血浸透了工装,他只简单包扎一下,仍然战斗在井场。

"关键时刻不离井场"是他多年养成的习惯。30个日日夜夜,他一组组记录运行数据,一遍遍熟悉钻机性能,一个个调试设备部件。试验终于成功了!不仅结束了司钻露天操作的历史,也实现了铁人老队长割掉钻机"猫头"的遗愿。这个曾经危及钻工人身安全的"老虎口"再也无法发威了。

在李新民的带领下,1205钻井队"有红旗就扛"、"有第一就争",荣誉室里又增添了无数锦旗、奖牌。据统计,1205钻井队在国内累计进尺232万米,钻井1 868口,相当于钻透262座珠穆朗玛峰。

(2)把井打到国外去

2006年2月21日,李新民率GW1205钻井队抵达苏丹首都喀土穆。顾不上领略非洲大地的神奇,李新民就赶到苏丹港,查看钻井设备到了没有,打听清关需要多长时间。

同行的一位领导赞许地说:"那一刻,我从李新民身上看到了铁人的影子。"当年,铁人王进喜到大庆参加石油会战,一下火车就问:"钻机到了没有?井位在哪里?这里打井最快的纪录是多少?"

清关是一项很麻烦的事。GW1205钻井队使用的是国产ZJ40DB钻机,加上辅助设备,足足装了102台卡车。这么大的工作量,按惯例,需要十几个人十几天才能完成清关。

然而,GW1205钻井队的6名队员,仅用6天,就做到了别人看来"不可能完成"的事,创造了长城公司清关人数最少、时间最短的纪录。在场的甲方监督惊叹不已,也第一次感受到了铁人精神的魅力。

可是,当设备运到井场,李新民与队友们都傻眼了。

"哭的心都有啊!"GW1205钻井队工程师岳保国回忆,由于运输船在海上遭遇风暴,致使设备严重受损,几乎没有一件是完好的。3台发电机组,报废了2台;变频电柜涌进一米多深的海水,电路腐蚀严重。

这根本不具备打井条件,队员们士气低落到了极点,这时,李新民站了起来,掷地有声地说:"我李新民可以倒在这儿,但1205队不能倒在这儿。我们不能给铁人丢脸!"

可身处异国他乡,人生地不熟,既缺乏技术人员,也找不到配件,怎么办?

"只能靠我们自己!"李新民坚定地说:"办法总比困难多!"这句话,后来成为李新民在国外的口头禅。

经过不分白天黑夜的抢修,至4月6日,设备基本修复了,只剩下一个最关键的部件没有解决:电机。报废的两台机组无论如何也无法修复了,而余下的一台机组,根本保证不了钻井正常运转。

李新民马上与中国石油苏丹3/7区块前线指挥部联系,得知兄弟井队刚刚换下来一台发电机,"能用,但不敢保证满足需求。"李新民马上安排技术人员测算功率等指标,结论是:能对付用。

但这时新的矛盾又出现了!

苏丹的气候分为旱季与雨季。当时,雨季即将来临,而GW1205队的井位在一片沼泽地里。如果开钻,却不能在如期完钻并撤离出去,就将被困在沼泽地里,影响下一阶段施工。这意味着,每停工一天,GW1205队将损失1.82万美元的日费。甲方监督给出的建议是:一个月内如果完不成这口井,最好放弃,先搬到安全的地方。这口井打还是不打?此时,李新民感到了无比巨大的压力。眼前,浮现出铁人老队长"宁可少活二十年,拼命也要拿下大油田"的英雄气概。

干！但绝不是蛮干！

经过科学论证后，4月13日，GW1205钻井队终于开钻了！每天，早6时开工，晚10时多收工。4月初的苏丹，热得像桑拿房。电气师岳保国开玩笑说，一天喝十七八瓶矿泉水，竟然撒不出一泡尿！"全都通过汗腺排出了。"而当地有种"放屁虫"的侵袭更让人痛苦。只要这种虫子在身上爬过，所到之处就会起水泡，再有防备，手和脖子还是经常受到攻击。就是在这样的环境下，大家却都干劲冲天。仅仅用了17天，GW1205钻井队就成功打出了第一口井。现场的甲方监督称赞："了不起！"

中国石油苏丹项目指挥部的领导评价，这是"有条件要上，没有条件创造条件也要上"的铁人精神"海外版"。

GW1205队一炮打响。总结会上，李新民激动地说："我们的队伍打到哪里，就把铁人精神带到哪里。今天，我们就要让铁人这面旗帜插在国际钻井市场的最前沿，谱写1205钻井队的新辉煌！"

（3）铁人海外"新名片"

铁人挑战的是自然，李新民挑战的是市场。在国际市场竞争，拼的是实力。

2007年11月，GW1205队承担了苏丹3/7区首口定向井施工任务。该区块地层软，易发生井斜、井塌、卡钻和井喷事故。曾在这里施工的其他油田的多支队伍，都打过败仗。

当时，甲方也怀疑GW1205队的施工能力。面对甲方的疑虑、面对超常的挑战，李新民敢于向老外叫板，毅然立下了"军令状"，下决心要"虎口拔牙"。

于是，队里连夜组织骨干开会，研究施工方案。在施工中，甲方监督和现场工程师下达的每一道指令，他们都仔细研究和部署，采取稳妥的技术措施落实到具体操作中，并在实践中总结出了"钻压跟得上、变化常常想、泥沙返出量、性能怎么样、安全摆第一、责任最重要"的"六步"工作法。

11天后，GW1205队在该区块交出了一口优质定向井。甲方监督伸出大拇指说："Good Rig 05. Good DaQing China"。

频频受到甲方的欣赏与尊重，凭借的是一流的技术、过硬的作风、良好的信誉、优质的服务。大庆钻探集团钻井二公司经理裴昱认为，GW1205钻井队进军海外不仅取得辉煌成绩，更为铁人精神注入新的时代内涵。

2008年，PDOC甲方在3/7区推广水平井开发，需要一支队伍打头阵。鉴于GW1205钻井队的出色表现，甲方决定把3/7区块的第一口水平井交给GW1205钻井队施工。

在国内，很少打水平井。这种井难度大，被喻为"在千米地下穿针引线"。美国曾在墨西哥打过一口井深6 000米、水平8 000米的井，创造了世界纪录。

面对世界级难题，李新民没有退缩，他率领GW1205队进行技术攻关，很快就掌握了在国内没有使用过的随钻测井仪等技术，并顺利地交出第一口水平井。

随后，甲方又把第二口水平井施工任务交给 GW1205 队。该井设计斜深 2 005 米，垂深 1 307 米，水平位移 974.39 米。

这样的一个设计结构，施工难度本身就很大，而更难之处在于，在地下水平位移过程中，在多处部位将出现上升或下降的"阶梯"，因此这种井又被称为"阶梯水平井"。

施工中，李新民带领现场人员严格执行各项技术措施，准确控制、及时调整好钻井技术参数，战胜了施工中的种种困难和风险，有效避免和处理了各种井下复杂情况，提前 1 天 16 小时完钻，并实现全井设备修理时间为零的纪录，获得了甲方和长城钻井公司的高度评价。

甲方明确表示，在苏丹 3/7 区块，只要有水平井，GW1205 队优先施工。

在苏丹施工 3 年来，李新民带领 GW1205 钻井队共创破生产纪录 12 项次，获甲方表扬信 6 封，获上级嘉奖 2 次，连续 3 年被长城钻井公司评为模范、先进集体、HSE 先进队，并在 2008 年被甲方授予最高荣誉"钻井杯"。

目前，大庆油田共有 132 支工程服务队伍遍布全球，GW1205 钻井队成为大庆人在海外当之无愧的"新名片"。

由于出色的表现，2010 年 8 月，李新民就任伊拉克鲁迈拉项目部副经理兼哈法亚项目指挥。踏上新征程，他决心将铁人精神继续发扬光大。

3. 铁人队海外现任队长胡志强

20 世纪，钢铁 1205 钻井队诞生了"铁人"王进喜。21 世纪，钢铁 1205 钻井队培养出了大庆新"铁人"李新民。如今，英雄辈出的钢铁 1205 钻井队，又锻造出一块好钢，他就是大庆钻探工程公司钻井二公司钢铁 1205 钻井队第 19 任队长——胡志强。

"像'铁人'那样工作，像'铁人'那样做人"，从和井队结缘的那天起，胡志强就把这句话当做了座右铭。从场地工到钳工，从技术员到副队长，从党支部书记到队长，胡志强在切身实践中，领会和感悟铁人精神的真谛，在铁人精神的熔炉里书写着自己壮丽的青春。

（1）像"铁人"那样学技术

"当钻工，就要当'铁人'式的钻工，像'铁人'那样学好技术"。1994 年，他从大庆石油学院毕业分到了 1597 钻井队实习。先后从事过内外钳工、锅炉工等岗位，无论在哪个岗位，他都虚心地向老师傅学习请教，不会就学、不懂就问、不熟就练。由于他勤快好学，眼中有活儿，没有大学生的架子，大家都喜欢这个新来的小伙子。毕业不到一年，就担任了技术员。从那时起，胡志强对自己的要求就是技术必须精益求精。他学习刻苦是出了名的，在执行技术标准中更是较真儿，丁是丁、卯是卯。一次，在施工一口复杂井过程中，为防井漏，他密切关注钻井液比重，当打到 800 多米，查看比重时，看到流动的钻井液有点异常变化，他感觉不对劲，马上对钻井液进行测量，果然低了 0.2，他让司钻循环吊打的同时，又组织大家进行加重，成功打出了这口复杂井。在他当技术员期间,1597队没发生一起责任事故,连续6年被评为公司一级队,两次荣获局金牌。1997年,在公司技术员比赛中,他获得个人第一名。

从场地工干到技术员,经过8年井队生活的磨砺,胡志强成熟了,同时也让他更坚定了一个信念:要做一名优秀的钻井人,就要像"铁人"一样工作。

2006年,胡志强走上了队长的岗位,接过了铁人队的大旗。任队长,就必须带头学习技术,提升队伍素质。他把队伍的长远发展目标和岗位工作的现实需要作为自己学习的主要内容和方向,每天都抽出时间学习钻井新技术、外语和计算机知识。在施工中遇到的技术难题,都一一记到本子上,把学到的理论知识与实际融会贯通。通过刻苦自学,他的专业英语水平达到了对话的程度,能够熟练地操作计算机,并获取了钻井工程本科学历。

为不断提升队伍素质,他以"青工岗位技校"为依托,积极倡导"以今日之我,战胜昨日之我"的学习理念,创造学习的氛围,激励全员自觉学习技术,在每个班组设立文化技术图书角,建立了《学习训练跟踪手册》,制订了学习技术规划,并带头担任授课教师,指导大家学习前沿钻井技术、涉外承包等知识,并根据每名员工的不同情况,进行职业生涯设计,坚持"一日一题、一周一练、一月一考、一季一赛",按照每星期的学习计划,每天组织下4点班的员工学习钻井技术、英语等有关内容。用"铁人"老队长"识字搬山"的精神,鼓励大家学习技术、迎接挑战、超越自我。现在,比着学、赶着学、不服输、强自我在1205队已蔚然成风,员工个个达到"本岗精、多岗通、全岗能"。

(2)像"铁人"那样当干部

"当干部,就要当'铁人'式的干部,像'铁人'那样,当了干部还是个钻工"。这是胡志强给全队员工的承诺,并处处以"铁人"为榜样,以模范行动践行着自己的诺言。

2003年,胡志强的人生翻开了崭新的一页,他因工作扎实,表现突出,公司任命他担任1205钻井队党支部书记,成为这个英雄集体中的一员。第一次走进1205队,面对一面面鲜红的锦旗和一排排闪光的奖牌,一种强烈的责任感油然而生。他知道,昨日的骄人业绩,是一代代1205人靠拼搏和奉献创造的,明天的历史必将由后人来续写。作为1205队的新兵,必须传承铁人精神,以出色的工作再创佳绩。2006年,胡志强又走上了队长的岗位,他感觉肩上的担子更重了,这是一份更大的责任和使命,这面钢铁旗帜绝不能在自己手中逊色。

大庆油田喇区地下情况特别复杂,易卡、易漏、易喷,被称为五毒俱全的"老虎口"。2008年,1205队承担了该地区的表层定向井施工任务。为了保证工期和质量,胡志强身不离工装,人不离井场,不仅连续3个月实现表层定向井月5开5完的好成绩,而且创下了1205队建队以来同类井型施工的历史最好水平。

2011年夏天,在施工的北2-330-E62井加重前,突然下起了暴雨,运送重晶石粉的车陷进了距井场100多米远的泥水中。当时,没有拖拉机。胡志强当机立断,把石粉扛到井场。那几天正赶上他的关节炎复发,刚打完封闭针的膝关节还隐隐作痛。一袋石粉 50 斤,他一次扛 3 袋。他咬着牙带领大家在泥水里深一脚浅一脚,用了 4 个多小时,硬是把 26 吨石粉全部背进了井场。

都说钻井工人粗犷、豪爽,而胡志强却心细如丝。谁家有个大事小情,他都挂在心上。因为全队员工平均年龄仅有 29 岁,胡志强 36 岁,在队里他算大的,所以,他把每一名钻工都当兄弟来对待,营造家的氛围,让大家处处感觉到家庭般的温暖。

钻工王立辉的母亲长年患病,弟弟又考上了大学,家庭的经济来源全靠他一人支撑。胡志强和党支部书记王志发了解到情况后,号召大家为他捐款,当胡志强把全队员工捐助的 8 300 元钱送到王立辉家时,母亲和弟弟流下了感激的泪水。当时母亲对王立辉说了一句话:"孩子,你跟着这样的干部干工作妈放心,咱可要好好干对得住组织呀!"

(3) 像"铁人"那样抓管理

"当队长,就要像'铁人'那样抓好管理,不断探索创新管理新模式"。胡志强深知创新管理对这支有着光荣传统的钢铁队伍意味着什么。他和班子成员努力探索如何把传统管理与现代管理理念相结合,借鉴学习国内外先进经验,积极与国际接轨,向国际标准看齐。

钻井施工,安全为天。他把构筑安全长效机制、实现人本安全作为管理的目标,借鉴国际安全管理 STOP 卡隐患识别模式,建立了安全隐患识别体系,探索以人为本的安全管理新模式。这一模式叫"四清(岗位责任清、巡查项点清、操作要领清、行为习惯清)、三懂(懂风险识别、懂隐患处置、懂逃生办法)、六到"(操作观察瞭望到、风险识别记录到、剖析根源分析到、灵活预警应急到、措施出台决策到、隐患限期整改到),把人的行为牢牢地锁在安全的范围之内。

论功"行赏",合理分配。利益分配是否合理,是检验管理和调动员工积极性的试金石。为把岗位责任制落实到位,充分调动员工的工作热情,他和班子成员结合实际,在分配管理中,试行和推广了 3P(薪酬、岗位、绩效)管理,重新修订了奖金发放管理办法,推行岗位价值评估机制,按照岗位风险的程度、岗位承担的风险、岗位的责任和创造的效益,科学合理确定奖金系数,采取"岗位价值、岗位落实、岗位安全"与奖金"三挂钩"的方式,对奖金发放进行动态管理。全员士气高昂,2011 年 8 月份,1205 队创出了月进尺 8 908 米、表层丛式定向井 8 开 8 完的油田新纪录,提前 15 天完成这组 10 口定向井施工任务。

启迪心灵,修身立德。这是胡志强抓班组、员工 6S(整理、整顿、清扫、清洁、安全、素养)管理的载体。6S 管理的核心,就是规范每名员工的日常行为,增强工作责任心。为使员工养成事事讲规范的习惯,达到提高整体工作质量的目的,他没有头痛医头脚痛医脚,就管理而管理,而是在管理过程中,把文化融入作为管理的基础,让文化管理贯穿管理的全过程,引导员工注重自身修养。设立了"员工读书日",他带头利用业余时间读书,并结合钻井技术、现场标准化、安全管理等方面的内容,与员工座谈讨论,启发大家培养好习惯。1205 队真正做到了事事讲规范、告别脏乱差、处处达标准、岗岗无隐患,形成了一个把重复的事做好一万次、简单的事做到不简单的管理新格局。

(4)像"铁人"那样尽责任

"当队长,就要像'铁人'那样对油田负责一辈子,把井的质量当作自己的生命"。这是胡志强挂在嘴边的一句话。他常给大家讲"铁人"含泪填井的故事:那是1961年4月19日,大庆会战史上一个极为重要的日子,会战指挥部召开了千人大会,集中解决钻井质量问题。会上,几位领导人被点名批评,"铁人"也受到了严厉的批评。批评后的第二天,"铁人"诚心诚意地做了检讨。"铁人"带领全队,背着水泥,迈着沉重的步子,含着热泪,填掉了一口不合格井。这一天,队史上有记载,"四一九"的深远意义不仅在于前车之鉴,被填掉的这口井成了1205队的活教材,新加入1205队的员工都会去参观这口井,汲取教训。从那一天至今,1205队再没有打过一口不合格井。

2011年6月,1205队承担了采油一厂一组10口定向井施工任务。由于这个区块井网密集,井距只有7米,施工中,既要防止与老井"会面握手(触碰)",还要预防"拥抱(卡钻)"事故的发生。这么大的施工难度,他们还是第一次遇到。那些日子,胡志强的整个身心都拴在井场上,几乎寸步不离井场,谨慎应对各种可能出现的问题。在施工的高232—斜365井,钻至井深150多米时,按照设计要求,此时,要开始进行定向钻进,为更好地控制井斜和方位,胡志强索性盯在钻台上,每打3根钻杆,就测一次斜,随时跟踪井眼轨迹的走向,防止出轨跑偏。经过两天的钻进,十几次测斜,井眼轨迹始终没有偏离方向,顺利地进入了油层靶圈。

2012年3月8日,1205队在采油一厂打一组13口井的丛式定向井,这组井难度更大,井与井之间距离小到5米。由于井组位于油田老区,地下管网密集,井眼轨迹空间交叉多,钻头在半径不足25米的靶柱内穿行,且新老井防碰的问题突出。面对这些技术难题,胡志强鼓励大家:检验我们实力的时刻到了。

为确保钻头在千米地下按照设计轨迹穿行,胡志强和技术员时刻监测井斜方位、分析预测两井间的空间位置,及时调整技术参数。施工的高234—X34井钻至定向段后,为准确控制井斜和方位,采取每打3、4根钻杆就测一次斜,紧密跟踪井眼轨迹的走向。当钻进至410米时,二班司钻邓守庆在操作中感觉钻头跟进略感迟缓,胡志强经过检查发现井下返砂不畅,立即采取了划眼勤冲措施,保证了井眼畅通、防止了井下复杂情况的发生。全井经过10多次跟踪测斜,井眼轨迹始终没有偏离方向。而且,口口井"一枪"打中靶心。胡志强带领大家仅用52天时间,就成功打出13口定向井,创出了"1205"速度。

(5)像"铁人"那样多打井

"当队长,就要像'铁人'那样严细认真、落实责任,多打安全井、高效井、优质井"。这是胡志强定格在心中和行动中永远不变的责任。

钻井施工的每一个环节,都涉及安全。胡志强在组织生产中,始终把安全放在首位,坚持员工培训不达到基本要求不准上岗、现场管理不达标不准施工、重大隐患不排除不准生产、设备、设施保障不了安全不准使用的"四不"原则。在施工西622—斜314井时,完井后起钻时,井架二层平台上的一把扳手没有系牢,落下砸在了钻台的台板上,留下一个刺眼的白点儿。胡志强抓住这个小细节,用红油漆把白点涂红,扳手悬挂在了值班房,警示员工引以为戒,并将系牢扳手作为一项制度定了下来。至今,"一把扳手砸出的新规章"让大家记忆犹新。

钻井作为高危行业,执行岗位责任制来不得半点含糊。2000年以来,1205队先后更换了3、4次钻机,由于钻机型号不一样,每使用一套新型钻机,胡志强都和大家认真在生产实践中总结经验,及时调整制定完善岗位责任制,对每个岗位都细化责任,形成制度,落实到人头。2012年2月,胡志强按照公司岗位责任制大检查的要求,在进行自检的同时,以"传统丢没丢、作风变没变、责任到没到、标准降没降"为主题,专门邀请第18任队长、大庆新"铁人"、现任钻探工程公司伊拉克哈法亚项目指挥的李新民回"家",按照国际标准给自己挑"毛病"。使员工受益匪浅。如今,"提速先提安全,提速先清风险"已成为员工的共识。截至到2012年6月份,1205队已累计钻井2018口,进尺252万多米,相当于钻透280座珠穆朗玛峰,保持了30年安全生产无事故的纪录。

(6)像"铁人"那样以队为家

"当干部,就要像'铁人'那样奉献在前,以队为家",这是胡志强当了队长后给自己立下的头条规矩。钻井行业的工作性质有其特殊性,钻井队长的工作岗位又有着特殊中的特殊性,家庭和事业的矛盾和冲突几乎成了家常便饭。以队为家,就注定要割舍亲情。每当必须做出选择时,胡志强总是选择事业。只有回到井队,心里才踏实,10年的钻井生涯,他与井队结下了不解之缘。

2003年6月的一天,正在钻台上指挥生产的他,突然感到钻心地剧痛,回过神来时,已是满脸血肉模糊,原来是万向轴上拧断的螺丝飞出打在了他的脸上。被队友们背下钻台的胡志强下颌开放性骨折,4颗门牙被齐齐地削掉了。本应该住院治疗的他,不顾医生和队友们的劝说,在医生处理完伤情后,就执意要回到井队,回到了井场上。

胡志强是个孝子,血性阳刚的性格里还有着细腻的一面。这些年来,胡志强始终摸爬滚打在钻井一线,无论对家庭还是对亲人,都很少关心和照顾。在1205队工作的几年里,他从未回过老家。

2006年,胡志强为了了却对父母的思念和牵挂,他把年迈的父母从老家接到大庆自己家里,心里想着更好地尽尽孝心。可是那个时段,1205钻井队正在大庆萨北打井,参加全局钻井生产劳动竞赛,胡志强觉得自己带的是"铁人"队,必须打出速度打出水平。开钻后,他又是连续好几天在井上忙碌。父母来半个多月了,他这个做儿子的都没能在家陪父母吃上一顿团圆饭。

员工们给胡志强算了一笔账,自从当上1205队的队长后,他每年总有280多天守在井上,有3 000多个小时跟班作业。在他家的墙上,挂着一个特殊的日历,那是天真的女儿为他特制的"考勤簿",他回家一次就画一个钩儿,不回家就画一个圈,可那上面画的几乎都是圈。家里的事,他总是缺席,但井队的事情,他总是知道什么时候该干什么。几乎井队每个人家里什么情况他都一清二楚。他为自己制定了"八必访"制度:员工家庭出现矛盾、闹情绪、生活有困难、有病住院、亲属去世、家中遭遇意外、结婚、家属生小孩,他都到家里去访查,探望,并针对困难尽全力解决。在1205队还建立了家属亲情网络,员工之间的感情如同亲兄弟,员工家属之间也处成了好姐妹。

2007年9月,正是打井的大好时节。1205队接到了6口井组的施工任务。井组开工后,他一连20多天没有回家。恰在这个节骨眼上,父亲脑血栓复发,病情非常危险。一时脱离不开的他只好电话告知远在老家的哥哥姐姐速来大庆,照顾住院的父亲,自己则一心守在井上,几乎寸步不离井场。在父亲住院的14天里,他往医院跑过两次,每次都只是短暂地陪伴在神志还不清醒的父亲身边一会,就又匆匆地赶回井上。2008年,就在父亲弥留之际,胡志强也没能赶回来,这对于这个孝子来说,留下的是终身的遗憾。

这就是胡志强,一个铁人精神的传承者,一个钢铁队伍的带头人,他用自己的实际行动践行着大庆精神、铁人精神。几分耕耘几分收获,胡志强带领1205队先后荣获中国石油天然气集团公司基层"百面红旗"单位、全国青年文明号、全国青年文明号"十年成就奖"等多项荣誉。他也先后被评为"黑龙江省劳动模范""中央企业青年成长成才身边的榜样""全国劳动模范"。2011年和2012年又先后荣获"中央企业青年五四奖章"和第十六届"中国青年五四奖章"。

2012年6月3日,当我们再次走进1205队的"四合院"采访胡志强,他留给我们一段"中国青年五四奖章"的获奖感言:

"我的成长之路是幸运的,我成长在大庆油田这片沃土上,企业为我搭建起了事业发展的平台,我的每一点进步都离不开组织的悉心指导、鼓励关爱,离不开队友的大力支持、戮力同心。我所取得的荣誉是属于我们1205队的,是属于我们油田的,更是属于我们中国石油天然气集团公司百万员工的。我始终坚信,只要努力践行大庆精神、铁人精神,脚踏实地,开拓奋进,就一定能留下青春闪光的足迹,为迈向国际一流企业做出更大的贡献。"这是一份真正石油人的情怀,更是钢铁1205队留给未来的承诺。

三、大庆精神的时代价值

伟大的创业实践产生伟大的创业精神,伟大的创业实践需要伟大的创业精神。大庆精神正是在伟大实践中产生的伟大精神。大庆精神是以爱国主义为核心的民族精神和以改革创新为核心的时代精神的重要组成部分，是社会主义核心价值体系和社会主义核心价值观的重要体现，是推动改革开放和社会主义现代化建设的强大精神动力，是学习和践行习近平新时代中国特色社会主义思想的内在要求。中国改革开放40年来取得了举世瞩目的成绩，当前举国上下正在以极大的创业热情实现中国共产党"两个百年"的奋斗目标，全面建成小康社会，实现中华民族伟大复兴的中国梦。而此时，中国的改革开放也进入了攻坚阶段。摆脱困境，迎难而上，进一步保增长促发展，实现既定目标是全党全国各族人民的期望。所以，新的历史时期学习和弘扬大庆精神具有特殊价值。学习和弘扬大庆精神可以凝聚全社会力量，推动经济社会健康发展；可以激发全社会创造活力，深化改革扩大开放；可以弘扬和践行社会主义核心价值观，提高人们综合素质和社会文明程度。

大庆精神是大庆人的精神支柱，是大庆人的精神家园。大庆精神蕴涵着马克思主义崇高信仰和坚定的社会主义、共产主义理想。但精神的价值总是通过人的实践来实现的。大庆精神的价值是帮助人成长的价值，市场经济条件下我们更需要大庆精神帮助我们在"精神上"成长。大庆精神是我们"精神旅途中的灯火"。市场经济是我们这个民族必须要走的路，这条路由于不熟悉，由于要摸索，所以我们更需要大庆精神的"灯火"。

作为富有内在生命活力的文化存在的大庆精神必然具有多方面的价值表现。大庆精神的多方面的价值表现是大庆精神文化活力的外在的"张扬"，外在的发挥。大庆精神的价值表现，主要有以下四个方面：

（一）大庆精神的凝聚向心价值

大庆精神的凝聚向心价值是大庆精神的时代价值的一个重要内容，它是指大庆精神在社会凝聚中作用的意义表现。社会凝聚是指人们在相同或相近的文化传统、精神信仰、理想信念、价值观念、生活方式、民族习俗和一致性的国家认同感基础上，经过不断更新整合形成的，具有相互吸引、团结、亲和、融合、凝结、聚合特征的，反映人与人关系紧密程度的一种综合的社会关系表现形态。

大庆精神凝聚向心价值具有生成的科学性和存在的广泛性的特点。大庆精神的凝聚向心价值的产生，从一开始就带有鲜明的科学性的特点。这个价值本身的产生过程，就是马克思主义、毛泽东思想、邓小平理论不断武装、教育、塑造大庆人的过程。科学理论是最能说服人的理论，因此也是最能统一人们思想灵魂的理论。靠"两论"起家的大庆人，特别注意学习马克思主义哲学，在改造客观世界的过程中，自觉地改造自己的主观世界。大庆精神凝聚向心价值产生的过程，就是人们的共同理想、信念、价值追求、人格确认、审美情趣等不断地摸索、规范、统一的过程，同时也是一种人们心理上归属感、亲和感不断得到满足，不断得到强化的过程。大庆精神凝聚向心价值存在的广泛持久性指的是它在社会群体中的长期的普遍渗透。

大庆精神之所以能产生广泛而持久的凝聚向心力，在于大庆精神具有价值追求上的理性自觉、具有情感寄托上的诚实厚重、具有审美风格上的壮美崇高。大庆精神所蕴涵的价值追求上的理性自觉特征是十分明显的。大庆人在积极的价值追求和价值创造中表现出符合时代要求，符合人民和国家利益要求的科学的价值立场、价值态度、价值判断等方面的正确理解。铁人王进喜的"宁可少活二十年，拼命也要拿下大油田"的豪言壮语，是大庆人价值立场的鲜明概括。大庆人的价值立场就是人民和国家的利益高于一切的立场。大庆人的价值态度就是坚定、真诚而坦白地追求人民利益，实现人民利益的价值态度。在大庆人诚实厚重的爱国主义的情感中，有着深沉的理性积淀，蕴涵着大庆人高尚美好道德人格的积极认同，达到了国家利益与时代责任所要求的高度人格自觉。大庆人也正是在这种厚实的情感寄托中长久地迸发出对事业献身的火热激情。大庆人也正是在对共同事业的献身激情中找到人与人之间的最紧密的亲和、最高度的信任。大庆人的实践是壮美崇高的实践，大庆人的精神是壮美崇高的精神。大庆人的理想信念就是社会主义、共产主义的理想信念，是在特别困难的时候、特别困难的地方、特别困难的条件下磨砺出来，愈发坚定、百折不挠的理想信念。大庆人的价值创造是符合社会文明发展要求的主动积极的价值创造。正是在这种共同的积极价值创造中，大庆人才创造出最普遍持久亲和的新型平等的人际关系。

大庆精神的凝聚向心价值体现在这种紧密的人际关系中。大庆精神凝聚向心价值十分鲜明地体现在社会人际关系中的相互吸引的力量、紧密团结的力量，其中一个重要的原因，在于它具有明确的理想追求。大庆人的理想是博大的，因为这个理想紧紧和国家民族的命运联系在一起。大庆人的理想充满创业的激情，表现着一个伟大民族刚直宏大、蓬勃向上的精神状态和不怕挫折、刚毅不屈的优秀精神品格。

（二）大庆精神的感召激励价值

大庆精神的感召激励价值是大庆精神对人的感动召唤、激发鼓励作用的意义表现，它是大庆精神时代价值的重要组成部分。大庆精神的感召激励价值是大庆人群体共同创造的一种精神价值。它的存在载体是一个优秀的社会群体。但是它的价值形成却是由个体首先创造，然后再被群体接受、认可并推广，进而弘扬而逐步形成的。感召激励价值是大庆精神最为外在的价值。人们一接触到大庆精神首先就感觉。到它给人一种向上振奋鼓舞的力量。任何一种精神价值的存在都不同于物质价值的存在那样直观。大庆精神的感召激励价值同样作为一种精神价值存在具有非直观性，但它的存在又是十分明确可以感知的。它的内容是十分全面和丰富的。主要体现在以下几个方面。第一，召唤人、鼓舞人，给人以百折不回、勇往直前的执著信念。"有条件要上，没有条件创造条件也要上。"第二，激励人、鞭策人，给人以火热旺盛、必夺斗争胜利的工作热情。"石油工人一声吼,地球也要抖三抖。石油工人干劲大,天大的困难也不怕。"第三,感染人、鼓动人,给人展示一种蓬勃向上、永不倦怠的精神状态。会战时期的五面红旗之一的马德仁曾说得非常形象精彩:"老铁人常讲,'井无压力不出油,人无压力轻飘飘。'老铁人就是我们的压力,就是我们的动力。他带头一冲,就是给大伙加压。他创一个新纪录,我们就有一个新目标。"第四,感动人、激发人,给人以蔑视困难、勇于克服困难、乐观豁达的精神。"北风当电扇,大雪是炒面。山南海北来会战,誓夺头号大油田。干!干!干!"

后来人们总结这一段历史时认为:20世纪60年代大庆石油大会战有两个形势逼人。一个是困难时期,国际国内形势严峻逼人,你落后别人就欺侮你,瞧不起你,做人抬不起头来,国家没尊严。逼得你只能进不能退。二是铁人王进喜带头干、带头冲的劲头逼人,你不冲就落后,就要当狗熊,人不能当狗熊。这种质朴的语言全面阐发了大庆精神丰富的感召激励价值,更进一步彰显了大庆精神是一个能够把人的潜力、人的激情、人的信念、人的力量激发起来、激励起来的一种精神。

(三)大庆精神的规范导向价值

大庆精神的规范导向价值主要是指大庆精神对人的信仰的确立、人格的形成、价值取向的确定等方面发生规范引导作用的意义表现。大庆精神的规范导向价值在其实现上有两个最鲜明的特点。首先,精神价值的价值实现与物质财富创造的统一。大庆人特别注意精神价值的价值实现与物质财富创造的统一。在大庆人艰苦的生产实践中,大庆精神对人的规范导向与对生产的规范导向是同时实现的。大庆思想政治工作有一条基本经验——"抓生产从思想入手,抓思想从生产出发",充分体现了两个规范导向价值的共时性统一。

抓生产从思想入手就是坚持思想领先,抓生产首先要抓人的思想政治教育,注重解决生产过程中遇到的各种思想问题,把思想工作做到前头。抓思想从生产出发,就是思想政治工作必须围绕经济建设这个中心进行,根据经济工作实际,确定思想政治工作任务,把思想政治工作贯穿于生产建设的全过程,保证生产建设任务的完成和经济效益的提高。这样就为精神价值的实现与物质财富创造的统一提供了保证。其次,精神价值的实现与精神价值创造的统一。

精神价值的实现主要是两个方面:一方面是精神价值转化为巨大的物质财富,另一方面是在精神的哺育下提升人的精神境界,完善人格。精神价值创造是指能够促进社会和人类文明进步全面发展的精神内容的创造。大庆精神的规范导向价值在其实现过程中充分地表现出精神价值实现与精神价值创造的统一。大庆精神通过规范引导人,提升人的精神境界,培养人的优良的工作作风、严谨认真求实的工作态度,对理想对事业的火热激情等,体现精神价值在人的进步和完善中的实现,同时也正是这些实现了精神价值的人,在生产实践中时时在更新精神的价值,创造出新的精神价值。

(四)大庆精神的教育塑造价值

大庆精神的教育塑造价值主要是指大庆精神在人的价值观念、思想方法以及工作作风等方面发生教育塑造作用的意义表现。科学地认识大庆精神的教育塑造价值,对于用大庆精神教育人培养人有着重要意义。大庆精神对人的教育塑造具有根本性特点。这种对人的根本性的教育塑造,表现在是对人行为型式、情感寄托、价值根基上的教育塑造。

这些方面的教育塑造是一种深刻的精神转变,这种深刻的精神转变是用大庆精神所蕴含的高尚的道德规范和科学的价值观念的引导和塑造,渐滋浸渍,潜移默化,最终使人习与性成,即人的理智、情感、意志都以"善"的价值为目标和指向,从而被塑造成一种深厚的,有着与社会责任、民族命运相通的旷达胸襟的精神品格。大庆精神对人的潜移默化的熏陶,是对人科学的价值理解过程中的情感归化,是一种精神家园的依归。

大庆精神对人的教育塑造是一种全面性的塑造,既是价值观念的塑造,又是行为形式的塑造;既是思想品德的塑造,又是精神状态的塑造;既是工作作风的塑造,又是思想方法的塑造;既是情感依托的塑造,又是精神家园依归的塑造。大庆精神从本质上促进一个人整体精神的内在生长,帮助一个人成为自己。大庆精神扩展了人们自己的精神空间,消解私利计较造成的狭隘、人与人之间的对立和分隔。大庆精神的教育塑造方式中充满了主体的道德自觉,同时有着浓厚的生命本体意识和自然情感基础。

大庆精神是让我们燃烧起来的精神,它总是激励我们跟上时代朝前走;大庆精神更具有时代价值,有着深邃的哲学智慧,它在清楚地告诉我们,人怎样生活才能实现自己的人生价值。大庆精神是我们永远要珍惜的精神财富,也是我们需要经常温习的一本人生教科书。

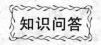

问:大庆精神的时代价值?
答:1.大庆精神的凝聚向心价值
2.大庆精神的感召激励价值
3.大庆精神的规范导向价值
4.大庆精神的教育塑造价值

(五)大庆精神是中国共产党的伟大精神

人是要有一点精神的,人无精神不立。党也是要有一点精神的,党无精神不强。在 97 年的奋斗历程中,我们党培育形成了一系列彰显政党性质、反映民族精神、体现时代要求、凝聚各方力量的伟大精神。井冈山精神、长征精神、延安精神、大庆精神、"两弹一星"精神、雷锋精神、改革开放精神,这些伟大精神,对于推动党所领导的革命、建设和改革事业发挥了无可替代的重要作用。

中国共产党成立97年来,在领导人民进行革命、建设、改革的过程中培育形成了一系列伟大精神。其中,形成于20世纪60年代大庆石油会战中的大庆精神,集中体现了新中国工人阶级的优良精神风貌,具有鲜明的时代特色,堪称民族之魂、国之瑰宝。

2009年习近平出席大庆油田发现50周年庆祝大会并作重要讲话。指出:在大庆油田开发建设的艰苦环境和激情岁月里形成的以爱国、创业、求实、奉献为主要内涵的大庆精神、铁人精神,集中体现了我国工人阶级的崇高品质和精神风貌,永远是激励中国人民不畏艰难、勇往直前的宝贵精神财富。各级党组织要结合新的实际与时俱进地大力弘扬大庆精神、铁人精神,使之在全面建设小康社会的进程中持久地发挥思想保证和精神动力作用。

1. 大庆精神来源于中国共产党人的理论和革命精神

在五千多年的发展中,中华民族形成了以爱国主义为核心的团结统一、爱好和平、勤劳勇敢、自强不息的伟大民族精神。中国共产党人是中华民族精神的自觉继承者、最好践行者和大力弘扬者。正是由于共产党对中华民族精神的传承,大庆精神在中华民族优秀传统文化的根基之上产生和发展了起来。大庆精神同中国人民世代传承的艰苦奋斗、自强不息、开拓进取、坚忍不拔、不屈不挠的精神是一脉相传的。

中国共产党不但一向重视对中华民族精神的传承,而且始终坚持以马克思主义为指导,不断推进马克思主义中国化。大庆精神的产生,就是学习以《实践论》、《矛盾论》为代表的马克思主义中国化理论成果的产物。1960年4月10日,石油工业部机关党委做出了《关于学习毛泽东同志所著,<实践论>和<矛盾论>的决定》,将其作为大庆石油大会战的第一号文件,旗帜鲜明地将"两论"作为指导油田开发建设的思想武器和理论指南。这一决定在极端困难的条件下迅速统一了广大干部职工的思想和行动。由于坚信实践检验一切,大庆人不迷信书本,不迷信权威,不迷信洋人,思想一直都比较解放。这是大庆油田能够不断地实现科研技术创新、生产生活创新、经营管理创新的重要原因之一,也是大庆精神能够与时俱进、自身不断发展创新的原因。大庆精神不但坚持"两论起家",而且提倡"三老四严"(当老实人,说老实话,办老实事;严格的要求,严密的组织,严肃的态度,严明的纪律)、讲求"四个一样"、注重"以实践求真知",实质上就是一直在坚持实事求是,坚持科学发展,这一切都来自中国共产党马克思主义中国化的理论成果。

问:什么是"三老四严"?

答：当老实人，说老实话，办老实事；严格的要求，严密的组织，严肃的态度，严明的纪律。

中国共产党始终致力于实现好、维护好、发展好最广大人民的根本利益，这是大庆精神得以形成的价值观基础。大庆精神讲求艰苦奋斗、无私奉献的同时又始终把人作为工作的出发点，始终把人民利益放在首位。这主要体现在秉承"企业以人为本，人以企业为家"的理念，切实做到以人为本，着力促进人的全面发展，把人本理念贯穿于生产生活的各个环节。大庆精神强调无私奉献，坚持以人为本，这是党的价值取向的具体体现。

在革命年代，无数共产党人用生命和鲜血铸就了井冈山精神、长征精神、延安精神，为中国革命在困境中峰回路转、呈现蓬勃生机提供了强大精神动力。大庆精神是对战争年代这些革命精神的继承和发展，这些革命精神是大庆精神形成的思想源泉。

在长期的奋斗历程中，党高度重视思想建设、组织建设、作风建设、反腐倡廉建设、制度建设，这些建设促进了大庆精神的形成。大庆石油大会战之初，当时的会战工委就视思想政治工作为"法宝"和"生命线"。后来还把"以党支部建设为核心的基层建设"作为"三基"工作之首，始终将自身建设摆在重要位置，通过加强自身建设坚持党的性质和宗旨、弘扬党的优良传统和作风，这为培育形成伟大的大庆精神提供了重要保障。

2. 大庆精神是对中国共产党人高尚情操和优秀品格的生动诠释

大庆精神是中国共产党应对困难和挑战的成功范例。我国是世界上最早发现和利用石油的国家之一，但是在1949年前，我国石油工业基础极其薄弱。由于石油紧缺，新中国各项建设事业举步维艰，就连军队的训练和执勤飞机都不能正常运行。时任"三军统帅"的朱德说："没有石油，飞机、坦克不如一根打狗棍。"西方的帝国主义势力又对我们进行石油禁运，到处卡脖子，苏联也在此时单方撕毁合同，撤走了全部专家，对我们进行技术封锁。但中国石油地质工作者奋发图强，应用独辟蹊径开创的陆相生油理论，在松辽平原找到了大庆这个世界级的大油田。1960年3月，东北大地地冻天寒，来自全国各地的3万余名部队转业官兵、数千名石油系统科技专家和钻探精英集结到松辽平原，在极端困难的条件下展开了一场气壮山河的石油大会战。

以王进喜为代表的共产党员毅然喊出了"有条件要上，没有条件创造条件也要上""宁肯少活二十年，拼命也要拿下大油田""石油工人一声吼，地球也要抖三抖"的豪迈口号。在这种豪迈气概的鼓舞下，大庆人硬是团结一致，鼓足干劲、知难而上，苦干硬干，千方百计打上去、唷下来。仅用3年时间，就"拿下"了面积达860多平方公里的特大油田。1963年12月3日，《第二届全国人民代表大会第四次会议新闻公报》宣告：中国石油基本实现自给。

中国共产党领导了大庆的开发建设，大庆开发建设史上涌现的先进人物和卓越管理者绝大部分是共产党员。可以说，共产党人在大庆油田开发建设的伟大历史实践中发挥了中流砥柱的作用。共产党人以他们的党性修养和崇高风范生成了大庆集体文化中具有鲜活生命力的文化基因。大庆精神展现了中国共产党人的豪迈气概,是对中国共产党人高尚情操和优秀品格的生动诠释。大庆精神孕育于党领导的社会主义建设的伟大实践,是对伟大实践中体现出来的这种豪迈气概和精神风貌的高度概括和精心凝练。

3.大庆精神从根本上体现着中国共产党的性质和宗旨

在1981年的《关于工业学大庆问题的报告》中把大庆精神概括为:"发愤图强,自力更生,以实际行动为中国人民争气的爱国主义精神和民族自豪感;无所畏惧,勇挑重担,靠自己的双手创业的革命精神;一丝不苟,认真负责,讲究科学,'三老四严',脚踏实地地做好本职工作的求实精神;胸怀全局,忘我劳动,为国家分担困难,不计较个人得失的献身精神。"

1990年,江泽民在此基础上把大庆精神进一步概括为"爱国、创业、求实、奉献"八个字,将其解释为"为国争光、为民族争气的爱国主义精神;独立自主、自力更生的艰苦创业精神;'三讲究科学、老四严'的求实精神;胸怀全局、为国分忧的奉献精神。"

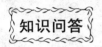
知识问答

问:大庆精神的具体表述?
答:爱国、创业、求实、奉献

大庆人在过去的几十年中以"爱国、创业、求实、奉献"为精神动力,艰苦创业,就是为了实现民族振兴、国家富强,为了人民能过上幸福美满的生活。大庆石油工人有着"我为祖国献石油"的强烈责任感和自豪感。杰出代表王进喜说:"我这一辈子,就是为国家办好一件事,快快发展我国的石油工业。""现在我们流点汗,吃点苦,为的是快快把我们国家建设得更强大,只要国家有了油,再苦再累也高兴。"王进喜发自肺腑的每一句话都充溢着为国分忧、为国解难、为民族争气的主人翁责任感。大庆艰苦创业的"六个传家宝"是历史的经典传奇,成为鼓励和激发中国人民和中华民族战胜困难不惧艰险的动力之源。踏踏实实做人,老老实实做事,这是大庆精神另一个深层次的内涵,它告诉人们轰轰烈烈的行为是在讲科学和求真务实的行为准则下开展的,党的奋斗目标在正确的方向和科学的方法下才能实现。大庆人创造的"奉献"精神,是大庆人奉献给国人、奉献给时代最宝贵的精神财富,也是大庆人人格魅力、人文精神的象征。要实现党的奋斗目标需要全心全意为人民服务的奉献精神。

中国共产党是中国工人阶级的先锋队,同时是中国人民和中华民族的先锋队,全心全意为人民服务是党的根本宗旨。这一性质和宗旨决定了党以民族振兴、国家富强、人民幸福为奋斗目标。大庆精神贯穿了党对民族振兴、国家富强、人民幸福的不懈追求,体现着中国共产党的性质和宗旨。正因为如此,大庆精神才能够超越企业和城市界域,拥有强大的生命力。

半个多世纪以来,以"爱国、创业、求实、奉献"为主要内涵的大庆精神始终与时代发展同步,历久弥新、放射光芒,激励着全国人民不畏艰难、勇往直前,积极投身社会主义建设和改革开放的伟大实践,创造了举世瞩目的发展成就。新时代,全面建成小康社会、发展中国特色社会主义,需要我们继续大力弘扬大庆精神,用大庆精神来鼓舞士气、凝聚人心、激发力量,不忘初心,牢记使命,高举中国特色社会主义伟大旗帜,决胜全面建成小康社会,夺取新时代中国特色社会主义伟大胜利,为实现中华民族伟大复兴的中国梦不懈奋斗。

本章思考

1. 建国后60多年,中国社会的发展给予我们哪些启示?
2. 总结社会主义事业发展的辉煌成就,有哪些经验和心得?
3. 大庆精神育人铁人榜样铸魂,如何做铁人式的大学生?

思考题

1. 中国几十年社会主义建设正反两方面的经验,揭示了什么道理?
2. 根据马克思主义基本原理辩证分析中国60多年的历史发展过程?
3. 大庆精神铁人精神的科学内涵和现实意义?

第七章
Chapter 7

飞速发展的中国航空航天事业

要点提示

- 世界航天发展历程
- 中国航天事业的起步与发展
- 中国迈向航天大国
- 中国大飞机发展的瓶颈因素

开篇阅读

升空飞行是人类最古老、最美好的愿望之一。千百年来,中国及其他国家和地区流传着许多有关飞行的美妙神话和传说,而家喻户晓、一直为人津津乐道的嫦娥奔月就是其中之一。由于科学技术长期落后,飞行的探索直到近代一直处于盲目的冒险和无尽的幻想阶段。在人们认识到简单模仿鸟类的扑翼飞行方式并不能使人升空之时,在近乎偶然的情况下,人们开始转向轻于空气的航空器的研究。1783年,载人热气球和氢气球相继研制并试验成功,标志着人类在征服天空的漫长历程中迈出了历史性的伟大一步,实现了古老的升空飞行理想。

19世纪第二次工业革命出现了新型动力装置——内燃机。与此同时,流体力学和空气动力学的理论、试验研究也取得初步进展。这两方面的发展为飞机的诞生奠定了重要的技术基础。19世纪后期,欧美许多航空先驱者的探索研究取得了一定的进展。综合前人的探索工作并依据自己的研制成果,美国的莱特兄弟试飞成功历史上第一架有动力、载人、可操纵的飞机,开创了现代航空新纪元。

20世纪头十几年,航空技术初步达到使用化,飞机逐步走向成熟期。美国、苏联、英国、法国相继组建了相关技术的专门研究机构。从此,飞机的研制和试验从个人盲目实践行为变成有科学技术指导和严密组织的工业门类。航空的发展走上了真正科学的道路。

中国是一个底子薄、人口多、工业基础差的发展中国家,因而在中国航天事业发展的不同年代,始终根据国家经济基础和技术能力,选择有限目标,采取循序渐进、逐步发展和壮大的策略。中国首先发展了进入空间的能力,随后发展了空间应用的能力,在国家经济实力壮大之后,开始发展载人航天的能力。现在中国正在发展深空探测的能力。经过几十年的发展,逐步形成了比较完善的航天工业基础能力和配套能力。实践证明,中国走的道路是一条符合国情的正确之路。

航天科技的发展给国家安全、科技进步、经济发展、环境监测、资源保护、减灾救灾等军、民、商诸多领域均带来了日新月异的变化。21世纪,越来越多的国家认识到航天科技发展的重要性,掀起了新一轮航天科技竞争热潮。中国航天科技工业已取得一定成绩,但与世界一流航天国家还有相当差距。跟踪研究国外航天科技发展、把握世界航天科技发展的竞争态势,对中国着眼跨越式发展、尽快赶超世界航天先进水平、统筹谋划中国航天未来发展战略具有重要的现实参考意义。

第一节 世界航天发展历程

一、人类的飞天传说

人类对宇宙和太空的认识,自古就充满了神奇色彩。当古人们目睹美丽的蓝天,面对奇异的星空时,他们创作出了许多极富想象力的神话与传说。这些神话与传说,不仅丰富了人类的社会文化生活,同时也孕育了后来的航空航天科学及实践。

(一) 中国古代的飞天传说

中国是世界文明古国之一,所创造的神话传说极为丰富,并且生动感人。它们有的是口头流传,有的记录在典籍中,有的反映在文学艺术作品中。

1.《山海经》中的"人鸟一体"

在根据民间传说编著的《山海经》中,有不少"人鸟一体"的怪异插图,如羽民国(羽民国在东南方,国民长着一颗像鸟一样长长的头,身上长满了羽毛)、人面鹗等。这些带有浓厚神秘色彩的怪异图,表达了古人想借飞鸟来实现飞行的愿望。

其中,最为人所津津乐道的是书中一幅名为《敦湖》的插图。据推测,它可能是古人通过对人、兽、鸟三者的比较认识到:人的头脑比飞禽走兽发达;而野兽的力气比人、鸟都大;飞行离不开翅膀,因而创造出人面、兽身、鸟翼三者合一的《敦湖图》。

飞行器的基本要素:控制、动力和翼。人面代表高等智慧,相当于飞行器操纵、控制系统;兽身表示力大无穷,相当于飞行器的发动机;鸟翼象征展翅高飞,相当于飞行器的翼。可以说"敦煌"是古人向往飞行,对人、兽、鸟三者的"部件"重新进行组合的最佳方案。

2. 嫦娥奔月

《嫦娥奔月》是在中国流传最广的神话故事之一。它说的是后羿从西天王母娘娘那里求得"不死之药",想着夫妻分吃,如此可以长生不老。谁知后羿的妻子嫦娥竟然偷着一人吃了,结果她不由自主地飞上天空,一直升到月宫里。

这不仅是航空神话,也是航天神话。这说明古代的中国人,不仅有航空的理想,甚至还有登上月球、征服宇宙的愿望。

3. 屈原的飞龙车

中国战国时期的伟大诗人屈原(约公元前340～公元前278)在《离骚》中便曾想象自己驾着由飞龙拉着的车,在天上飞行。朵朵云彩就像一面面旗帜,在他车旁迎风飘扬;而凤凰一边唱着歌,一边随他在空中飞翔。他飞过巍峨的昆仑山,飞过一望无际的流沙河,最后到达天边的西海。

4. **飞天伎乐**

中国甘肃敦煌壁画中的飞天,其职能是侍奉佛陀和天帝释,因能歌善舞,周身还散发着香气,所以又叫香音神或飞天伎乐。按佛经的描述,飞天的形象似人非人,头上长角,并不美。但经过艺术家之手,却成了形貌俊美的天男天女。这些生动活泼,千姿百态的飞天,身披天衣,环绕彩带,飞腾之状犹如游龙翔凤,彩云飘扬。这是人们向往飞行的又一种表现形式。

5. **汤王的回赠**

传说,成汤时期,西方有个奇肱国。奇肱国的人都是独臂,但心灵手巧,会猎取飞禽,还会制造飞车。人乘坐飞车可以快速飞到很远的地方去。

有一次刮西风,把奇肱国的人和飞车刮到了汤的国都豫州。汤王把独臂人和飞车的到来视为不祥之兆,于是把飞车给毁了。过后,汤王觉得失礼,遂令工匠复制奇肱飞车。过了10年,有一次刮东风,又把奇肱国人和飞车刮了回去。

(二)古希腊的飞天传说——自做翅膀飞行的代达罗斯

古希腊的神话中,建筑师代达罗斯和他的儿子伊卡洛斯为逃脱诺斯国王的囚禁,返回自己的故乡雅典,用蜡和羽毛为自己制造了翅膀,飞逃了出来,他们升空翱翔越飞越远。后来,儿子不听父亲的忠告,靠近了炽热的太阳,结果粘住羽毛的蜡熔化,羽翅燃烧,伊卡洛斯失去了翅膀,坠入大海,而代达罗斯却扇动翅膀成功地飞越爱琴海到达了目的地。

153

二、世界各国争先恐后进太空

（一）"先人一步"的苏联与负重前行的俄罗斯

1. "先人一步"的苏联

20世纪40年代中期，苏联和美国都相继提出研制人造卫星计划。由于美国政府沉浸在经济的高速增长中，认为有了原子弹和先进的飞机就足够了，所以，没有大力支持人造卫星计划，而苏联的研制工作却在政府的支持下秘密进行。因为苏联政府十分清楚，先于美国把卫星送入太空有极大意义，这将使苏联的国际威望得到空前的提高。

为了抢在美国之前发射卫星，苏联决定将原来准备的卫星推迟发射，而改为发射简易卫星。1957年10月4日，"卫星"号运载火箭托着世界上第一颗人造地球卫星向太空飞去，不久便遨游在茫茫天宇之中。几个小时后，苏联的新闻媒体便公布了震惊全球的消息：从苏联领土上成功地发射了世界上第一颗人造地球卫星。随后，人们听到了这颗命名为"卫星1号"的卫星在太空中发出的无线电波。一个月后，苏联又发出爆炸性新闻，"卫星2号"载着一只叫"莱伊卡"的小狗遨游太空。

1963年，苏联又发射了第一颗气象卫星。在以后的时间里，苏联在民用卫星方面主要发展了通信卫星系列、导航卫星系列、地球资源卫星系列、电子卫星系列和微重力卫星系列；而在军事应用卫星中，苏联主要发展了侦察卫星系列、电子卫星系列、导弹预警卫星系列，以及军事通信卫星、测地卫星，军事导航卫星和反卫星卫星等。

在大力发展卫星的同时，苏联还发展了载人飞船。1960年5月15日，苏联发射第一个宇宙飞船。1961年4月12日，苏联发射了世界上第一艘载人飞船——"东方1号"，宇航员加加林乘坐东方1号绕地球一圈。两年后，又发射了"上升号"飞船。1963年6月16日，苏联女宇航员捷列什科娃乘坐"东方6号"绕地球飞行48圈，成为世界上第一个进入太空的女宇航员。1965年3月18日，苏联宇航员别列亚耶夫和阿列克谢·列昂诺夫乘坐"上升2号"飞船进入太空，这在人类史上是第一次。苏联还发射了第一颗生物卫星。1988年12月9日，苏联第一个太空邮电局在和平号轨道空间站上开业，邮件只限于在空间站上工作的宇航员的家信及特种纪念邮件。

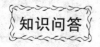

问：第一个进入太空的地球人是谁？

答：尤里·阿列克谢耶维奇·加加林（1934年3月9日~1968年3月27日），世界第一名航天员,苏联英雄,苏联红军上校飞行员,是第一个进入太空的地球人。生于苏联斯摩棱斯克州格扎茨克区的克卢希诺镇一个集体农庄庄员家庭,白俄罗斯人。1955年从萨拉托夫工业技术学校毕业后参军。1957年在契卡洛夫第一军事航空飞行员学校结业,成为红旗北方舰队航空兵歼击机飞行员。1960年被选为航天员,加入苏联共产党。1968年3月27日因飞机失事遇难。

值得一提的是,苏联在深空探测方面也做了不少工作。如从1959至1976年,苏联共发射了月球探测器24个。1966年2月3日,"月球9号"探测器成功进行了月球表面的软着陆。随后苏联又发射了金星、火星探测器。

2. 负重前行的俄罗斯

苏联解体后,俄罗斯继承了苏联的宇航业,航天部门的国家拨款减少了13~14倍,但航天部门通过国际合作,增加了预算外资金。作为世界宇航业的大国,俄罗斯的雄厚科技实力举世公认。

1994年,俄罗斯对航天计划提供的国家津贴只相当于1989年的12%,低于法国、日本、德国。从1989年至1994年,俄罗斯对民用航天计划的投资减少了4/5,对军用航天计划的投资减少了9/10。另外,各制造厂家分散在独联体各国,这一系列原因使俄罗斯的宇航工业每况愈下。资金不足对宇航业的生存和发展构成了极大的威胁。从1985年至1995年,俄罗斯(包括苏联)发射火箭的总数下降了一半多,"和平号"轨道站的建设也不得不停工5年。俄罗斯1995年的发射计划,因资金问题只完成50%。

在1996年至2005年这一时期,俄罗斯宇航工业国际竞争力提高,更加注重面向国际航天市场,通过商业发射来创收。为走出困境,弥补航天经费的不足,发展航天事业,俄罗斯利用在航天开发上长期积累的技术可靠性和低成本优势,一边与外国企业进行合作,一边开拓航天市场。俄罗斯推出太空旅行、太空广告等商业项目,大力承揽商业发射业务,组织航天旅游,用卫星为国外用户提供勘探、测绘和太空观测服务,用新技术为商业伙伴改造航天设备。还对外出口火箭。

2005年至今,俄罗斯已具有技术成熟、载重能力大的"能源"型超重载火箭,如果俄罗斯宇航工业所需资金和材料得到保证的话,它可凭借自己的实力与竞争力,将在世界航天市场上争取到占世界太空货物50%~60%的订货,即1 000~3 000吨/年,每年将为俄罗斯带来80亿~240亿美元的利润。此外,通过出租世界水平的轨道站和航天通信设施,提供地球矿物勘探、绘制地图等方面的服务,出售在太空合成和采取的物质,将为俄罗斯挣来更多的钱。

2007年11月,时任俄罗斯总统的普京签署建设新的航天发射基地的命令,取名为"东方",该基地将同时执行军事和民用航天器的发射任务。东方航天发射场位于俄罗斯远东联邦区阿穆尔州斯沃博德内市,其驻地乌格列戈尔斯克镇,与西伯利亚大铁路"列佳纳亚"站和

2010年通车的"阿穆尔"公路相邻,距离中国黑龙江省不超过100千米。

2016年4月28日,俄罗斯航天集团公司顺利完成东方航天发射场的第一次发射任务。普京抵达现场观看了发射的全过程。

据俄罗斯航天局负责人伊戈尔·科马罗夫预计,2017年发射场将完成第二次发射,到2018年将逐渐承担更多发射任务。

(二)步步紧跟的美国

美国的航天活动包括军用和民用两个部分,分别由国防部和国家航空航天局负责。国防部和国家航空航天局均有独立的科研和试验机构、发射基地和测控系统,并与政府其他部门、高等院校和私营企业广泛协作。美国主要的航天器发射场是空军东靶场、西靶场和国家航空航天局的肯尼迪航天中心。

虽然在苏联研制卫星的同时,美国也在积极地准备,但还是落后于苏联。美国于1957年12月6日发射了一颗卫星——"先锋1号",卫星重量只有1.4千克,但未成功。直到1958年1月,美国才把14千克的"探险者1号"送入太空。自此以后,美国的卫星发射数量在不断增加,占世界第一。

事实上,美国发射的卫星主要也是用于军事目的,如侦察卫星系列、电子情报卫星系列、国防通信卫星系列、国防气象卫星系列、军事导航卫星和军事海洋监测卫星、全球定位卫星等。在民用卫星方面,美国主要发展了如气象卫星、陆地卫星、海洋卫星、通信卫星、星际探测器等。

美国的航天技术与苏联相比,可谓后来居上。在苏联1961年4月12日把世界上第一名宇航员加加林送上天的不到一个月时间里,美国便于1961年5月5日发射了"水星"飞船,也把一名宇航员送入太空,而且它首先用一艘飞船把两名宇航员送入太空,这点比苏联领先。

同时,美国在航天飞机的研制和实际应用上,也大大超过了苏联。最为壮观的当属美国人的"阿波罗"登月活动。从1969年7月到1972年12月,美国人6次成功地完成登月飞行,先后把12名宇航员送上月球,这是一项在人类历史上了不起的壮举。

从1958年到1984年,美国发射人造卫星923颗,仅次于苏联。而美国研制的照相侦察卫星的地面分辨率达到0.3米,通信卫星的容量达到12 000多条话路。

在深空探测方面,美国不甘落后。美国深空探测的目标是考察太阳系内的天体和行星际空间环境,重点是月球和火星,其次是金星、水星、木星和土星。1958年~1968年间先后用"先驱者号""徘徊者号""勘测者号"探测器和"月球轨道环行器"等考察了月球,包括拍摄月面照片和分析月球土壤,为实现载人登月提供了科学资料。

(三)欧洲劲旅——英法

英国的航天技术发展得也比较早,在欧洲算是首屈一指的。当然和美苏相比还有一段距离。

英国自 1957 年到 1991 年,共发射卫星 21 颗,主要是军事通信卫星、民用通信卫星以及科学探测卫星。据英国贸易投资署的报告,2006 年英航空航天产业研发投入 27 亿英镑,占英国总研发投入的 13%,2006 年行业新订单金额达 308 亿英镑,增长 33%。2006 年航空航天器进口 29.3 亿英镑,出口 31.3 亿英镑。英航空航天产业有超过 3 000 家相关企业,直接从业人员近 15 万人,相关从业人员 25 万人,其海外还有 3.8 万人。2006 年,英国航空航天工业销售收入 227 亿英镑,增长 25%,其中民用航天器销售收入 105 亿英镑,增长 18%,军用航天器销售收入 122 亿英镑,增长 30%。

在欧洲仅次于英国的是法国,法国于 1965 年 11 月 26 日发射了它的第一颗人造地球卫星,成为世界上第三个能够自行研制和发射卫星的国家。

自那以后,法国共发射卫星 10 多颗,主要是通信卫星。法国的对地观测卫星——"斯伯特"的性能非常优良,可与美国的同型号卫星媲美。

(四) 异军突起的日本

日本航天计划始于 1955 年,首先在东京大学工业科学研究所开始研制探空火箭。1964 年,东京大学成立了日本宇宙与航空科学研究所,1981 年改称日本宇航科学研究所(ISAS)。1966 至 1969 年期间,ISAS 在尝试发射日本第一颗卫星过程中,经历了 4 次失败。1969 年 10 月 1 日成立日本国家宇宙开发事业团(NASDA)。同样地,他们也与美国公司组成团队获得开发其卫星通信系统的能力。

1990 至 2003 年,日本自主研制了 H-2、H-2A 火箭、"国际空间站"日本试验舱,且启动了日本侦察卫星计划。但从 1994 年开始,一连串的卫星和运载火箭发射失败却影响了日本卫星和火箭的发展步伐。

日本航天计划失败的原因很多,涉及的领域很广。其中包括遥感制冷器,远地点发动机,太阳电池阵和通信卫星的失效以及低温一级和二级发动机、固体火箭发动机等故障。但还未发现因为一个共同的技术问题导致重复的失败。这些问题的多样性表明,日本航天计划的失败不是由于设计上的缺陷,而是普遍缺乏严格精准的测试、质量控制和质量保证。

(五) 发展中的航天大国——印度

虽然印度有着几亿贫困人口,但其火箭航天技术却早已超过了曾是其宗主国的英国。早在印度成为欧洲人的殖民地几百年以前,火箭就从中国传入。1792 年,入侵的欧洲人在塞林加巴坦战役中与印度遭遇,当时印度人向英国人发射了大量火箭。印度的作战火箭主要是绑有导向竹竿的铁管,射程超过 1 000 米。

1963年,印度在顿巴建成了第一个火箭发射台,发射了第一枚探空火箭。1975年4月19日,印度第一颗自制卫星从苏联的火箭发射场发射成功。到2012年为止,印度已发射各类卫星50多颗,用于教育、卫生、减灾、自然资源利用、国防等方面。

截至2006年,印度拥有4种类型国产运载火箭:卫星运载火箭3(SLV-3)、加大推力运载火箭(ASLV)、极地卫星运载火箭(PSLV)、地球同步卫星运载火箭(GSLV)。2001年4月,印度将一颗2.54吨的通信卫星送入地球同步轨道。2001年10月22日,用"极地卫星运载火箭"把3颗卫星送入轨道。2007年1月10日,印度用一枚极地卫星运载火箭将首个返回式太空舱和3颗卫星送入太空。

印度于2016年进行首次载人航天飞行,派2名宇航员完成为期7天的太空之旅。这一载人飞行项目总花费高达27亿多美元。其中,空间研究组织将在南部卡纳塔克邦首府班加罗尔建立宇航员培训基地,并在南部再建一个新的发射场。

第二节　中国航空航天事业的起步与发展

一、中国古代的飞天发明

中国古代劳动人民对于天空的探索和追求,从来没有停止过。一些神话故事传说和天文学家的出现,都说明了中国人对天空的关注。虽然古人多次尝试飞上天未获成功,但是其中的许多发明和发现,都对后世产生了重大的影响。

(一)竹蜻蜓

竹蜻蜓是汉族民间古老的儿童玩具,其外形呈T字形,横的一片像螺旋桨,当中有一个小孔,其中插一根笔直的竹棍子,用两手搓转这根竹棍子,竹蜻蜓便会旋转飞上天,当升力减弱时才落到地面。

公元前500年,中国人从对蜻蜓飞翔的观察中受到启示,制成竹蜻蜓,几千年来一直是中国孩子手中的玩具。在18世纪传到欧洲,启发了人们的思路,被誉为"航空之父"的英国人乔治·凯利一辈子都对竹蜻蜓着迷。他的第一项航空研究就是在1796年仿制和改造了"竹蜻蜓",并由此悟出螺旋桨的一些工作原理。他的研究推动了飞机研制的进程,并为西方的设计师带来了研制直升机的灵感。

(二)风筝

风筝是由中国古代汉族劳动人民发明于东周春秋时期,至今已2 000多年。相传墨翟以木头制成木鸟,研制三年而成,是人类最早的风筝起源,后来鲁班用竹子,改进墨翟的风筝材质。直至东汉期间,蔡伦改进造纸术后,坊间才开始以纸做风筝,称为"纸鸢"。

中国风筝的发明,对后来的世界科学技术和航空事业的发展产生了深远的影响。美国科学家富兰克林曾用风筝挂上一只铁钥匙,在雷电交加时,把风筝送上天,引来雷电,从而证明了雷电也是一种放电现象,避雷针也由此发明。

二、中国近现代的飞天探索

(一)中国第一个航空先驱者——旅美青年冯如

冯如12岁由广东漂泊到美国旧金山,边打工边学习,最终成为一名工程师。1906年,23岁的冯如决心制造飞机,并得到孙中山的鼓励和支持,在1901年制造了一架双翼飞机。同年10月,冯如参加了在旧金山举行的国际飞机比赛,飞行高度200米,时速100千米,绕海湾飞行一圈,距离约为30千米,成绩为全场之冠,荣获国际飞行协会优等证书。美国许多大公司争相聘请他传授飞行技术,但都被他谢绝了。毅然返回祖国后的1911年1月,冯如在广州成立广东飞行器公司,不幸在1913年的一次飞行中,因飞机失速坠落身亡,时年28岁。他已经把飞机的种子散落在祖国的土地上。

(二)中国设计制造水上飞机第一人——谭根

谭根,原名谭德根,祖籍广东开平县祥乡,1890年出生于美国加利福尼亚州旧金山市。少年时家境贫苦,后到美国旧金山机器厂当学徒。当时美国莱特兄弟的飞机发明不久,许多人热衷研究飞机制造和钻研飞行技术,谭根也醉心飞行之学,他一面做工,一面学习,曾进奥克兰中学学习机械,孜孜不倦地钻研飞行工程技术。

后来,他结识了当时在奥克兰设厂试制飞机的冯如,开始接触飞机技术。不久,谭根得到亲友的资助,又进入美国希敦飞机实践学校学习,深入研究航空理论与飞机构造技术,直到1910年毕业。谭根在航空理论和设计制造技术上,收获颇丰。于是在华侨资助下,谭根开始自己设计制造水上飞机,成为世界早期水上飞机设计者。

他设计了一种新式结构的水上飞机,把发动机安装在机头上,试飞性能良好,获得了当时在美国旧金山举行的万国飞机制造大会比赛冠军奖。1911年到1912年,美国陆军曾聘请谭根负责空投炸弹的训练,由于教练很有成绩,被委以加州飞机队后备军司令的职位。

1911年辛亥革命前夕,谭根夫妇奉孙中山之命由美国返广州。1912年,"中华民国"飞船公司聘请谭根任总教练并主持公司业务。谭根为这个公司设计制造了3架适合飞行表演的水上飞机,培养了一批飞行人才。

1913年，谭根东渡太平洋到夏威夷群岛一带进行飞行表演，并获得成功。他先后飞行数百次，普及了航空知识，也为中国人在海外赢得了声誉。他还飞越了菲律宾著名的2 416米高的马荣火山，创造了当时水上飞机世界飞行高度的最新纪录。后来，谭根渐渐脱离航空界，转而经商。

（三）中国空军先驱——林福元

林福元1890年出生于美国加利福尼亚州奥克兰，祖籍广东开平。1913年毕业于美国寇蒂莱斯特航空学校。青年时期的林福元在维新变法的潮流影响下，加入了康有为创立的保皇党。林福元遵从保皇党的要求，于1911年初考入美国斯莱特航空学校。1913年3月，林福元在航空学校毕业。他在美国西部举行过多次飞行表演。以飞行技术高超而蜚声美国。

1917年9月，林福元脱离保皇党，追随孙中山革命。1927年6月，孙中山创办的军事飞机学校改名为国民革命军总司令部航空学校，通称广东航空学校，并于1928年3月恢复招生，林福元被任命为该校机务处长。该校复办之初，经费不足。林福元便发挥他的机械专门学识，选用技术员工，修旧利废，物尽其用。

1928年11月，南京中央政府扩建空军，把国民革命军总司令部航空处扩充为航空署，隶属军政部；又在中央陆军军官学校开设航空班，训练空军人才。1929年6月，林福元被聘为该班机械组长，负责飞机维修业务。1929年9月2日，林福元从广州驾驶一架美国制造的"城古"型飞机经长途飞行抵达上海，再转往南京。当时的飞机没有无线电装置和地面导航，林福元的这次长途飞行，可以说是中国早期航空史上一次壮举。1931年7月，林福元就任广东航空学校教育长，培育航空人才。

（四）中国航天之父——钱学森

旧中国航空工程人才培养始于清末民初，当时有少数留学生负笈海外，学习航空技术。20世纪40年代已近千人，留学生中不乏学有成就早已高深的人，最著名的就是钱学森。

钱学森1935年9月进入美国麻省理工学院航空系学习，1936年9月获麻省理工学院航空工程硕士学位，后转入加州理工学院航空系学习。他先后获航空工程硕士学位和航空、数学博士学位。1938年7月至1955年8月，钱学森在美国从事空气动力学、固体力学和火箭、导弹等领域研究，并与导师共同完成高速空气动力学问题研究课题和建立"卡门－钱学森"公式，在28岁时就成为世界知名的空气动力学家。中华人民共和国成立以后，他抛弃国外优越的生活与工作条件，历尽千难万险，回归祖国的怀抱，投身到祖国的建设中。

（五）中国早期航空航天人才的培养

1918年在福建马尾，出现了近代中国最早的训练航空工程人才的学校——海军飞潜学校。20世纪30年代后,陆续有北洋大学、中央大学、厦门大学、清华大学、交通大学、浙江大学、云南大学、四川大学、西北工学院设立了航空工程系。到1949年底,航空系科毕业生约1 000人,后来设立了航空航天大学用以培养专业人才。

三、中国当代航天事业的进步

回望中国航天探索的发展之路,不禁让人想起曾被举世关注的那些里程碑式事件。中国航天事业是在基础工业比较薄弱、科技水平相对落后和特殊的国情、特定的历史条件下发展起来的。中国独立自主地进行航天活动,以较少的投入,在较短的时间里,走出了一条适合本国国情和有自身特色的发展道路,取得了一系列重要成就。

美国军事战略家认为,在19世纪,谁控制了欧亚大陆,谁就能称霸世界;20世纪,谁控制海洋,谁就能称霸世界;而21世纪,决定霸业的关键领域将是太空。

中国成为航天大国,突破了"六个难关",即"上天关""回收关""一箭多星关""地球同步关""太阳同步关""载人航天关",每个难关,都有着重大的军事意义。

(一)突破"卫星上天"关:中国中远程导弹技术已经过关

1970年4月24日,中国用自行研制的长征一号运载火箭成功地将"东方红一号"人造地球卫星送往太空,动听的《东方红》乐曲传遍全球,从此,中国的火箭和卫星一次次成功,令人瞩目,也使中国成为真正的航天大国。

"东方红一号"卫星的发射成功使中国成为世界上继苏联、美国、法国和日本之后第5个完全依靠自己的力量成功发射人造卫星的国家。虽比苏联发射第一颗人造卫星"斯普特尼克一号"晚了13年,但它的质量超过了前4个国家第一颗卫星质量的总和。

中国"东方红一号"卫星每114分钟绕地球一周,播送乐曲《东方红》,证明了中国已进入空间时代。西方的观察家指出:把人造卫星射入地球轨道的技术,表明中国有能力制造和试验一枚洲际弹道导弹。莫斯科电台和《真理报》仅用一句话报道中国的发射:毛泽东的人造月亮是打在俄国脸上的一记耳光!

(二)突破"卫星回收"关:尖兵侦察卫星监视美日

1975年11月26日,中国用"长征2号"运载火箭发射返回式卫星成功,卫星在轨道上运行3天后按预定计划返回地面,中国成为世界上第3个掌握卫星回收技术的国家。

回收是一件难度很高的技术,回收过程中不仅要卫星减速,低头,而且必须落回到地面预定地域,这些对遥测、遥控技术提出了很高的要求。回收要比发射更加困难。目前为止过了回收关的国家只有美国、俄罗斯、中国。它难也要做,是因为它具有重大的军事用途。

中国发射了19颗回收卫星,成功回收18颗,成功率为94%。18颗卫星中,3颗是国土普查军民兼用,另外15颗中6颗给了总参测绘局,9颗给了总参情报部。

（三）突破"一箭多星"关：分导技术让敌人防不胜防

1981年9月20日,中国用一枚运载火箭同时将3颗卫星送入轨道,中国成为世界上第3个实现一箭多星技术的国家。

运载火箭技术与弹道导弹技术是相辅相成、互为促进的。掌握"一箭多星"发射技术最重要的军事意义,就是可以为导弹多弹头技术打下一定的基础。当前,世界各国都很重视导弹防御系统的建设,而多弹头技术是突破导弹防御系统的最好办法。一枚导弹如果装载多枚弹头,它就可以同时攻击敌方不同的目标,并能有效躲过敌方对导弹的拦截,使敌方顾此失彼、防不胜防。

显然,在导弹有效载荷不变的前提下,众多的子弹头变成了一个个令导弹防御系统防不胜防的"小精灵",成为对付导弹防御系统最有效的手段和方式。有关研究也证明,当弹头数为5到15个时,导弹的突防概率趋近于1,也就是说导弹拦截的可能性几乎为零。

（四）突破"地球同步"关：北斗导航卫星精确定位

1984年4月8日,中国用新型"长征3号"运载火箭将试验通信卫星"东方红2号"送入赤道上空的静止轨道运行,中国不仅成为世界上第3个掌握氢氧发动机技术的国家,也是世界上第5个独立发射地球静止轨道卫星的国家。中国掌握了多级火箭技术,即中段机动变轨技术；静止卫星则为定全球定位系统做出先行准备。

"北斗"全球卫星导航系统的空间段由5颗静止轨道卫星和30颗非静止轨道卫星组成,可提供开放服务和授权服务两种服务方式。开放服务是在服务区免费提供定位、测速和授时服务,定位精度为10米,测速精度为0.2米/秒,授时精度为50纳秒。

随着我军高技术武器的不断发展,对导航定位的信息支持要求越来越高。只有使用具备先进性、适用性、军民两用、抗干扰性、抗继毁性等特征的北斗导航系统,才能保证在战时不受制于人。

（五）突破"太阳同步"关：气象侦察和国土普查

中国1988年9月开始发射的"风云一号"气象卫星以及1999年10月发射成功的、与巴西合作研制的"资源一号"国土普查卫星就属于这类太阳同步卫星。这些卫星在全球中长期气候观测预报以及国土普查方面发挥了积极的作用。

目前,美国、俄罗斯等发达国家的照相侦察卫星,大多采用太阳同步轨道。在战争时期,气象卫星和国土普查卫星都可以为解放军提供信息服务,提高作战水平。

(六)突破"载人航天关":给美俄敲响警钟

2003年10月15日9时9分50秒,中国自行研制的第一艘载人飞船神舟五号发射升空,大约21个小时后,即16日6时23分,神舟五号飞船在环绕地球14圈之后,成功着陆。这标志着中国首次载人航天飞行获得圆满成功。从此,中国成为世界上第3个独立掌握载人航天飞行技术的国家。

飞船系统共有13个分系统,由推进舱、轨道舱、返回舱和附加段组成,是中国实现载人航天的工具。其中轨道舱和返回舱都是密封的,是航天员活动的地方。在上升段、变轨段和返回段中,他们都固定在返回舱的个人座椅上。飞船在轨运行时,航天员可以去轨道舱中活动,做试验。

美国《华尔街日报》2003年10月16日文章题目是《中国载人飞船的发射给美俄敲响警钟》。美国国防部中国事务部门的陆军上校马克·斯托克斯说,此次行动确实能够增强中国的战略实力。他说,中国的载人空间飞行计划不会对美国构成直接威胁,但他承认它将使中国成为一个"太空领域的竞争者"。

四、走向强大的中国航天

20世纪以来,中国航天逐渐撩开了神秘的面纱,顺利完成从国防向民用、计划向市场、保密向公开的转型。进入21世纪,中国航天更是走向公开、透明,继续以"两弹一星"精神,以较少的资金投入,沿着适合中国国情和有自身特色的道路前进。中国航天在运载火箭、卫星回收技术上,在各类发射中心和由国内各地面站、远程跟踪测量船组成的测控网,多种卫星应用系统的建设上取得了重大成就。目前,中国航天在遥感卫星研制及其应用、通信卫星研制及其应用、载人飞船试验,以及空间微重力实验等方面均取得重大成果;在卫星回收、一箭多星、低温燃料火箭技术、捆绑火箭技术,以及静止轨道卫星发射与测控等许多重要技术领域跻身世界先进行列。

(一)空间技术

1. 人造卫星

中国航天人掌握了一系列应用卫星关键技术,包括各种姿控、变轨、热控、电源、结构、测控、回收及载荷技术,自主研制并发射22颗不同类型的人造地球卫星,发展形成6个卫星系列:返回式遥感卫星、"东方红"通信广播卫星、"风云"气象卫星、"实践"科学探测与技术试验卫星、"资源"地球资源卫星和"北斗"导航定位卫星等系列。此外,海洋卫星系列即将形成,构建"环境与灾害监测预报小卫星星座"计划正在加紧实施。

2. 运载火箭

运载火箭技术已成为一个国家航天技术的重要基础和进入太空能力的体现。中国自1956年开始现代火箭的研制,至今已研制出14种火箭,形成"长征"系列。截至2015年3月30日将首颗新一代北斗导航卫星成功送入轨道后,中国航天器运载工具——"长征"系列运载火箭完成204次发射。

中国的运载火箭已能够基本满足发射卫星、飞船的需要,并以技术含量高、入轨精度高、经济性能好、适应能力强等特点闻名于世。在对外发射服务方面,"长征"系列火箭的良好经济性能使其具有较强的竞争力,这为中国打破封锁、进入国际商业卫星发射市场奠定了坚实的基础。

3. 载人航天

中国航天在研制了载人飞船和高可靠运载火箭后,开展了航天医学和空间生命科学的工程研究,选拔了预备航天员,研制了一批空间遥感和空间科学试验装置。从1992年到2003年,经过11载刻苦攻关,中国终于突破了载人飞船舱段连接和解锁分离、调姿和制动等12项关键技术,并研制了载人航天器特有的环控与生保、仪表照明、应急救生和独立手控等分系统。1999年后,"神舟"飞船6次飞行,每次均出色完成任务并安全返回地面。在神舟六号飞船上天后,中国载人航天工程进入"三步走"的第二步,即在第一艘载人飞船发射成功后,突破载人飞船和空间飞行器的交会对接技术,发射一个空间实验室,解决有一定规模的、短期有人照料的空间应用问题。2016年10月发射的神舟十一号是中国载人航天工程三步走中从第进二步到第三步的一个过渡,为中国建造载人空间站做准备。此后的第三步,将是建造20吨级的空间站,解决有较大规模的、长期有人照料的空间应用问题,这项工程完成后中国将在载人航天领域迈出重要的一步。

问:中国载人航天的历程。

答:神舟一号——实现天地往返重大突破。

1999年11月20日,中国载人航天计划中发射的第一艘无人实验飞船"神舟一号"飞船在酒泉卫星发射基地顺利升空,经过21小时的飞行后顺利返回地面。

神舟二号——中国第一艘无人飞船。

2001年1月16日19时22分,中国第二艘无人飞船"神舟二号"在内蒙古成功着陆。至此,飞船按预定计划,在太空飞行了7天。

神舟三号——载人航天安全性提高。

第七章 飞速发展的中国航空航天事业

2002年3月25日,"神舟三号"飞船发射升空,4月1日返回地面。飞船搭载了人体代谢模拟装置、拟人生理信号设备以及形体假人,能够定量模拟航天员的重要生理活动参数。飞船工作正常,预定试验目标全部达到,试验获得圆满成功。

神舟四号——突破中国低温发射的历史纪录。

2002年12月,"神舟四号"在经受了零下29摄氏度低温的考验后,于30日成功发射,突破了中国低温发射的历史纪录。2003年1月5日,飞船安全返回并完成所有预定试验内容。

神舟五号——中国首位航天员进太空。

2003年10月15日,中国第一艘载人飞船"神舟五号"成功发射。中国首位航天员杨利伟成为浩瀚太空的第一位中国访客。"神舟五号"的太空行程,标志着中国已成为世界上继俄罗斯和美国之后第三个能够独立开展载人航天活动的国家。

神舟六号——实现"多人多天"飞行任务。

2005年10月12日,中国第二艘载人飞船"神舟六号"成功发射,航天员费俊龙、聂海胜被顺利送上太空。17日凌晨,飞船返回舱顺利着陆。"神舟六号"是中国第一艘执行"多人多天"任务的载人飞船。飞船完成了中国真正意义上有人参与的空间科学实验。

神舟七号——航天员出舱在太空行走。

2008年9月25日,中国第三艘载人飞船"神舟七号"成功发射,三名航天员翟志刚、刘伯明、景海鹏顺利升空。主要任务是实施中国航天员首次空间出舱活动,同时开展卫星伴飞、卫星数据中继等空间科学和技术试验。

神舟八号——与"天宫一号"实现对接。

"神舟八号"飞船,是中国神舟系列飞船的第八个。"神舟八号"不载人,并有重大改进。

神舟九号:"神舟九号"飞船于2012年6月16日成功发射,中国航天员景海鹏、刘旺、刘洋将第一次入住"天宫"。刘洋也成为中国第一个飞向太空的女性。

神舟十号:2013年6月11日17时38分许,中国航天员聂海胜、张晓光、王亚平搭乘神舟十号飞船出征太空。"神舟十号"是中国载人天地往返运输系统的首次应用性飞行。飞船入轨后,按照预定程序,先后与"天宫一号"进行一次自动交会对接和一次航天员手控交会对接。组合体飞行期间,航天员进驻"天宫一号",并开展了航天医学实验、技术试验及太空授课活动。

神舟十一号:2016年10月17日7时30分在酒泉卫星发射中心,由长征二号FY11运载火箭发射的载人飞船,飞行乘组由两名男性航天员景海鹏和陈冬组成,景海鹏担任指令长。目的是为了更好地掌握空间交会对接技术、开展地球观测和空间地球系统科学、空间应用新技术、空间技术和航天医学等领域的应用和试验。神舟十一号飞船由中国空间技术研究院总研制,飞船入轨后经过2天独立飞行完成与天宫二号空间实验室自动对接形成组合体。神舟十一号是中国载人航天工程三步走中从第二步到第三步的一个过渡,为中国建造载人空间站做准备。神舟十一号飞行任务是中国第6次载人飞行任务,也是中国持续时间最长的一次载人飞行任务,总飞行时间长达33天。2016年11月18日下午,神舟十一号载人飞船顺利返回着陆。

4. 探月计划

被命名为"嫦娥工程"的中国月球探测计划已经进入实施阶段。

2007年10月24日"嫦娥一号"探月卫星发射成功并开始绕月飞行、发回原始图像数据。

嫦娥二号卫星于2010年10月1日由长征三号丙运载火箭成功发射升空并顺利进入地月转移轨道。嫦娥二号完成了一系列工程与科学目标,获得了分辨率优于10米月球表面三维影像、月球物质成分分布图等资料。2011年4月1日嫦娥二号拓展试验展开,完成进入日地拉格朗日L2点环绕轨道进行深空探测等试验。此后嫦娥二号飞越小行星4179成功进行再拓展试验。

嫦娥三号探测器于2013年12月2日在中国西昌卫星发射中心由长征三号乙运载火箭送入太空,14日成功软着陆于月球雨海西北部,15日完成着陆器巡视器分离,并陆续开展了"观天、看地、测月"的科学探测和其他预定任务,取得一定成果。

5. 航天器发射场

中国的第一个航天发射场——酒泉卫星发射中心始建于1958年,现已建成酒泉、西昌、太原三个航天器发射场,共进行航天发射100余次,先后圆满地将百余颗卫星和6艘载人飞船送入太空。

酒泉、西昌、太原三个内陆发射基地受到铁路运输条件的限制,火箭直径不能超过3.35米。2007年9月,经国务院、中央军委批准,在海南省文昌市建设新航天发射场,主要承担地球同步轨道卫星、大质量极轨卫星、大吨位空间站和深空探测卫星等航天器的发射任务,满足新一代无毒、无污染运载火箭和新型航天器发射任务需求。

6. 航天测控

中国已建成完整的航天测控网,包括陆地测控站和海上测控船,圆满完成了从近地轨道卫星到地球静止轨道卫星、从卫星到试验飞船的航天测控任务。中国航天测控网已具备国际联网共享测控资源的能力,测控技术达到了世界先进水平。

(二)空间应用

随着卫星遥感、通信、导航定位等空间信息技术的不断发展,卫星应用已经在国民经济的各个领域发挥着不可替代的作用,中国已经进入重点发展卫星应用产业的新阶段。

卫星遥感应用领域不断拓展,已经在农业、林业、国土、水利、城乡建设、环境、测绘、交通、气象、海洋、地球科学研究等方面得到广泛应用。遥感技术在中国国土资源调查、西气东输、南水北调、三峡工程、三河三湖治理、退耕还林、防沙治沙、交通规划与建设、海岸带监测、海岛测绘、海洋权益维护及区域经济调查管理等重大工程建设和重大任务中发挥了不可替代的作用。特别是卫星气象地面应用系统的业务化运行，极大地提高了对灾害性天气预报的准确性，使国家和人民群众的经济损失有了明显的减少。

在卫星固定通信业务方面，全国建有数十座大中型卫星通信地球站，联结世界180多个国家和地区的国际卫星通信话路达2.7万多条。中国已建成国内卫星公众通信网，国内卫星通信话路达7万多条，初步解决了边远地区的通信问题。同时建立了金融、气象、交通、石油、水利、民航、电力、卫生和新闻等几十个部门的80多个专用通信网，甚小口径终端上万个。卫星固定通信业务已步入产业化轨道，达到了一定的市场规模。国内卫星公用通信网已使用了30个卫星转发器，专用通信网也得到了较好发展。

卫星导航定位方面，中国从20世纪80年代初期开始利用国外导航卫星开展卫星导航定位应用技术开发工作，该技术在大地测量、船舶导航、飞机导航、地震监测、地质防灾监测、森林防火灭火和城市交通管理等许多行业得到了广泛应用。中国在1992年加入了全球卫星搜救系统（COSPAS/SARSAT），还建立了中国任务控制中心，大大提高了船舶、飞机和车辆遇险报警服务能力。到2020年，作为导航卫星应用的主流市场，中国移动通信市场和汽车市场的规模将居世界首位，将极大地促进中国导航卫星应用产业的发展。

知识问答

问：何为全球卫星搜救系统（COSPAS/SARSAT）？

答：全球卫星搜救系统是由加拿大、法国、美国和苏联联合开发的全球性卫星搜救系统，它是国际海事卫星组织推行的全球海上遇险与安全系统的重要组成部分。该系统使用低高度卫星为全球包括极区在内的海上、陆上和空中提供遇险报警及定位服务，以使遇险者得到及时有效的救助。

全球卫星搜救系统已成功地应用于世界范围内大量的遇险搜救行动中，在2 247起遇险事件中已成功地救助了7 354人。全球卫星搜救系统以其可靠、方便、免费使用等优点赢得了人们的青睐，该系统不仅广泛地应用于航海领域，也对航空业和陆地用户提供全球性的卫星搜救服务。

（三）空间科学

中国在20世纪60年代初期开始利用探空火箭、探空气球开展高层大气探测。在20世纪70年代初期开始利用"实践"系列科学探测与技术试验卫星开展一系列空间探测和研究，获得了很多宝贵的环境探测资料。近年来，开展了空间天气预报的研究工作及相应的国际合作。

从20世纪80年代末开始利用返回式遥感卫星进行了多种空间科学实验,在晶体和蛋白质生长、细胞培养、作物育种等方面取得了很多成果。近年来,利用"实践"系列科学探测与技术试验卫星对近地空间环境中的带电粒子及其效应进行了较为详细的探测,并首次完成了微重力流体物理两层流体空间实验,实现了空间实验的遥操作。

1986年启动的国家高技术研究发展计划(863计划)和1992年启动的载人航天工程(921工程)是推动中国空间科学事业的两个重大计划,正是这两个国家计划和任务的实施,实质性地推动了中国空间科学的各个领域的全面发展。同时建立起了以国家微重力实验室为代表的空间科学基础设施,培养和凝聚了一批从事空间科学研究的人才,为中国空间科学的进一步发展奠定了基础。

2001年开始实施的"地球空间双星探测计划",是中国第一个以科学目标为牵引的空间科学研究计划,标志着中国的空间科学事业新的里程碑。"地球空间双星探测计划"的"探测1号"(赤道星)和"探测2号"(极轨星)卫星分别于2003年12月30日和2004年7月25日成功发射,这两颗卫星与欧洲空间局的星簇卫星计划(Cluster)的4颗卫星相配合,首次形成了地球空间的"六点探测"。中国的空间科学事业也正在从起步阶段的满足纯技术需求走向科学需求牵引,成为体现国家意志的重要组成部分。

但到目前为止,中国利用空间进行的研究工作都带有试验性质,与世界先进水平有很大差距,特别是缺少拥有自主产权的空间科学卫星计划,很难得到原创性的重大科研成果。

2016年3月8日,国务院批复同意自2016年起,将每年4月24日设立为"中国航天日"。首个中国航天日将以"中国梦,航天梦"为主题。

中国航天日,是为了纪念中国航天事业成就,发扬中国航天精神而计划设立的一个纪念日。首个航天日,中共中央总书记、国家主席、中央军委主席习近平做出重要指示,向60年来为航天事业发展做出贡献的同志们表示崇高敬意,强调广大航天科技工作者要牢牢抓住战略机遇,坚持创新驱动发展,勇攀科技高峰,谱写中国航天事业新篇章,为服务国家发展大局和增进人类福祉做出更大贡献。习近平指出,探索浩瀚宇宙,发展航天事业,建设航天强国,是我们不懈追求的航天梦。经过几代航天人的接续奋斗,中国航天事业创造了以"两弹一星"、载人航天、月球探测为代表的辉煌成就,走出了一条自力更生、自主创新的发展道路,积淀了深厚博大的航天精神。

设立"中国航天日",就是要铭记历史、传承精神,激发全民尤其是青少年崇尚科学、探索未知、敢于创新的热情,为实现中华民族伟大复兴的中国梦凝聚强大力量。设立"中国航天日",旨在宣传中国和平利用外层的一贯宗旨,大力弘扬航天精神,科学普及航天知识,激发全民族探索创新热情,唱响"发展航天事业、建设航天强国"的主旋律,凝聚实现中国梦、航天梦的强大力量。

五、中国航天事业未来发展的目标和主要任务

当今世界,人类面临着环境恶化、全球变暖、资源短缺、能源危机、人口膨胀、贫富差距加大等一系列社会与经济问题,威胁着人类的可持续发展。航天技术为解决这些问题提供了机会和手段,使各国加快了航天的发展。

进入21世纪,世界主要航天国家相继调整并制定了新的航天发展战略、发展目标和发展计划,将发展航天活动列为国家整体发展战略的重要组成部分。未来,近地空间的开发和利用仍将是世界航天活动的重点,并将进入更大规模开发和服务社会的新阶段;载人航天向深空扩展,探索月球以及火星成为深空探测的新热点;航天活动对人类文明和社会进步的重大影响进一步增强,呈现蓬勃发展的新局面。

目前,中国航天正处在重点跨越、快速发展的新时期、新阶段。中国政府已发布了国家中长期科技发展规划纲要,将航天技术与生物、信息、材料、能源技术一起列为国家五个重点发展的高技术领域,并且明确了中国航天事业未来发展的目标和主要任务。概括起来主要内容如下:

1. 研制新一代大型运载火箭和小型运载火箭,提高进入空间的能力

为满足航天事业的后续发展需要,中国已经启动了新一代无毒无污染、高可靠、低成本大型运载火箭的研制计划。新型火箭近地轨道运载能力覆盖10~25吨,地球同步转移轨道运载能力覆盖6~14吨。目前,用于新型火箭的1 200千牛液氧/煤油发动机和500千牛氢氧发动机已经取得技术突破。

2. 开发高可靠、大容量通信卫星,实现通信卫星型谱化

中国已经成功研制了东方红4号大型静止轨道卫星平台,在此基础上,中国将继续研制并发射长寿命、高可靠、更大容量的地球静止轨道通信卫星;建立由电视直播卫星、大容量通信卫星、宽带多媒体卫星等组成的新一代卫星广播通信空间网;提供卫星直播、互联网接入、应急通信等广泛的业务服务。

3. 发展新型遥感卫星,提高对地观测的能力

为了满足国家经济建设和社会发展的需要,中国正在研制新一代太阳同步轨道和地球静止轨道气象卫星以及新型海洋卫星、新型中巴地球资源卫星和环境与灾害监测小卫星等遥感卫星系列;实现气象卫星的更新换代,填补环境与灾害监测卫星的空白;形成全天候、全天时、多谱段、不同分辨率、稳定运行的对地观测体系,实现对陆地、大气、海洋的立体观测和动态监测。同时,中国正在统筹发展遥感卫星地面系统和业务应用系统,提高遥感卫星数据获取、处理和应用能力。

4. 分阶段发展导航定位卫星系统,形成自主实用的卫星导航定位能力

在第一代北斗区域导航定位的基础上,中国已启动覆盖全国及周边地区并能向全球扩展

的北斗卫星导航系统计划。将首先研制并建成由12颗静止轨道和非静止轨道卫星组成的区域导航定位系统,满足中国及周边地区用户对卫星导航系统的需求。在此基础上,逐步扩展到由30多颗不同轨道卫星组成的全球卫星导航定位系统,扩展应用领域和市场。

5. 继续实施载人航天后续工程,实现驻留空间的能力

中国将重点突破航天员出舱活动、空间飞行器交会对接等重大关键技术,为建立具有一定应用规模的有人照料、长期在轨飞行的空间实验室奠定基础。

6. 实施月球探测二、三期计划,提高空间科学研究能力

2014~2020年,中国将发射月球软着陆器,突破自地外天体返回地球的技术,进行月球样品自动取样并返回地球,在地球上对取样进行分析研究,深化对地月系统的起源和演化的认识,目标是月面巡视勘察与采样返回。

7. 加强国际合作,支持和平利用外层空间

太空属于人类,航天需要合作,这是航天活动的一大特点。和平利用外层空间,造福全人类,是中国发展航天事业的宗旨。坚持"平等互利、和平利用、共同发展"是我们开展航天合作的原则。

未来几年,中国将优先开展以下几方面的国际合作:

一是空间天文、空间物理、微重力科学、空间生命科学、月球探测和行星探测等领域的科学研究。

二是卫星通信广播在远程教育、远程医疗等方面的应用,卫星广播电视应用范围的扩大,卫星导航定位相关服务。

三是卫星商业发射服务;卫星的设计与制造,卫星地面设备及关键部件的制造;卫星整星及其零部件的出口。

四是对地观测卫星数据共享与服务,在资源调查、环境监测、防灾减灾、全球变化监测与预报等方面的应用和研究。

五是航天测控网资源共享。

六是航天活动各领域的人员交流与培训。

第三节 圆梦大飞机

一、大飞机工程的战略意义

国务院出台的《国家中长期科学和技术发展规划纲要(2006—2020年)》,把大飞机项目确定为"未来15年力争取得突破的16个重大科技专项"之一。大飞机项目由国务院领导"亲

自掌握"进程是由其所具有的战略意义决定的。

1. 大飞机制造是中国经济发展的新增长点

航空市场已经是世界经济发展的一个重要领域。在世界经济总量中，航空市场的增量是最快的，而中国的航空市场又是全球发展最快的。国内民航市场的快速成长、人口数量及其生活方式的变化、广大的地域等，决定了中国对大飞机的巨大的市场需求。据统计，从1972年开始，中国民航累计购买和租赁经营的波音飞机共523架，花费高达292亿美元。

中国的大飞机市场是全世界都看好的。有预测显示，在未来10年内，中国的航空动力将成倍增长，近3 000架民营航空大飞机将投入中国的干线运营市场，而在支线运营方面，市场前景更是十分广阔。中国民用航空市场俨然成了跨国飞机制造商的"狩猎场"。更需要记住的是，这仅仅是一次性购买的费用，如果加上飞机全寿命期的维护管理费用，这个数字恐怕还要增加一倍以上。

中国要长期保持高速发展，必须创造新的经济增长点，包括大飞机工程在内的战略工程项目的实施，可以成为中国新的经济增长点。在航空领域的高投入肯定会带来巨大的经济效益。有人计算过，一般的汽车工业投入产出比是1比2.3，而大飞机制造业的投入产出比，将达到1比10以上。然而，中国目前使用的大飞机主要是由美国波音公司和欧洲空客公司制造的。如果中国大飞机工程能够成功，就可以在巨大的国际国内航空器市场中争得一席之地，从而对国民经济的持续发展做出重要贡献。

2. 大飞机制造堪称战略支柱产业

航空工业被比作"工业科技之花"，它是一个国家工业技术能力的集大成者，需要高技术、高投入，因而是高风险的产业。其产品开发周期长、科研投资大、技术风险高、市场竞争激烈。掌握了先进的航空制造技术，具备了先进航空器制造能力，意味着占领了工程技术领域的制高点，无疑可以大大提升国家在政治、经济、军事、文化等国际竞争中的实力。航空产业的这些特点，决定了其在国家战略中的地位。由此可见，大飞机工程对于其他经济部门发展具有杠杆倍增作用。这还只是可以量化的直接产出部分，那些不能量化却对国家经济发展提供长久支撑的间接产出更是无从统计的"无价之宝"。

3. 大飞机制造可增强军事上的战略力量

大飞机是一个国家军事战略的重要技术支柱。中国航空工业已经建立了50多年，已经形成了比较完整的科学技术研究和产业体系，我军90%的航空武器装备，都是中国自己提供的。但是，从整体上看，中国航空工业在世界范围内仍处于中等水平，尤其是中国还不能制造大飞机。如果不能解决这个问题，中国在未来世界的战略地位是不巩固的，话语权将大打折扣。冷战时期的"两弹一星"，和平时期的"飞机核电"，恐怕是大国地位、强国地位的重要标志。

可见，离开大飞机，一个国家的航空现代化就无从谈起，其在军事上的战略打击力量也就不完整。

4. 大飞机制造可提升国家整体技术水平

大飞机工程项目经济利益巨大是有目共睹的事实,但这还不是最主要的。实际上,大飞机工程与当今世界几乎所有的技术前沿相关,解决了大飞机制造业中的关键问题,就可以将有关的技术和管理经验移植到其他产业,如此,可以带动中国各个产业技术能力的提升,从而提升国家的整体技术能力。这样,动力、材料、工艺、设计、控制等一系列新技术,都将在大飞机项目的带动下获取新的进展与突破。因此,作为一种战略性工业,大飞机制造是一个国家核心竞争力的标志,在国际竞争中有着非同小可的意义。如果在这个全球竞争时代中,在高技术发展的竞争面前我们落后了,"挨打"的历史局面就可能重现。我们的历史使命,就是要跨越发展,走出中国人自己的大飞机自主制造之路,以带动中国产业技术的全面提升。

二、中国大飞机的发展现状

中国商飞启动 C919 大型客机项目,预计于 2020 年前后投放市场。C919 定位为具有世界先进水平的 150 座级双发中短程窄体客机,系列化后将覆盖 130~200 座范围,适应枢纽机场到大中城市机场、大中城市机场之间航线运营的要求。在全球主流的窄体飞机市场刚刚起步的中国商飞 C919 将直接面对波音 737MAX 和空客 A320neo 的市场竞争。

1. 中国大飞机项目发展情况

2007 年,中国大飞机项目正式立项。2008 年 5 月,中国商用飞机有限责任公司在上海揭牌成立,标志着中国的大飞机研制工作开始实质性启动。中国商飞公司是国家大型飞机重大科技专项的实施主体,负责组织开展大型客机的技术经济可行性研究、总体技术方案论证和关键技术攻关,总体设计、系统规划、科学论证中国大型客机研制的总体蓝图。

国产大飞机仍然面临多项关键技术的突破,包括最为关键的发动机技术、先进复合材料技术等。C919 将装备比波音 737 更先进的新一代发动机。由于大型客机发动机研发难度高、周期长,2014 年首飞之际的 C919 还无法装配国产发动机,需要面向全球采购。C919 采用超临界下单翼、翼吊先进高涵道比涡扇发动机、常规尾翼和前三点可收放起落架的常规布局形式,力求实现减重、减阻、减排。从公开的技术指标看,单通道客机在技术上相对容易,超临界下单翼被民用客机广泛采用,翼吊发动机可有效减少机内噪声,C919 噪声将比目前水平低 10 分贝,常规气动布局能有效降低成本并减少技术风险。

大型飞机作为"现代工业之花",是一个国家科技水平、制造能力、经济基础和综合国力的集中体现,是衡量一国制造业先进水平的制高点,对增强中国的综合国力、科技实力和国际竞争力,使中国早日实现现代化具有极为重要的意义。航空工业产业链长、辐射面宽、连带效应强,在国民经济发展和科学技术进步中发挥着重要作用。发展大飞机,能够带动新材料、现代制造、先进动力、电子信息、自动控制、计算机等领域关键技术的群体突破,能够拉动众多高技术产业发展,还将带动流体力学、固体力学等诸多基础学科的重大进展,将会全面地、大幅度地提高中国科学技术水平。发展研制具有市场竞争力的大型客机,不仅可以为航空工业的发展提供突破口和新的增长点,还有利于提高中国航空工业的制造能力和管理水平,最终形成强大的航空工业。

2. 中国大飞机发展的瓶颈因素

中国的航空工业在民用飞机的工艺制造、零部件生产、大部件的组装以及全机最后结构的总装等许多领域都比较成熟,但是在航空发动机、新材料特别是复合材料技术、系统集成等关键技术方面仍需长足努力。同时,中国大飞机如何取得国际适航审核也是需要应对的关键难题。

目前中国民用发动机的技术基础较差,技术储备不足,产业技术水平低,与国外相比存在巨大的差距,缺乏经验的积累和相关科学数据的参考。由于中国发动机长期以来受军品研制影响很大,管理上和经费投入上过于偏重"型号牵引",在"技术推动"方面做得很不够,技术基础工作不到位,通常是有了飞机型号才开始相应发动机的研制,对发动机和飞机机体的研制周期差异认识不足,没有真正做到发动机研制先行。

比发动机问题更为迫切的是中国在航空复合材料技术上的差距。制造大飞机要解决结构轻量化、耐久性、可靠性等一系列问题,需要使用新型材料和工艺技术。未来民机再也不是铝合金等传统材料,复合材料技术已成为大飞机制造的发展趋势,波音787用的复合材料达到50%,空客A350客机的复合材料预计达到52%。如何运用复合材料提高大飞机的结构效率并降低成本,是大飞机制造面临的主要技术难题之一。目前,中国在航空复合材料的基体研究上有一定基础,但只是处在试验层次,远没有进入应用阶段。未来中国大型客机复合材料的研发将是重点需要解决的难题。

中国制造大飞机许多关键单点技术已经取得了突破,但还有大量技术需要工程验证,现在中国最缺乏的就是总体工程研制经验。C919的发动机、飞控、航电、液压等很多机载系统都是国外供应商提供的,且成分不等,有的是整系统,有的是分系统。系统集成对主制造商是一个很大的挑战,无论是波音还是空客,在系统集成方面都遇到过很多问题。

适航证是中国大飞机研制的"软肋"。适航证由型号证、生产许可证和单机适航证三证组成,是客机安全性能的认证。国际上最为权威的欧洲联合航空局(JAA)与美国联邦航空局(FAA)颁发的适航证为大多数国家认可,中国的大飞机只有取得其中一个适航认证,才可以得到进入国际市场的通行证。适航证理论上是最低安全标准,实际上是市场的准入证,是航空强国垄断世界飞机市场,阻止他国飞机产业发展的政治、经济、技术壁垒。中国大飞机产业还没有走完一个真正意义上的先进民用飞机研制的全过程,取得国际适航审核是需要积极应对的难题。

大飞机项目的特点是：研制周期长、投资大、困难多、风险高,需要十几年甚至更长的时间才能取得成功。大型商用飞机研制采用大量新材料、新技术和新工艺,研制难度和风险大大增加,而且中国大飞机尚未走过一个完整的研制历程,产业基础还相对薄弱,更增加了项目的艰巨性、复杂性和长期性。

3. 中国大飞机面临的挑战

大飞机项目在研制造出样机之后,还要通过不断试飞、总结经验和改进设计,逐步满足用户需要,才能进入批量生产的产业化阶段,大飞机将直接面临市场化的挑战。

依照波音和空客的经验,一架新的飞机从头开始做需要120亿～150亿美元的投资,一架全新的机型一般销售的盈亏点在400架左右。以波音787为例,在签了近480架订单之后生产的飞机才有利润。根据世界通行的标准,民机在研制前就要找到"买家",业内把这些"买家"称为先锋用户。2013年10月中国商飞宣布C919订单达到400架。其中380架为国内订单,包括中国的航空公司和金融租赁公司；海外订单只有20架,来自通用电气旗下租赁公司。400架的订单规模确保C919机型的财务盈亏临界值,但是相对于当前寡头垄断的波音和空客两家各10倍的订单和年500架的产能和交付量,中国大飞机市场压力很大。

大飞机的产业化阶段还要面向国内外市场多样化的需求,建立完整的产业组织和一流的售后服务体系,其技术和管理的难度、经营的风险要比研制阶段更大。为适应国际化的民机营销体系,在零部件采购供应、系统集成商选择、售前驾驶员的培训、售后维修、营销战略和渠道、广告促销策划等方面进行国际合作,形成完善的、商业化的民机营销系统。在航空制造业双寡头垄断格局下,中国商飞要成为成功的挑战者,就必须在产品、市场和产业上逐步胜出。

发展大飞机产业的意义远远超过上大飞机项目本身,它标志着中国经济发展的一个历史转折点,标志着中国工业发展从依赖外国技术转向自主创新,从沉溺于低端经济活动开始奋起向高端爬升。由大飞机项目所推动的航空工业技术能力的跃升,将不仅足以使中国在世界经济中的地位发生结构性变化,而且将为保证中国的政治独立和国家主权提供强大的手段。

本章思考

1. 简述各大国航天事业发展的情况。
2. 简述中国成为航天大国,突破的"六个难关"。
3. 简述中国大飞机面临的挑战。

思考题

1. 中国航天事业的起步与发展是怎样的?
2. 中国航天事业未来发展的目标和主要任务是什么?
3. 大飞机工程的战略意义是什么?

第八章
Chapter 8

唱响各民族大团结、大发展、大繁荣的主旋律

要点提示

- 维护民族团结和社会稳定
- 新时代习近平民族工作思想

开篇阅读

中国是一个历史悠久、民族众多的国家。民族工作是涉及经济、政治、文化、社会等各个领域的一项综合性工作，在党和国家事业发展全局中占有十分重要的位置。民族工作的一项重要任务是推进民族团结进步事业的发展。民族团结进步事业是中国共产党基于中国多民族的基本国情而推进的为维护民族团结、促进民族地区发展、妥善解决民族问题的一项重要事业，它是中国特色社会主义的一部分。民族团结进步事业萌芽于中华人民共和国成立初期，经历了20余年的沉寂孕育，在改革开放的春风下，开始茁壮成长，开枝散叶，逐步长成一棵维护民族团结的参天大树。

党的十八大以来，在全面建成小康社会、全面深化改革和全面推进依法治国的背景下，面对民族工作中一系列新的阶段性特征，以团结各族人民"同心共筑中国梦"引领民族团结工作，习近平阐述了民族团结工作的目标、途径、政策措施和制度等理论问题。这些新思想是马克思主义民族团结思想中国化的最新成果，是我们在新形势下做好民族工作、巩固和发展民族团结的基础。2017年10月十九大召开，中国特色社会主义从此进入了新时代，形成了习近平新时代中国特色社会主义思想，其中也包括习近平新时代民族工作思想，在十九大报告中提出了一系列具有战略前瞻性的新认识、新观念、新思想，为我国今后的民族工作指明了方向，更是我国各族人民团结奋斗的指路明灯。

第一节 维护民族团结和社会稳定

一、民族团结和社会稳定概述

(一)民族团结

民族团结是指在一个国家内部,各民族在社会生活和日常交往联系中保持和睦、友好、互助和联合的关系。民族团结作为一种政治现象,是具体而不是抽象的,它同其他方面的团结一样,通常是一种功与利的结合。其中有在总体利益一致之下的团结,也有在局部利益一致之下的团结,还有在特殊的时间、地点、条件之下的团结。因此,团结也是有层次的、有区别的。这种层次和区别是由错综复杂的历史背景和纷繁纠结的现实情况决定的。

民族团结问题属于历史问题范畴,因此在不同的历史时期有不同的具体内容和表现形式。民族的平等、团结是相对的,也是随着时代的前进而前进的,我们不能以今天的民族团结的性质、标准和内容为尺度去否定和贬低历史上的民族团结。古代的民族团结虽然不能够与之相比,但它作为民族关系的一个方面,也是客观存在的。在古代,由于阶级对立的存在,根本利益一致是不可能的,只能是在局部利益一致下的团结,这种民族团结缺乏广泛的社会基础,具有极大的时代局限性。

(二)社会稳定

社会稳定是指社会生活的安定、协调、和谐和有序,是通过人们的自觉干预、控制和调节而达到的社会生活的动态平衡。在政治学上,社会稳定是与动乱相对立的,主要是指政治体系对于社会矛盾的变化具有较强的调适功能,能够及时化解社会张力,有效控制社会不稳定因素,使社会不出现政治动乱,呈现出经济协调发展、社会稳步前进的有序稳定状态。

社会稳定是人类社会历史发展进程中的一个动态的相对平衡的状态,是相对于社会不安定、社会秩序混乱动荡的一种稳定状态,即在国家政权和根本制度不变的前提下的动态平衡。社会稳定有广义与狭义之分,广义的社会稳定包括政治局势稳定、经济形势稳定、社会生活稳定和社会心理稳定。狭义的社会稳定,是指政治稳定、经济稳定以外的社会生活、社会心理和社会关系的稳定。

二、改革开放以来民族团结进步事业的成绩与经验

民族团结是马克思列宁主义、毛泽东思想的一个根本原则,是中国共产党和国家民族工作

的一个根本任务,同时,团结是中华民族的传统价值观念,是民族地区的旗帜、法宝和生命,是中国革命和社会主义现代化建设事业胜利的根本保证。民族团结也是衡量社会主义民族关系的一个尺度。总结经验是建立在梳理成绩之上的。

（一）改革开放以来民族团结进步事业取得的成绩

1. 建立了平等、团结、互助的新型民族关系

确立社会主义新型民族关系不仅是从中华民族在几千年的发展历史中得出的重要结论,也是我们胜利迈进21世纪、实现中华民族全面振兴的重要保证。党和国家在现实工作和生活中,尊重少数民族及其风俗习惯,自觉维护少数民族的权益,采取各种形式广泛而有效地传播民族理论和民族知识,使人民了解各少数民族在长期的生产生活中形成的各具特色、丰富多彩的风俗习惯。教育各民族群众应本着平等和团结的原则和睦相处,尊重各民族的传统习俗。每逢少数民族的传统节日,少数民族群众都举行各种文娱活动隆重庆祝,不仅增强了少数民族人民的自信心和自豪感,也促进了各民族之间的交流和团结。

2. 加快了少数民族和民族地区经济建设

改革开放以来,少数民族对经济利益的重视日渐增强,迫切要求改变落后、贫穷的现状。经济是政治的基础,也是民族团结关系的地基,民族团结进步事业的发展是靠民族经济的发展来推动的。一个民族的发展,首先体现为该民族物质生产的进步和物质生活的不断改善,而要实现这一目标,从根本上讲,是要提高社会生产力。边境少数民族地区实行对外开放以后,经济得到快速发展,人民群众生活水平明显改善,民族团结关系不断巩固,这也是进一步加强民族团结的需要。改革开放以来,各民族地区经济实力明显增强。

3. 促进了民族地区的精神文明建设

中国共产党和国家在抓好民族地区政治经济社会各项发展的同时,高度重视民族地区的文明建设,将精神文明建设放在同物质文明建设同等重要的地位。这主要是因为,各少数民族地区的发展,不仅要重视社会生产力的发展,还要重视科学教育文化事业的发展,只有拥有与高度发达的社会生产力相适应的科学文化水平,才能平衡稳定地发展。在推动物质文明发展的同时,推动精神文明的发展。精神文明建设需要进行民族团结宣传,将传达中央精神与宣传民族团结结合起来,将普法教育与宣传民族团结结合起来,将马克思主义民族观的教育与宣传民族团结结合起来,就能有效地促进民族地区的精神文明建设。

4. 实行了民族区域自治制度

民族区域自治制度是中国共产党根据马克思主义关于国家政权建设和民族问题的理论,结合中国的实际情况制定的针对少数民族具体特征的解决国内民族问题的基本制度。民族地区解放以来,中国的民族区域自治制度不断地发展、深入,循序渐进地推进民族区域自治制度在中国民族地区的实行,自治州、自治县、自治区等陆续建立,民族区域自治制度的实施与不断地发展和完善使中国各民族地区的团结局面不断得到巩固,维护了国家统一、社会安定,赋予了少数民族在其聚居区域内的充分的自治权,同时坚持每一个自治地方都是祖国大家庭不可分割的一部分,都要坚持党和国家的统一领导。经济文化发达的民族和地区也会无私地帮助和支援暂时相对后进的民族和地区。

(二)改革开放以来民族团结进步事业的基本经验

1. 树立马克思主义民族观

民族观是世界观的一部分,不同的阶级,不同的集团,有着不同的民族观。马克思主义民族观是马克思主义理论在民族关系问题上的具体体现,是马克思主义理论在处理民族问题上的根本立场和根本方法,也是我们党和国家制定民族法规政策的重要理论依据。因此,马克思主义民族观、民族法规政策的宣传教育,必须在全社会普遍进行,并且是一项长期的任务。只要民族问题存在,进行马克思主义民族观和民族法规政策宣传教育的必要性就存在。

2. 落实中国共产党的民族政策

中国共产党的民族政策,是中国共产党在执政过程中的产物,对民族团结的实现和增强有着重大作用。中国历史上的民族政策由于阶级历史的局限性,都不可能从根本上解决民族问题。它使中国共产党能正视中国社会主义初级阶段的民族问题,所以,尽管目前中国少数民族经济文化的整体水平还处于相对后进状态,但是各民族间相互平等、相互团结、相互帮助的社会主义民族关系都能得到不断地巩固和发展,经得起政治"地震"的震荡,也经得起政治"风浪"的颠簸。

3. 坚持中国共产党的领导加强民族地区党的组织建设

中国共产党是中国工人阶级的先锋队,是中国各族人民利益的忠实代表,是中国社会主义事业的领导核心。要想稳定祖国的边疆秩序,维护各民族团结和谐的局面,必定需要坚持党对民族工作的领导,加强民族地区党的组织建设,这是顺利发展各民族政治、经济、文化、社会、生态建设的根本保证。尤其是在新时期,中国正在全面建成小康社会,党和国家要求全国各级党组织和各少数民族地区党的领导干部,切实加强党对民族工作的领导,认真学习马克思主义的民族理论和党的民族政策,总结以往民族工作的历史经验,深入研究民族工作面临的新情况、新问题,全面提高领导水平和艺术,提高驾驭复杂矛盾、问题、局面的能力。

4. 大力培养少数民族干部

做好民族工作和保证民族团结的重中之重是大力培养少数民族干部。毛泽东在1949年11月14日给彭德怀和西北局的电报中强调了大批培养少数民族干部的重要性,指出:"要彻底解决民族问题,完全孤立民族反动派,没有大批从少数民族出身的共产主义干部,是不可能的。"江泽民同志在第三次全国民族团结进步表彰大会上的讲话中也指出,民族地区少数民族干部同汉族干部一道为人民服务,为民族地区的经济发展和现代化建设添砖加瓦。党和国家在长期的民族工作实践中,少数民族干部发挥着汉族干部不可比拟的特殊作用,他们的不可替代性是由于他们来自少数民族群众中,同其民族群众有着千丝万缕不可分的天然联系。他们最熟悉本民族的特点,最通晓本民族的语言、文字、风俗习惯、生活方式、宗教信仰,对本民族群众的要求和愿望感同身受,是党和政府联系各少数民族群众的天然桥梁。而且少数民族干部对自己生长的民族地区有一种特殊的乡情,对本民族群众有一种浓浓的亲情,对本地的自然历史条件、经济社会民生问题和人民群众的迫切要求最了解。同时,少数民族干部还能把本民族干部工作当成为自己民族做代表,有为自己当家做主的使命感,而少数民族群众也愿意接受他们的领导并给予大力支持。实践证明,凡少数民族干部培养工作做得好的地区,民族团结就搞得好,民族问题就解决得好,民族经济社会就发展得好。

5. 正确贯彻党的宗教政策

中国不仅是一个多民族的国家,也是一个多宗教的国家,许多民族地区自古以来民族与宗教的关系密不可分。中国的少数民族地区大都信奉宗教,而且人数众多,有的甚至是整体信教,民族宗教信仰的群众基础非常深厚。在中国社会主义时期宗教问题将长期存在,并且渗透于中国民族社会生活的各个领域。正确处理各种民族矛盾纠纷,维护民族地区的社会稳定,尽量把矛盾解决在萌芽状态,化解在基层。在对待和处理民族宗教问题上,始终坚持尊重客观规律,尊重历史,照顾现实,立足实际,积极引导,避免问题复杂化。坚决打击各种邪教组织,保证正常宗教活动的开展。

第二节 新时代习近平民族工作思想

民族问题关系到一个国家的长治久安。我国是一个由56个民族组成的大家庭,民族问题自古以来便是治国理政的大事。习近平同志长期关注这一问题,对搞好民族工作、促进民族团结有着深刻的洞察。党的十八大以来,习近平同志在赴湘西、内蒙古、新疆、西藏、延边等民族地区考察调研,在中央民族工作会议上发表了重要讲话,全面分析了我国民族工作面临的国内外形势,深刻阐述了当前和今后一个时期我国民族工作的大政方针,特别十九大报告指出中国特色社会主义进入了新时代,我国民族工作也进入了新的发展阶段,报告提出了一系列具有战略前瞻性的新认识、新观念、新思想,为我国今后的民族工作指明了方向,更是我国各族人民团结奋斗的指路明灯。

一、不忘初心，牢记使命，为实现中华民族伟大复兴的中国梦不懈奋斗

习近平同志在党的十九大报告开篇就提出："不忘初心，牢记使命，高举中国特色社会主义伟大旗帜，决胜全面建成小康社会，夺取新时代中国特色社会主义伟大胜利，为实现中华民族伟大复兴的中国梦不懈奋斗。"他指出："中国共产党人的初心和使命，就是为中国人民谋幸福，为中华民族谋复兴。这个初心和使命是激励中国共产党人不断前进的根本动力。"新中国成立前，经过多次革命斗争，中国共产党带领各族人民推翻了压在中国人民头上的"三座大山"，即帝国主义、封建主义、官僚资本主义，实现了中华人民共和国的独立和中国各族人民的大解放。新中国成立后，中国共产党带领各族人民经过了社会主义革命、建设和改革开放，短短几十年间，就把我国初步建设成为国家统一、民族团结、边疆巩固、社会稳定的繁荣强大的国家，建设成为世界第二大经济体。尽管这样，习近平同志还是谆谆告诫我们，"不忘初心，牢记使命"，要继续为"各族人民谋幸福、为中华民族谋复兴"而不懈努力。

处理好民族问题、做好民族工作，是关系祖国统一和边疆巩固的大事，是关系民族团结和社会稳定的大事，是关系国家长治久安和中华民族繁荣昌盛的大事。习近平总书记在2014年中央民族工作会议上特别强调，要准确把握我国统一的多民族国家的基本国情，要了解民族地区是我国的资源富集区、水系源头区、生态屏障区、文化特色区、边疆地区、贫困地区等集"六区"于一身的我国"家底"；指出多民族的大一统和各民族的多元一体是历史留下的一笔重要财富，中华民族多元一体格局，一体包含多元，多元组成一体，一体离不开多元，多元也离不开一体，一体是主线和方向，多元是要素和动力，两者辩证统一；指出中华民族包括各民族是一个大家庭，中华民族与各民族的关系是一个大家庭和家庭成员的关系，各民族的关系，是一个大家庭里不同成员的关系；指出维护民族团结和国家统一是各民族最高利益，把各族人民智慧和力量最大限度凝聚起来，同心同德为实现"两个一百年"奋斗目标、实现中华民族伟大复兴的中国梦而奋斗。

二、坚持和发展中国特色社会主义是我国各族人民共同团结奋斗、共同繁荣发展的基石

道路自信是做好一切工作的前提。中国民族事业应该走什么道路，习近平同志旗帜鲜明地指出，必须坚定不移地走中国特色的社会主义道路。

2014年3月，在全国政协十二届二次会议上，习近平总书记指出，"坚持中国特色社会主义道路，是新形势下做好民族工作必须牢牢把握的正确政治方向。要全面贯彻落实党的民族政策，坚持和完善民族区域自治制度，不断增强各族人民对伟大祖国的认同、对中华民族的认

同、对中华文化的认同、对中国特色社会主义道路的认同,更好维护民族团结、社会稳定、国家统一。""坚定不移走中国特色解决民族问题的正确道路,就是要旗帜鲜明地坚持和完善党和国家关于民族问题的基本理论、基本政策、基本法律、基本制度以及体制机制,就是要使每个民族、每个公民团结在中国特色社会主义这面旗帜下,为实现中华民族伟大复兴的中国梦而奋斗。"

习近平总书记在2014年中央民族工作会议上强调坚持中国特色解决民族问题的正确道路,并阐述了科学内涵,提出了"八个坚持"。这"八个坚持"内涵丰富、逻辑紧密、环环相扣、相互联关、相互辅佐,是完整的理论体系。坚持中国共产党领导是中国特色解决民族问题的总前提也是根本保证;坚持中国特色社会主义道路是中国特色解决民族问题的总道路也是根本途径;坚持维护祖国统一是中国特色解决民族问题的总原则也是根本要求;坚持各民族一律平等是中国特色解决民族问题的根本原则;坚持和完善民族区域自治制度是中国特色解决民族问题的根本制度;坚持各民族共同团结奋斗、共同繁荣发展是中国特色解决民族问题的根本立场;坚持打牢中华民族共同体的思想基础是中国特色解决民族问题的根本精神基础;坚持依法治国是中国特色解决民族问题的根本保障。

习近平总书记在十九大报告中强调:"全党要牢牢把握社会主义初级阶段这个基本国情,牢牢立足社会主义初级阶段这个最大实际,牢牢坚持党的基本路线这个党和国家的生命线、人民的幸福线,领导和团结全国各族人民,以经济建设为中心,坚持四项基本原则,坚持改革开放,自力更生,艰苦创业,为把我国建设成为富强民主文明和谐美丽的社会主义现代化强国而奋斗。"虽然我国现在发展速度很快,发展前景一片光明,但我国的发展阶段仍然处在社会主义初级阶段,这是党中央对我国基本国情的准确定位,是对我国发展现状的准确判断。既然我国仍然处在社会主义初级阶段,那么与之相应的,我国各民族的发展状况也必然是处在"两个共同"即各族人民共同团结奋斗、共同繁荣发展的时期。这种判断和定位完全符合民族发展规律。因为民族的形成、发展和消亡必然要经历一个漫长的过程。更何况民族问题无小事,只要民族存在,民族问题就会存在;只要民族问题存在,就需要认真对待和处理;在正确处理民族问题的过程中,既不能视而不见、听而不闻,也不能急于求成。

习近平总书记的这一重大论断,集中回答了事关民族工作全局最核心、最根本的道路问题,是对我们党民族工作经验的丰富和发展。我们要进一步增强道路自信,牢牢把握中国特色社会主义的政治方向,坚定不移地沿着中国特色解决民族问题的正确道路走下去。

三、坚持民族区域自治制度不动摇

习近平总书记在民族领域系列讲话中指出,民族区域自治是维护国家统一的重要政治制度,是维护民族团结的重要政治制度,是实现民族平等的重要政治制度,是促进各民族共同繁荣发展的重要政治制度,是促进各民族和谐民族关系的重要政治制度。习近平同志在党的十九大报告中指出:"必须坚持中国特色社会主义政治法治道路,坚持和完善人民代表大会制度、中国共产党领导的多党合作和政治协商制度、民族区域自治制度、基层群众自治制度,巩固和发展最广泛的爱国统一战线,发展社会主义协商民主,健全民主制度,丰富民主形式,拓宽民主渠道,保证人民当家做主落实到国家政治生活和社会生活之中。"民族区域自治制度是中国共产党自新中国成立前后就一贯实施并坚持的一项最具有中国特色的社会主义制度之一。

几十年的实践证明,我国的民族区域自治制度是成功的。它的优越性主要体现在:第一,有利于保障各少数民族当家做主、自主管理本民族内部事务的权利;第二,有利于巩固和发展平等、团结、互助、和谐的社会主义民族关系;第三,有利于调动全国各民族的积极性和创造性,从而有利于社会主义现代化建设事业的发展;第四,有利于促进各民族的共同团结奋斗和共同繁荣发展;第五,有利于维护国家统一、社会和谐、边防巩固和稳定,抵御国内外敌对势力的冲击。可以说,民族区域自治已经成为中国特色社会主义制度体系的一大支柱、社会主义政治文明的一大特色、建设法治中国的一大方略,必须毫不动摇地继续坚持。

四、加大力度支持民族地区加快发展

习近平总书记在党的十九大报告中指出:"要实施区域协调发展战略。加大力度支持革命老区、民族地区、边疆地区、贫困地区加快发展,强化举措推进西部大开发形成新格局,深化改革加快东北等老工业基地振兴,发挥优势推动中部地区崛起,创新引领率先实现东部地区优化发展,建立更加有效的区域协调发展新机制。"其中,"加大力度支持民族地区加快发展"体现了党对民族地区发展的高度重视。

新中国成立以来,少数民族和民族地区得到了很大发展,但由于自然、地理、历史等多方面原因,民族地区仍然相对滞后。要增强民族团结,就要努力去除这一障碍。在2014年3月全国"两会"上,习近平总书记指出,"增强团结的核心问题,就是要积极创造条件,千方百计加快少数民族和民族地区的经济社会发展,促进各民族共同繁荣发展。"在2014年5月第二次中央新疆工作座谈会上,习近平提出,"要紧紧围绕各族群众安居乐业,多搞一些改善生产生活条件的项目,多办一些顺民意、惠民生的实事,多解决一些各族群众牵肠挂肚的问题,让各族群众切身感受到党的关怀和祖国大家庭的温暖。"2016年底,国务院印发的《"十三五"促进民族地区和人口较少民族发展规划》,阐明了国家支持少数民族和民族地区发展、加强民族工作的总体目标、主要任务和重大举措,是"十三五"时期促进少数民族和民族地区全面建成小康社会的行动纲领。加大力度支持民族地区加快发展,虽然难度大、任务重,但却事关民族地区各族群众生产生活水平的提高,事关我国全面建成小康社会的实现,必须高度重视并力求解决。

（一）民族地区必须实现跨越式发展

在2014年9月的中央民族工作会议上，习近平总书记指出，民族地区"同全国一道实现全面建成小康社会目标难度较大，必须加快发展，实现跨越式发展"。

（二）物质文明与精神文明两手都要硬，要把建设各民族共有精神家园作为战略任务来抓

针对一些地方的民族工作重物质轻精神的倾向，习近平总书记鲜明指出民族工作见物更要见人。在中央民族工作会议上，他指出，"解决好民族问题，物质方面的问题要解决好，精神方面的问题也要解决好"；"加强中华民族大团结，长远和根本的是增强文化认同，建设各民族共有精神家园，积极培养中华民族共同体意识"。

（三）促进各民族跨区域流动

改革开放以来特别是进入新世纪后，少数民族人口大规模向东部和内地城市流动，内地人口向民族地区及不同民族之间大规模流动，这一新形势要求我们更新理念，积极促进。在2014年5月的第二次中央新疆工作座谈会上，习近平总书记明确指出，要有序扩大新疆少数民族群众到内地接受教育、就业、居住的规模，促进各族群众在共同生产生活和工作学习中加深了解、增进感情。在2014年9月的中央民族工作会议上，习近平总书记深刻指出，少数民族同胞进入城市，是历史发展的趋势，带动了民族地区发展，也有利于民族团结。同时也存在"三个不适应"：进城的少数民族群众对城市的生活和管理方式、城市居民对他们的某些生活和行为方式以及我们的工作方式和管理机制等都不能很好适应。他强调，要重视做好城市民族工作，对少数民族流动人口不能采取"关门主义"的态度，也不能采取放任自流的态度，而是要持欢迎的心态。

五、深化民族团结进步教育，铸牢中华民族共同体意识

习近平总书记在党的十九大报告中指出："深化民族团结进步教育，铸牢中华民族共同体意识，加强各民族交往交流交融，促进各民族像石榴籽一样紧紧抱在一起，共同团结奋斗、共同繁荣发展。"各民族团结稳定、和睦相处是民族工作的基本前提。没有安定团结的大局，一切将无从谈起，因此民族团结是民族工作的生命线，要把加强民族团结作为战略性、基础性、长远性工作来做。

民族不是孤立的，各民族在政治、经济、文化、社会等各个层面发生着密切的交往和联系，所以各民族间的交往交流交融是我国民族关系的主旋律；在中华民族的历史进程中，特别是近

代以来共同面对外来侵略的过程中,中华民族同仇敌忾、一致对外,结下了兄弟情、战斗谊、命运体,形成了中华民族共同体意识;自新中国成立以来,中华各族儿女肩并肩、手牵手、心连心,在社会主义革命、建设和改革开放中同心同德,共铸辉煌,谱写了中国成就的华丽篇章,中华民族共同体意识得到了进一步强化。

在2014年5月的第二次中央新疆工作座谈会上,习近平总书记指出,"民族团结是各族人民的生命线……各民族要相互了解、相互尊重、相互包容、相互欣赏、相互学习、相互帮助,像石榴籽那样紧紧抱在一起。"在2014年9月的中央民族工作会议上,习近平总书记强调,"做好民族工作,最关键的是搞好民族团结,最管用的是争取人心。"各级领导干部要正确认识我国民族关系的主流,多看民族团结的光明面;善于团结群众、争取人心,全社会一起做交流、培养、融洽感情的工作;加强各民族交往交流交融,尊重差异、包容多样,让各民族在中华民族大家庭中手足相亲、守望相助。

习近平总书记民族工作的讲话都强调了民族间的团结和进步,倡导"加强民族交往交流交融,促进各民族像石榴籽一样紧紧抱在一起,共同团结奋斗,共同繁荣发展"。只有这样,民族团结才会更加牢固,民族凝聚力才会进一步增强,中华民族共同体意识才会坚如磐石。

六、加强和创新社会治理,严密防范和坚决打击民族分裂活动

在谈到如何提高保障和改善民生水平,加强和创新社会治理时,习近平总书记提出要"严密防范和坚决打击各种渗透颠覆破坏活动、暴力恐怖活动、民族分裂活动、宗教极端活动"。其中,如何严密防范和坚决打击民族分裂活动仍然是摆在我国各族人民面前的艰巨任务之一。开展民族领域的反分裂斗争,必须始终高举维护社会稳定、维护社会主义法制、维护人民群众根本利益、维护祖国统一、维护民族团结的旗帜。

(一)充分利用法律武器

团结统一是国家的最高利益,是各族群众的共同利益,是民族区域自治的前提和基础。要高举法治旗帜,维护法律权威,掌握对民族分裂势力、宗教极端势力、暴力恐怖势力斗争的主动权,对其破坏活动和分裂行径,要露头就打,坚决消灭在萌芽状态。

(二)加强宣传教育

习近平总书记关于民族团结的思想,是防范和打击民族分裂主义思想的制胜法宝,必须广泛宣传习近平同志关于民族团结的思想。同时,要在各族群众中广泛开展"三个离不开""五个认同"等价值理念宣传教育,坚持用发展的生动事实说话,深入揭批民族分裂主义势力的反动本质,引导各族群众认清境内外民族分裂势力破坏民族团结的险恶用心,自觉树立"团结统

一是福,分裂动乱是祸"的意识,切实增强维护民族团结、祖国统一的责任感,夯实反对分裂、维护稳定的精神力量。

(三)注重反分裂的斗争策略

建立健全反分裂斗争的工作机制,处理好反分裂斗争和维护民族团结的关系,注重把少数民族群众与民族分裂分子严格区别开来,充分认识民族分裂分子不能代表某个特定民族,以最大限度地团结和依靠各族干部群众,最大限度地孤立和打击极少数不法分子,不断巩固反分裂斗争的群众基础。要积极主动地做好消弭隐患和防范工作,完善常态和非常态下的维稳工作机制,严密防范和严厉打击渗透破坏和煽动、聚众闹事、暴力恐怖等分裂活动。

七、引导人们树立正确的历史观、民族观、国家观和文化观

习近平总书记在党的十九大报告中强调,要"引导人们树立正确的历史观、民族观、国家观、文化观"。坚定正确的历史观、民族观、国家观、文化观,是中华各民族团结统一、中华民族共同繁荣发展的精神基础。

(一)树立正确的历史观

要坚持以辩证唯物主义和历史唯物主义的立场、观点、方法来看待和分析历史,从国家、民族发展历程来看待历史,也要从历史的伟大进程来认识民族、国家和文化。要深刻认识历史是人类发展的客观进程,客观地看待历史。要深刻认识历史发展的复杂性,老实地遵循历史规律。

(二)树立正确的民族观

一要透彻认识民族是客观存在的,把客观性看成认识民族和民族问题的起点。如果看不到民族存在的客观性,势必会想当然地认识民族和民族问题,脱离实际,最终事与愿违。二要透彻认识民族是发展的,把历史视角作为考察民族发展过程和民族问题的切入点。作为一个人们共同体,随着历史的发展,每一个民族都会发生变化,不同时期各民族的外在表现是不同的。社会主义初级阶段的民族有阶段性的外在表现,这些表现是国家治理中要考虑到的。三要透彻认识民族是相互联系的,把民族和民族问题与其他问题结合起来考察。解决民族问题必须依赖于社会总问题的解决。社会主义初级阶段的民族问题的解决,必须伴随着实现中华民族伟大复兴的中国梦的历史进程来推进。

(三)树立正确的国家观

一要强化政权意识。二要充分认识到国家是有不同类型的。今天中国的国民,都是国家的主人,这个国家属于各民族共有。三要充分认识特定的国家始终是历史的,必须强化团结意识。各民族团结起来,把当下的国家建设好,才是真实的。所以习近平同志强调:国家好,民族好,才能大家好。

(四)树立正确的文化观

世界发展史证明,文化是人类的灵魂。习近平同志指出:"中国的自信本质上是文化的自信,是更基础、更广泛、更深厚的自信。"在我国政治、经济、文化需要整体提升的今天,增强文化自信是我们这一代人的神圣使命。实践是马克思主义文化观的根本属性,社会实践是文化发展获得生命力的唯一源泉。要以马克思主义文化观为指导,将人们的思想行为放置在社会实践中考察和检验,从政治、经济、文化整体性要求出发,遵循以人民为中心的文化发展的规律。要从主观意识上通过社会实践向先进文化转变,使文化发展成为一个循序渐进的发展模式。

本章思考

1. 民族团结和社会稳定的含义。
2. 新时代习近平民族工作思想。

思考题

1. 改革开放以来民族团结进步事业的成绩与经验是什么?
2. 如何支持民族地区快速发展?

第九章
Chapter 9

抗击新冠肺炎疫情的中国行动

> **要点提示**
> - 中国抗击疫情的艰辛历程
> - 中国疫情防控阻击战
> - 中国疫情防控的认识

> **开篇阅读**

新的一年,是决胜全面建成小康社会、决战脱贫攻坚大功告成之年。天有不测风云,一场突如其来的新冠肺炎疫情肆虐武汉湖北、蔓延华夏大地,中华民族面临着新中国成立以来在中国发生的传播速度最快、感染范围最广、防控难度最大的一次重大突发公共卫生事件。党的十八大以来,习近平总书记反复告诉全党全国人民,中华民族伟大复兴,绝不是轻轻松松、敲锣打鼓就能实现的,必须准备付出更为艰巨、更为艰苦的努力。总书记言犹在耳,严峻的现实已然降临。面对巨大的灾难,习近平总书记以大无畏的英雄气概向世界声明:"中华民族历史上经历过很多磨难,但从来没有被压垮过,而是愈挫愈勇,不断在磨难中成长、从磨难中奋起。"在以习近平同志为核心的党中央率领下,中国人民比历史上任何时候都更加团结奋起,心往一处想、劲往一处使,党政军民学、东西南北中,汇聚起排山倒海雄伟力量,坚决打赢这场疫情防控的人民战争、总体战、阻击战。全党全军全国人民牢记总书记的教导,清醒地认识到,抗击疫情,既是一场大仗、硬仗,也是对我国治理体系和治理能力的一次深度检验、一次综合性大考,必须充分发挥中国特色社会主义制度优势和治理效能,奋力统筹推进疫情防控和经济社会发展"两手抓、两不误",确保战胜疫情,确保如期完成决胜全面建成小康社会、决战脱贫攻坚的目标任务。

第一节　中国抗击疫情的艰辛历程

（一）第一阶段：迅即应对突发疫情（2019年12月27日至2020年1月19日）

2019年12月，湖北省武汉市部分医疗机构陆续接诊了数十名不明原因肺炎病人。12月30日，武汉市卫健委发布《关于做好不明原因肺炎救治工作的紧急通知》，要求各医疗机构要及时追踪统计救治情况，并按要求及时上报。12月31日，武汉市卫健委称，已经发现27例病例，其中7例病情严重，所有病例均已隔离治疗，多例病例与武汉市华南海鲜市场有关联。因此，2020年1月1日，武汉市政府对华南海鲜市场进行休市整顿措施。

2020年1月5日，武汉市共报告不明原因的病毒性肺炎59例。武汉市卫健委称，此次出现的不明肺炎已经排除了流感、禽流感、腺病毒感染、传染性非典型肺炎（SARS）和中东呼吸综合征（MERS）的可能性。因此，这可能是一种从未出现过的新型病毒感染的肺炎疾病。1月上旬，国家和湖北省卫健委派出工作组和专家组赴武汉考察，指导当地开展疫情应对处置工作，武汉市开始对出境离汉人员进行体温测量排查。国家卫健委组织力量对病例样本进行了实验室平行检测，初步确认了新型冠状病毒为此次疫情的病原。1月12日，世界卫生组织将这种病毒暂命名为"2019-nCoV"。

1月17日，国家卫生健康委派出7个督导组赴地方指导疫情防控工作。1月18日，国家卫生健康委发布新型冠状病毒感染的肺炎第二版诊疗方案。1月18日至19日，国家卫生健康委组织国家医疗与防控高级别专家组赴赴武汉市实地考察疫情防控工作。19日深夜，高级别专家组经认真研判，明确新冠病毒出现人传人现象。

（二）第二阶段：初步遏制疫情蔓延势头（2020年1月20日至2月20日）

全国新增确诊病例快速增加，防控形势异常严峻。中国采取阻断病毒传播的关键一招，坚决果断关闭离汉离鄂通道，武汉保卫战、湖北保卫战全面打响。中共中央成立应对疫情工作领导小组，并向湖北等疫情严重地区派出中央指导组。国务院先后建立联防联控机制、复工复产推进工作机制。全国集中资源和力量驰援湖北省和武汉市。各地启动重大突发公共卫生事件应急响应。最全面最严格最彻底的全国疫情防控正式展开，疫情蔓延势头初步遏制。

1月22日，武汉市政府开始对进出城车辆及人员进行疫情排查，并要求全市在公共场合必须佩带口罩。截至1月23日24时，全国共有29个省区市报告疫情。一场全民防疫的攻坚战已经打响。从1月24日至2月20日，在以习近平同志为核心的党中央坚强领导下，经过全党全军全国各族人民团结奋战，疫情蔓延势头得到初步遏制，防控工作取得阶段性成效，全国新增确诊病例数和疑似病例数总体呈下降趋势，治愈出院人数较快增长，尤其是湖北以外省份新增病例大幅减少。同时，要清醒看到，全国疫情发展拐点尚未到来，湖北省和武汉市防控形势依然严峻复杂。各级党委和政府要贯彻党中央关于疫情防控各项决策部署,毫不放松抓好疫情防控工作,及时完善防控策略和措施,不断巩固成果、扩大战果,全面打赢疫情防控人民战争、总体战、阻击战。

(三)第三阶段:本土新增病例数逐步下降至个位数(2020年2月21日至3月17日)

从2月21日至2月27日,在以习近平同志为核心的党中央坚强领导下,经过全党全军全国各族人民团结奋战,湖北省和武汉市疫情快速上升势头均得到遏制,全国除湖北省以外其他省份,新增确诊病例数首次双双降至个位数。全国除湖北省以外疫情形势总体平稳,3月中旬每日新增病例控制在个位数以内,疫情防控取得阶段性重要成效。根据疫情防控形势发展,中共中央作出统筹疫情防控和经济社会发展、有序复工复产重大决策。

2月21日,中共中央总书记习近平主持召开中共中央政治局会议,指出疫情防控工作取得阶段性成效,同时,全国疫情发展拐点尚未到来,湖北省和武汉市防控形势依然严峻复杂;强调要针对不同区域情况,完善差异化防控策略,坚决打好湖北保卫战、武汉保卫战,加强力量薄弱地区防控,全力做好北京疫情防控工作;强调要建立与疫情防控相适应的经济社会运行秩序,有序推动复工复产。

(四)第四阶段:取得武汉保卫战、湖北保卫战决定性成果(2020年3月18日至4月28日)

以武汉市为主战场的全国本土疫情传播基本阻断,离汉离鄂通道管控措施解除。3月18日,全国新增本土确诊病例首次实现零报告。至19日,湖北省以外省份连续7日无新增本土确诊病例。武汉市在院新冠肺炎患者清零,武汉保卫战、湖北保卫战取得决定性成果,全国疫情防控阻击战取得重大战略成果。境内疫情零星散发,境外疫情快速扩散蔓延,中共中央把握国内外疫情防控新形势,及时完善疫情防控策略和应对举措,把重点放在"外防输入、内防反弹"上来,保持疫情防控形势持续向好态势;强调要在疫情防控常态化条件下加快恢复生产生活秩序,力争把疫情造成的损失降到最低限度,努力完成全年经济社会发展目标任务;巩固深化国内疫情防控成效,及时处置聚集性疫情,分类推动复工复产,关心关爱境外中国公民。

(五)第五阶段:全国疫情防控进入常态化(2020年4月29日以来)

境内疫情总体呈零星散发状态,局部地区出现散发病例引起的聚集性疫情,境外输入病例基本得到控制,疫情积极向好态势持续巩固,全国疫情防控进入常态化。加大力度推进复工复产复学,常态化防控措施经受"五一"假期考验。经中共中央批准,国务院联防联控机制派出联络组,继续加强湖北省疫情防控,强调要针对境外疫情的新情况新趋势,采取更加灵活管用的措施,强化外防输入重点领域和薄弱环节。

5月15日，中共中央总书记习近平主持召开中共中央政治局会议，讨论国务院拟提请第十三届全国人民代表大会第三次会议审议的《政府工作报告》稿，指出做好今年工作，要紧扣全面建成小康社会目标任务，统筹推进疫情防控和经济社会发展工作，在常态化疫情防控前提下，坚持稳中求进工作总基调，坚持新发展理念，坚持以供给侧结构性改革为主线，坚持以改革开放为动力推动高质量发展，坚决打好三大攻坚战，扎实做好"六稳"工作，全面落实"六保"任务，坚定实施扩大内需战略，维护经济发展和社会稳定大局，确保完成决战决胜脱贫攻坚目标任务，全面建成小康社会。

知识问答

1. 三大攻坚战

三大攻坚战是指防范化解重大风险、精准脱贫、污染防治，是在十九大报告中首次提出的新表述。2017年10月18日，习近平总书记在十九大报告中提出：要坚决打好防范化解重大风险、精准脱贫、污染防治的攻坚战，使全面建成小康社会得到人民认可、经得起历史检验。

2. "六稳"

"六稳"指的是稳就业、稳金融、稳外贸、稳外资、稳投资、稳预期，涵盖了我国目前经济生活的主要方面。这表明中央在面对挑战日益加大的国内外经济形势时，仍然表现出了实现全盘稳定的信心。这种信心来自良好的经济基本面，也受到了精准施策之有效方法的支持。

3. "六保"

2020年4月17日召开的中共中央政治局会议强调统筹推进疫情防控和经济社会发展，在疫情防控常态化前提下，做好"保"这六方面的工作。专家分析，这是在当前经济发展面临前所未有挑战的情况下，充分估计困难、风险和不确定性提出的要求，意在稳住经济基本盘，兜住民生底线。

2020年5月22日，李克强总理作政府工作报告。报告强调，加大"六稳"工作力度，保居民就业、保基本民生、保市场主体、保粮食能源安全、保产业链供应链稳定、保基层运转。

第二节 中国疫情防控阻击战

2020年3月25日，习近平总书记主持召开中央政治局常委会会议。这是大年初一以来他主持召开的第八次中央政治局常委会会议。61天时间连续召开八次会议，全力应对一次前所未有的重大突发公共卫生事件，专题研究疫情防控和复工复产工作，这在党的历史上还是第一次。这个密度是罕见的，凸显了党中央在领导这场抗疫斗争之际的饱满精神状态。透过这八次会议，我们可以清晰看到习近平如何指挥部署这场疫情防控阻击战。

一、八次关键会议 引领战"疫"走向

1. 第一次

2020年1月25日大年初一,召开了第一次中央政治局常委会会议,是对疫情防控工作进行"再研究、再部署、再动员"。此前一天,除夕之夜,三支军队医疗队紧急飞赴武汉。总台春晚临时增加抗疫节目引发强烈反响,全国人民的神经骤然绷紧。会议在正月初一召开,凸显疫情形势之紧迫。如果用关键词概括,这次会议的重点是全面下达任务,是对全党、全国的再次"动员"。

2. 第二次

9天之后,2020年2月3日,疫情防控阻击战已全面打响,正在"同时间赛跑、与病魔较量"。这时全国确诊病例在快速增长,而治愈病例也开始增多,已有数千名医护人员增援武汉,全党同志、全国人民已投身于这场阻击战中。

此时再开中央政治局常委会会议,习近平总书记突出强调"疫情防控要坚持全国一盘棋"。会议从多方面进行了更加系统的部署,是在广度和深度上的"展开"。

3. 第三次

又相隔9天之后,2020年2月12日,"疫情防控工作到了最吃劲的关键阶段"。虽然确诊病例还在增长,但"疫情形势出现积极变化,防控工作取得积极成效"。

在12日中央政治局常委会会议的2000余字新闻稿里,"统筹"二字不止出现了三遍,而是四遍——"突出重点、统筹兼顾,分类指导、分区施策";"非疫情防控重点地区要以实行分区分级精准防控为抓手,统筹疫情防控与经济社会秩序恢复";"统筹做好疫情防控和经济社会发展,既是一次大战,也是一次大考";各级党委、政府和各级领导干部要"既有统筹兼顾之谋、又有组织实施之能"。

其中,会议提出的"分区分级精准防控","以县域为单元,确定不同县域风险等级,分区分级制定差异化防控策略",也是个极有针对性的"硬措施"。

对比前三次会议的新闻稿,第一次时紧紧围绕疫情防控工作;第二次时用专门的一段话,强调了"要继续为实现今年经济社会发展目标任务而努力";而第三次,则用了四分之一左右的篇幅,具体部署如何"努力实现党中央确定的各项目标任务"。前两次的落脚点都是"打赢疫情防控阻击战",而2月12日这次会议的落脚点,是"坚决打赢疫情防控的人民战争、总体战、阻击战,努力实现今年经济社会发展目标任务"。

4. 第四次

2020年2月19日,习近平总书记主持召开中央政治局常委会会议,听取疫情防控工作汇报,研究统筹做好疫情防控和经济社会发展工作,决定将有关意见提请中央政治局会议审议。2月21日,中央政治局召开会议,研究新冠肺炎疫情防控工作,部署统筹做好疫情防控和经济社会发展工作。

会议指出,新冠肺炎疫情发生后,党中央高度重视,习近平总书记时刻关注疫情形势,把疫情防控作为头等大事来抓,亲自指挥、亲自部署,提出坚定信心、同舟共济、科学防治、精准施策的总要求。党中央及时制定疫情防控方针政策,确保疫情防控有力有序推进,坚决遏制疫情扩散蔓延。加强对湖北和武汉疫情防控工作的指导,举全国之力予以支援。统筹抓好其他地区防控工作。加强医用物资和生活必需品应急保供,全力保障疫情防控需要。维护经济社会正常秩序,保持社会稳定。我国疫情防控工作得到国际社会普遍支持,展现负责任大国形象。

5. 第五次

2020年2月26日,当时全国疫情防控形势积极向好的态势正在拓展,经济社会发展加快恢复,同时湖北省和武汉市疫情形势依然复杂严峻,其他有关地区疫情反弹风险不可忽视。加强疫情防控这根弦不能松,经济社会发展各项工作要抓紧。

26日的会议强调"要继续集中力量和资源,全面加强湖北省和武汉市疫情防控"。其中,很细致地点出了几处关键:在社区防控上,既要抽调更多干部来支援,也要发挥当地的干部和群众的积极性;还围绕老旧小区、基本生活保障、思想政治工作、群众心理疏导等方面提出了要求。在医疗救治上,分别强调了重症怎么办,轻症怎么办,以及物资怎么办。

26日的会议专门对"强化特殊场所和重点人群防护措施"作了部署,涉及"养老、救助、儿童福利、精神卫生医疗等机构",以及"疫情防控一线工作人员、直接接触医用废弃物人员、密闭空间服务人员等人群"的防控。强化这些场所和人群的防护,也是在抓一种类型的"矛盾主要方面"。

围绕"精准稳妥推进复工复产",26日的会议突出强调了各企事业单位的"防控主体责任"。党中央一再进行的工作部署,最终要靠一线的企事业单位去细致落实,特别是靠领导班子担起责任,抓实抓细抓落地。之前一段时期我们看到的几起确诊病例群发事件,以及单位内发生病例导致较大范围员工成为"密切接触者"等,恐怕都跟这个单位的防控主体责任是否落实到位有关。北京市27日上午通报的一起输入性单位聚集性疫情,就是这种情况。

6. 第六次

2020年3月4日,中央政治局常委会第六次会议召开。会议指出,经过全国上下艰苦努力,已初步呈现疫情防控形势持续向好、生产生活秩序加快恢复的态势,必须深入贯彻落实统筹推进疫情防控和经济社会发展工作部署会议精神,加快建立同疫情防控相适应的经济社会运行秩序,力争全国经济社会发展早日全面步入正常轨道,为实现决胜全面建成小康社会、决战脱贫攻坚目标任务创造条件。

7. 第七次

在2020年3月18日的会议上,习近平指出,在全国上下和广大人民群众共同努力下,全国疫情防控形势持续向好、生产生活秩序加快恢复的态势不断巩固和拓展,统筹推进疫情防控和经济社会发展工作取得积极成效。同时,我们也面临着不少新情况新问题,特别是境外疫情扩散蔓延及其对世界经济产生不利影响,也给我国疫情防控和经济发展带来新的挑战。要准确把握国内外疫情防控和经济形势的阶段性变化,因时因势调整工作着力点和应对举措,确保打赢疫情防控的人民战争、总体战、阻击战,确保实现决胜全面建成小康社会、决战脱贫攻坚目标任务。

8. 第八次

2020年3月25日,习近平总书记主持召开中央政治局常委会会议,听取疫情防控工作和经济形势的汇报,研究疫情防控和经济工作,决定将有关意见提请中央政治局会议审议。中共中央政治局3月27日召开会议,分析国内外新冠肺炎疫情防控和经济运行形势,研究部署进一步统筹推进疫情防控和经济社会发展工作,审议《关于2019年脱贫攻坚成效考核等情况的汇报》和《关于中央脱贫攻坚专项巡视"回头看"情况的综合报告》。

会议指出,经过全国上下和广大人民群众艰苦努力,疫情防控取得阶段性重要成效,经济社会秩序加快恢复,成绩来之不易。

二、决胜之地 重地之战

习近平说:"疫情发生以来,党中央一开始就明确要求把人民群众生命安全和身体健康放在第一位,党中央采取的所有防控措施都首先考虑尽最大努力防止更多群众被感染,尽最大可能挽救更多患者生命。"这也正是八次中央政治局常委会会议指导湖北保卫战、武汉保卫战的鲜明理念。

1. 心系武汉疫情——"坚决打好湖北保卫战、武汉保卫战"

尽最大努力防止更多群众被感染。这就需要以非常之策控制传染源、切断传播途径。前6次会议把"收治"作为重要课题。从1月25日提出"及时收治所有确诊病人",2月3日明确"集中收治医院要尽快建成投入使用",到2月12日提出"坚决做到应收尽收、应治尽治,提高收治率",再到2月26日要求"巩固排查和收治成果",湖北武汉最终关上了疫情蔓延的"水龙头"。到3月18日第7次会议召开这一天,湖北武汉迎来新增确诊病例、新增疑似病例和现有疑似病例三项清零。

尽最大可能挽救更多患者生命。最重要的一点就是全力救治重症病例。从1月25日要求"将重症病例集中到综合力量强的定点医疗机构进行救治",2月12日要求"加快改造扩容定点医院,增加重症床位供给",到3月4日提出"重症患者全部集中在高水平定点医院救治",八次会议每次都对此作出专门部署。截至3月18日,湖北重症病例已经从高峰时间超过10 000例降至2 274例。

战"疫",全国是一盘棋,而武汉,既是这盘棋上决定存亡的"棋眼",也是决定胜败的"棋筋",是全国疫情防控的主战场,是决战决胜之地。对此,习近平有着异常清醒的认识,他一针见血地指出:"武汉胜则湖北胜,湖北胜则全国胜。"在2月23日举行的统筹推进新冠肺炎疫情防控和经济社会发展工作部署会议上,习近平再作部署,"坚决打好湖北保卫战、武汉保卫战。"

2. 心念医护人员——"用药如用兵,用医如用将"

战"疫"一线武汉,在这个没有硝烟的战场上,同样有流血牺牲、前仆后继。来自解放军、全国各地与当地的数万医护人员,舍生忘死日夜鏖战。他们的英勇壮举感动了全国,感动了世界。习近平一直深情地惦念着战"疫"一线的白衣天使们。

"用药如用兵,用医如用将。"多次重要会议上,习近平都语重心长地关心、问候奋战在疫情防控工作一线的医务工作者,向他们表达由衷的感谢和敬意。

2020年2月10日,在北京调研指导疫情防控工作时,习近平视频连线湖北武汉抗击肺炎疫情前线,给全国奋战在疫情防控一线的医务工作者和广大干部职工送去党中央的关怀和慰问。习近平还专门作出重要指示,强调务必高度重视对他们的保护、关心、爱护。

2月23日,在统筹推进新冠肺炎疫情防控和经济社会发展工作部署会议上,习近平作出了一系列细致的安排:要关心关爱一线医务人员,落实防护物资、生活物资保障和防护措施,统筹安排轮休,加强心理疏导,落实工资待遇、临时性工作补助、卫生防疫津贴待遇,完善激励机制,帮助他们解除后顾之忧,使他们始终保持昂扬斗志、旺盛精力,持续健康投入抗疫斗争……

3月10日上午,习近平乘飞机抵达湖北省武汉市,考察湖北和武汉新冠肺炎疫情防控工作,看望慰问奋战在一线的广大医务工作者、解放军指战员、社区工作者、公安干警、基层干部、下沉干部、志愿者和患者群众、社区居民。

3. 心念武汉人民——"武汉是英雄的城市"

生命重于泰山,习近平始终把人民群众生命安全和身体健康放在第一位。

武汉感染新冠肺炎的人数居全国首位。习近平非常关注患者救治情况,他反复强调,要提高收治率和治愈率、降低感染率和病亡率。对于轻症患者,习近平指出,要继续加大救治力度,多渠道扩增收治床位,尽早实施医疗干预,尽可能让患者在轻症阶段得以治愈。对于重症患者,他强调,要加大重症患者救治力度,加快推广行之有效的诊疗方案,加强中西医结合,疗效明显的药物、先进管用的仪器设备都要优先用于救治重症患者。

自2020年1月23日起,武汉关闭离汉通道,整个城市按下"暂停键"。武汉人民生活得怎么样,他们还有什么亟待解决的困难,习近平特别牵挂。

习近平关心武汉人民的"菜篮子""米袋子",他叮嘱,要密切监测市场供需动态,积极组织蔬菜和畜禽等生产,增加肉蛋奶等供给,畅通运输通道和物流配送,着重解决好生活必需品供应的"最后一公里"问题……衣食住行,无不挂心。

3月10日,习近平在湖北省考察新冠肺炎疫情防控工作。离开火神山医院,习近平赶赴武汉市东湖新城社区,看望居家隔离的社区群众,实地了解社区疫情防控、群众生活保障等情况,对社区群众和防控一线工作人员表示慰问和感谢。他指出,广大基层干部和深入基层的各级干部特别是湖北、武汉等疫情严重地区的干部群众连续作战,十分辛苦,各级党委和政府要多关心关爱他们,及时帮助他们解决遇到的实际困难和问题。

疫情发生后,武汉人民识大体、顾大局,克服疫情给务工、经营、就业、生活带来的种种困难,积极支持配合党委政府的各项防控措施。习近平对此满含敬意,他热情赞扬"武汉是英雄的城市,湖北人民、武汉人民是英雄的人民"。

三、两手都要抓　夺取双胜利

在2020年2月12日主持召开中央政治局常委会第三次会议时,习近平指出,统筹做好疫情防控和经济社会发展,既是一次大战,也是一次大考。统筹推进疫情防控和经济社会发展工作,正在按照"科学防治、精准施策"的原则展开。

2月12日的会议提出,要以县域为单元,确定不同县域风险等级,分区分级制定差异化防控策略。

2月26日第五次会议提出,加强疫情防控这根弦不能松,经济社会发展各项工作要抓紧。

3月4日第六次会议提出,精准有序扎实推动复工复产,实现人财物有序流动、产供销有机衔接、内外贸有效贯通,把疫情造成的损失降到最低限度。

3月18日第七次会议提出,要以省域为单元,推动经济社会秩序恢复。要增强紧迫感,加快建立同疫情防控相适应的经济社会运行秩序,积极有序推进企事业单位复工复产,努力把疫情造成的损失降到最低限度。武汉市要逐步推进复工复产。

防控的基本单元从县域扩大到省域,说明随着疫情防控形势持续向好,中国正在扩大疫情防控阻击战的战果,力争引领全国经济社会发展早日全面步入正常轨道。

3月25日第八次会议研究疫情防控和经济工作,决定将有关意见提请中央政治局会议审议。

3月27日中共中央政治局召开会议提出,分析国内外经济运行形势,要在疫情防控常态化条件下加快恢复生产生活秩序,落实好各项减税降费政策,加大脱贫攻坚项目开工复工进度,加强对湖北经济社会发展的支持。

四、同舟共济　携手抗"疫"

疫情面前,中国展现的不仅是集中力量办大事的制度优势,更是以人类共同利益为重的价值追求。中国的医护和科研人员用中国速度为全球作出防疫准备争取了宝贵时间,用中国力量撑起了控制疫情蔓延的坚固防线。新冠肺炎疫情发生以来,外交战线紧紧围绕坚决遏制疫情蔓延势头、坚决打赢疫情防控阻击战总目标,把疫情防控工作作为最重要的政治任务,以高度责任感和使命感扎实推进疫情防控涉外工作,为党中央分忧,为国家尽责,为人民担当,为国内抗疫斗争贡献力量。

1. 大国担当

中国站在抗击新冠肺炎疫情的第一线,我们不仅对中国人民负责,也为全球公共卫生事业尽责,通过采取最坚决、最彻底的措施,全力阻止新冠肺炎疫情在全球范围的蔓延。中国的医护和科研人员争分夺秒完善诊疗措施,不断提升治愈率、降低病亡率,用中国速度为全球作出防疫准备争取了宝贵时间,用中国力量撑起了控制疫情蔓延的坚固防线。联合国秘书长古特雷斯表示,中国为抗击新冠肺炎疫情并避免其蔓延付出了巨大牺牲,为全人类作出了贡献。世界卫生组织总干事谭德塞指出,中国强有力的举措既控制了疫情在中国境内扩散,也阻止了疫情向其他国家蔓延,不仅是在保护中国人民,也是在保护世界人民。

世界卫生组织赴中国考察专家组负责人布鲁斯·艾尔沃德在视频连线专访时说:"我觉得全世界真的欠了武汉人民的情,我想让武汉人民知道,世界知道你们所做的贡献",有中国的经验,其他国家不必"从零开始"。"我亲眼看到了他们身上表现出来一种巨大的责任感,要保护自己的家庭、自己的社区,甚至是全世界远离疾病的侵害,这让人动容。"

2. 赢得信任

中方从一开始就高度重视国际卫生合作,本着公开透明原则,及时向各方通报疫情信息,分享病毒基因序列,与世界卫生组织、周边和有关国家密切合作,邀请国际专家并肩工作。我们高度重视各国在华公民健康,协同各国驻华机构加强外国侨民信息通报和领事协助,信任、感动与加油成为外国在华人士的普遍心声。中国用实实在在的行动赢得了世界的普遍认同与赞赏,生动践行了构建人类命运共同体的庄严承诺。第74届联合国大会主席班迪表示,中国在防控疫情过程中展现出的领导力与透明度堪称典范。巴基斯坦总理伊姆兰·汗表示,整个世界都感谢并赞赏中方应对疫情的努力和成效,没有任何国家可以做得比中国更好。国际权威专业期刊指出,中国为国际科学界加入抗疫战斗铺平了道路,为科研合作的全球动员奠定了基础。国际社会普遍认为,中国人民为遏制疫情作出重大贡献,中方的防控工作不仅对本国人民生命健康高度负责,更是对全球疾病防控的大力支持。

3. 树立标杆

疫情是对中国治理体系和能力的大考,也是对全球治理体系和能力的检验。在疫情防控中,中国力量、中国效率、中国速度受到赞誉,中国治理的制度优势得到充分彰显。

我们将秉持人类命运共同体理念,积极开展抗疫国际和地区合作。战胜这场疫情不仅攸关中国人民的生命和健康,也关系到世界各国人民的安全和福祉。我们将按照党中央部署,围绕统筹推进新冠肺炎疫情防控和经济社会发展做好涉外工作,推动中外人员往来和各领域合作有序进行。我们将扩大抗疫双多边合作,继续同世卫组织保持良好沟通,探索开展跨国联防联控,加强卫生、检疫、交通、出入境等部门协调,及时分享疫情信息、防控措施和研究成果,加强抗病毒药物及疫苗联合研发。我们也将在全面有力防控本国疫情的同时,向其他出现疫情扩散的国家和地区提供力所能及的援助,发挥负责任大国作用。

第三节　中国疫情防控的认识

在举国上下万众一心、众志成城做好新冠肺炎疫情防控工作的特殊时刻,为将高校思想政治理论课教学优势转化为支持防疫斗争的强大力量,引导广大学生增强"四个意识"、坚定"四个自信"、做到"两个维护",坚定在以习近平同志为核心的党中央坚强领导下打赢这场疫情防控人民战争、总体战、阻击战的信心和决心,深刻认识中国抗疫彰显的中国共产党领导和中国特色社会主义制度的显著优势,教育部社科司与人民网决定联合组织"全国大学生同上一堂疫情防控思政大课"。

知识问答

四个意识:是指政治意识、大局意识、核心意识、看齐意识。这"四个意识"是2016年1月29日中共中央政治局会议最早提出来的。习近平总书记在庆祝中国共产党成立95周年大会上的讲话强调,全党同志要增强政治意识、大局意识、核心意识、看齐意识,切实做到对党忠诚、为党分忧、为党担责、为党尽责。

四个自信:四个自信即中国特色社会主义道路自信、理论自信、制度自信、文化自信,由习近平总书记在庆祝中国共产党成立95周年大会上提出,是对党的十八大提出的中国特色社会主义"三个自信"的创造性拓展和完善。

两个维护:"两个维护"是指坚决维护习近平总书记党中央的核心、全党的核心地位,坚决维护党中央权威和集中统一领导。

艾四林——在抗击疫情斗争中深化理论认识

一、确保人民群众生命安全和身体健康

疫情发生后,武汉采取了封城,2020年1月22日,美国《纽约时报》在报道中援引采访对象的话,称中国在武汉封城的做法是侵犯武汉民众人权。也有人质疑,以巨大的经济为代价来阻断病毒传播是否值得。我不知道同学们是怎么看待这两个问题的?在我看来,有此说法的人没有读懂中国共产党,没有读懂中国发展未来是为了什么?立场不同,选择答案自然就会不一样。

我们党是马克思主义政党,人民性是马克思主义最鲜明的品格,人民立场是马克思主义的根本立场,也是习近平新时代中国特色社会主义思想的根本立场。我们党自成立那天起,就把为人民谋幸福写在了自己的旗帜上。无论过去打土豪、分田地,还是今天消除贫困,都是为了让人民过上好日子,过上幸福生活,解放生产力,发展生产力又是为什么?归根到底就是要解放和发展生产者,也就是要实现马克思所说的人的自由全面发展,离开这一价值指引,解放和发展生产力就会失去方向。现代生产力发展所依赖的市场和科技,就可能变成脱缰的野马,产生异化。我们今天讲中国梦,中国梦是什么呢?中国梦归根到底是人民的梦,是人民追求幸福的梦。中国梦就是要让每个人共同享有人生出彩的机会,共同享有梦想成真的机会,共同享有

同祖国和时代一起成长与进步的机会。新时代坚持以人民为中心的发展思想,要解决不平衡、不充分的发展问题,推动高质量发展,不断满足人民美好生活的需要,提高人民的获得感、幸福感、安全感。

生命安全和身体健康无疑是幸福的重要基础。我们所讲的人权不仅指自由权,也包括生命权、健康权等等,而生命权、健康权是最基础性的人权。在疫情面临大规模蔓延,可能对人的生命健康造成威胁时,生命权、健康权就成为最大的人权,最紧迫的人权。因此在疫情发生后,习近平总书记就明确要求,把人民群众生命安全和身体健康放在第一位。2月14日,习近平总书记再次强调,确保人民群众生命安全和身体健康,是我们党治国理政的一项重大任务。而把人民群众生命安全和身体健康放在第一位,就要高度重视保护、关心爱护战役一线人员,特别是医务人员,保护好他们的身新健康。在这次战役中,全国4万余名医务人员驰援湖北,广大医务人员冲锋在前,无私奉献,发挥了火线上的中流砥柱作用。2月10日,习近平总书记在北京调研指导新冠肺炎疫情防控工作,他强调,要关心关爱广大医务人员,他们夜以继日,连续奋战,非常辛苦,也有医务人员不幸被病毒感染,有的甚至献出了生命,体现了医者仁心的崇高精神。

各级党委和政府要关新关爱他们,大力宣传优秀典型和先进事迹,帮助解决实际困难和问题。生活安全、人文关怀都要保障到位。习近平总书记对湖北人民武汉人民十分牵挂,并给予高度赞誉。他说:"武汉是英雄的城市,湖北人民、武汉人民是英雄的人民",历史上从来没有被艰难险阻压垮过,只要同志们同心协力、英勇奋斗,共克时艰,我们一定能取得疫情防控斗争的全面胜利。作为在北京工作的湖北人,我为家乡人民感到骄傲。在疫情防控中,把人民群众生命安全和身体健康放在第一位,保障人民群众最大、最紧迫的生命权、安全权、健康权,这就是马克思主义人民立场的最好诠释。

二、提倡文明、健康、绿色环保的生活方式

武汉华南海鲜市场的野味交易,某人网上炫耀食用野味的照片,一时成为网上的热点,社会各界广泛关注和讨论。

2020年2月3日,习近平总书记在中央政治局常委会会议调研应对新冠病毒肺炎疫情工作的时候的重要讲话中指出,我们早就认识到食用野生动物风险很大,但野味产业依然规模庞大,对公共卫生安全构成了重大隐患。再也不能无动于衷,食用野生动物,破坏生态环境等问题,反映出的是人和自然、人和动物的关系问题。

人由自然之子变为万物之灵、万物之主。人把自然视为外在于自己的被改造、被征服、被支配的对象。知识就是力量、我思故我在、人为自然立法等等西方观念,就是人的主体性的高扬,人类中心主义也由此大行其道。在人类无节制的征服改造自然的狂潮中,也不乏头脑清醒、敏锐的思想家。马克思讲,人靠自然界生活,应该也讲过,人本身是自然界的产物,是在自己所处的环境中并且和环境一起发展起来的,这也就是说首先人与自然不能分割。其次,人与

自然不能对立起来，人和自然之间是相互依存、相互影响、相互作用的有机整体。另外，人类是在同自然的互动中生产生活和发展。因此，恩格斯讲，我们绝不像征服者统治异族人那样支配自然界，绝不像站在自然界之外的人似的去支配自然界。当人类庆祝同自然开战的伟大胜利的时候，恩格斯就发出了明确的警告，不要过分陶醉于我们人类对自然界的胜利，对于每一次这样的胜利，自然界都对我们进行报复。事实上，人类过度征服自然活动导致的生态环境危机，一次又一次向人类敲响了警钟。

为了避免警钟变丧钟，人类必须改变，必须重建和自然之间的和谐共生关系。如何建立起这种关系，就要大力推动形成绿色发展方式、生活方式。过去那种只讲索取，不讲投入，只讲发展，不讲保护，只讲利用，不讲修复的发展也难以为继，必须坚决摒弃那种杀鸡取卵、涸泽而渔的损害，甚至破坏生态环境的发展方式，推动形成敬畏自然、尊重自然、顺应自然、保护自然的绿色发展方式。3月2日，习近平总书记在考察时强调，特别是要坚决杜绝食用野生动物的陋习，提倡文明、健康、绿色、环保的生活方式。食用野生动物既不文明也不健康。历史上许多人类的疾病都来源于野生动物，比方说人类的艾滋病、埃博拉病毒等等。有数据显示，目前70%的新发传染病均来源于野生动物，改变食用野生动物的陋习，养成健康文明的饮食习惯。要从我做起，从现在做起，从小事做起。我们大学生能做什么呢？比如我们可以做到拒绝购买保护名录中的野生动植物工艺品，拒绝非法来源的药用野生动物制品，拒绝吃拒绝饲养野生动物作为宠物，举报非法猎捕、交易野生动物行为，开展相关知识宣传教育等等，但改变一种长期形成的陋习极为不易，还必须有法律的强力保障。2月24日，全国人大常委会表决通过相关决定，这一决定为打赢疫情防控阻击战，保障人民群众生命健康安全提供强有力的立法保障。通过立法严格执法，形成强大的震慑作用，让文明、健康、绿色、环保的生活方式成为全社会的共识，成为人人自觉的遵循。

三、构建战役命运共同体

新时代，是我国日益走近世界舞台中央，不断为人类作出更大贡献的时代，一场突如其来的疫情，使中国成为世界关注的焦点。旁观者有之，怀疑者有之，甚至污名化中国者也有之。大考面前，中国会给世界交出什么样的答卷呢？如何面对全球蔓延的重大疫情该怎么办？病毒无国界、置身事外、独善其身，显然是行不通的。世界各国携手战"疫"，打一场全球阻击战就成不二选择。2月20日在给比尔盖茨的回信中，习近平主席说，我一直讲人类是一个命运共同体，在这关乎各国人民安危的疫病（面前），团结合作是最有利的武器。在这次疫情防控中，中国为世界提供了宝贵的防御窗口期。疫情发生后，中国举全国之力，采取最全面、最严格、最彻底的防控举措，付出了最大的努力、巨大的代价。这充分彰显了中国开放的胸襟、人类的情怀，体现了负责任大国担当，也因此获得国际社会的高度赞誉。2月24日，联合国秘书长古特雷斯在瑞士日内瓦表示，中国人民为尽量减轻新冠肺炎疫情造成的负面影响实施严格的防控措施，以牺牲正常生活的方式，为全人类作出了贡献。同时，中国也为世界提供了可资借鉴的战"疫"经验。自疫情开始以来,习近平主席多次与外国政要及国际组织负责人通过会见、通电话、致函等方式进行沟通,向国际社会介绍中国抗击疫情的积极进展。

在防控疫情的同时,中国本着公开透明态度,同世界卫生组织和国际社会开展合作和信息交流,分享中国经验。在中国及世界卫生组织新冠肺炎联合专家考察组外方组长布鲁斯艾尔沃德看来,中国疫情防控的一些做法值得借鉴。新冠肺炎疫情正在全球蔓延,世界卫生组织将疫情全球风险级别由高上调至非常高,全球防控进入关键期,新冠病毒是人类共同的敌人。这场战斗是人类共同的战役,全世界各国联合起来,一定能赢得战役的最终胜利。

秦宣——疫情大考告诉我们什么

突如其来的疫情干扰了大家的生活,也影响了大家刚刚过去的春节。我们知道截至2020年3月8号,这次疫情确诊的病例远远的超过了8万人,死亡的人数也超过了3千人,所以这一次疫情是非常严重的。习近平总书记对这次疫情曾经指出,这次新冠肺炎疫情是新中国成立以来,在我国发生的传播速度最快、感染范围最广、防控难度最大的一次重大突发公共卫生事件,对我们来说这是一次危机,也是一次大考。目前来看,虽然此次疫情防控暴露出来了一些短板和一些不足,也出现了一些漏洞和一些弱项。但是经过艰苦的努力,目前的疫情防控形势正在积极向好。对于这一点,国际社会给予了高度的评价,他们认为,中国采取的坚决有力的防控措施展现了出色的领导能力、应对能力、组织能力、组织动员能力、贯彻执行能力,是其他国家做不到的,为世界赢得了时间,确定了标准,积累了经验,也树立了典范。目前疫情的防控还没有结束,我们还没有到总结成绩的时候,也没有到彻底反思的时候,更没有到举杯相庆的时候。但是持续了两个多月的疫情防控工作,确实给我们带来了许多的启示。

一、实现中华民族的伟大复兴,必须进行具有许多新的历史特点的伟大的斗争

中国是一个多灾多难的国度,近代以来的历史上的灾难,不必说仅仅新中国成立70年来,70年来我们就曾经先后遭遇过1959到1961年的三年的自然灾害,1976年的唐山大地震、1998年的特大洪水灾难,2003年的非典疫情,2008年的5·12汶川特大地震,而其他一些影响较小的自然灾害,比如说火灾、震灾、水灾,几乎都是每年在发生。然而,多难兴邦,危机本身就包含着危险和机遇两层含义。中华民族就是在这样的磨难考验中艰难前行的,在应对一次又一次的灾难的伟大斗争中不断奋起的,也就是这一种伟大斗争,使我们迎来了从站起来到富起来再到强起来的伟大的飞跃。党的十八大以来,习近平总书记多次指出,我们正在进行的中国特色社会主义伟大事业,是前无古人的开创性的事业。前进的道路不可能一帆风顺,我们必须准备进行具有许多新的历史特点的伟大斗争。由于这次疫情传播速度快、影响范围大、涉及面广,因此它事实上构成了一次任务空前复杂艰巨的社会公共危机。因此,做好这次疫情防控

工作,直接关系到人民的生命安全和身体健康,也直接关系到经济社会的大局稳定,也关系到我国的对外开放,关系到人类命运共同体的建设。很显然,应对这次疫情就是一次伟大的斗争。生命重于泰山。疫情就是命令、防控就是责任。对于疫情防控,对于我们党的执政能力是一次严峻的考验。对于政府和人民也是一次严峻的考验。对于我们全面建成小康社会,实现中华民族的伟大复兴,更是一次严峻的考验。这次疫情防控对于人民群众的生命安全和身体健康来说是一场保卫战。对于阻碍疫情的传播来说,是一场阻击战,而对于抑制感染者来说是一场歼灭战。而对于参与防控的人员来说,它是一场全民战。而对于实现中华民族的伟大复兴来说,它又是一次具有新的历史特点的伟大的斗争。总得来说,实现中华民族的伟大复兴的宏伟目标,它不会是轻轻松松的,前进的道路上也不可能是一帆风顺的,必须进行具有许多新的历史特点的伟大斗争。

过去中国人民有自信、有能力战胜各种困难险阻,铸就我们人民共和国的辉煌。今天,中国人民也一定能够战胜可以预见和难以预见的各种艰难险阻铸就更大的辉煌,实现中华民族的伟大复兴。

二、中国共产党是最高领导力量,中国共产党的领导是中国特色社会主义制度的最大的优势。"党政军民学,东西南北中,党是领导一切的"。党的十八大以来,习近平总书记曾经多次的强调,中国共产党的领导是中国特色社会主义最本质的特征,是中国特色社会主义制度的最大的优势。而这一次的疫情防控,对于中国共产党的领导这一最大的制度优势,可以说是一次检验,也是一次重大的考验。在疫情防控工作中,党中央统一部署,协调各方,彰显了坚持党的集中统一领导的显著的优势,也充分的彰显了中国共产党领导是中国特色社会主义制度的最大的优势。就这一点,我们可以结合疫情防控实际工作来看以下几个方面。

第1个方面,习近平总书记亲自指挥,亲自部署,如果各位老师和同学有兴趣翻看一下,我们网上,尤其是人民网上所记载的疫情防控的日子,我们不难发现,自疫情防发生以来,习近平总书记多次主持召开政治局常委会和政治局会议,对疫情防控进行专题的研究部署,对疫情防控的基本工作,总体的工作作出重要的指示和批示,并深入抗疫第一线进行调查和研究,并进行工作上的指导。

第2个方面,党中央从实际出发,加强了顶层设计。党中央专门印发了《关于加强党的领导,为打赢疫情防控阻击站提供坚强的政治保障的通知》。还成立了中央应对疫情工作领导小组,分类指导各地做好疫情防控工作。中央领导组、国务院联防联控机制加强协调、调度,及时的协调解决防控工作中遇到的紧迫问题。

第3个方面,各级党委和政府积极的行动,在中央的直接引导下,各地区成立了党政主要负责同志挂帅的领导小组,他们同时间赛跑,与魔鬼较量,坚决遏制疫情蔓延的势头,坚决打赢疫情防控的阻击战。在电视上,我们可以看到非常多的这样的镜头。

第4个方面,基层党组织雷厉风行,在疫情防控工作,各级党组织和广大党员干部充分发挥战斗堡垒和先锋模范作用,坚决的站在了疫情防控的第一线,打头阵、做先锋,全面落实防控的措施。在新闻媒体上,我们在网络上可以看到,基层党组织几乎是全部的行动起来,有的成立了疫情防控的后勤保障队,有的成立了疫情防控的爱心团队,还有其他的一些团队。

第5个方面,普通的党员群众积极的投入疫情防控过程中,在疫情防控最严峻的时候,我们看到共产党员总是挺身而出,坚决的站在了疫情防控的第一线,哪里任务重,哪里任务险,哪里就有党组织坚强有力的工作,哪里就有党员当先锋、做表率。在新闻媒体上,我相信大家也看到了许多在这方面的感人的故事。

总得来说,党和政府建立起来的疫情防控体系已经发生了巨大的作用。这也充分的彰显了中国共产党在如此巨大的公共卫生灾难面前的应对能力,也彰显了党中央集中统一领导的强大力量,更加彰显了党的集中统一领导的显著优势。

三、中国特色社会主义制度优势是完全可以转化为治理效能的

2020年是党的十九届四中全会提出的坚持和完善中国特色社会主义制度,推进国家治理体系和治理能力现代化之后的开局之年。因此,疫情防控工作对于我国国家的治理体系和治理能力是一次集中的考验。对于我们能否将十九届四中全会概括的中国特色社会主义制度的13个显著优势转化为治理效能也是一次集中的考验。疫情发生以来,在习近平同志为核心的党中央领导下,在党中央的统一领导统一指挥下,各地各部门各司其职,协调联动、紧急行动、全面奋战,从而形成了全面动员、全面部署、全面加强疫情防控工作的局面。各地各部门坚决的服从党中央的统一指挥、统一的协调统一的调度,真正做到了一方有难、八方支援。在疫情防控过程中,中国特色社会主义制度的优越性,在快速、及时、科学、高效的大动员、大集结、大作战中得到了充分的展现。

疫情防控需要财力和物力,于是我们看到国家财政和地方财政在短时期内为疫区投放了1 000多亿元的资金,全国各地的物资,包括生活物资也不断的向疫区进行集中。所以,在网络上我们看到新疆的水果、东北的大米、山东的蔬菜以及其他地方的一些救援物资陆陆续续的发往了灾区。

疫情的防控需要人力,于是我们看到一封封饱含热血的请战书递交到了各级主管领导的手中,一个个科研工作者与疫情赛跑,进行了科研的攻关。一批批志愿者驰援湖北,一群群白衣天使主动请缨奔赴防疫第一线,一支支人民军队闻令而动,奔赴疫区,展现了中国人民的仁心大爱与责任担当。所以世卫组织赴中国考察的专家负责人、总干事高级顾问布鲁斯艾尔沃德曾经说,最让他震撼的是每一个中国人都有很强烈的责任担当和奉献精神,愿意为疫情防控作出贡献。

疫情防控需要医疗设施。于是我们看到我们用15天时间建造了雷神山、火神山的两座医院,大家不要小看了这两个医院的建设,因为它需要庞大的人力、财力、物力和科技等方面的支撑,这两座医院的迅速建成,也充分的彰显了集中力量办大事的这种优势。

疫情的防控需要专业的医疗队伍。所以我们看到我们举全国之力予以支援,组织了29个

省市、新疆建设兵团和军队调配了330多支医疗队，41 000多名医护人员驰援湖北、驰援武汉，然后我们开设了火神山、雷神山两座医院和许多方舱医院，千方百计的增加床位的供给。同时，我们还组织了19个省份对口的支援，这一切使得我们的疫情防控向好的方面进行转变。疫情防控充分的证明中国特色社会主义制度和国家治理体系具有强大的动员能力、组织能力和整合能力。

中国特色社会主义制度是完全可以转化为治理效能的。正是因为中国特色社会主义制度优势在疫情防控中得到了充分的彰显，所以疫情防控的形势积极向好。在这个方面，国际社会已经给予了我们高度的肯定。

四、面向未来必须具有风险意识，必须通过改革完善国家制度和治理体系，提高风险的化解能力，居安思危，于治忧乱

中国共产党在内忧外患中诞生，在磨难挫折中成长，在战胜风险挑战中壮大，始终有着强烈的忧患意识和风险意识。而当今世界正面临着百年未有之大变局，中国正面临着复杂多变的发展和安全环境，我们可以看到各种可以预见和难以预见的风险因素正在明显地增多。正是因为如此，习近平同志指出，防范化解重大风险是各级党委、政府和领导干部的政治职责，所以大家要坚持守土有责，守土尽责，把防范化解重大风险工作做细、做好。这次疫情爆发以来，习近平总书记也曾多次发表讲话。2020年2月14日，他在主持召开的中央全面深化改革委员会第12次会议上发表重要讲话的时候曾经指出，确保人民群众的生命安全和身体的健康，是我们党治国理政的一次重大的任务。他强调，我们既要立足当前科学精准的打赢疫情防控阻击战，更要放眼长远，总结经验、吸取教训。针对这次疫情暴露出来的短板和不足，抓紧补短板、堵漏洞、强弱项，该坚持的坚持、该完善的完善、该落实的落实。完善重大疫情防控体制机制，健全国家公共卫生应急管理体系。而习近平总书记强调，这次疫情防控工作，是对国家治理体系和治理能力的一次重大的考验。他指出，我们要研究和加强疫情防控工作，从体制机制上创新和完善重大预警的防控举措，健全国家公共卫生应急管理体系，提高应对突发重大公共卫生事件的能力水平。为此，他还从6个方面提出了完善公共应急管理体系的重要的举措。一是要强化公共卫生法制保障。二是要改革完善疾病预防防控体、防控体控制体系。三是要改革完善重大疫情防控救治体系。四是要健全重大疾病医疗保险和救助制度，完善应急医疗的救助机制。最后是要健全统一的应急物资保障体系。那么，习近平总书记关于疫情防控的系列重要讲话，明确了下一个阶段在公共医疗、公共卫生领域全面深化改革的具体任务。这些讲话与党的十九届四中全会提出的坚持和完善中国特色社会主义制度的战略部署一起，为新时代进一步的完善国家制度和治理体系指明了方向。总得来说，党的十九届四中全会已经吹响了坚持和完善中国特色社会主义制度，实现国家治理体系和治理能力现代化的号角。中国的国家制度和治理体系，也在这次疫情防控中经受了考验和磨练。所以我们相信在以习近平同志为核心的党中央领导下，我们这次疫情的防控必将取得最终的胜利，中国特色社会主义制

度也必将在全面深化改革中更加完善、更加成熟。我们真诚的希望各位青年朋友在投身于具有许多新的历史特点的伟大斗争的过程中,在参与防范可能出现的各种风险的过程中,在推进中华民族伟大复兴的实践中,不断增强四个意识,坚定四个自信,做到两个维护,不辜负这一个伟大的时代,努力的争做德智体美劳全面发展的社会主义建设者和接班人。

王炳林——总结历史经验,增强必胜信心

一、中国历史上的磨难及防疫斗争

习近平总书记明确指出,中华民族历史上经历过很多磨难,但从来没有被压垮过,而是越挫越勇,不断在磨难中成长,从磨难中奋起。总书记这样一个重要论断,对于我们汲取历史智慧,有很强的现实针对性。我们可以从历史的磨难当中汲取一些经验教训,增强我们必胜的信心。近代以来中国人民经历了太多的磨难,也付出了太多的牺牲,比如说八国联军、日本侵华、抗美援朝,当然也有自然灾害,地震、洪水、旱灾等等。每当这种危急关头,都能够激发伟大的爱国情怀和无穷的斗争力量。在中华民族数千年的文明史上,将霍乱、天花、鼠疫等瘟疫的斗争从来没有停止过。据我们的史料记载,从西汉以来2000多年,中国古代先后发生了300多次瘟疫的流行,经常是10年一大疫、3年一小疫,世界也是如此。比如说14世纪中叶的欧洲爆发了黑死病,导致了5 000多万人的死亡,占当时欧洲人口的1/3。1918年,流感从欧洲蔓延到全世界,夺去了7 500万人的生命。中国古代也有两次大规模的瘟疫,一次是在东汉末年到三国初年瘟疫大爆发,加上战乱人口骤减,由当时的6 000多万人减少到1 500万人以下。第2次是在明代末年到清朝初年,导致了数千万人的死亡。近代以来,你比如说从1910年到1911年,在中国的东北地区爆发了大规模鼠疫,夺去了6万多人的生命。应该说中华民族发展的历史从来没有停止过跟疾病的抗争,那么在防治这种严重的传染病方面,我们也积累了很多经验。

新中国成立以后,在中国共产党的领导下,我国的卫生防疫事业开辟了新的道路。1950年的8月,新中国就第1次召开了全国卫生会议,确立了"预防为主,团结中西医"的卫生工作方针。1951年中共中央专门发出了关于加强卫生防疫和医疗工作的指示,对全国防疫工作作出全面部署。在抗美援朝期间,我国还开展了反对细菌战,努力防控鼠疫的斗争。在1952年的2月,朝鲜战场发生了鼠疫、霍乱这样的疫情,那年3月份就有志愿军战士患疫病死亡。为了加强这种防疫的治疗工作,国内先后向前线派出了三批专家,包括昆虫学、流行病学、病理学等等,还有数百名的防疫人员,为前线提供鼠疫的疫苗,开展消毒的工作。由于采取这样一些有效的措施,前方很快控制了疫情的发展。1952年的12月,毛泽东专门为第2届全国卫生会议题词说:"动员起来讲究卫生,减少疾病,提高健康水平,粉碎敌人的细菌战"。应该说,数十年来国家大力推行这种预防接种,持续开展爱国卫生运动,建立全国性的卫生防疫体

系,健全了传染病预防的法律法规,积极开展像鼠疫、血吸虫、疟疾、麻风、结核、艾滋病等专项防治。1961年,我国基本上消灭了天花,2000年实现了消灭骨髓灰质炎,许多传染病发病降到历史的最低水平。那么在这一次抗击疫情之前,我国曾经有过两次较大规模的抗瘟疫的斗争。一次就是1958年消灭血吸虫病,毛泽东专门写了七律二首送瘟神,其中有一句大家可能很熟悉,就是"借问瘟君欲何往,纸船明烛照天烧"表达了这种兴奋之情和豪迈之气。另外一次就是2003年抗击非典的胜利。那么非典疫情爆发的时候,面对当时也是世界医学界一无所知的这种新型传染病,人们也有一个逐步认识的过程。

最终,在我们党的领导下,全国人民众志成城取得了抗击非典的胜利,也促进了我国疾病预防控制体系的建设。目前的抗击疫情也是把传统的古代的这种有效的方法和现代科学技术有机结合,早发现、早隔离,控制传染源,加强救治。应该说在党中央的坚强领导下,全国人民万众一心,同舟共济,防控措施非常有利,所以已经取得了明显的成效。

二、中华民族从磨难中奋起的启示

恩格斯都说,没有哪一次巨大的历史灾难,不是以巨大的历史进步为补偿的。历史进步的前提,是善于化危机为机遇,认真总结经验教训,汲取历史的智慧。第1点,正确判断形势,辩证的看待问题,正确判断形势,深刻的认识国情,是制定正确政策的前提。你比如说我们回顾历史。每当(处于)一个重大危急关头的时候,总会有各种各样的议论。比如说抗日战争爆发以后,就有速胜论,就有亡国论,议论纷纷。那么毛泽东正确的分析了国际形势,也正确地分析了中日两国的国情,明确提出抗日战争是持久的、胜利是属于中国的。这样一个判断,就是在认识形势、认识国情的基础上作出的。

习近平总书记明确强调,这次疫情是一次危机,也是一次大考。实践证明党中央对疫情形势的判断是正确的,各项工作的部署是及时的,采取的举措是有力有效的。同时我们还要在判断形势的时候,要辩证的看待问题。正如习近平总书记所强调的,越是在这个时候,越要用全面、辩证、长远的眼光来看待问题,来看待我国的发展。比如说如何看待疫情对我国经济发展带来的影响,疫情对经济发展肯定会有影响。但是,我们从长远的看,从我们的基本的发展理念,发展的成就来看,我国经济长期向好的基本面没有变,疫情的冲击只是短期的,不要被问题和困难吓倒,我们的战略目标一定能够如期的实现。第2个启示,就是增强忧患意识,强化这种底线思维。古人讲:"生于忧患,死于安乐",说道路曲折是有必然性的,任何时候都要居安思危,未雨绸缪。1945年中共七大召开,面临着抗战要胜利了,但是毛泽东在七大上一口气列举了我们可能遇到的17个问题,越是到顺利的时候,越要想到我们可能要遇到的问题。毛泽东就讲了,比如说第1条就是说外国大骂怎么办?他骂我们怎么办?能不能经受得住?其中第11条还提出说天灾流行,赤地千里怎么办?讲完这16条以后还加一条说其他意想不到的事情发生了怎么办?把各种困难各种问题都想到了,我们才能够赢得主动。毛泽东当年提了这么多困难要求,我们就从最坏的可能性下去制定我们的政策,从而使我们赢得了主动。比如说新中国成立以后,毛泽东提出三线建设的时候,他说我们不是帝国主义的参谋长,我们不知道他什么时候打过来,但是你不准备他可能就打来了,你准备好了可能就打不起来。这就是底线思维,这就是忧患意识。

习近平总书记也多次强调底线思维,就说凡事从最坏处着眼,向最好处去努力,打有准备、有把握之仗,牢牢把握工作主动权,着力化解重大风险,树立底线思维,才能够保持这种战略定力,遇事不慌、指挥若定、科学谋划,赢得主动,这也是历史上经历磨难给我们的一个启示。第3个就是尊重自然,尊重尊重规律。人与自然是生命共同体,要保护自然、尊重自然、顺应自然,有一条规律,我们必须得记住,那就是当人类爱护自然、顺应自然、保护自然的时候,大自然对人类的回报是慷慨的。当人类破坏自然、损坏自然、违背自然的时候,自然对人类的惩罚是无情的,这是无法抗拒的自然规律。所以我们一定要从教训当中深刻的知道尊重自然,尊重规律的重要性。一定要贯彻"绿水青山就是金山银山"的理念,坚持人与自然和谐共生,加强生态文明,建设美丽中国。最后一点,坚持党的领导,充分依靠群众。我们这次抗击疫情当中,党和政府把人民群众的生命安全放在首位,把提高收治率和治愈率、降低感染率和病亡率作为突出任务来抓。那么医务人员是战胜疫情的中坚力量,党和政府高度重视,及时出台了一系列保护、关心和保障的政策措施。受疫情影响,部分群众的基本生活会面临一些困难,党和政府及时调整相关政策,出台措施,确实保障基本民生,因而得到了广大群众的拥护和支持。正是因为有群众的拥护和支持,我们才形成了万众一心、同舟共济这样一种强大的抗击疫情的合力。所以在这次抗击疫情过程当中是全国一盘棋,一方有难,八方支援,义无反顾,顽强拼搏,同时也体现了我们社会主义集中力量办大事的优势。那么这一次抗击疫情,是一场人民战争,因为在党的坚强领导下,各行各业的广大群众团结一新、不辞辛劳、真诚奉献,都在各自的岗位上为抗击疫情作出贡献。这是抗击疫情取得胜利的根本保证。所以总结历史经验,使我们坚信,在以习近平同志为核心的党中央坚强领导下,有改革开放以来奠定的物质基础保障和不断提升的医疗卫生水平,英雄的中国人民一定能够尽快取得抗疫斗争的最后胜利。

冯秀军——战役里的最美青春,谈中国青年的责任与担当

习近平总书记在致全国青年学联的贺信当中曾经指出,他说:士不可以不弘毅,任重而道远,国家的前途、民族的命运、人民的幸福,是当代中国青年必须和必将承担的重任。那么在这场关系到中国前途命运的战役之中,我们的青年一代是不是担起了自己的责任?又是怎样担起自己的青春责任的呢?

一、战"疫"里"破茧成蝶"的青春

说到青春责任的话题,我们先来说说对青春的理解,而说起青春,我想可能每个人对它都有不同的理解。而在我看来,青春其实就是一个个破茧成蝶的故事。为什么这么说?因为青

春总是和我们青年人对于变化的憧憬、渴望联系在一起。比如说有人想变得更美丽,有人想变得更智慧,有人想变得更成熟,也有人想变得更勇敢。那么大家有没有思考过,青春是何以破茧成蝶?青春"蝶"变它最重要的标志又是什么呢?

要解答回答这个问题,我们先不妨从这两张照片说起。第1张,这是17年前王卫国医生抗击非典的时候,他年过七旬的母亲坐着轮椅前来为他送行。第2张是66岁的王维国,它为即将驰援武汉阻击疫情的女儿王婷前来送行。我们看一样是不见硝烟的战场,两张情境非常相似的照片,我们在这里又看到了三代人的激励、传承,那么这些告诉我们一些什么?我想从这两张照片当中我们不难发现,当年在父辈的护佑之下的孩子已经长大成人,他们今天学着父辈的样子冲上前线,成为了我们中国又一代最勇敢的人。其实在这次支援湖北武汉的医护人员之中,90后、00后就有1.2万人,占了整个队伍的将近1/3,显然他们已经成为这场战疫的主力军,在这场堪称是史诗级的武汉保卫战、中国保卫战之中,我们欣喜的看到了又一代青年人奔赴前线保家卫国的样子。其实坦率的说,这些年在我们90后、00后的身上也有不少的标签,比如撒娇、卖萌、发嗲、自称宝宝会享受、爱睡懒觉、贪美食、以吃货为荣。她有时候任性、冲动、脆弱,经常会崩溃,以及小确幸、自我中心、精致利己主义,还有佛系、道系,以及我不知道为什么称之为文化的"丧"文化。所以看了这些,我们经常会忧心忡忡,把我们的未来把我们的希望交给他们到底靠不靠谱呢?

可是就在今天这场看不到敌人看不到硝烟,但却要直面生死的战场之上,我们惊奇的发现,原来卖萌并不影响我们的年轻人冲锋,恐惧也不影响他们勇敢,他们能够崩溃完马上又投入了战场。而且我们前几天看到一个美女小姐姐居然请求我们的组织给它分配一个男朋友,我们也能看得到防护服也挡不住她们年轻的心。我们也都注意到了,由护士跳出了防护版的小天鹅,还有方舱版的火红萨日朗。所以你看这就是我们90后、00后的非典型青春,而这也就是我们带着稚气却又最勇敢的中国保护人。

二、爱国,是最大的责任担当

说实话,我作为一个95后的家长,这些天也特别关注这些报道,我有时候会觉得他们幼稚好笑,但是说实话,有时候笑着笑着不小心就湿了眼眶。也有时候我为他们不知道深浅,觉得可气,但是气着气着心里又忍不住为他们骄傲、自豪。那么在骄傲的同时,其实我有时候也觉得挺困惑的,我不知道他们怎么就突然从一个标签少年变成了今天最勇敢的人了。我看到有人说,出征那天他们一夜长大,抗疫征途,他们一路成长,在挥汗如雨中他们脱胎换骨,在逆境挑战当中,他们顶天而立。这么看来,其实这个世界上从来也没有什么天生的盖世英雄,是责任、是担当,是对责任的担当,让他们在一边恐慌,一边勇敢中破茧成蝶,淬炼成钢,那么说起责任和责任担当,其实我们知道一个人要担当的责任有很多,对自己、对家庭、对职业、对社会、对国家、对历史、对未来等等,不同的社会关系和角色自然会赋予人们不同的责任。可是在这么多的责任之中,哪一种对人的影响最大、意义最重的呢?我们知道马克思曾经说过,作为确定的人,现实的人,你就有规定,就有使命,就有任务。

至于你是否意识到这一点,马克思说那是无所谓的。确实,我们每个人都有自己的人生机遇,不论你想或者不想,我们的使命和任务,他就在那。那么在这些诸多的责任之中,习近平总书记他认为爱国是第一位的。孙中山先生也曾经说过,做人最大的事情就是要知道怎么样去爱国。由此看来,爱国才是我们诸多的责任之中最重要的责任担当。可是大家有没有想过,为什么爱国是第一位的,是最大的责任担当,其实要回答这个问题,可以很复杂,但是我觉得也可以很简单,那就在这场战役之中,那些看不见的病毒,这次帮了我也算从这个角度帮了我们一个忙,是什么呢?他帮我们讲清楚了一个一个特别浅显又特别深刻的道理,那就是在灾难面前,我们每一个人同呼吸共命运,没有谁能够置身事外,也从来不存在一个人的桃花源。所以爱国的责任其实就是保家卫国的责任,这个责任就是为了我们每一个人共同的福祉,去做自己国家的建设者和保护人。所以,爱国它是对每一个人的利益维护,当然它也必然要求我们每一个人的责任担当。我们知道爱国他其实有非常丰富的内涵,也有诸多的要求。但是我觉得非常重要的一点,爱国就是要维护自己、国家和民族的绵延生息,薪火相传。我们打开人类文明的史册。其实我们不难发现,能够5000年赓续不断的,只有我们中华文明一个。那么我们必须要追问一句,中华5000年他的积蓄和传承是靠的什么呢?我以为有很多因素,但是最根本的是要看我们这个国家和民族的每一代人能不能回应时代的挑战,能不能担当起时代的使命和责任。

习近平总书记曾经说过,在中华民族几千年绵延发展的历史长河之中,爱国主义始终是激昂的主旋律,始终是激励我们我国各族人民自强不息的强大力量。这段话告诉我们,爱国它关系到我们国家和民族的历史传承,它实质上就是一代人又一代人保家卫国的责任、接力和使命的传承。那么我们该怎样理解这种责任的传承?我想给大家讲两个故事,这两个故事内容不一样,但我觉得他们在穿越时空当中给了我们精神的对接。第一个,这是红军长征中的一个故事,1935年的3月,中央红军正快速的通过贵州境内的一处山口,而后面的追兵已经步步逼近,正在这个时候一名女红军战士却要分娩。我们来看两边都是生死关头,该怎么办?当时负责断后保卫的是第五军团军团长董振堂,给39团下了一个命令,说:"打,给我顶住"。然后有战士问那要顶住多久呢?董振堂说孩子多长时间生出来就顶多长时间,于是战斗在一公里之外打响。在枪声炮火之中,一个个红军战士在用死亡争取时间,为的是等待一个婴儿的新生。战斗结束,婴儿顺利降生。有人痛惜牺牲的战友,抱怨为了一个孩子去让一个团打仗。听到这话,董振堂勃然大怒,他说我们今天革命打仗为的是什么?不就是为了他们的明天吗?各位同学,我不知道在今天听到这样的一句话,你能不能理解这位征战沙场的将军在当时他心里的铁血柔情?我们再看第二个故事,它发生在今年,李宗育,1992年生,东南大学附属中大医院的护士,当疫情来临,她第一时间递交了请战书。她说:"我未婚,父母未老,无牵挂,我去"。在她出征之前,她的父亲一位退伍军人赠给女儿一首送行诗,他的诗中这么写:"风萧萧兮易水寒,不计安危赴国难,恨无子嗣承祖志,幸有爱女学木兰。"讲完了这两个故事,我们来做一个对比。我们看一个是为了孩子，一个团的将士殊死血战，为什么？为的是什么？因为孩子代表的是我们国家和民族的明天，我们国家和民族的未来。而另一个是舍了孩子，一位老父亲他甘愿送自己的爱女出征，为的是什么？因为他不忍心看到自己的同胞在毒魔肆虐中受苦受难。所以两个故事，一个是为了孩子，一个是舍孩子，不同的是战场，但是不变的是家国情怀。这种国家兴亡，匹夫有责的责任传承，这种"苟利国家生死以，岂因祸福避趋之"的爱国精神接续正是我们中华民族生生不息、亘古绵延的精神密码。

三、青年是爱国担当的生力军

在我们国家和民族的历史传承之中，谁是接棒人呢？毫无疑问，青年就是我们在历史传承之中，每一个时代的接棒人。一代人有一代人的长征，一代人有一代人的担当，父辈终究会老去，青年当然必须接过前人肩头的担子和责任。我们来看看这些图片，这是救亡图存的青年一代，在百年前为民族危亡奔走呼号的五四青年，在南湖红船上改变了中国方向和命运的青年，在长征的途中前赴后继、坚定不移的青年，那些被称作花子学生，却不坠青云、报国之志的西南联大的青年，还有奔赴延安追求光明的青年，还有那些牺牲在共和国的黎明前的青年，这是建设中国的一代青年，宁可少活20年，也要拿下大油田的石油工人，战天斗地的红旗渠精神，创造深圳速度的创业青年，用血肉之躯抗击洪水、抗震救灾的青年、奥运会、世博会、国庆大典、志愿服务的青年等等。

那么这是强国富民的青年一代，展示中国硬核实力的北斗团队，他们的平均年龄大家知道是多少吗？35岁。这是航天报国的嫦娥团队、神舟团队，你知道他们的平均年龄33岁，所以在纪念五四运动100周年的大会上，习近平总书记褒奖他们是青年英杰，这样的青年有很多，这是21岁的申怡飞，中国5G技术最年轻的核心研发人员，这是29岁的光子芯片魔术师沈亦晨，这是比肩马斯克的舒畅，他成功地发射了第1枚民营火箭，等等这些青年，他们在创新报国的道路上一路飞奔，创新，谱写出我们新时代的最美青春！

让我们回溯和总结历史。1921年，一批中国最优秀的青年缔造了一个最先进的政党，中国共产党，从此中国革命、中国历史掀开新的一页。这近100年来，一批批一代代优秀的青年，在中国共产党的坚强领导之下，用热血和信仰、智慧和汗水，一分一分地为中国洗刷落后，一点一点的为中国创造财富，一次又一次的开创中国奇迹。他们终于让近代以来久经磨难的中华民族迎来了从站起来、富起来到强起来的伟大飞跃，也擦亮了我们民族复兴的伟大梦想。

可以说这100年来，中国几代青年的成长经历告诉我们一个非常重要的人生道理，那就是青年成长道路千万条，爱国大义第一条。那么新时代的青年该如何爱国报国，让自己的青春奋斗与民族的复兴同频共振？我想让我们还是回到这场正在进行中的战役，这种面对这场大考，我们有底气、有信心一定能拿到高分。我们之所以有底气、有信心，因为这是中华民族5000年的历史赋予我们的底气，这也是中国制度、中国智慧、中国精神、中国力量赋予我们的自信。

但是我们也知道，在奔向伟大复兴的征程之中，怎么可能只有这一场战役和大考，经历了这一场战役考验的各位同学,你们又该从这场大考之中汲取怎样的应考经验?我想第1条在这场战役当中,它帮助我们认识了一个真正的中国之国,才能爱国,才能更好地报国。这次疫情就是一面镜子,让我们照进了一个真正的中国,这个国家,它有一个以人民为中心,与人民血肉相连的执政党,为人民谋幸福,为民族谋复兴,是这个政党他从来都没有改变的是初心和使命。

这个国家它拥有具有伟大团结精神的人民,我们每一个人守望相助、同舟共济,当灾难来临的时候,就会有无数勇敢的人愿意把同胞挡在自己的身后。这个国家它还有博大的人类命运共同体情怀,他敢于壮士断腕、承受重创,而担起大国的责任。各位同学,生于中华家,作为国家的一分子,你是不是觉得庆幸,是不是觉得骄傲?你难道不愿意为她的繁荣昌盛而担起自己的责任吗?那么该怎样担起责任?我想这次大考告诉我们一个经验,就是要在奋斗担当中谱写你们大写的青春。

习近平总书记说,人的一生只有一次,青春,现在青春是用来奋斗的,将来青春是用来回忆的。这次疫情就告诉大家,要用我们的青春奋斗来担当起民族复兴的历史使命和时代责任,要为令我们骄傲,值得我们用力爱,深深爱着中国,担当起自己的青春责任。那么这场战役是超过世界人口1/6的14亿中国人民向病毒发起的人民战争总体战、阻击战,这次战役的规模之大、投入之大、成效之大,可以说是世所罕见。这场气势恢宏的战役,它可以教给我们如何去谱写自己的"大写的青春",我想从战役的启发当中给大家划4个重点。

第一,胸有大志。这场战役,我们在全方位的极限压力测试当中,看到了集中力量办大事的中国制度优势,看到了中国共产党以人民为中心,将人民群众的生命安全和身体健康放在第一位的价值情怀,也看到了我们中华民族一方有难,八方支援的伟大团结精神。而所有的这些它都将赋予我们穿越未来所有的艰难险阻,创造美好未来的坚定自信和强大的力量。所以第一点,大写的青春里不能缺少大写的青春梦想,要让你们的青春梦想在民族复兴的伟大梦想里尽情的绽放。

第二点,心有大我。这场战役,每一个中国人都经历了一场心灵的洗礼,它让我们与身边的或是远方的人们同呼吸、共命运、同生死、共患难。我们知道疫情终究会结束,但是我们与祖国和人民唇齿相依,生死与共的这种爱和真情却必定长存,所以大写的青春里不能缺少大写的家国情怀。同学们要把自己的小我融入祖国的大我、人民的大我,让青春走出孤殇、孤芳自赏的小我,才能够与时代同步,与人民共命运。

第三点,肩有大任。总书记说,战胜疫情要向科学要答案要方法,只有勤学奋斗,增长才干,才能用科学精神和专业本领保护我们想保护的人。青春里不能缺少过硬的本领,要用硬核的专业本领来回应时代的挑战,担当时代的使命。

最后一点,行有大德,沧海横流方显英雄本色,当灾难来来临的时候,有人勇敢、有人胆怯、有人自私、有人忘我、有人自律、有人欺瞒、有人高尚、有人卑劣。那么在灾难面前,所谓的大德就是大仁、大智和大勇。各位同学,战役之后,我们会迎来一个经历疫情大考而愈加坚定稳健的中国,你们会迎来一个经历、责任、担当,而负重蝶变的耀眼青春。

新时代的长征路上,我们还会遇到许多新的困难和挑战,希望各位同学,你们能够扎根中国大地,不负建功立业的人生际遇,不负天将大任于斯人的时代使命,不负党的期望、人民的期待、民族的重托,用努力奋斗的青春,把自己成就为一个有理想、有本领、有担当的时代新人。

本章思考

1. 中国取得抗击疫情伟大成绩的原因是什么?
2. 如何理解党的集中统一领导是打赢疫情防控战的政治保证?
3. 新冠疫情下,大学生如何弘扬和践行爱国主义精神?

思考题

1. 疫情防控的过程是如何体现中国特色社会主义制度显著优势的。
2. 在抗击新冠疫情中如何践行人类命运共同体的理念。
3. 谈谈"大学生"在此次抗"疫"中所展现的担当对青年学生成为时代新人的启示。

第十章
Chapter 10

国际政治格局的新特点

> **要点提示**
>
> ◆ 不确定安全因素日益增多
> ◆ 世界多极化趋势不断加强
> ◆ 美国对外政策调整的内容和影响
> ◆ 发展中国家影响力逐渐提升

> **开篇阅读**

国际政治格局呈现出新的特点。不确定安全因素日益增多。传统安全领域,中东乱局中叙利亚局势紧张,朝核问题成为东北亚地区安全问题的最大障碍;非传统安全领域,经济金融安全仍面临巨大挑战,以中东呼吸综合征为代表的重大疫情蔓延,恐怖主义、网络安全、环境安全是人类面临的重大课题。多极化趋势不断加强,美国实力的相对衰落,欧盟、日本、俄罗斯、中国等力量的相对崛起强化了世界多极化的发展趋势。2017年是一个大选年,美国新总统特朗普刚刚上台,欧洲各国也相继大选,国际关系变得更加扑朔迷离,美国对外政策也会有更大的调整。二十国集团、金砖国家中的发展中国家的崛起,成为国际政治舞台上的新兴力量,发挥着越来越重要的作用。

第一节　不确定安全因素日益增多

一、传统安全问题

　　传统安全威胁主要是指国家面临的军事威胁及威胁国际安全的军事因素。按照威胁程度的大小，可以划分为军备竞赛、军事威慑和战争三类。战争又有世界大战、全面战争与局部战争，国际战争与国内战争，常规战争与核战争，等等。传统安全威胁由来已久。自从有了国家，也就有了国家间的军事威胁。但人们把军事威胁称为传统安全威胁，是在国家安全概念和新安全观提出以后。1943年美国专栏作家李普曼首次提出了"国家安全"。美国学界把"国家安全"界定为有关军事力量的威胁、使用和控制，几乎变成了军事安全的同义语。20世纪七八十年代以来，人们便把以军事安全为核心的安全观称为传统安全观，把军事威胁称为传统安全威胁，把军事以外的安全威胁称为非传统安全威胁。

（一）朝鲜核问题

　　朝鲜核问题，是指朝鲜开发核应用能力而引起的地区安全和外交等一系列问题，相关方为美国、中国、韩国、俄罗斯和日本。朝核问题始于20世纪90年代初。当时，美国根据卫星资料怀疑朝鲜开发核武器，扬言要对朝鲜的核设施实行检查。朝鲜则宣布无意也无力开发核武器，同时指责美国在韩国部署核武器威胁他的安全。朝鲜半岛核危机由此爆发。进入21世纪，在国际社会的一致反对声中，朝鲜于2006年10月9日至2016年1月6日，进行过4次被证实的核试验，分别是2006年10月9日、2009年5月25日、2013年2月12日以及2016年1月6日，其中2016年1月为第一次氢弹试验。朝鲜核试验是对核不扩散制度的公然挑战，引起了国际社会的强烈谴责。2016年3月2日，联合国安理会召开会议，以15票赞成一致通过了涉朝鲜问题的第2270号决议。决定实施一系列制裁措施遏制朝鲜的核、导开发计划，并呼吁恢复六方会谈，六方在9·19共同声明中阐述，通过和平方式实现半岛无核化、美国和朝鲜承诺彼此尊重主权并和平共处、促进经济合作等承诺。

　　正当朝核问题取得进展时，2016年9月9日朝鲜进行了第5次核试验，使朝鲜半岛紧张局势进一步升级，美国总统特朗普上台后多次表示对朝鲜采取更强硬的措施，敦促日韩加快布置"萨德"，而韩国新总统文在寅则主张对朝鲜实施制裁和进行对话，而中国仍然致力于朝鲜半岛无核化，维护地区的和平与稳定，并将继续努力。中国主张通过对话来解决朝核问题。

　　2018年4月27日，文在寅和金正恩在板门店韩方一侧的"和平之家"举行首次会晤并签署《板门店宣言》，宣布双方将为实现朝鲜半岛无核化和停和机制转换而努力。5月26日韩国总统文在寅在板门店朝方一侧的统一阁与朝鲜国务委员会委员长金正恩举行了第二次会晤。2018年6月12日,朝鲜国务委员会委员长金正恩与美国总统特朗普在新加坡举行了历史性会晤,双方共同签署发表联合声明,就朝鲜半岛无核化及和平机制构建交换意见。2018年3月底以来朝鲜金正恩委员长百日内三度来华,与习近平主席举行会晤,双方共同开创了中朝高层交往的新历史,开启了中朝关系的新篇章。中国在半岛问题上发挥了建设性作用,中国坚持以和平发展、合作共赢的基本理念来看待和处理半岛问题。中朝、朝韩、韩美领导人分别举行的双边会晤,为共同推动半岛迎来和平、繁荣、发展带来了新机遇。

(二)叙利亚内战

叙利亚内战是指从2011年年初持续至今的叙利亚政府与叙利亚反对派之间的冲突。叙利亚的反政府示威活动于2011年1月26日开始并于3月15日升级,随后反政府示威活动演变成了武装冲突,冲突持续至今。2011年9月15日,叙利亚反对派在土耳其伊斯坦布尔组建叙利亚全国委员会,主要武装为叙利亚自由军和叙利亚解放军,致力于推翻现政府。2012年2月26日,叙利亚全民公投通过新宪法草案,新宪法实行"多党制",遭到西方国家反对。2013年1月6日,叙利亚总统巴沙尔·阿萨德向全国发表长电视直播演讲,呼吁叙国内冲突各方实施停火,倡议举行全国对话大会,制定一部国民宪章,并就宪章举行全民公投。2013年5月31日,叙利亚总统阿萨德接受黎巴嫩"灯塔"电视台采访时表示,任何在叙利亚问题会晤之后通过的决议都应该得到叙利亚人民的评估,且这些决议应通过全民公投做出。2015年9月30日,俄罗斯联邦委员会批准在叙利亚动用武装力量,并在叙境内发动首次空袭。2016年3月,叙利亚政府军收复被极端武装伊斯兰国占领的帕尔米拉古城。目前,叙利亚政府和反对派对和谈重启都表达出了相对积极的姿态。5年内战后,叙利亚是否能够迎来和平还不得而知,叙利亚破败建筑里的人们都在翘首以待。流亡各国的难民们,也都在等待这场战争的终结。

经过5年的内战,叙利亚已经千疮百孔,各方均损失惨重,战事一度焦灼。2016年12月29日,在俄罗斯、土耳其的斡旋下,叙利亚政府和反对派达成停火协议,双方准备开始和平谈判。迄今和平谈判已经进行了7轮,最近一次是2017年7月10日在日内瓦举行第7轮联合国支持的和平谈判会议,而美国、俄罗斯与约旦在叙利亚南部斡旋的停火也在7月9日开始,这是在日内瓦框架之外达成的最新协议。本次谈判取得了一些新进展,但由于双方分歧巨大,前路依然艰难。双方约定9月份还要进行新一轮谈判,叙利亚内战自2011年3月爆发以来,已造成32万人丧生。希望叙利亚问题能在各方调停下早日获得解决,使叙利亚人民从苦难中解脱出来。

当今世界局部地区冲突持续不断,叙利亚内战、伊朗核问题、胡赛武装和沙特联军战略据点的争夺、巴以冲突逐渐升级,中东局势仍然是一锅乱粥,朝鲜半岛核问题、乌克兰问题也尚不明朗,这些传统安全威胁对世界政治格局造成重大的负面影响,但当今世界的主题仍然是和平与发展,世界各国都在为这个主题做出自己的努力。

二、非传统安全问题

非传统安全又称"新的安全威胁",是相对传统安全威胁因素而言的,指除军事、政治和外交冲突以外的其他对主权国家及人类整体生存与发展构成威胁的因素。非传统安全问题主要包括:经济安全、金融安全、生态环境安全、信息安全、资源安全、恐怖主义、武器扩散、疾病蔓延、跨国犯罪、走私贩毒、非法移民、海盗、洗钱等。

(一)经济金融安全领域的挑战

从狭义上讲,经济安全领域是指对国家经济发展、国计民生和整体经济利益有重大影响,又不受安全因素严重威胁的领域或部门。从广义上讲,经济安全领域应该扩展到提高经济竞争力、增强综合国力等通常属于经济发展战略范畴的内容。自20世纪80年代以来,经济全球化趋势加强,国家间的联系日益紧密,任何外部的条件和因素都会对此产生深刻的影响。这些影响在惠及众多参与国的同时,也给很多国家,尤其是发展中国家带来了各种困扰和威胁,引起了世界各国政府和学者对经济安全问题的广泛关注。比如2008年的美国次贷危机事件中,因次级抵押贷款机构破产、投资基金被迫关闭、股市剧烈动荡从而引起了严重的金融风暴。虽然美国次贷危机最开始只是给本国的金融体系造成了危难,但是随后开始波及欧盟、日本等一些世界主要的金融市场,给整个世界金融体系都造成了严重困难。

(二)重大传染性疾病蔓延

2014年非洲、2015年亚洲相继爆发了埃博拉疫情和中东呼吸综合征,埃博拉病毒、中东呼吸综合征这类疫情的共同特点是:难治疗,死亡率高;难防控,病毒会随着人口流动传播,不受国界限制。中东呼吸综合征疫情再次拉响了全球公共卫生警报,更引起各国对全球性挑战的重视。面对此类挑战,没有国家能独善其身或轻松应对,各国应该在联合国、世界卫生组织和区域组织的协调下,携手共同应对。

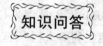

问:什么是埃博拉?

答:埃博拉(Ebola),是用来称呼一群属于纤维病毒科埃博拉病毒属下数种病毒的通用术语,可导致埃博拉病毒出血热,罹患此病可致命,包含数种不同程度的症状,包括恶心、呕吐、腹泻、肤色改变、全身酸痛、体内出血、体外出血、发烧等。1995年5月14日,扎伊尔发现罕见传染病埃博拉。此病毒以非洲刚果民主共和国的埃博拉河命名(该国旧称扎伊尔),此地接近首次爆发的部落,刚果仍是最近四次爆发的所在地。

问:什么是中东呼吸综合征?

答:中东呼吸综合征(MERS)是由一种新型冠状病毒(MERS-CoV)引起的病毒性呼吸道疾病,该病毒于2012年在沙特阿拉伯首次被发现。冠状病毒是一组能够导致人类和动物发病的病毒,常能够引起人类发生从普通感冒到严重急性呼吸综合征(SARS)的多种疾病。中东呼吸综合征典型病例常呈现发热、咳嗽和气短等症状,在检查中经常发现肺炎表现。重症病例可导致呼吸衰竭,需要在重症监护室内机械通气和支持治疗。部分病例可出现器官衰竭,尤其是肾衰竭和感染性休克。病死率大约为27%。

(三)网络安全问题

信息技术成为政治、安全危机的潜在导火索。科技的迅猛发展,大幅降低了创造、发现和传播信息的成本。今天计算机信息处理的成本只有20世纪70年代初的千分之一。主要特点不仅在于通信速度快,更重要的是信息传播的成本大幅降低。但同时也产生了反作用,它使各国政治将不再局限于政府范围,个人和私人团体——从维基揭秘网、"斯诺登事件"、企业、非政府组织、恐怖分子到社会自发运动都能直接参与世界和国家的政治。随着信息化技术的不断发展和军队信息化的不断深化,越来越多的网络对抗力量将会出现。虚拟空间的斗争将没有战时与平时之分,网络空间的较量将越来越激烈。

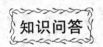
知识问答

问:"棱镜门"事件是什么?

答:棱镜计划(PRISM)是一项由美国国家安全局(NSA)自2007年小布什时期起开始实施的绝密电子监听计划,该计划的正式名号为"US-984XN"。美国情报机构一直在9家美国互联网公司中进行数据挖掘工作,从音频、视频、图片、邮件、文档以及连接信息中分析个人的联系方式与行动。监控的类型有10类:信息电邮、即时消息、视频、照片、存储数据、语音聊天、文件传输、视频会议、登录时间、社交网络资料的细节,其中包括2个秘密监视项目,一是监视、监听民众电话的通话记录,二是监视民众的网络活动。2013年7月1日晚,维基解密网站披露,美国"棱镜门"事件泄密者爱德华·斯诺登在向厄瓜多尔和冰岛申请庇护后,又向19个国家寻求政治庇护。从欧洲到拉美,从传统盟友到合作伙伴,从国家元首通话到日常会议记录,美国惊人规模的海外监听计划在前中情局雇员爱德华·斯诺登的揭露下,有引发美国外交地震的趋势。

（四）环境安全问题

环境与安全联系在一起,并进入国际政治的范畴,最初是由美国人布朗提出的。20 世纪七八十年代,国际社会相继发表了一些关于环境安全的报告,警惕人类可能会面临的生态灾难。第 42 届联大正式提出"环境安全"的概念。虽然在世界范围内,对于环境安全还无一个准确、公认的界定,但就其内涵而言,环境安全主要包括两个方面:一是环境恶化造成的对人类生存与发展的威胁,如全球气候变暖、臭氧层破坏、土地沙漠化以及能源危机等。二是因环境争端或冲突而造成的人类群际关系的威胁,如因资源争夺引起的冲突、跨国界污染引起的冲突、"环境难民"引起的冲突等。环境问题的加剧,对人类的生存与发展,不仅会有横向的影响,而且会有纵向的作用。从横向来讲,环境污染、生态破坏,会对人的健康、生存的环境、发展的条件造成不利影响,尤其是人的健康——这一人类发展的最基本的条件;从纵向来讲,针对环境问题的争端,会加剧国家之间的争端和分歧,尤其是相邻国家之间、发达国家与发展中国家之间,其中的某些争端并不排除诉诸武力的可能性,威胁地区和世界和平。

随着全球性的发展,环境问题不再是一个国家内部或一个区域的事务,而是应该引起世界关注的全球性问题。人类都生活在一个地球上,维护地球的生态环境关系到人类的共同利益和安全,因此环境问题比其他任何领域的问题都需要全球合作,任何国家和个人都责无旁贷。

（五）能源危机问题

能源领域引发系统性危机。历史上能源问题通常加剧政治、经济危机。1973 年阿拉伯石油出口国对西方进行的石油禁运,导致油价暴涨四倍,结束了西方"光荣的三十年"。从 1974 年起,所有的西方国家进入衰退期,出现了二战后的低增长期。1978~1979 年的伊朗伊斯兰革命和 1980~1988 年的两伊战争,造成油价上升至每桶 100 美元左右。此后又造成西方经济出现"滞胀"期。包括西亚、北非在内的大中东地区是世界上最富有的油气资源集中区域,同时又是世界最不稳定、最具爆炸性的地区,美国出兵伊拉克、北约打击利比亚均与掠夺当地石油资源密切相关。能源问题导致系统性危机主要表现在:一是资源、能源国的抵抗风险能力降低。所有依赖于石油、矿产收益的国家,都会对与劳动价值有关的财富产生排斥效应,导致农业萧条,工业不景气。中东国家及俄罗斯就因为 10 年油价的井喷,没有实现工业的多样化和发展农业,因而极易在全球性经济危机中受到冲击。二是容易产生腐败国家和冒险性。石油资源属于国家,任何国家都会牢牢控制勘探、开发许可的颁发以及石油及其产品的生产、销售。极易造成国家最上层的少数人掌握巨大的财富,并绕开国家预算的制定和必要的民主程序。因为石油收入本身就能代替税收。这就是为什么许多依赖能源资源的国家容易产生腐败的寡头政治集团或成为专制国家。凭借巨大的财富,这些国家很容易不顾民众反对进行冒险,如

1991年伊拉克萨达姆对科威特发动的侵略战争。三是产生社会动荡的温床。巨额石油收益妨碍了经济多元发展,石油天然气国家的增长率要低于其他经济类型国家,与经济多样性发展的国家相比,这些国家处于相对衰落的态势。一方面造成社会的两极分化、贫富不均,另一方面单一经济结构导致失业人数,尤其是年轻人失业率极高,民众不满情绪长期积压,终于酿成2011年西亚、北非的大规模社会动荡。

(六)恐怖主义持续蔓延

美国"9·11"事件已经过去十多年之久,尽管击毙了本·拉登,北约在阿富汗加强军事打击力度和经济援助,但基地组织、塔利班势力仍然活动猖獗,并对阿富汗、巴基斯坦、叙利亚、伊拉克等国政权构成严重威胁。基地组织、伊斯兰极端势力沿着"阿拉伯之春"打开的道路向西延伸,相机夺取政权。以"伊斯兰国"(ISIS)崛起为标志,战后的伊拉克和叙利亚成为中东恐怖大本营和策源地。恐怖袭击事件在东非、北非、西非和欧洲国家也有愈演愈烈之势,这些地方正在成为恐怖主义的新战场。恐怖主义袭击呈现出新的特点:手段高科技化。随着网络技术的普及,恐怖组织越来越多地通过网络传播恐怖活动信息,利用电脑"黑客"闯入储存绝密信息的网址进行破坏活动。同时,恐怖分子抓住现代信息传播的快速性、广泛性、渗透性的特点,利用现代媒体,散布恐怖信息,制造恐怖氛围,进行恐吓和威胁。

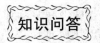

问:ISIS是什么?

ISIS,即The Islamic State of Iraq and Greater Syria(ISIS或ISIL),是2014年出现的恐怖组织"伊拉克和大叙利亚伊斯兰国"的缩写,"伊拉克和大叙利亚伊斯兰国"是一支逊尼派背景的宗教极端组织,分布于中东的各个国家。其前身是2006年在伊拉克成立的"伊拉克伊斯兰国"。"al Shams"的意思是"大叙利亚",即叙利亚、黎巴嫩、约旦、以色列和巴勒斯坦。2014年6月29日,该组织的领袖阿布·贝克尔·巴格达迪自称为哈里发,将政权更名为"伊斯兰国",并宣称自身对于整个穆斯林世界(包括历史上阿拉伯帝国曾统治的地区)拥有权威地位。

21世纪是一个全球化的新时代,和平与发展是这个时代的主题,和平是发展的基础,发展是和平的保障。只有和平与发展共同进步,人类才能实现安定与繁荣。但当今世界,并不像人们所期望那样,除了传统安全的威胁以外,各种非传统安全威胁也越来越突出,因其自身的特点,以及与传统安全威胁的交织,对世界和平与发展越来越不利。唯有世界各国连起手来,共同应对,才能将之降至最小。

第二节　多极化趋势不断加强

冷战后,国际格局经历了深刻调整,由"一超多强"状态向"多极化"趋势发展,大国关系也呈现出新变化。特别是2008年金融危机爆发以来,随着美国国家实力下降,世界多极化趋势不断加强。世界正在形成若干个政治经济力量中心,美国、欧盟、日本、俄罗斯、中国等大国和国际组织在国际社会中扮演着重要角色。

一、世界多极化趋势

世界多极化是指一定时期内对国际关系有重要影响的国家和国家集团等基本政治力量相互作用而朝着形成多极格局发展的一种趋势,是对主要政治力量在全球实力分布状态的反映。多极化发展并不是偶然的,它孕育于两极格局的演变之中,两极格局终结后,并没有出现单极格局,世界正在走向多极化,这是当今国际形势的一个突出特点。

政治多极化是指一种趋势,一个动态发展的过程。到目前为止,多极化并没有定型为某一基本的世界新格局。就当今世界实际情况来看,国际政治关系中存在美国、日本、欧盟、中国、俄罗斯5个力量中心。多极化趋势的出现主要包括美国的相对衰落趋势,欧洲、日本、俄罗斯的迅速崛起态势和中国、第三世界国家兴起的上升趋势,具体表现为西欧、日本随着经济实力与美国的差距逐步缩小,在政治上对美国的离心倾向也在不断加强;中国的国际地位不断提高和第三世界国家的发展壮大走向联合。

二、美国实力呈下降趋势

(一)在军事安全方面,美国深陷两场战争泥潭

1. 伊拉克战争

伊拉克战争使美国付出高昂的人财物代价。据统计,从2003年3月伊战爆发到2011年底美军撤出伊拉克,驻伊美军死亡4486人,受伤32223人。《今日美国》报声称从伊拉克战场回国的美军士兵中有四分之一患了精神疾病。伊战的开支更是惊人,直接战争费用就达8000多亿美元。

据美联社报道,在伊拉克战争后的10年里,美国斥资600亿美元用于伊拉克战后重建,平均每天花费超过1500万美元。而另据美国国会预算办公室计算,10年来的总开支——包括军费、使馆开支和重建及援助等,已达7670亿美元。

2. 阿富汗战争

2011年10月7日是美国发动阿富汗战争10周年纪念日。美国国防部称,美国在阿富汗战争上的花费已达3 232亿美元,平均每天战争花费将近1亿美元。五角大楼表示,阿富汗战争至今已消耗了3 232亿美元,造成2 200名美军死亡。布朗大学说,战争共夺走至少33 877条人命。2014年12月28日,奥巴马宣布阿富汗战争正式结束,这场战争耗时13年,吞噬了近2 000名美国大兵的性命,而且耗费了1万多亿美元。

除以上两场直接参加的战争,美国还在叙利亚内战的8年中一直背地里支持反政府武装,并且无偿地向他们提供军事武器、军事物资,可以说美国在叙利亚战场上的投资很多,但是在俄罗斯的支持下阿萨德领导的政府军连续收复失地,美国在这场战争中并没获得想要的利益,而且还投入了巨额资金。叙战争已经打了8年之久,现阶段谁也不能再保证叙利亚即将迎来和平,这使美国的经济不堪重负,而且雪上加霜。

(二)在经济方面,美国陷入2008年爆发的金融危机

美国陷入2008年爆发的金融危机,造成全球经济的衰退,虽然当前美国的经济有所恢复,但金融危机对美国经济依然带来了很大的伤害。

早在2007年4月,美国第二大次级房贷公司——新世纪金融公司的破产就暴露了次级抵押债券的风险;从2007年8月开始,美联储做出反应,向金融体系注入流动性以增加市场信心,美国股市也得以在高位维持,形势看来似乎不是很坏。然而,2008年8月,美国房贷两大巨头——房利美和房地美股价暴跌,持有"两房"债券的金融机构大面积亏损。2008年9月15日美国第四大投资银行雷曼兄弟控股公司申请破产保护。美国金融危机的爆发,使美国包括通用汽车、福特汽车、克莱斯勒三大汽车公司等实体经济受到很大的冲击,实体产业危在旦夕。美国金融海啸也涉及全球,影响到了全世界。

美国制造业在全球制造业总产值中的份额日趋下降,1990年下降至21.5%,到2009年跌破20%,2010年所占份额为19.4%,已略低于中国的19.8%,从而丧失了百年来世界制造业产值头号大国的地位。

2008年8月和9月失业率已达到6.1%,并在10月份飙升到6.5%,全国总失业人数高达1 101万人,当时创下新世纪来最高,不过随后仍一路攀升。

近年来,美国经济缓慢复苏,但2008年金融危机对美国的负面影响短期内很难消除。军事与经济两方面的冲击,推动了美国的相对衰落,随着时间的推移,缓慢的衰落过程发生了从量变到质变的变化。

2008年全球金融危机后,美国多次量化宽松政策并没有拯救美国的实体经济。金融部门和实体经济部门的非均衡发展导致美国贫富差距加速扩大。宽松货币政策不能解救美国经

济，反而造成了更严重的问题，埋下了下一次危机的种子。

1. 美国就业复苏或是"美丽的谎言"

就业复苏是经济复苏的重要标志。据《财富》网站报道，早在 2014 年 6 月，美国就业市场在 2008 年全球金融危机时期损失的全部 800 万个工作岗位就已经悉数恢复。但好景不长，2015 年 11 月，乔治城大学教育和劳动力中心的研究结果显示，美国国内的就业岗位再次流失 640 万个。

2. 制造业衰退已现苗头

自 2009 年 6 月开始缓慢复苏后，到 2015 年 12 月，美国经济已缓慢前行 26 个季度。虽然其间有"制造业再回归""3D 打印革命""页岩技术革命"等不同产业领域内的技术创新，但由于美国无法摆脱对虚拟经济的依赖及长时间的流动性充裕状态，虚拟经济对实体经济的挤出效应阻碍了美国制造业的复苏。

3. 新资产泡沫破灭的风险加大

2014 年末，美国大型企业的能源投资额占 GDP 的比重为 2.3%，几乎是 2000 年电信、媒体和科技投资占 GDP 比重的 2 倍。当时互联网泡沫破灭后，美国陷入严重经济衰退，眼下页岩技术革命泡沫破灭可能尚不会造成美国经济整体衰退，但是其影响不可小觑。而在 2009 年以后，美国垃圾债市场增长约 80%，至 1.3 万亿美元，其中能源垃圾债市场增速更快，增幅为 180%，逾 2 000 亿美元。2014 年中期，美联储释放结束宽松政策信号后，美元走强，油价下跌。

4. 中产减少抑制消费走强

美国的贫富分化加剧正在导致中产阶级减少，对支撑美国经济最核心的"消费"将必然产生负面影响。中产阶级家庭所占比例从 1971 年的 61% 减少到 2015 年的 49.4%，首次低于 50% 的分界线，意味着美国不再是一个中产阶级为主的国家，其消费能力最强的核心群体已是"少数派"。贫富分化侵蚀消费基础。金融和地产泡沫、长时间的经济低迷以及无就业经济复苏、劳动力市场供大于求等因素导致了美国贫富分化日趋严重。

5. 中美贸易战

特朗普执政一年多来，美国先后退出了 TPP（跨太平洋伙伴关系协定）、巴黎气候协定、伊核协定、联合国教科文组织、联合国人权组织等国际框架，美国又对欧盟、加拿大、墨西哥、中国等都采取了单边的贸易保护政策，特别是 2018 年 3 月 23 日开始美国总统特朗普在白宫正式签署对华贸易备忘录。对从中国进口的 600 亿美元商品加征关税，并限制中国企业对美投资并购，以此拉开了持续 50 多天的中美贸易战大幕。美国正在走一条与贸易自由化相反的道路，贸易战不能解决中美贸易失衡的问题，对今后的长远发展也无济于事。孤立主义将成为美国的致命伤，也是美国今后顺利发展的重要障碍。

三、走向联合的欧洲

欧洲一体化进程的主要标志是欧盟的不断东扩。欧盟是第二次世界大战结束后,西欧国家为消除战争威胁,实现彼此融合,经过长达半个世纪的艰苦努力,不断从理论和实践层面总结成功经验和失误教训,逐渐发展壮大起来的主权国家联合体。近年来,欧盟加快了一体化联合步伐,有望使欧洲面貌发生更加重大的变化。

(一) 欧盟概况

欧洲联盟简称欧盟(EU),总部设在比利时首都布鲁塞尔,是由欧洲共同体发展而来的,初始成员国有 6 个,分别为法国、德国、意大利、荷兰、比利时和卢森堡。欧盟现有 28 个成员方,正式官方语言有 24 种,人口 5 亿,GDP 16.106 万亿美元。欧盟 28 国总面积 432.2 万平方千米。欧盟占世界生产总值 30%。2014 年欧盟国内生产总值为 13 920 541.2 百万欧元,GDP 增长率为 3%。

(二) 欧洲一体化的成果

1. 政治一体化

1990 年 4 月,法国总统密特朗和联邦德国总理科尔联合倡议于当年底召开关于政治联盟问题的政府间会议。同年 10 月,欧共体罗马特别首脑会议进一步明确了政治联盟的基本方向。同年 12 月,欧共体有关建立政治联盟问题的政府间会议开始举行。经过一年的谈判,12 国在 1991 年 12 月召开的马斯特里赫特首脑会议上通过了政治联盟条约。2004 年 6 月 17 日,欧盟召开首次扩大到 25 国的欧盟首脑会议。18 日,欧盟的第一部宪法条约草案获得通过。2004 年 10 月 29 日,欧盟 25 个成员方的领导人在罗马签署了欧盟历史上的第一部宪法条约,标志着欧盟在推进政治一体化方面又迈出重要的一步。2007 年 6 月 23 日,参加欧盟峰会的 28 国首脑在布鲁塞尔就替代《欧盟宪法条约》的新条约草案达成协议。2007 年 10 月 19 日,欧盟非正式首脑会议通过了新条约,即《里斯本条约》。12 月 13 日,欧盟各国领导人在里斯本正式签署《里斯本条约》,随后交由各成员国批准。各国签署后,该条约于 2009 年 1 月生效。新条约的诞生进一步改革欧盟机构,简化欧盟的决策进程。

2. 经济一体化

1995 年 1 月 1 日,奥地利、瑞典和芬兰加入欧盟,欧盟成员国扩大到 15 个。3 月 26 日,申根协定生效。协定规定,在申根协定国家边境上取消对人员往来的控制,加强司法和警务机构间的合作。同年 12 月 16 日,欧盟马德里首脑会议最终把未来欧洲统一货币的名称确定为"欧元"。1996 年 12 月 14 日,欧盟都柏林首脑会议通过了《稳定和增长公约》《欧元的法律地位》

和《新的货币汇率机制》的欧元运行机制文件。1999年1月1日,欧盟正式启动欧元。2002年1月1日,欧元正式流通。3月1日,欧元成为欧元区国家唯一法定货币。2009年12月1日,随着被称为"欧盟宪法"的《里斯本条约》的正式生效,欧盟取代欧洲共同体并继承原欧洲共同所有权利和义务,真正成为一个法律意义上的实体。欧盟经济一体化进入新的阶段。

3. 安全防务一体化

1999年12月11日,欧姆赫尔辛基首脑会议通过了《千年宣言》,决定正式接受土耳其为入盟候选人,并决定在2003年前成立欧盟快速反应部队。2003年12月12日,欧盟首脑会议会议通过了欧盟安全战略文件,这是欧盟通过的第一个安全战略文件。2004年3月,欧盟首脑会议在欧盟理事会大楼举行,会议发表了《反恐声明》。会议决定要将欧盟与其他国家的经济合作与反恐合作联系起来。2004年7月,欧盟外长会议决定正式开始建立欧盟军事装备局。2004年9月,在欧盟国防部长非正式会议上,法国、意大利、西班牙、葡萄牙与荷兰的国防部长在荷兰诺德韦克签署了组建欧盟宪兵部队的意向声明,并决定在2005年使这支部队具备快速反应能力。这意味着欧盟建设独立防务过程中的又一个新构想即将付诸行动。2004年11月,在布鲁塞尔举行的欧盟国防部长会议正式决定,欧盟将于2007年前组建13个能部署到世界上任何热点地区的快速反应战斗小分队。

欧盟加快走向一体化,是与多极化进程的方向相一致的。在《莱肯首脑会议宣言》中,欧盟再次提出"多极世界"的概念,称:"在一个新的、多极世界中把欧盟变成稳定因素和样板。"欧盟作为一个处于不断完善之中的主权国家联合体,目前在共同外交和防务上尚难以用一个声音说话,部分限制了一体化作为"一极"的发挥。但随着欧盟改革的不断深化,实力和地位的不断提高,相信在不久的将来,一体化推动多极化的作用将日益显现。

(三)英国"脱欧"对欧洲一体化的影响

1. 英国"脱欧"事件

2016年6月23日,英国开始了公投之路,在此之前,英国政府就提交过关于英国脱欧的提案。首相卡梅伦在2013年和2015年就曾做出过关于2017年之前完成英国脱欧的公投的决定。这次公投的最终结果也是以赞成脱欧的微弱优势"战胜"了继续留欧的公投比例,具体为同意脱欧的占51.9%,共1 570万人;同意留欧的占48.1%,共1 458万人。那么,最终的结果就是英国同意脱欧。英国脱欧的消息传出后,全球股市、汇市剧烈震荡,英镑出现创纪录跌幅。

2. 英国"脱欧"的背景

英国选择脱欧是全球化过程中反全球化力量的体现,也是当今世界经济危机和移民危机加深背景下发达国家中出现并蔓延的民族及民粹主义的表现。实际上,英国与欧盟的矛盾由来已久。从历史上来看,英国与欧洲大陆长期就是分离的,其宗教、政治与法律体系也明显区别于欧洲大陆其他国家,后来虽然加入了欧盟,但作为经济规模排名欧盟第二的国家却一直或多或少地受到法德等国的排挤和压制,逐渐有被边缘化之感。加上英国国民始终保持较强的主权意识和民族自豪感,所以英国国内的疑欧传统一直都存在。

近些年来,英国和欧盟在很多问题上的分歧越来越明显,例如在经济政策上英国主张更加宽松的自由贸易,而庞大的欧盟管制体系限制了英国和其他国家签订自由贸易协议。自从2012年欧债危机后,欧盟经济状况恶化,移民快速增长,国家福利负担加重,难民潮和恐怖主义蔓延,这些都加剧了英国和欧盟之间的矛盾。

3. 英国"脱欧"对欧盟的影响

英国虽然不是欧共体的创始成员国,但从1973年成为欧共体成员时起,就与德法两国被尊称为欧共体的"三驾马车",英国脱欧将从经济、政治、社会各方面对欧洲一体化构成挑战。

在经济上,英国脱欧直接导致欧元贬值,使欧元平衡美元独大的地位下降,这对欧盟经济复苏是非常不利的。2015年英国的GDP占欧盟GDP总量的17.2%,进出口贸易约占欧盟贸易总量的8%,失去英国的欧盟总体经济实力将下一个台阶。英国每年对欧盟的预算贡献仅次于德法两国,同时英国还吸纳了200多万欧盟其他成员国公民在英国就业,英国脱欧后,这些都会给欧盟经济带来直接的冲击。除此以外,还会影响到欧盟的自由贸易进程,使欧盟的金融机构业务受到波及,给欧洲的国际资本流动机制和金融监管体制带来不利影响。

在政治和安全领域,由于英国和法国是安理会常任理事国及核大国,那么英国脱欧将会严重削弱欧盟在国际事务中的话语权,降低欧洲在国际关系体系中的地位。另外,英国脱欧事件进一步暴露了欧盟治理结构中的体制性弊端以及欧盟一体化过程中政治一体化与分离主义之间的矛盾。

在社会基础方面,英国脱欧可能会在欧盟内部进一步激化疑欧主义思潮,使得欧盟其他国家的民众对欧盟体制与政策产生更大的不满,降低欧洲民众的欧洲认同感,甚至激化欧盟核心国家与外围国家的矛盾,从而削弱欧盟的政治凝聚力。而最让欧盟担心的是这有可能引发其他欧盟成员国对英国脱欧公投的效仿。在英国脱欧公投后,法国右翼政党领导人呼吁法国举行相似的脱欧公投,瑞典、荷兰、意大利等国也都对"脱欧"有较高的呼声,特别是意大利目前的状况比较令人担忧。一旦各国开始效仿英国,那对欧洲一体化所造成的损失将是难以估量的。

英国脱欧给欧盟一体化敲响了警钟,迫使欧盟重新思考其一体化的战略,促使其进一步反思并完善其制度设计,实施行之有效的改革,欧盟应该更好地反映各个欧盟国家内部的利益诉求,民众的利益诉求,而不仅仅是一个由欧洲精英层构成的官僚体制。只有这样,才能更加稳健地推动欧洲一体化事业继续前行。

四、日本谋求成为政治大国

（一）经济大国地位的确立

第二次世界大战期间，日本经济遭到严重破坏，25%的财富化为乌有，国民经济陷入了崩溃状态，物资奇缺，物价飞涨，国民经济出现了20世纪20年代以后最严重的经济危机。然而第二次世界大战结束后，在美国的扶持下，日本经济不仅迅速摆脱了困境，而且出现了从未有过的经济高速增长。1968年超过德国，成为资本主义世界的第二经济大国。到80年代中期已发展成为世界第二经济大国。20世纪90年代开始，日本出现了严重衰退。经过10多年的艰难调整，日本经济已逐步恢复活力。虽然2010年世界第二经济体的地位已被中国取代，2015年日本实际经济增长率为0.4%，但日本仍然是世界第三大经济体，日本的经济大国地位仍然稳固。

（二）谋求政治大国地位

1. 日本政府修改和平宪法，解禁集体自卫权

战后日本宪法第九条规定："日本国民衷心谋求基于正义与秩序的国际和平，永远放弃以国权发动的战争、武力威胁或武力行使作为解决国际争端的手段。为达到前项目的，不保持陆海空军及其他战争力量，不承认国家的交战权。"第九条不修改，日本就难以达到军队合法化，海外派兵正常化，行使武力正当化的目的，也就难以成为真正的政治大国。而修改宪法要经过很长时间的酝酿、讨论，逐步进入修宪的法律程序。近年来，修宪进程的步伐明显加快。2014年7月1日，日本安倍政府在内阁中通过了解禁集体自卫权决议案。

2. 谋求成为联合国常任理事国，积极参加联合国事务

（1）积极申请入常。

日本一直将能否成为联合国常任理事国作为成为政治大国的一个重要标志。2005年，在日本、巴西、德国与印度4国主导下，联合国汇总了一份旨在增加安理会常任理事国的安理会改革决议案。不过这个决议案没有能够获得成员国多数支持，最终作废了。2014年9月25日，日本首相安倍晋三在联合国大会上再次提出，日本和巴西两国加强配合，提议实施旨在扩大安理会常任理事国的改革，并提交由日、巴、德、印4国集团主导的将联合国常任理事国扩大至11国的改革方案。

（2）积极参加联合国维和行动。

自美国"9·11"事件以来，日本开始借"反恐"为名，向冲突地区派遣自卫队，走上全面维和的道路，并先后参加了联合国在阿富汗、东帝汶、伊拉克、苏丹和尼泊尔实施的维和行动。

(3)加强日美同盟。

自20世纪70年代日美签署《日美防卫合作指针》(以下简称《指针》)以来,双方进行过两次修改,分别是1996年和2013年。2013年1月17日,美日着手再次修订《指针》。对《指针》的修改中规定了日美军队在日本或日本附近的合作方式。日美两国政府2013年10月3日在东京召开"日美安保磋商委员会"(2+2)会议,并发表了共同文件。双方就在2014年底前完成对规定自卫队与美军职责分工的《指针》再次修改工作达成了协议。2015年4月,美日签署最新的《指针》,加强两国军队在亚洲的影响力。

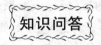

问:什么是《日美防卫合作指针》?

答:《日美防卫合作指针》为20世纪70年代中期,针对远东地区美国整体实力的衰弱以及苏联军事力量增强的状况,日本与美国经过两年多时间的协商在冷战时期的1978年制定,就防止侵略、日本遭到武力攻击以及远东地区发生对日本产生重要影响的事态做了具体的规定,旨在规定"日本有事"时自卫队和美军的任务分工。

四、走在复苏道路上的俄罗斯

(一)横跨欧亚大陆的辽阔疆域,独特的地缘政治优势

俄国土面积为1 707.54万平方千米,雄踞世界第一。俄东西相距9 000千米,南北最宽4 000千米,东接亚太,西连中东欧,将欧盟、北美和东亚三大板块连在一起,在东、西、北三个方向上都拥有出海口,成为欧亚大陆的交通枢纽。向西,俄可以借鉴西方国家成熟的管理体制和监督机制;从太平洋彼岸的美国那里,可以吸引到大量投资,从而能够大大缩短俄与西方先进国家的差距;向东,东亚地区作为成功实现经济腾飞的样板,可向俄提供经济转轨和对外开放等方面的宝贵经验,而且作为世界经济发展最迅速、最富有朝气的区域,其巨大的市场、物美价廉的商品和丰富的劳动力资源正好与俄罗斯形成互补。俄专家称,辽阔的土地和纵深的地缘优势是俄罗斯"巨大力量的永久源泉"。

(二)曲折中发展的俄罗斯经济

自2000年以来,俄罗斯GDP年均增长率接近7%,2007年上半年GDP增长率达到7.8%。2012~2013年间,俄黄金储备曾超过5 000亿美元,2015年6月公布数据显示为3 605亿美元。专为应对经济危机而设立的政府稳定基金亦猛增至1 168.5亿美元。在能源行业的

带动下,俄罗斯对外贸易和吸引外资更是达到空前的繁荣。2014年俄罗斯货物进出口额为7 828.6亿美元,比上年同期(下同)增长35.6%。2013年吸引外国直接投资940亿美元,增长83%,从而跻身世界吸引投资国家排名榜上的第三名。金融状况的好转也使俄偿还外债的能力进一步增强。目前,苏联解体时遗留下来的高达2 000多亿美元的外债已减至478亿美元。但受金融危机和乌克兰危机的影响,俄罗斯经济再次陷入低谷。

(三)得天独厚的自然资源

2004年,俄科学院社会政治研究所发表了题为《俄罗斯:复兴之路》的报告,称俄罗斯是世界上唯一的自然资源能够完全自给的国家。已经探明的资源储量占世界资源总量的21%;在世界各国综合国力评估中,俄的资源实力排名第一。俄《共青团真理报》的一篇报道指出,俄所有自然资源的总估价高达300万亿美元,已探明资源储量价值约为30万亿美元,相当于美国的3倍和西欧的12倍,列全球第一位。据保守统计,俄罗斯探明石油储量占全球总储量的13%,天然气探明储量占全球总储量的45%,均居世界第一位;煤炭储量占全球总储量的17.3%,居世界第二位;木材蓄积量占全球总量的25%;水力资源居世界第二位,单是贝加尔湖的蓄水量就占世界淡水总储量的20%。考虑到贝加尔湖的湖水未受到任何污染,这在全球面临水资源短缺的现状下无疑将是一笔巨大的财富。此外,据俄罗斯科学院统计,俄各种已探明自然资源的保障程度相当高:铁矿蕴藏量居世界第一位,可采42年;铝蕴藏量居世界第二位,可采18年;黄金蕴藏量居世界第四位,可采37年;磷酸盐蕴藏量居世界第七位,可采52年。在世界经济发展越来越依赖于资源的今天,俄罗斯丰富的自然资源成为其建设强大国家的有力支撑。

(四)军事实力:超级军队的重新崛起

俄罗斯具有强大的军事工业基础和素质较高、装备精良的军队。作为苏联的继承者,俄罗斯在军事工业方面有着雄厚的实力,是当今世界唯一能与美国抗衡的国家。俄近年来武器出口位列世界第二,军需品出口成为俄国民经济的一大支柱。

在冷战时期,苏军是与美军实力相当的一支超级军队。苏联解体后,俄罗斯继承了原苏联的大部分军事遗产。20世纪90年代,国力的衰弱导致军队建设出现了前所未有的大滑坡和大倒退。随着国力恢复,俄对军队建设的投入不断加大,军费规模从2000年的63亿美元迅速提升至2013年的689亿美元,年增长率高达16%~30%,根据俄杜马审议通过的法案,2016年俄军费开支达到980亿美元,较2013年增长44%。2011年,时任俄罗斯总理普京公布的政府计划显示,计划在2020年前花费7 300亿美元重新武装、升级俄罗斯军队,打造武器现代化。俄罗斯未来10年武器采购项目包括购买8艘装备布拉瓦导弹的战略核潜艇、战斗机、S-

400和S-500防空系统等。通过更新装备,俄罗斯武器库中现代化武器比例在2020年前将提升至70%。

(五)科技潜力:国际竞争的坚实后盾

20世纪,苏联的科学发现和发明占全球1/3。目前,俄罗斯的科学家数量占全世界的12%,每1万人中有37名科学家和工程师,这一比例与美国平分秋色。长期的基础研究积累使得俄在科学理论和实践中居于世界领先地位。

俄罗斯全民文化教育素质和科研队伍数量、质量均居世界前列。据统计,俄罗斯就业人口每1 000人中具有高等和中等文化水平者合计938人,每万人中科学家和工程师多达37人,与美国相当。2000年,俄曾对本国科技实力进行评估,认为在当前世界上102项尖端科学技术中有52项俄保有世界领先水平,27项具有世界一流水平。时任俄国防部长的伊万诺夫也对新闻界说,当今世界决定发达国家实力的100项重大技术中,俄在其中有17~20项居世界领先水平,另有25项经过5~7年可达到世界水平。

俄罗斯在军工、航天、运载火箭和导弹技术等领域的科研力量也具有很大优势。俄是世界上唯一能全面掌握空间站制造、发射、回收技术的国家。俄还拥有具有自主知识产权的"格洛纳斯"全球卫星定位系统和世界上推力最大的"安加拉"运载火箭。在物理、化学、材料、数学、人体科学、信息技术等领域俄罗斯也具有良好的发展前景。除了经济、资源、军事、科技方面等硬性指标外,对其地缘态势、民族个性和国家意志等软性指标也要给予特别关注。

俄罗斯成为世界一极的制约因素也不少,金融危机背景下国际能源价格下跌对俄罗斯经济的打击很大,乌克兰危机又使俄欧、俄美关系急转直下,美欧对俄罗斯的经济制裁使受金融危机影响的俄罗斯经济雪上加霜。尽管如此,俄罗斯现在仍然保留着作为一个世界大国的基本条件,更具备重新崛起、成为多极化格局中一极的巨大潜力。

五、中国国际地位的不断提升

改革开放40年以来,中国飞速发展,国际地位得以提升、国际影响力也得以扩大,在国际舞台上发挥着越来越重要的作用。改革开放让我国的经济发展取得了举世瞩目的成就,综合国力不断提升,从而提高了我国在国际上的经济影响力,经济影响力的提升同时带动了政治影响力的提升。

2016年,世界经济复苏依然缓慢且不均衡,在世界经济不景气的大背景下,中国经济可谓"风景这边独好"。

1. 经济增长亮点:提前实现GDP翻两番目标

2016年,我国经济运行平稳。从国际比较看,我国在世界上仍属于经济增长率最高的国家之一,6.7%左右的经济增速大大高于1.5%左右的美国经济增速、0.6%左右的日本经济增速、1.5%左右的欧元区经济增速。需要说明的是,我国经济总量已经超过10万亿美元,在这个基数上每增长1个百分点,GDP增量就超过1 000亿美元,相当于2010年经济增长1.8个百分点的增量。换句话说,现在实现6.5%的增长率所带来的GDP增量,相当于2010年10%以上的增长率所带来的GDP增量。从这个角度看,不能不说2016年中国在低迷的世界经济中创造了耀眼的经济增长亮点。

2. 结构升级亮点：向后工业化时代过渡

2016年,我国经济结构进一步优化,成为明显亮点。"十二五"时期,我国服务业有了长足发展,到2015年,服务业增加值占国内生产总值的比重达到50.5%,首次过半。2016年前三季度,这一比重又上升到52.8%,对经济增长的贡献率也从2015年的54.1%提高到58.5%,创下了中华人民共和国成立以来服务业对经济增长贡献率之最。我国经济正在经历从以工业为主导的时代向以服务业为主导的时代即后工业化时代的重大转变。

3. 消费亮点：国内市场规模位居世界第二

消费已成为我国经济增长的最大动力。2010年之后,我国最终消费支出占GDP的比重持续上升,2015年提高到52.4%。2016年,我国消费品市场规模位居世界第二,最终消费支出占世界消费总量的比重超过8%,与美国的差距明显缩小。

4. 新经济亮点：世界最大数字红利

2016年,我国新经济、新业态迅速发展。一是无论从网民规模还是从手机网民规模来看,我国都已成为世界数字用户第一大国,由此创造了巨大的数字红利。全球235个国家和地区的消费者通过中国电商平台购物,中国电商辐射全球,正在实现全球买、全国卖。二是就业红利。数字经济连接民众,有力促进了创业和个体经营,创造了大量就业机会。三是服务红利。数字经济连接政府,电子政务迅速普及,促使政府更优质、更便捷、更低成本地提供公共信息和公共服务。

5. 全球治理亮点：为世界经济发展提供"中国方案"

2016年是中国全面参与全球经济治理年。中国既以自身的发展推动世界发展,又为构建创新、活力、联动、包容的世界经济提供"中国方案"。2016年中国对世界经济增长的贡献率为33.2%,继续成为世界经济增长最大的发动机、顶梁柱,为世界经济增长提供主动力。更重要的是,在世界经济遭遇贸易保护主义和逆全球化浪潮侵袭的背景下,中国主办二十国集团领导人杭州峰会,在多个国际场合提出多项建议和行动方案,特别是推动制定了《二十国集团全球贸易增长战略》和《二十国集团全球投资指导原则》等,大力推动全球贸易自由化、投资自由化、服务便利化,为世界经济发展指明方向,为世界经济复苏出谋划策。中国全面参与全球经济治理,提出的中国理念和中国方案得到国际社会广泛认可和响应。中国方案将推动全球经济治理向着更加公正合理的方向发展,造福世界各国人民。

在当今世界形势的发展变化中,中国越来越成为一个举足轻重甚至是不可或缺的因素。中国与世界的联系更加广泛而深刻,互动更加紧密,世界越来越关注中国。

中国政府倡议成立亚洲基础设施投资银行。2013年10月2日,习近平主席提出筹建倡议,2014年10月24日,包括中国、印度、新加坡等在内的21个首批意向创始成员国的财长和授权代表在北京签约,共同决定成立亚洲基础设施投资银行。截至2015年4月15日,已有57个国家正式成为亚投行意向创始成员国,涵盖了除美国之外的主要西方国家以及除日本之外的主要东方国家。在亚投行,在1 000亿美元的注册资本中,中国将提供297.8亿美元,中国可以拥有大约25%到30%的投票权。

中国提出"一带一路"战略。中国国家主席习近平在2013年提出共建丝绸之路经济带和21世纪海上丝绸之路的重要合作倡议。4年来,"一带一路"建设进展顺利,成果丰硕,受到国际社会的广泛欢迎和高度评价。2017年5月14日至15日,中国在北京主办"一带一路"国际合作高峰论坛。这是各方共商、共建"一带一路",共享互利合作成果的国际盛会,也是加强国际合作,对接彼此发展战略的重要合作平台。高峰论坛期间及前夕,各国政府、地方、企业等达成一系列合作共识、重要举措及务实成果,中方对其中具有代表性的一些成果进行了梳理和汇总,形成高峰论坛成果清单。清单主要涵盖政策沟通、设施联通、贸易畅通、资金融通、民心相通5大类,共76大项、270多项具体成果。

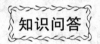

知识问答

问:什么是"一带一路"?

答:"一带一路"贯穿亚欧非大陆,一头是活跃的东亚经济圈,一头是发达的欧洲经济圈,中间广大腹地国家经济发展潜力巨大。丝绸之路经济带重点畅通中国经中亚、俄罗斯至欧洲(波罗的海);中国经中亚、西亚至波斯湾、地中海;中国至东南亚、南亚、印度洋。21世纪海上丝绸之路重点方向是从中国沿海港口过南海到印度洋,延伸至欧洲;从中国沿海港口过南海到南太平洋。

亚投行的成立与"一带一路"战略,彰显中国综合实力的提高与国际影响力的提升。中国作为最大的发展中国家,随着改革开放和经济实力的迅速增长,国际地位与影响力日益提高。

世界朝着多极化方向发展既是一个不以人们意志为转移的客观趋势,也是除美国以外的国家和国家集团所追求的目标。美国想建立单极世界,但力不从心。欧盟一体化使欧盟的力量壮大;日本加速了由经济大国向政治大国迈进的步伐;俄罗斯虽丧失了苏联超级大国的地位,但仍不失为世界强国;中国改革开放的发展,在国际舞台上的作用大大增强。这些国家与地区集团不约而同地主张世界向多极化方向发展。世界各种力量的分化组合以及大国关系的深刻调整有利于多极化的发展。

第三节　特朗普时期的美国外交政策趋向

2017年1月20日，特朗普入主白宫，正式成为美国第45任总统。特朗普在2016年大选中的政策主张及当选后特立独行的言行，彰显了特朗普与奥巴马政府在政策理念上的差异。未来，特朗普政府的内外政策，尤其是外交政策走向，成为各方关注的焦点。

一、特朗普时期下的美国外交政策特点

尽管特朗普在对外政策领域的主张并不十分明晰，但其新孤立主义的倾向却显而易见。这种新孤立主义和传统孤立主义相比，有着鲜明的特点：美国并非不关注外部事务，而是实行战略收缩，将关注的焦点集中在关键区域或议题上，而对于其他区域或议题则不愿过多介入；更多关注国内问题的解决，而对于外部世界的关注度减弱，承担国际义务的意愿下降。特朗普强调向内收缩，主张"攘外必先安内"，注重解决国内问题。此外，特朗普还迎合反全球化的浪潮，对外来移民采取限制乃至抵制的态度，主张极端利己的贸易保护主义，退出TPP，重新谈判《北美自由贸易协定》。基本可以确定，特朗普政府在执政之初不会将主要精力投入到外交议题上，也不会主动去挑起事端，除非是有重大事态发展迫使其将主要精力从国内转向外交议题。

特朗普在大选中一再强调的"美国优先"将成为其对外政策的主基调。所谓"美国优先"，实际上就是更多关注自身的利益，而不考虑其他国家甚至包括盟友的想法。只要有利于实现美国的利益，特朗普政府就会强力推行，迫使其他国家让步。对于多边国际合作，则采取消极的态度，不愿承担更多国际义务。这意味着未来美国对外政策中单边主义行为有可能上升。当然，这种"上升"应不会达到小布什政府第一任期内那种近乎疯狂的偏执地步。与此相对应，美国的对外战略思想将偏向现实主义方向，其意识形态色彩将相对下降，实用主义色彩则更为浓厚。而这些都与共和党的传统理念相契合。作为亿万富翁，利益是特朗普的政策基点，务实是他的政策风格。在特定条件下，特朗普是不会排斥利益交换的。

"让美国再次强大"是特朗普2016年总统竞选的口号。但这并非他的原创，而是1980年总统大选时，里根针对美国当时国内经济滞胀、国外面临苏联咄咄逼人的压力而提出的。对于里根，特朗普推崇有加。在特朗普的理念中，"让美国再次强大"含义有二：经济振兴和国防强大。而这种理念也和他提名的内阁成员组成相印证——富豪和退役将领占据重要职位。在经济振兴层面，为了振兴美国制造业，特朗普采取多种举措，阻止美大企业转向海外投资和生产；同时打着"公平贸易"的旗号，逼迫其他国家解决贸易逆差、货币汇率、市场准入、知识产权保

护等问题,以扭转美国长期存在的贸易逆差。如果说在其他问题上,特朗普总是模棱两可、含糊其辞,那么他在经贸层面的民族主义基调是自始至终,十分鲜明的。

在国防安全层面,特朗普明确表示,将重塑美国的军事实力,反对奥巴马政府大幅削减军费的做法。这与共和党传统上注重国防安全的理念完全吻合。特朗普主张:将陆军人数增加6万,增至54万;海军陆战队以36个营为基础,扩充8 000~12 000人;将美国海军打造成为一支拥有350艘水面舰艇和潜艇的强大海军(现有272艘)。这也是共和党鹰派人物一直追求的目标。特朗普的两名对外政策顾问亚历山大·格雷和彼得·纳瓦罗于2016年11月7日在"外交政策"网站发表的一篇文章表示,特朗普政府将在亚太以实力求和平,重写美国与亚洲的关系。强大的国防力量除了可以维护美国的安全,也是在世界上压制对手和推进美国利益的重要工具。

二、特朗普时期对主要大国和地区的外交政策趋向

(一)特朗普对奥巴马"亚太再平衡"战略的调整

美国的战略重心不会发生根本性逆转,依旧会将主要的关注点放在亚太,将更多的政治、经济、军事等资源投放到这一地区。在中东地区打击"伊斯兰国"(ISIS)极端势力,或许会在一定程度上吸引美国的注意力,但特朗普政府不太可能大规模投入地面部队,而是依靠地面特种部队、空中力量以及与相关国家的合作或对其施压,来打击极端势力。特朗普反对之前在中东推翻别国国家政权的做法,认为那只会造成权力真空,让恐怖分子得势;应通过渐进式改革来实现中东的变化。美国扩充后的海空军也会更多地投入到亚太地区,而不是中东或欧洲。奥巴马政府推进的"亚太再平衡"战略,是民主、共和两党的共识。即使特朗普上台执政,亚太地区依旧是美国的战略重心,是美国的重要利益所在。或许,特朗普政府的亚太战略不再叫作"再平衡"战略,但美国对这一地区的投入将是一贯的。特朗普政府将会强化美国在西太地区的军事存在,保持其军事优势。这在美国的亚太战略缺少TPP这样一条经济支柱的情况下,就显得尤为重要。

(二)特朗普对同盟国家外交政策的延续

同盟关系依旧是美国霸权的重要支柱。特朗普从亚洲撤军的论调只是一种对盟友、伙伴施压的手段,目的是让他们承担起更多的自我防卫义务,或者多出人,或者多出钱。而真正从亚洲撤军的可能性很小。面对中国的崛起和朝鲜核武器的发展,美日、美韩同盟只会加强,不会削弱。特朗普政府也会重视欧洲盟友的感受,有意维持和强化北约的作用。而美国要求盟友、伙伴承担更多的防务义务也并非始于特朗普。自冷战结束后,美国就在调整同盟友的关

系,强化同盟国的合作,要求他们更多分担防务责任。奥巴马政府上台伊始推出的"巧实力",就主张加强同盟友的合作,让盟友分担责任。特朗普只不过是延续了这种趋势,并将这种诉求表达得更为极致。

G20 的成立为国际社会齐心协力应对经济危机,推动全球治理机制改革带来了新动力和新契机,全球治理开始从"西方治理"向"西方和非西方共同治理"转变。2016 年 9 月 4 日至 5 日二十国集团(G20)领导人第十一次峰会在中国杭州举行,这也是中国首次举办首脑峰会。二十国集团领导人第十二次峰会于 2017 年 7 月 7 日至 8 日在德国汉堡举行。

(三)特朗普时期美俄关系的调整

未来,特朗普政府有意改善同俄罗斯的关系,这是值得关注的重要动向之一。毕竟在当今世界中,中美俄三角关系的互动势必会影响到整个国际格局的走向。奥巴马政府时期,美俄关系由于北约东扩、民主人权问题一直摩擦不断;而双方在乌克兰问题上的争斗和随后美国推动欧美联手对俄实施经济制裁,使得美俄关系跌入谷底。实际上,美国战略界认为,美俄交恶使中国处于有利的地位,中国由此左右逢源,美国应当扭转这种被动的局面,改善同俄罗斯的关系。而特朗普在大选中和过渡期内对俄罗斯的友善态度、对普京的正面评价,以及近期双方的良性互动平添了外界的猜想。而特朗普任命的国家安全顾问弗林、国务卿蒂勒森都曾与普京有过良好的互动,也都主张改善美俄关系。这都为美俄改善关系提供了必要的条件。特朗普有意在打击"伊斯兰国"和解决叙利亚内战问题上,与俄罗斯合作,改善两国关系的氛围。不过"冰冻三尺非一日之寒",美俄关系的改善尚需时日。无论是提升相互信任,还是解除制裁,或停止压缩俄罗斯的战略空间,一时间都难以有明显的改观。

当然,特朗普上台执政,并不能摆脱一些特定的环境,不得不面对美国实力及左右世界能力下滑的趋势。其一,特朗普上台面对的是一个撕裂的美国社会,其主要精力耗费在国内问题上。特朗普多少有些侥幸地通过选举人票赢得了大选,普选票则输给希拉里近 300 万张。这表明他在选民中的根基并不牢固:一半的民众支持特朗普;另外一半的民众则反对特朗普。这对于他执政将是很大的牵制。面对一个撕裂的美国社会,如何弥合分歧、缓解社会矛盾是特朗普需要首先解决的问题。一旦处理不好,其政府将会举步维艰,进退两难。其二,党派之争依旧激烈,民主党人势必不会甘心退让。特朗普要在诸如应对气候变暖、环境保护、医疗保险等诸多问题上推翻奥巴马的遗产,也会遭遇不小的阻力。其三,共和党内部也并非铁板一块,传统的主流建制派和极右翼共和党人也未必都会与特朗普站在一起。在特定议题上将会出现分化,只能具体问题具体分析。比如,在贸易问题上,民主党人和劳工组织关系密切,往往支持贸易保护主义;而共和党传统上与大工商企业、跨国公司关系紧密,对于特朗普的贸易保护主义政策则是忧虑重重。其四,特朗普政府在"美国优先"理念下采取的举措很可能会引发对象国家甚至是盟友的反弹乃至报复,从而对特朗普的民粹主义举措形成牵制。

第四节 发展中国家影响力逐渐提升

20世纪90年代以来发展中国家的总体经济实力增强,在世界经济中的地位与作用不断增大。发展中国家在世界经济中所占的比重明显上升,尤其是东亚的经济持续高速增长,拉美经济发展速度也很快,非洲现也已开始从诸多的困难中摆脱出来。在此期间,西方发达国家相继陷入经济衰退,而发展中国家仍持续快速发展,这表明发展中国家对发达国家的依赖程度开始减弱,它们对世界经济和发达国家经济发展的影响力不断增强,这将有利于它们维护民族独立和国家主权,反对霸权主义,建立国际政治经济新秩序。发展中国家影响力的提升,主要体现在二十国集团和金砖国家的组建与发展上。

一、二十国集团

(一)二十国集团概况

二十国集团,又称G20,是一个国际经济合作论坛。1999年9月,西方七国集团财政部长和中央银行行长在华盛顿发表声明表示,同意建立由主要发达国家和新兴市场国家组成的二十国集团就国际金融问题进行磋商。1999年9月25日,八国集团的财长在华盛顿宣布成立二十国集团(G20)。这个国际论坛由欧盟、布雷顿森林机构和来自19个国家的财长和中央银行行长组成。1999年12月16日,二十国集团的财政部长和中央银行行长在柏林举行二十国集团创始会议。旨在防止1997年亚洲金融风暴重演,并且为国际主要经济体就国际金融、货币政策等进行对话提供平台,以利于国际经济体系和货币市场的稳定。2008年全球金融危机爆发之后,G20也从最初的财长会议演变为各国首脑会议,在2009年9月下旬于美国匹兹堡召开的第三次二十国首脑会议上,G20取代G8(八国集团)被正式确立为"国际经济合作平台"。G20成员涵盖面广,代表性强,其构成兼顾了发达国家和发展中国家以及不同地域利益平衡,人口占全球的三分之二,国土面积占全球的60%,国内生产总值占全球的90%,贸易额占全球的80%。G20已取代G8成为全球经济合作的主要论坛。

(二)主要成员

二十国集团主要成员有:七国集团成员国美国、英国、日本、法国、德国、加拿大、意大利,以及澳大利亚、俄罗斯、中国、巴西、阿根廷、墨西哥、韩国、印度尼西亚、印度、沙特阿拉伯、南非、土耳其和作为一个实体的欧盟。同时,国际货币基金组织与世界银行代表也列席会议。

(三)主要活动

G20没有常设的秘书处和工作人员,因此,由当年主席国设立临时秘书处来协调集团工作和组织会议。会议主要讨论正式建立G20会议机制,以及如何避免经济危机的爆发等问题。从1999年至2013年已举办19次会议。另外,因应2007年到2010年的经济危机,G20从2008年起召开领导人峰会以商讨对策,并从2009年起每年举行两次峰会。峰会的另一个目的是纠正过往有关环球经济的会议和管理中没有包含新兴工业国家的局面。从2008年至2014年已举办9次领导人峰会,中国是2016年G20峰会主办国。

(四)二十国集团的影响力

G20在金融危机爆发时扮演了极其重要的角色,全球性金融危机所带来的灾难性后果已经逐渐消散,世界经济也从低谷中缓步回暖,G20在其中做出了积极并且卓有成效的努力。数次G20领导人峰会的召开,使得世界主要经济体能够在同一个平台上进行合作、对话及交流,在刺激经济增长上,能够保持经济政策的一致与协同;在促进国际进出口贸易和对抗贸易保护主义上,各国能够在同一框架下消解分歧,通过对话加深理解和信任;在消减贫困及帮助发展中国家从危机中康复上,G20宣布减免债务以及承担向国际货币基金组织和世界银行等国际金融管理机构注资。

从长远来看,G20成为世界经济合作平台这一事实已经不可动摇,G20推动了国际经济体制的改革,由少数发达国家长期操纵、控制国际经济事务的历史宣告终结。发展中国家的地位逐渐崛起,对于世界事务的参与热情不断提升,在世界经济舞台上的地位变得日益重要。世界多极化时代与经济全球化时代的到来为G20诞生提供了难得的机遇,国家间通过合作来实现共同发展、互利共赢成为国际交往的主流。

G20峰会,为新兴国家提供了参与国际经济合作的平台,提升了发展中国家在国际金融体系改革中的代表性和发言权,G20作为一种国际机制,在未来的全球经济事务中将发挥重要的作用。

二、金砖国家

(一)金砖国家基本情况

"金砖国家"(BRICS)的前身是金砖四国,指巴西、俄罗斯、印度、中国全球最大的四个新兴市场国家,根据其英文首字母组合近似"brick"而得名。2010年12月,南非加入"金砖四国",从而更名为"金砖国家"。2015年1月1日,俄罗斯开始担任金砖国家机制轮值主席国。

> **知识问答**

问:"金砖国家"名称是怎么来的?

答:2001年,美国高盛公司首席经济师吉姆·奥尼尔首次提出"金砖四国"这一概念,来自这四个国家的英文国名开头字母所组成的词 BRIC,指巴西(Brazil)、俄罗斯(Russia)、印度(India)和中国(China),其发音类似英文的"砖块"(brick)一词。

2003年,奥尼尔在一份题为《与"金砖四国"一起梦想》的研究报告中预测,到2050年,世界经济格局将重新洗牌,"金砖四国"将超越包括英国、法国、意大利、德国在内的西方发达国家,与美国、日本一起跻身全球新的六大经济体。高盛这份报告出台后,中国、印度、俄罗斯和巴西作为新兴市场国家的领头羊,受到世界广泛关注,"金砖四国"这一概念由此风靡全球。

(二)成员国

1. 中国

中国堪称世界最具发展活力的经济区域,引进外资额最高,成为全球最大企业集团的生产基地。GDP从2010年起超过日本排名第二,2013年中国进出口贸易总额首次突破4万亿美元这一历史性关口,高达4.16万亿美元,取代美国成为全球最大贸易国。中国拥有13亿居民,是世界上人口第一多的国家,充裕、廉价、可靠的劳动力驱动了中国经济繁荣,除了无与伦比的价格优势之外,就业人员的素质也在不断提升。不过,世界经济增长的发动机下面也潜藏着危机。虽然中国央行制定了贷款限制措施,经济过热的隐患依然未能消除;城乡、个人收入之间的巨大剪刀差也令发展失衡,危及社会稳定;环境污染更加恶化。中国股市缺乏独立、有效的监控机制;原料不足、能源缺乏等一系列问题都为中国经济制造了瓶颈。

总部位于瑞士日内瓦的世界经济论坛日前发布《2014~2015年全球竞争力报告》,中国内地竞争力较2013年上升一位,名列第28位,同为金砖国家的俄罗斯、南非、巴西和印度分别排第53位、56位、57位和71位。中国经济竞争力在"金砖五国"中仍然处于领跑地位。

2. 巴西

巴西是南半球最大的发展中国家,国土面积和人口分别占拉美地区三分之一,人口数居世界第五,面积居世界第五。2014年国内生产总值为2.2万亿美元,世界排名第7位,是世界重要经济大国之一。除传统农业经济之外,生产、服务行业也日益兴旺,更在原材料资源方面占据天然优势,拥有铁、铜、镍、锰、铝土矿世界上最高蕴藏量。另外,通信、金融等新兴产业也呈上升趋势。巴西早在20世纪六七十年代,就已经进入了次发达国家的行列,20多年前就具备了冲击经济大国的基础条件,但由于通货膨胀久治不愈,患上既攀不上发达国家、又没有廉价劳动力优势的"拉美病",被全球经济边缘化了30年,现如今,它终于走出了低谷,连续多年的强劲经济增长,使它走上了与西方大国直接对话的讲坛。

巴西前总统、巴西社会民主党领导人费尔南多·恩里克·卡多佐制定过一套经济发展策略,为其后的经济振兴奠定了成功的基石。这套经改政策后来为巴西劳工党籍的总统路易斯·伊纳西奥·卢拉·达席尔瓦所发扬光大,其核心内容在于:引入灵活的汇率体系;改革医疗、养老制度;精简政府官员系统。然而,有批评家认为,成也萧何败也萧何,巴西劳工党内部贪污受贿不断,在很大程度上动摇了现任政府的执政根基。

2008年,在经济危机击倒欧洲和美国的同时,巴西则以7.5%的经济增速创出佳绩。巴西是一股新兴力量,一个拥有2亿人口的巨人,渴望在新兴国家行列中扮演领导者的角色。那时,全世界对巴西信心十足,巴西人自己也充满自信,他们一举拿下了世界杯和奥运会的举办权。2013年是一个关键的时间节点,巴西劳工党通过向经济注入公共资金来保护其免受全球危机冲击的努力已经显示出疲惫的迹象。突然之间,社会动荡爆发了。导火索是一个似乎微不足道的原因,公共交通的涨价等因素引发了全国各地由左翼年轻人主导的大规模游行示威活动。局势迅速恶化。巴西陷入了一个世纪以来最严重的经济危机。巴西总统米歇尔·特梅尔陷入政治丑闻,这也使他所领导的巴西经济改革、财政紧缩政策和延迟退休方案等措施前途未卜。政坛再起波澜让巴西的经济蒙上了阴影。但可喜的是2017年巴西出现了复苏的迹象,经济增长率为1%,给这个上帝眷顾的国家带来了新的希望。

3. 印度

印度是世界上的第二人口大国,6 000多家上市公司也使其股市规模空前壮大。在过去的20年间,印度经济以每年平均5.6%的速度稳定成长,而在经济前台的背后,是一支高素质的就业大军。印度是世界上最大的议会制发展中国家,20年前还是全世界最贫穷的国家之一,经济的快速增长只有十几年的时间,但在软件、制药等产业领域已处在国际先进水平,金融服务体系非常完善,它正在走向一条由贫穷落后国家向经济大国转变的道路。据初步统计,西方企业在印度约2 300万高校毕业生眼中越来越富有吸引力。美国最大的1 000家公司当中,四分之一的企业使用在印度开发的软件。印度药业也在全球市场占据了重要地位。世界上40%的"学名药"(专利期已过的药品药剂)是在印度生产的,这一行业带动个人可支配收入以两位数字的增长率飞速上涨,与此同时,印度社会出现了一批注重享受、乐意消费的中产阶级。另外,一些大的基础建设项目,如6 000千米长的高速公路网络、兴旺发展的出口贸易也为经济发展提供了强大的后继力量。

当然,印度经济也存在不可忽视的弱点,例如,基础设施不够完善、高额财政赤字、能源及原材料依赖性过高等。政治方面,社会伦理道德观念变化、克什米尔地区局势紧张都有可能引发经济动荡。

4. 俄罗斯

1991年苏联解体后,俄罗斯从一个封闭的、中央计划经济体转型为国际整合,以市场为基础的经济体。俄罗斯已经是全球最大的天然气出口国、第二大石油出口国。走过1998年金融危机的俄罗斯经济就像从灰烬里飞出的一只浴火凤凰,石油和天然气价格上涨无疑为俄罗斯经济增添了双翼。这两大工业血脉的开采和生产控制了今天五分之一的国民生产,并且创造了50%的出口贸易产值和40%的国家收入。在金砖国家中,四个类型的国家向世界展示出了大国成长的不同道路:俄罗斯作为前超级大国苏联的继承者,在经历了一段过山车式的大滑坡后,重整旗鼓,携前超级大国的余威,终于回归到了大国行列。另外,俄罗斯还是钯、铂、钛的第一大产国。与巴西的情况有些类似,俄罗斯经济的最大威胁也隐藏在政治之中。虽然俄罗斯地大物博,能源丰富,但如果缺少了有效遏制腐败的必要体制改革,政府在未来发展态势面前依然不能高枕无忧。

5. 南非

南非是世界第四大矿产国,是非洲最大的能源生产国和消费国,黄金、钻石的储量和产量均居世界第一位,采矿业居世界领先地位。并且,南非相关企业在非洲金融、电力、电信、建筑、农业等行业都具有举足轻重的地位。它还是许多重要国际组织中的非洲代表,曾经是八国集团与发展中国家领导人对话会(G8+5)唯一的非洲成员,当前则是G20唯一非洲成员。南非充分利用国际市场,推动贸易和投资迅猛增长。依托包括德班、开普敦在内的八大港口,南非的货物贸易可直接辐射到周边的发达国家,同时也为整个非洲的经济发展提供了有力的支撑。南非是非洲最大经济体和最具影响力的国家之一,其国内生产总值约占撒哈拉以南非洲国家经济总量的三分之一,对地区经济发展起到了重要的引领作用。

解决就业是南非当前面临的最重大挑战,单靠南非企业远远不够,必须大力吸引国外投资。南非基础设施发展滞后,尤其是铁路网建设远远落后其他金砖国家,这成为制约商品和服务流动的瓶颈。这一行业可为国外投资者提供大量投资机会。此外,南非能源结构较为单一,电力供应紧张,这是制约南非经济进一步发展的另一个重要因素。为此南非政府提出大力发展新能源,提高太阳能、风能等新能源的应用比例这一主张。

2017年,作为非洲最重要的国家之一,南非政治和经济局势却是跌宕起伏:内阁两度改组、信用评级遭到下调、国有企业举步维艰……这一年,南非的经济运行也不很顺畅。据世界银行统计,南非2017年GDP增速为0.6%。南非发展经济学家皮特·德雷珀接受新华社记者采访时表示,2017年是困难的一年,经济增长缓慢,投资者信心低迷,失业率高、贫困与不平等问题仍然严重。2018年对于南非来说又是艰难的一年,能否摆脱政治经济阴霾还是个未知数。

(三)主要活动

2009年6月,中国、俄罗斯、印度和巴西四国领导人在俄罗斯举行首次会晤,并发表《"金砖四国"领导人俄罗斯叶卡捷琳堡会晤联合声明》。2010年4月,第二次"金砖四国"峰会在巴西召开。会后四国领导人发表《联合声明》,就世界经济形势等问题阐述了看法和立场,并商定推动"金砖四国"合作与协调的具体措施,"金砖国家"合作机制初步形成。2010年11月,G20会议在首尔举行,南非在此次会议上申请加入"金砖四国"。2010年12月,南非加入"金砖国家"合作机制,"金砖四国"即将变成"金砖五国",并更名为"金砖国家"。2011年4

月,在中国三亚举行第三次领导人会晤,发表了《三亚宣言》,首次推行本币贸易结算。加强金融合作成为本次金砖国家领导人会晤的一个重要成果,五国签署《金砖国家银行合作机制金融合作框架协议》。2012年3月28日至29日,金砖国家领导人在印度首都新德里举行第四次会晤。会后发表了《新德里宣言》。此次会晤一方面大大推动了金砖国家之间的务实合作,强化了金砖国家合作机制维护新兴国家和发展中国家利益的特征。另一方面积极参与全球经济治理,进一步拓展了金砖国家之间的合作领域。此会议中,中国、巴西、俄罗斯、印度和南非五国开发银行共同签署了《金砖国家银行合作机制多边本币授信总协议》和《多边信用证保兑服务协议》。2013年3月26日,在南非德班举行第五届金砖国家峰会,共有15个非洲国家的首脑被邀请出席了会议。

本章思考

1. 当前世界不确定安全因素有哪些?
2. 世界多极化格局主要有哪几极?
3. 美国对外政策调整的主要内容有哪些?
4. G20和金砖国家在当今世界的影响力表现在哪些方面?

思考题

1. 伊朗的核态度、发展核的原因以及伊核问题的实质是什么?
2. "一带一路"战略的重要意义以及未来发展路径的选择有哪些?
3. 当前世界恐怖主义的发展状况是怎样的?

第十一章
Chapter 11

中国与欧美大国的关系

- 中美关系
- 中俄关系
- 中欧关系

开篇阅读

中国与欧美大国的关系主要体现在中美关系、中俄关系、中欧关系三组外交关系上。中美关系是世界上最重要的双边关系之一,建交40多年来双边关系取得重大进展,在政治、经济、文化、军事等领域的合作成果显著,双方正在构建新型大国关系,朝着中美战略合作伙伴关系迈进,双方在重大事务上也存在巨大分歧,双方关系时进时退,总体讲是合作多于冲突,共同利益远大于彼此分歧。中俄关系经历曲折,近年来双边关系取得突破性进展,中俄不断强化全面战略协作伙伴关系,两国关系保持高水平运行,政治互信不断深化,务实合作取得新的重要成果,人文交流蓬勃发展,在国际和地区事务中的战略协作更加密切。中欧关系在建交40多年间,中欧双方均视对方为维护和平、促进发展的积极力量,确立起共同建设"和平、增长、改革、文明"四大伙伴关系的宏伟目标,对双边关系的战略定位上升到新的高度。相信在中国"一带一路"战略推动下,中国与欧美大国关系会不断向前推进。

第一节 中美关系

一、中美关系的发展历程

(一)冷战时期的中美关系(1972年至1989年)

中华人民共和国成立后的20多年里,中美曾长期处于对立与隔绝状态。1972年2月,美国总统尼克松访华,重新开启了中美交往大门,中美签订了三个联合公报(即《上海公报》《中美建交公报》和《八一七公报》),成为中美两国发展稳定、健康、正常国家关系的基础。在上述三个联合公报的基础上,确立了中美关系的基本框架:①双方以和平共处五项原则处理国家之间的关系。②美利坚合众国承认中华人民共和国政府是中国唯一合法政府。在此范围内,美国人民将同台湾人民保持文化、商务和其他非官方关系。③美国"不寻求执行一项长期向台湾出售武器的政策,它向台湾地区出售的武器在性能和数量上将不超过中美建交后近几年供应的水平。它准备逐步减少对台湾的武器出售,并经过一段时间导致最后解决"。整个20世纪80年代,中美关系总体上是在这一框架内发展的。

(二)冷战结束后的中美关系(1989年至2001年)

东欧剧变使中美关系所处的国际环境发生了巨大变化,中美关系大体经历了三个阶段。

1. 制裁与反制裁阶段(1989年至1992年)

1989年,美国发起了对华的全面制裁。美国国会连续通过多项干涉中国内政的决议;美国中断与中国的高层往来,停止对华的技术转让和技术合作,策划国际金融机构停止对华的资金援助和贷款。海湾危机发生后,由于在战略上对中国的需求,迫使布什政府取消了大部分对华制裁措施。

2. 施压与反施压阶段(1993至1996年初)

克林顿上台伊始,采取了一系列恶化两国关系的行动,对华全面施压。美国政府先是将对华最惠国待遇同"人权"问题挂钩,继而制造了"银河号"事件和阻挠中国承办2000年奥运会。1993年9月,克林顿政府审议通过了对华政策的《行动备忘录》,制定一项以"全面接触"取代"全面对抗"的新方针。为此,美方采取一系列改善关系的主动步骤,邀请江泽民主席出席亚太经济合作组织(APEC)西雅图非正式领导人会议并举行中美首脑正式会晤。双方达成共识,要发展合作,不搞对抗。

但此时双方也有摩擦。1995年5月22日美国政府宣布允许李登辉以私人身份到美国康奈尔大学访问。对此,中国政府做出强烈反应,两国关系处于建交以来的最低点。次年3月,在中国举行军事演习期间,美国官方调集两个航空母舰战斗群前往台湾附近海域,公然对中国实施炮舰威胁。

3. 接触与合作阶段(1996年末至2001年)

1996年11月,中美国家元首在出席APEC马尼拉峰会时举行会晤。克林顿表示,两国在许多问题上有着共同的战略利益,美国愿意同中国建立起良好的合作伙伴关系。双方商定,两国元首相互进行正式国事访问。1997年10月江泽民访美期间双方签署的《中美联合声明》指出,中美应努力建立面向21世纪的建设性战略伙伴关系。1998年6月克林顿访华期间,首次公开承诺对台湾问题的"三不"政策,即美国不支持台湾独立,不支持"一中一台""两个中国",不支持台湾加入任何必须由主权国家才能参加的国际组织。

在20世纪进入尾声之际,美国国内的保守势力抬头,给中美关系带来了新的严峻考验,"中国威胁论"甚嚣尘上。但是双方除分歧外还有很多共同的利益,中美双方表示将继续致力于建立面向21世纪的建设性战略伙伴关系。双方恢复了早些时候中止的就中国加入WTO的谈判,并于1999年底就这一问题最终达成了协议。2000年两国恢复了安全对话和军事交流;美国国会通过了对华永久性正常贸易关系法案。

2001年1月小布什就任美国总统后,否认"中美战略伙伴关系",将中国视为战略竞争者,公开表示"不惜一切代价保护台湾"。随之而来的就是中美间的摩擦乃至冲突,中美关系一度明显降温。

(三)美国"9·11"事件以来逐步走向正常化的中美关系

美国"9·11"事件以来,中美在重大国际问题的观点趋同,尤其是反恐,需要双边合作。至今中美领导人已经实现了多次互访。双方在务实合作与管控分歧的基础上推动新型大国关系建设持续取得实质性进展。中美各个层面尤其是两国首脑的良性互动,不仅将促进中美两国增进互信,还将对中美关系乃至世界和平与发展产生重大而深远的影响。

二、中美关系取得的成就

(一)政治关系

中美重启交往大门以来,两国高层交往频繁,对话机制逐步完善。1979年1月,中国领导人邓小平访美,揭开了中美关系新篇章。

自20世纪80年代至今,中美陆续建立起60多个对话机制,涉及政治、经济、军事、教育、科技、文化、反恐、防扩散、国际地区事务等多个方面,主要包括中美战略与经济对话、中美联合商贸委员会、中美人文交流高层磋商、中美联合科技委员会等。

中美由于政治制度、价值观念、历史文化传统、经济社会发展水平存在差异,双方在一些问题上存在不同看法。中方愿与美方一道,牢牢把握共建合作伙伴关系大方向,不断增进互信和合作,妥善处理台湾、涉藏、人权等分歧和敏感问题,推动中美关系持续健康稳定向前发展。

(二) 经贸关系

中美经贸关系是两国关系发展的重要支柱,互利共赢是中美经贸关系的本质。作为世界上最大的发展中国家和最大发达国家,中美在自然禀赋、人力资源、市场、资金、技术等各方面具有较强的互补性。中美建交以来,双方经贸关系迅速发展,合作领域不断扩大,内涵日益丰富,相互依存持续加深。与建交初期相比,中美双边经贸合作已由单一的贸易关系发展到两国国民经济的各个领域。

在贸易方面,根据中国商务部统计,2015年,中美贸易额达5 583.9亿美元,同比增长0.6%。美国是中国的第二大贸易伙伴,第一大出口市场和第四大进口来源地。根据美方统计,2015年1~11月,中美双边货物贸易额达5 691.7亿美元,同比上升2.4%,占美货物贸易总额的16.2%,占比较去年同期上升1.2个百分点。中国已超过加拿大成为美国最大的贸易伙伴。中美两国双边贸易投资规模不断扩大。

在投资领域,中美双向投资保持增长。截至2015年底,美对华投资项目累计达6.6万个,实际投入774.7亿美元。美国是中国第六大外资来源地。中国在美国的投资保持良好增势。据初步统计,截至2015年底,中国企业在美累计直接投资466亿美元。美国是中国对外直接投资的第四大目的地。

中美在经贸领域建立了多个对话沟通机制,主要包括1979年建立的中美联合经济委员会,1983年建立的中美商贸联委会,以及分别于2006年和2009年建立的中美战略经济对话和中美战略与经济对话,取得众多具体成果,内容涵盖宏观经济政策、金融、贸易、投资、国际规则、全球经济治理等方方面面。上述对话机制为维护中美经贸关系健康稳定发展发挥了重要积极作用。

中方愿与美方一道,进一步释放双方合作潜力,扩大两国在贸易、投资、新能源开发利用、基础设施建设等领域合作,妥善处理两国经贸摩擦与分歧,推动两国经贸关系在更宽领域、更深层次、更大范围内得到发展。希望美方在出口管制体系改革中充分考虑中方关切,努力促进民用高科技产品对华出口,并采取切实措施为中国企业赴美国投资提供更加公平、友善的环境。

(三) 两军关系

中美两军关系是两国关系重要组成部分。建交以来,两国在军事领域开展了交流,建立了中美海上军事安全磋商机制、两国国防部防务磋商和工作会晤机制等对话磋商机制。

近年来,两国两军继续保持高层交往和机制性对话,在军事档案、人道主义救援减灾等领域开展了良好合作。2012年5月,时任国务委员兼国防部长梁光烈访美,就两军关系以及国际地区热点问题等与美方进行深入交流,为推动中美两军关系发展发挥了积极作用。2015年1月12日至19日,中美两军在广州、海口举行了人道主义救援减灾联合实兵演练和第十次研讨交流。美太平洋总部陆军司令布鲁克斯上将观摩了实兵演习。双方在推进两国新型军事关系上观点一致,认为应该保持高层对话,推进务实合作,确保战略稳定。

中美两军关系存在一些困难和障碍,主要包括美国对台军售、美军舰机对华抵近侦察和美国有关涉华歧视性法律等。中方愿与美方共同努力,本着"尊重、互信、对等、互惠"的原则,推动中美两军关系健康稳定发展。

(四)人文交流与地方合作

中美建交以来,两国在文化、科技、教育等领域交往频繁,双方签署了《中美文化合作协定》《教育合作议定书》《中美政府间科学技术合作协定》等合作文件,建立了中美科技联委会、中美文化论坛等对话机制。为了推动两国人文交流,增进了解,建立信任关系,积极友好地合作,2009年11月中美人文交流高层磋商机制被写入《中美联合声明》,截至2016年6月已举行了7轮磋商。2015年9月习近平主席对美国进行国事访问,极大地推动了中美两国在人文领域内的合作,取得一系列重要成果。其中,中方宣布未来3年将资助中美两国共5万名留学生到对方国家学习;美方宣布将"十万强"计划从美大学延伸至美中小学,争取到2020年实现100万名美国学生学习中文的目标;双方支持大学智库合作,每年举办中美大学智库论坛,在两国大学和教育机构间加强合作并推动公共外交项目;双方将支持每年举办中美青年创客大赛;双方在2016年举办"中美旅游年";中国文化部将与美国多家公共和私营文化机构合作,在美开展"跨越太平洋——中美文化交流合作项目";中国电影集团与美国电影协会将携手致力于继续就电影产业开展合作等。

建交以来,富有成效的中美地方交流合作一直是支撑两国关系发展的重要基础和推动力量。中美地方交流合作呈现新的蓬勃发展态势。中国31个省区市同美国50个州建立了43对友好省州、200对友好城市。过去10年,美国42个州对华出口增幅达到3位数。据美方统计,中国过去5年对美投资年均超过80多亿美元,增速还在加快。两国地方间教育、文化、旅游等广泛领域友好交往和互利合作也取得长足发展。2011年7月,中美建立了省州长论坛,旨在为两国省州领导人提供一个重要交流平台,以促进两国地方在贸易、投资、能源、环境、人文等广泛领域的务实合作。为推动两国城市间经济合作,中国市长协会与美国市长会议于2011年4月和2012年6月在美国华盛顿州西雅图和中国南京联合举办了两届中美城市经济合作会议。

(五)中美在国际事务中的合作

中美在重大国际地区和全球性问题上保持着密切有效的沟通和协调,合作领域涉及朝鲜半岛局势、伊朗核、南亚等地区热点问题,反恐、防扩散、能源资源安全、公共卫生、防灾减灾等非传统安全领域,以及应对国际金融危机、气候变化等全球性挑战。双方还共同建立了非洲、拉美、南亚、中亚等一系列地区事务磋商机制,并决定举行中东事务磋商。中美在国际事务中的协调合作为维护世界和地区的和平、稳定与繁荣做出了积极贡献。

三、特朗普时期的美国对华政策趋向

刚刚上台执政的特朗普将给中美关系带来更多的变数。特朗普认为,奥巴马政府的对华政策过于软弱,主张对华采取强硬的立场。在特朗普上台执政的初期,中美关系出现颠簸的可能性较大。

特朗普上台执政后,在亚太地区布局,加大政治、经济和军事投入,试图压缩中国的战略空间,围堵中国影响力的拓展,竭力维护美国在亚太地区的主导地位,中美在西太地区的竞争与博弈将会有所加剧。而首要的就是中美之间经贸摩擦将会加剧。

目前,特朗普考虑采取两种方式来实施贸易保护主义:一种方式是对所有进口产品征收10%的关税;另外一种方式是对进出口产品征收所谓的"边境调节税",主要是针对那些在海外加工的美国公司。可以确定,特朗普上台后,面对美国国内浓厚的贸易保护主义情绪,同时也出于兑现竞选承诺的考虑,特朗普至少会推出实质性的举措,对中国部分商品提高惩罚性关税或设置贸易壁垒,从而使得中美经贸摩擦的概率上升。在此氛围下,进而影响到两国在一些双边问题上的磋商与谈判,包括中美双边投资协定的谈判等。

当然,尽管中美经贸摩擦的可能性会大幅上升,但对华商品征税45%的可能性微乎其微。毕竟,美国和中国分别是世界第一大和第二大经济体,双方相互依赖也日益加深,中国已经是美国的第一大贸易伙伴,如果双方爆发贸易战,肯定是两败俱伤。

2018年3月23日美国总统特朗普宣布打响了连续了50多天的对中国贸易战。6月15日,在中国端午假期前,美国贸易办公室又公布了加征25%关税的中国产品清单,规模约为500亿美元,分两阶段实施。随后,在6月18日,特朗普宣布,将对2 000亿美元中国商品加征10%关税。战争永远没有胜利者,中美之间的贸易战只会使双方的经济受损。美国是牺牲自己的投资环境以及经济发展来换取目前的短暂利益,中国是采用相同方式来减少自己的损失。

在中国南海问题上,特朗普政府将加大在南海巡航的力度,以平衡中国军事力量的存在。特朗普指责中国的南海政策没有尊重美国的意见,其扩大海军力量的造舰计划实际上主要是针对中国。特朗普外交团队认为,美国海军或许是亚洲地区稳定的最大源泉,可以制衡"中国日益增长的野心";面对中国不断增强的海军力量,特朗普的海军扩张计划将会消除这一地区美国盟友的疑虑,表明美国仍将是"亚洲自由秩序的保证者"。马蒂斯主张,鉴于中国在南海的动作越来越大,美国应构建更强大的海军力量、拥有更多的军舰。他宣称:"虽然我们努力在太平洋地区与中国保持良好关系,但如果中国继续在南海和其他地区扩大影响,我们也必须制定相应的平衡政策。"他的这番言论实际上是为特朗普的言论加了注解。

2018年5月22日至6月8日,美军B52轰炸机多次非法闯进中国南海、东海空域。6月,美国军舰又再度现身中国南海黄岩岛海域,刚接近黄岩岛14海里左右时,在附近巡航的中国054A型黄山号护卫舰立马开足马力赶上相关海域进行驱逐,随后美海军估测无法再度进一步进行侦查,只能调转舰首返航。对于美军多次逾越红线的挑衅行为,中国官方表示一旦危及到中国国土安全,将会采用一切措施进行强势反击。

对于中国而言,台湾问题关系到国家主权和领土完整,因此台湾问题是中美关系中最为重要和敏感的问题。中国外交部多次表示,台湾问题事关中国主权和领土完整,涉及中方的核心利益;坚持"一个中国"原则是发展中美关系的政治基础,如果这一基础受到干扰和破坏,中美关系健康稳定的发展和两国重要领域的合作就无从谈起。然而,近期特朗普的不少言行颇具争议性,已经触及中方的底线。2016年12月2日,特朗普和蔡英文直接通话,并直呼对方为"台湾总统"。该举动是中美建交以来第一次打破惯例的行为,向外界发出了一个令人警惕的信号。

大选期间,尽管特朗普鲜有就台湾问题表态,但通过解读2016年的共和党竞选纲领,人们还是能够窥测到特朗普阵营的对台政策倾向。在此竞选纲领中,共和党从价值理念上认同台湾,非但只字未提"一个中国"政策和"三个联合公报",反而只是强调美台关系将继续基于《与台湾关系法》,并首次将对台"六项保证"写入党纲,主张"协助台湾自卫",并"赞赏台北新政府在继续台海两岸建设性关系方面做出的努力,并号召中国大陆做出回应",主张给予台湾"强有力的支持"。

在不突破既有的对台政策的框架下,特朗普团队将会加大对台湾的支持力度。未来,特朗普政府将可能采取四大步骤来提升美台关系:

一是推进美台军事交流与合作,加大对台出售武器力度。2016年12月23日,奥巴马总统签署了参众两院通过的《2017财政年度国防授权法》。该法主张,五角大楼应推动美台高级资深国防官员的交流,改善美台军事关系与合作。这是首次将有关美台资深军事将领与官员交流的章节纳入法案中。此外,在中国军力日益强大的背景下,不排除将来美国会出售新型潜艇和战斗机给台湾。

二是派遣更高级别的在任官员访台,如内阁级官员。实际上,目前已有共和党亲台人士向特朗普提议,执政后应尽早派遣内阁级官员访台。他们认为,这不是"新鲜事",之前的克林顿和小布什执政期间都有先例。

三是给予台湾领导人或驻美人员更高的接待规格,放松或突破原有的限制。比如,允许台湾当局领导人,如蔡英文等,在访问他国的途中路经美国首都;允许台湾当局官员进入美国国务院、国防部等内阁部门处理公务;邀请台湾当局高级官员出席美国政府的相关重要会议或大型仪式;甚至提升美国官方驻台湾机构的级别。

四是更多支持台湾加入功能性的国际组织,如国际民航组织、世界卫生组织和国际刑警组织等。根据过去的历史经验,美国会视中美关系、亚太局势、两岸关系和岛内政局的具体情况,在对台政策上做出一定的调整。中美将在战略博弈与互动中,相互塑造对方的行为。未来,只要中美关系相对平稳,美国对台政策的总体框架,即基于"一个中国"政策和"三个联合公报"以及《与台湾关系法》的台海政策,不会因为特朗普上台而发生根本变化。特朗普和蔡英文通话引发各方关切之后,当选副总统彭斯出面解释说,两人之间的通话只是"礼节性的",无意改变美国对华政策。随后,普利巴斯也表态,特朗普政府尚无意改变"一个中国"政策。而奥巴马政府也一再表态,称美国坚持"一个中国"的政策没有改变。特朗普提名爱荷华州长、习近平主席的老朋友特里·布兰斯塔德出任驻华大使。这表明,特朗普团队还是有意稳定中美关系的。

总之,随着特朗普上台执政,美国对华政策将趋于强硬,中美关系也将面临严峻挑战。但特朗普团队面临的国际格局已经发生了重大变化,也不得不接受美国实力下滑的现实,未来,中美之间竞争与合作并存的总体态势不会发生根本性变化,双方都没有全面对抗的意愿。我们需要的是自信而淡定,集中精力办好自己的事情,同时坚决维护自身的核心利益,威慑和反击任何外部挑衅。以我为主,全面推进和深化改革,不断增强国家综合国力,才是中国立于不败之地的法宝。

第二节 中俄关系

一、中俄关系的发展历程

20多年来,中俄关系经历了前后五个发展阶段,即中苏关系向中俄关系的平稳过渡阶段、建设性伙伴关系阶段、战略协作伙伴关系阶段、睦邻友好合作阶段、全面战略协作伙伴关系阶段。中俄两国不仅在政治互信、经贸往来、能源合作、文化交流及地区合作等领域取得了重大进展,而且在国际舞台上展开了更加有效的合作。20多年的发展历程为构建新型中俄关系打下了坚实基础。

（一）中苏关系向中俄关系的平稳过渡阶段（1992年至1993年）

1989年5月戈尔巴乔夫访华，在北京与邓小平举行的两国最高级会晤标志着中苏关系正常化。邓小平与戈尔巴乔夫会谈时提出："结束过去，开辟未来。"从此两国关系翻开了新的一页。两国关系要迈进新时期之际，苏联解体了。1991年底苏联解体后，中国承认12个共和国的独立，继续履行原苏联与中国签署的各项条约、协议和有关文件所规定的义务，承认俄罗斯联邦取代苏联在联合国的席位，任命原中国驻苏大使为中国驻俄大使。双方根据1989年、1991年中苏两个《联合公报》所确定的基本原则为中俄关系的指导原则，双方愿在和平共处五项原则基础上进一步发展睦邻友好合作关系。

然而，俄罗斯独立之初推行了向西方"一边倒"的外交政策，并不重视发展与中国的友好关系，在与西方交往过程中一再碰壁，俄罗斯开始调整对外政策，提出了"既面向西方，也面向东方"的双头鹰政策，并提高了对发展中俄关系的重视度。1992年12月，叶利钦总统首次访华，与中方签署了《关于中华人民共和国和俄罗斯联邦相互关系基础的联合声明》以及涉及经贸、科技等领域的24个合作文件。中俄首次元首会晤开辟了两国睦邻友好和互利合作关系的新阶段，实现了由中苏关系到中俄关系的成功过渡。

（二）构建面向21世纪新型的建设性伙伴关系阶段（1994年至1995年）

随着中俄两国往来的增多，合作领域的扩大，"互视友好国家"的定位已经越来越不适应两国关系不断发展的现状了，中俄双方都意识到有进一步提高两国关系层次的必要性。1994年1月，俄罗斯率先提议中俄两国建立"面向21世纪的建设性伙伴关系"。同年9月，江泽民主席正式访问俄罗斯，与俄方就如何进一步发展两国关系进行深入探讨。双方签署了第二个《中俄联合声明》，将两国关系定位为"建设性伙伴关系"。同时两国也在长期谈判的基础上签署了《中俄国界西段协定》，这是继东段国界协定之后又一个重要的边界条约，至此中俄之间98%的边界线得到确定。此外，双方还签署了《中俄两国首脑关于不将本国战略核武器瞄准对方的联合声明》。1994年1月两国签署《中俄两国外交部磋商议定书》，决定在重大国际问题上经常进行磋商，协调立场，加强合作。这样，中俄在政治、经济、文化等领域加强合作，把中俄两国关系提高到一个新的水平，从一般的友好关系发展到建设性伙伴关系。

（三）建立与发展平等与信任和面向21世纪的战略协作伙伴关系阶段（1996年至1999年）

1996年4月，叶利钦总统再次访华，中俄两国元首在新的联合声明中宣布，中国和俄罗斯"决心发展平等信任的、面向21世纪的战略协作伙伴关系"。1997年11月，在叶利钦总统访华期间,两国领导人发表《中俄关于世界多极化和建立国际新秩序的联合声明》。1999年12月,叶利钦最后一次访华,两国元首在联合声明中再次强调,要在联合国宪章及现行国际法准则的基础上推动建立多极世界,和平解决国际争端,尊重别国的发展道路和选择,反对干涉别国内政,坚决主张建立平等、公正、互利的国际政治经济秩序。此外,中俄两国共同倡导并于1996年建立了"上海五国"机制,使得两国在中亚地区及其相关事务中展开了更加密切的合作。

20世纪90年代后半期,中俄关系上了三个台阶:从"互视为友好国家"上升为"建设性伙伴关系",直到建立"平等与信任的、面向21世纪的战略协作伙伴关系"。在此期间,中俄双方在各个领域的合作都取得了重大进展;实现了两国最高层交往的制度化、机制化;解决了大部分历史遗留的边界问题;在边境地区建立信任措施与实行裁军;联合打击国际恐怖主义、民族分裂主义与宗教极端主义三股势力;加强国际事务中的协调;扩大经贸合作,等等。这些都有利于两国政治互信的增强。

(四)新世纪以来建立和发展睦邻友好合作阶段(2000年至2011年)

2000年3月,普京当选为俄罗斯总统,他继承了叶利钦时期的全方位外交政策,继续发展与中国的战略协作伙伴关系。2000年7月,普京总统访华,两国元首签署了《中俄北京宣言》《关于反导问题的联合声明》以及能源、金融等合作协议。2001年6月,在中俄的共同倡议推动下,两国与中亚四国共同组建了上海合作组织,确定了安全合作机制,这使两国在睦邻友好、维护地区安全与稳定方面的合作更加深入。同年7月,江泽民主席访俄,与普京总统签署了《中俄睦邻友好合作条约》,确定了中俄要"长期全面地发展两国睦邻、友好、合作和平等信任的战略协作伙伴关系"。同日在发表的《中俄元首莫斯科联合声明》中认为条约为新世纪中俄关系的发展规划了蓝图。2003年胡锦涛担任国家主席后,将俄罗斯作为首次出访的国家,表明了中国新一届领导集体对发展中俄睦邻友好关系的高度重视。2004年10月,两国元首在北京签署了《中俄国界东段的补充协定》,这意味着中俄之间全部的边界线走向问题得到解决。与此同时,双方还共同批准了《〈中俄睦邻友好合作条约〉实施纲要(2005—2008年)》,提出了今后几年两国在各领域合作的具体实施方案。在之后几年,中俄两国以《中俄睦邻友好合作条约》为指导方针,不断推动两国战略协作伙伴关系的发展与深化。在国际事务上,两国加强团结协作,签订了《中俄关于21世纪国际秩序的联合声明》与《中俄关于重大国际问题的联合声明》,共同致力于建立多极化世界格局与公正合理的国际新秩序,促进世界的和平与发展。

(五)建立和发展"全面战略协作伙伴关系"新阶段(2011年至今)

2011年6月,在《中俄睦邻友好合作条约》签署10周年之际,两国元首在莫斯科会晤,双方提出将两国关系提升为"平等信任、相互支持、共同繁荣、世代友好的全面战略协作伙伴关系"。2012年6月,俄罗斯总统普京访问中国,双方签署了《中俄关于进一步深化平等信任的中俄全面战略协作伙伴关系的联合声明》,全面规划了未来10年中俄两国在政治、经济、文化、安全等领域以及地区与国际事务中的合作。2013年3月23日,习近平在莫斯科国际关系学院发表演讲时强调坚定不移发展中俄全面战略协作伙伴关系。2014年,中俄全面战略协作伙伴关系进入新的发展阶段。两国关系保持高水平运行,政治互信不断深化,务实合作取得新的重要成果,人文交流蓬勃发展,在国际和地区事务中的战略协作更加密切。两国高层交往频繁。中俄在涉及国家主权、安全、领土完整、发展等核心利益问题上相互坚定支持。中方支持俄方打击恐怖主义、维护国家主权和安全,俄方支持中方在涉及台湾、西藏、新疆、打击"东突"恐怖势力、香港"占领中环"等问题上的原则立场。2015年5月8日,习近平强调,我们愿深化同俄罗斯人民传统友谊,推进双方发展战略对接,规划两国友好合作新未来,推动中俄全面战略协作伙伴关系继续保持高水平发展,促进国际秩序朝着更加公正合理的方向发展,维护地区及世界和平、安全、稳定。

二、中俄关系取得的成就

(一)政治关系

从苏联解体后中俄之间的"互视友好国家关系"发展到当前的"全面战略协作伙伴关系",表明两国政治关系达到一个崭新的高度。在《中俄睦邻友好合作条约》和中俄领导人历次会晤签署的联合声明中,都体现出两国对重大国内国际问题上的一致和共识,包括完全尊重和支持各自国内人民的选择,从不干涉彼此和别国的内政。在对世界形势、世界格局、国际关系民主化以及新安全观的认识方面,双方都有相同或相似的观点。在反恐、反分裂以及地区安全与合作方面持相同的立场。在解决各自国内民族问题方面相互支持,反对外部势力干涉两国的内部事务,坚决主张国内问题只能由本国人民自己去解决,外部不得施加压力。另外,两国彻底解决了历史遗留边界问题,为双边关系继续发展解除了后顾之忧。中俄政治关系已经迈上了更高的战略台阶。

(二)军事安全

2000年7月,普京总统首次访华,两国元首发表《北京宣言》及《关于反导问题的联合声明》,进一步明确了两国在反导问题上的一致立场。中俄双方强调,1972年《限制反弹道导弹系统条约》仍然是全球战略稳定和国际安全的重要基石,是削减和限制进攻性战略武器和防止大规模杀伤性武器扩散的关键性国际协议的基础。2001年6月,在中俄两国的倡议下,在"上海五国"的基础上组建了"上海合作组织",以"上海合作组织"的组建为契机,双方加强军事领域的合作,从2003年至2014年,中俄在"上海合作组织"的框架下举行了多次多边和双边军事演习,深化防御领域双方和多边的合作与相互协作。2013年7月,中俄在日本海彼得大帝湾举行联合军演"海上联合-2013"。2014年5月,中俄举行"海上联合-2014"军事演习。2015年5月8日,中俄开展"海上联合-2015(Ⅰ)"军事演习,8月份进行第二阶段军事演习。中俄两军于2016年5月在俄国防部空天防御部队科研中心举行"空天安全-2016"中俄首次首长司令部联合反导计算机演习。另外,俄罗斯国防部长绍伊古表示,俄罗斯与中国举行的国家军事演习数量在2016年有所增加。

知识问答

问:什么是"上海合作组织"?

答:上海合作组织,简称上合组织(SCO),前身是"上海五国"会晤机制。1996年4月26日,中国、俄罗斯、哈萨克斯坦、吉尔吉斯斯坦、塔吉克斯坦五国元首在上海举行会晤。自此,"上海五国"会晤机制正式建立。成员国:中国、俄罗斯、哈萨克斯坦、吉尔吉斯斯坦、塔吉克斯坦和乌兹别克斯坦;观察员:伊朗、巴基斯坦、阿富汗、蒙古和印度;对话伙伴:斯里兰卡、白俄罗斯和土耳其;参会客人:土库曼斯坦、独联体和东盟。当地时间2012年8月30日,乌兹别克斯坦议会批准上海合作组织条约。

(三)经贸领域致力于互利共赢

20多年来,中俄两国的经贸关系取得了积极进展,这主要体现在快速增长的贸易额上。据统计,1991年,中俄贸易额只有39亿美元,只占中国对外贸易总额的2.9%。据海关统计,2015年,中俄双边贸易总值为4 227.3亿元,下降27.8%。其中对俄出口2 162.4亿元,下降34.4%。自俄罗斯进口2 064.9亿元,下降19.1%,贸易顺差97.5亿元,收窄86.9%。虽然受到国际金融危机的严重影响,但中俄两国经济合作的趋势仍在继续加深。

1.中俄两国能源领域加深合作

2011年1月,中俄原油管道投入运营,通过管道俄每年对华输送1 500万吨原油,为期20年。5月中俄能源谈判代表第7次会晤举行。双方签署了天然气领域合作谅解备忘录的议定书。2012年4月,俄中500千伏输电线路投入运营。12月中俄能源谈判代表第九次会晤举行,双方签署了有关能源合作的四项文件。2013年2月,中俄能源合作委员会主席会晤举行,双方达成扩大原油贸易的重要共识,确认通过中俄天然气东线管道每年对华供气380亿立方米,并就东线液化天然气项目和西线供气合作继续研究论证。2014年5月,中俄签署了《中俄关于全面战略协作伙伴关系新阶段的联合声明》,提出要建立全面的中俄能源合作伙伴关系。双方还结束了长达10年的天然气谈判,两国政府签署《中俄东线天然气合作项目备忘录》、中国石油天然气集团公司和俄罗斯天然气工业股份公司签署《中俄东线供气购销合同》。双方商定,从2018年起,俄罗斯开始通过中俄天然气管道东线向中国供气,输气量逐年增长,最终达到每年380亿立方米,累计30年。丝路基金投资7.3亿欧元入股俄亚马尔液化天然气项目,深化能源合作。

2. 中俄地区间合作方兴未艾

2009年6月,中俄签署了《中俄元首莫斯科会晤联合声明》,批准了《中俄投资合作规划纲要》,为两国相互投资带来新的发展机遇。2009年9月,中俄两国领导人批准了《中华人民共和国东北地区与俄罗斯联邦远东及东西伯利亚地区合作规划纲要(2009—2018年)》,对推动中俄毗邻地区的合作具有重要意义,也对两国区域合作发展产生了深远的影响。2010年9月,中俄两国领导人共同签署《中俄关于全面深化战略协作伙伴关系的联合声明》,再次强调落实上述两项规划纲要的重要性。

3. 两国金融领域的合作也出现可喜成绩

2010年12月,人民币与卢布实现了挂牌交易,标志着俄罗斯成为人民币在境外挂牌交易的第一个国家,加速两国货币的国际化进程,并在区域性货币结算方面扮演重要角色。中俄两国货币挂牌交易,丰富了两国的贸易结算币种,给企业和市场带来了更多选择,有利于降低交易成本和汇率风险,带来金融产品创新,并为中俄经贸、金融合作的健康发展注入新的动力。

4. 中俄农业合作蓄势待发

俄罗斯是世界主要的农产品和食品出口国。乌克兰危机爆发以来,欧美国家与俄罗斯间相互实施的制裁措施严重制约了俄农产品出口。随着"向东看"战略的实施,俄罗斯扩大了与中国在内的亚洲国家的农业合作。中国对俄果蔬及猪肉出口明显增加,俄对中国出口玉米、大豆、油菜籽等农产品也大幅增加。2015年12月,两国就俄向中国出口小麦达成协议。此外,双边农业合作从单纯贸易转向投资与技术合作相结合,从小规模经营发展为国家扶持的大项目。2015年,总额20亿美元的中俄农业投资基金和总额130亿卢布的俄罗斯远东农工产业发展基金相继成立,助推两国农业项目合作。中方在人力、资金、技术和市场上的优势与俄罗斯的土地资源相结合,不仅有助于调整俄罗斯产业结构,增加农产品出口,而且有利于中国粮食进口多元化。

5. 战略性大项目带动中俄投资合作

2015年5月,以习近平主席出席俄罗斯纪念卫国战争胜利70周年为契机,中俄双方商定了多个重大项目,包括西线供气基础条件协议、"莫斯科—喀山"高铁融资模式、共同使用北斗系统与格洛纳斯系统数据、联合研发重型直升机和宽体客机等,这些重大项目多数由丝路资金投资,实现俄罗斯技术与中国资金的有效对接,涵盖了两国经济社会发展与国家战略安全的核心内容方面。以重大项目为突破点和关键抓手,不断形成和累积新的更多的成果,进一步夯实中俄战略合作基础的同时,也将为两国迎来共赢发展、共同振兴的新局面。中俄《关于丝绸之路经济带建设和欧亚经济联盟建设对接合作的联合声明》将丝绸之路经济带和欧亚经济联盟建设相对接,对接"中国制造2025"和俄方的"创新2020战略",通过创新合作模式优化双边贸易结构,推动双边投资步入新轨道,确认将深化两国全面战略协作伙伴关系,促进欧亚地区及全世界平衡和谐发展。

(四)文化领域人文交流与合作日益频繁

进入21世纪以来,中俄两国人文交流与合作不断加强,并逐渐向机制化方向发展。为了落实两国领导人达成的共识,2006~2007年间,分别在两国举办了"国家年",2009~2010年,两国又分别举办了"语言年"。中俄互办"语言年"是"中俄关系史上新的创举",为不同国家和民族之间的语言文化交流树立了典范。举办"国家年"和"语言年"活动,增进了两国人民的了解和信任,夯实了中俄战略协作伙伴关系的基础,提升了中俄战略协作伙伴关系的发展水平。2010年9月,中俄两国领导人又共同宣布,2012—2013年中俄两国互办"旅游年"。此外,在俄罗斯多座城市办起了十几所孔子学院和孔子课堂,有近百所俄罗斯大学开设了汉语课程。近6年来,俄罗斯成为来华人数稳居前三名的国家,2012年俄罗斯来华人数达242.62万人次。这期间,两国的一些民间交往机构也起到了桥梁和纽带作用,这些都为中俄战略协作伙伴关系长期全面发展注入了新的活力。2013年11月,中俄双方签署《中华人民共和国文化部和俄罗斯联邦文化部2014—2016年合作计划》,按照该计划,双方将在音乐、戏剧、电影、造型艺术、民间创作、文物保护与修复、图书馆、博物馆和档案馆等各个领域继续加强交流与合作,继续保持文化高层互访和磋商,进一步扩大两国青年文化艺术工作者的交流,鼓励和支持两国地方间文化往来。该计划的签署必将进一步促进中俄在文化领域的高水平合作,加深中俄人民之间的相互了解和友谊,巩固和深化两国全面战略协作伙伴关系。

(五)国际舞台上的两国合作卓有成效

中俄战略协作已经成为国际政治稳定的重要因素。作为安理会常任理事国,中俄两国肩负起大国应该承担的责任,正在积极促进联合国发挥其应有作用。进入21世纪以来,国际格局不断发生调整和变化,中俄之间的战略协作经受住了严峻考验。正是在中俄两国的共同努力下,成功地延缓了朝鲜半岛危机,在某种程度上阻止了中东问题的进一步升级。两国在地区热点问题上的一致立场,遏制了西方强国粗暴干涉弱小主权国家的行径。两国在上海合作组织中的密切合作,对于巩固中亚地区稳定、促进阿富汗问题的解决都发挥了重要作用。此外,两国通过加强在"金砖国家"、G20和亚太经济合作组织等重要机制下的合作,对于巩固亚太地区乃至全球的稳定发挥了重要作用。中俄均致力于维护和平、推进合作和共创未来的战略举动,使人们对两国倡导及推动和平发展与合作共赢理念有了更多的期待。中俄建立和发展新型国家关系及地区关系的成功经验与成熟做法,将对推进世界格局多极化、促进国际关系民主化和法治化,推动构建新型国际关系,带来新的更多的尝试和选择。

20多年来,两国政治关系、国际事务、经贸往来、文化交流等各个方面的合作都取得了长足进展。两国互为最主要的贸易伙伴和最重要的战略协作伙伴,既维护了共同利益,也提高了两国的国际地位和影响;既给两国人民带来了实实在在的好处,也促进了地区及世界和平稳定,对建立新型大国关系进行了有益尝试,给世界大国和睦相处树立了典范。

三、展望未来

中俄两国,作为国际社会具有重要影响力的世界大国,两国关系的发展一直吸引着国际社会的目光。走过了20多年发展历程的中俄关系,未来还存在广阔的发展空间和机遇。在新一届领导人主政后将继续保持全面务实的合作势头,在一些领域呈现出深层次的演化和发展。

(一)中俄双方实现民族复兴的战略目标一致

中国目前的主要任务是最广泛最充分地调动一切积极因素,加快推进社会主义现代化建设,全面建成小康社会,实现国家富强、民族振兴、人民幸福的"中国梦"。对于俄罗斯来说,现阶段的发展目标也是集中力量积极推进各项改革,实现国民生活、国家及经济和社会领域的本质性改变,将国家建设成宜居型、创新型、具有全球竞争力的世界主要强国之一。因此,在这个时期内,中俄两国都会将主要精力集中于推进国内的改革和发展,实现国家富强和民族复兴。而要达成这个目标就需要创造和平稳定的国际环境,尤其要注意保持与周边国家的睦邻友好关系。正因为如此,作为地缘邻邦的中国和俄罗斯会积极发展两国睦邻友好合作关系,尽量避免出现相互摩擦和对立。

(二)中俄面临的地缘政治困境,需要两国携手面对

中俄两国面临的地缘政治困境短期内不会改变,需要两国长期相互借重。以美国为首的西方国家仍会将日益崛起的中国和俄罗斯视为潜在的竞争对手,继续采取多方面的措施对两国进行防范和遏制,不断挤压两国的战略空间,威胁两国的地缘安全。除此之外,中俄两国面临的周边地缘政治形势也依然非常严峻和复杂。两国面对的"三股势力"威胁和渗透、朝核危机、北方四岛之争、独联体国家"颜色革命"、钓鱼岛主权纠纷、台湾问题、南海争端等地缘政治问题在短时间内无法得到圆满的解决。因此,中俄两国仍然需要发展相互之间的战略协作伙伴关系,以相互提供安全稳定的后方,避免陷入腹背受敌的险境。

(三)中俄两国经济互补性强,经贸合作潜力巨大

中俄双边经贸合作已经取得了一定的成果,未来中俄经贸合作还有很大的潜力可挖。俄罗斯拥有种类繁多、储量丰富的自然资源,并且在军事工业、航天航空、机器制造、合成材料等领域具有世界领先的技术,而中国的可持续发展正需要这些自然资源和科学技术的支撑。中国不仅轻工业发达,生产的产品物美价廉,还拥有丰富的劳动力资源和日益增强的对外投资能力,而俄罗斯轻工业薄弱,对日用生活品的需求量大,同时其经济的持续稳定发展也需要充足的资本和劳动力作为保障。由此可见,两国经济各有优势,互补性强,合作空间大,实现双赢的前景也很广阔。与此同时,中俄之间比邻而居的地缘优势以及不断改善的交通运输条件更是为两国加强交流合作,实现优势互补、互利共赢创造了有利的条件。此外,俄罗斯的东部大开发战略与中国的西部大开发、东北老工业基地振兴战略也可以相互接轨,充分发挥两国的互补优势,促进毗邻地区的开发和发展。这些地缘经济优势有助于推动两国友好合作关系的发展,实现互利共赢。因此,中俄双方在未来可以强化经济上的互补性,努力扩大双方经贸合作的领域,探索和加强在生物医药工程、高新技术开发与转换、电子信息产业升级转化等方面的合作,实现经贸产值跨越式发展。另外,未来我国将成为世界上油气资源进口量最多的国家,而俄罗斯作为世界上资源储量最丰富的国家之一,将会继续向中国出口油气资源,由此,中俄未来在能源方面存在巨大的合作空间,这是影响两国经贸关系的重要因素和发展依托。

(四)中俄两国文化间的交流与合作将加深

近年来,在两国政府的积极推动下,中俄之间官方和民间的互动与交往都有所增多,艺术团体、学术机构、新闻媒体、社会团体、旅游团组等各类组织往来不断,文化交流日趋活跃。而中俄友好、和平与发展委员会,中俄人文合作委员会等机构的建立更是为双边文化关系的发展提供了有效机制,推动两国在文化领域的交流与合作。中俄"国家年""语言年""旅游年"等大型文化交流活动的成功举办,进一步增进了两国人民的相互了解和传统友谊,使中俄世代友好、永不为敌、共同发展的理念渐入民心。这些文化互动与人文交流的增多,使两国的地缘文化关系逐渐走向和谐,从而中俄关系发展的社会基础也就更加坚实。

(五)中俄两国间保障机制日趋完善,奠定了双边关系的政治和法律基础

《中苏国界东段协定》《中俄国界西段协定》《中俄国界东段的补充协定》等一系列边界协定的签订,解决了两国历史上遗留的最为棘手的问题,化解了地缘政治上的潜在危险。《中俄睦邻友好合作条约》及相关实施纲要的签署,从法律上确定了两国关系发展的方向和原则,规划了两国在政治、经济、文化等领域合作的方针和形式。而中俄两国国家元首和政府首脑定

期会晤机制、议会定期交流机制、国家安全磋商机制、部门和行业之间合作机制等的建立更是为两国增进政治互信、深化各领域的交流与合作做出了重要的贡献。由此可见,中俄睦邻友好合作关系的发展具有坚实的政治基础和法律保障。

最后,中俄应共同合作,努力成为世界稳定与和平的强劲支撑力量。中俄两国都拥有灿烂文明,两国人民热爱和平,追求祖国的统一和强大,将继续不断加强合作协调,反对霸权主义、强权政治,支持发展中国家和新兴经济体的构建,提高自身实力,在国际和地区热点问题上继续保持协调,坚持以对话手段和平解决一切争端,在维护人类世界的和平稳定方面发挥建设性的作用,符合两国的根本利益。21世纪的中俄战略协作伙伴关系,将继续以历史友谊为依托,以实现各自国家的发展和崛起为目标,在维护和稳定亚太和中亚地区的和平发展中,继续朝着更加辉煌灿烂的前景进发。

第三节 中欧关系

1975年5月6日,欧盟同中国正式建交。2015年,中欧双方建交40周年。对于有着28个成员方的欧盟和中国来说,这是一个重要的里程碑。1975年中欧建交以来,双方关系不断深化,已在经贸、文化、科技等领域取得丰硕成果。目前中国是欧盟第二大贸易伙伴,2014年中欧人员往来超过500万人次。而中欧高级别战略对话以及中欧高级别人文交流对话机制的建立更是促进了中欧全面战略伙伴关系的进一步深入。

一、中欧关系的发展历程

中国与欧共体(欧盟前身)在20世纪70年代中期正式建立外交关系。纵观中欧关系的发展历史,我们大致可以将其划分为6个阶段。

(一)中欧建交(20世纪70年代)

中华人民共和国在成立之初,采取的是"倒向社会主义一边"的"一边倒"方针和后来的"既反美又反苏"的"两条线"战略,和西欧国家的关系基本上是敌对的状态。1969年的珍宝岛事件之后,为了遏制苏联,中国采取了毛泽东同志提出的从美国到日本一直到欧洲的"一条线"和团结这条"线"外面的国家的"一大片"战略,把西欧国家纳入可以联合抗击苏联的阵线中去。面对苏联的霸权主义行径,中欧双方在共同抵制苏联霸权方面形成了共同的政治利益。经济方面,中国广阔的市场前景吸引了国内市场渐渐饱和的发达资本主义国家的视线,欧共体开始重视与中国发展贸易。在此基础上,意大利、奥地利、比利时、冰岛等许多西欧国家纷纷同中国建立了外交关系,1972年和1973年两年间,除爱尔兰以外的所有欧共体成员国都同中国建立了正式外交关系。1975年欧共体副主席索姆斯作为欧共体官方的第一个代表访问中国,

257

双方建立了正式关系,中国并随后向欧共体派驻大使。同年9月,中国政府驻欧共体使团进驻欧共体总部——比利时的布鲁塞尔。1983年5月,中国与欧洲煤钢共同体、欧洲原子能共同体建立外交关系,至此,中国与欧共体全面建交,从而为双边关系掀开了崭新的一页。

(二)中欧关系稳步发展(20世纪70年代至80年代末)

1975年5月,中国与欧盟的前身欧共体建立外交关系,中欧关系由此开篇,双方的高层领导人互访频繁。1978年4月,中国与欧共体签订了第一个中国-欧洲经济共同体贸易协定,并创建了欧共体-中国联合委员会(现在是中欧经济对话的最高机制),相互给予最惠国待遇,同时成立了欧中经济贸易混合委员会。1983年6月,中国同欧共体建立了定期的政治磋商制度。同年11月,中国与欧洲煤钢共同体和原子能共同体也建立了关系,从而同欧洲共同体全面建交。1984年,欧共体和中国政治合作框架下的第一次部长级会议召开。1985年,双方又在布鲁塞尔签署了涉及面更广的贸易经济合作协议,双方同意在工业、农业、科技、能源、交通运输、环境保护、发展援助等领域开展合作。1988年5月,中欧双方互派使团。通过中欧双方领导人的互访和政治对话的开展,双方加深了相互之间的了解,标志着双方关系实现了进一步发展。

(三)中欧关系的冲突与磨合(20世纪80年代末至90年代初)

冷战即将结束时,中欧关系出现了倒退。在1989年6月的马德里峰会上,欧共体各成员国的首脑决定实行停止各成员国同中国的军事合作及实行武器禁运,中断双边部长级和高级接触,推迟共同体及各成员国的新的合作计划,文化科学和技术合作计划仅限于在目前情况下还有意义的行动,推迟研究世界银行的新贷款等6项制裁措施。与此同时,欧共体成员国中与中国关系不错的国家诸如法国,也开始违背一个中国原则,在1991年至1993年之间向台湾出售武器。至此,中国与欧共体的关系进入低谷,也给中欧经贸关系造成了严重的损害,中欧合作出现了倒退。面对欧共体和其他西方国家的制裁,中国政府始终坚持以经济建设为中心不动摇,顶住了来自欧共体等西方国家的制裁,更是在20世纪90年代进一步加快了改革开放的步伐,政治经济实力迅速增强。而与之相对应的则是欧共体自身经济增长的持续走低和失业率的持续走高。中国经济的快速增长再一次地吸引了欧共体的视线,同时中国政府也积极地与欧共体进行接触,对双方在政治、经济等各方面存在的问题进行了有效的沟通和协调,与此同时,中国还两次派出阵容强大的采购团到欧共体各国进行采购,共签订金额高达160多亿美元的采购合同。正是在这种情形之下,欧共体认识到:如果再不放弃对华的敌视态度,将会把中国这个巨大的市场拱手让给别人。于是,在中欧关系经过短暂的低迷之后,1990年10月,欧共体决定重建双边关系,取消对中国采取的限制措施,恢复同中国在政治、经济、文化领域的正常关系。到1992年,除了武器禁运的限制措施继续有效之外,中国与欧共体的关系基本恢复了正常。

(四)中欧关系的战略转折(1993年至2002年)

1993年11月,欧盟正式成立。1994年欧盟委员会发布了《走向亚洲新战略》,在此基础上欧盟次年发表了《欧中关系长期政策》文件,1994年中欧签署了新的政治对话协议,表达了希望建立与中国的政治、经济地位相适应的长期、稳定的双边关系的基本战略。到1994年底,除了武器禁运之外,欧盟对中国的大部分制裁措施已经被取消。中国与欧盟的关系重新恢复了正常化。1995年7月,欧盟委员会出台《欧中关系长期政策》,该文件是欧盟第一个全面对华政策文件,是欧盟制定的第一个对华长期发展战略,标志着欧盟完成了对中国外交政策的战略调整,中欧关系开始迈向崭新的发展阶段。1998年3月,欧盟委员会发表文件《同中国建立全面伙伴关系》,第一次明确把发展对华关系提升到与欧美关系、欧俄关系同等重要的战略地位。1998年1月,欧盟倡议在举行第二届亚欧会议期间举行中欧领导人会晤,并建立领导人定期会晤机制。在1998年至2002年期间,中国与欧盟每年都进行一次领导人的会晤,双方就其在经济、政治、科技、能源、信息等各个领域的合作进行了深入的意见交换。2001年,欧盟委员会再发表《欧盟对华战略:1998年文件执行情况和促进欧盟政策更为有效的未来步骤》文件,提出了具体务实的中短期目标及行动要点。2000年5月,双方就中国加入世贸组织达成协议。随着时间的推进,中国与欧盟之间的政治对话越来越频繁,政治互信得到了不断增强。

(五)中欧关系的全面发展(2003年至2007年)

2003年欧盟发表了欧盟对华政策:《一个走向成熟的伙伴关系——中欧关系中的共同利益和面临的挑战》的文件,中国方面也于2003年10月首次发表了第一个对欧盟的官方文件《中国对欧盟政策文件》,这一举措表明中欧全面合作伙伴关系进入全面发展阶段。2003年10月,中欧领导人经过第六次会晤后,双方决定发展全面战略伙伴关系,至此,中欧关系进入全面发展的成熟期,也被媒体称为"蜜月期"。进入关系全面发展的中欧双方,在政治、经济、科技、文化等众多领域都展开了广泛的合作,综合国力都得到了进一步增强,同时在国际事务中也发挥着各自的重要作用。同年11月举行的中欧第六次领导人峰会决定,双方建立完全自主性的全面战略伙伴关系,这标志着中欧关系进入了一个新的发展阶段。2004年几乎成为中国外交的"欧洲年",数位中国高级领导人访问欧洲,欧盟方面也有多个成员国及欧盟的领导人访问中国。2005年,中国国家主席胡锦涛访问英国、德国、西班牙等国,进一步推动中欧全面战略伙伴关系向前发展。

(六)世界金融危机背景下的中欧关系新时期(2007年底至今)

2007~2009年的世界金融危机,对中国和欧盟产生了巨大的影响。在这次金融危机中,中国和欧盟的经济也面临着巨大的考验,中欧之间的摩擦与冲突也开始凸显。中欧经贸摩擦加剧,欧盟加大了对中国发起的反倾销调查力度、采取隐性的技术性贸易措施来制约中国企业的发展,把中国列为危险消费品的来源地之一,等等;中欧政治分歧也日益凸显,渲染中国侵犯人权,围绕西藏问题、台湾问题和2008年奥运会上的不和谐声音做文章。然而在世界金融危机的巨大冲击下,中欧双方认识到应携手合作,共同应对,中欧关系僵持不符合双方利益,中欧决定携手合作"共克时艰"。中欧关系不断深化,各领域合作成绩斐然,双方正在全面落实《中欧合作2020战略规划》。

近年来,特别是特朗普上任美国总统以来,美国奉行贸易保护主义的经济政策,与欧洲关系出现了危机。而在后金融危机时代,欧洲各国都在努力走出经济危机的阴影,这与中国奉行的合作、共赢的外交政策对接,符合欧洲各国的利益。2018年欧洲各国首脑接连访问中国,谋求与中国更大的合作。1月上旬法国总统马克龙高调访华,宣布将参与"一带一路"倡议,双方企业还签署了约200亿美元经贸合作协议,涉及核能、航天、养老、航空、环保、金融、能源综合利用等领域。2月2日,英国首相特雷莎·梅结束为期3天的中国之行,满载而归——中英签下90亿英镑合作大单,两国领导人商定继续打造中英关系"黄金时代"增强版。在英国"脱欧"大背景下,"梅姨"此访既是在给自己加分,也是在帮助世界重拾对英国的信心。2015年习近平主席访问英国,两国发表《中英关于构建面向21世纪全球全面战略伙伴关系的联合宣言》,开启持久、开放、共赢的中英关系"黄金时代"。英国决定"脱欧"后,"梅姨"2016年7月临危受命出任首相,分别在同年9月和去年7月在出席二十国集团峰会期间与习近平主席会晤。2月7日至8日,荷兰国王威廉-亚历山大将对中国进行工作访问,他也是2018年开年以来第三位访华的欧洲主要国家首脑。从2003年起的12年里,荷兰一直是中国在欧盟的第二大贸易伙伴,直到后来被英国超越。而法国则一直位列第四。以2016年的数据为例,中英贸易额约为740亿美元,中荷贸易额约为670亿美元,中法贸易额约为470亿美元。此外,荷兰王室与中国领导人交往密切。2014年3月,习近平主席访问荷兰;2015年10月,荷兰国王威廉-亚历山大访华,同年3月荷兰首相访华。5月24日至25日,德国总理默克尔对中国进行正式访问,这是她就任总理以来第11次访华。2016年以来,中国连续两年成为德国全球最大贸易伙伴。中国不仅继续保持德国最大进口来源地的地位,同时超过荷兰、英国,成为排在美国和法国之后的德国第三大出口目的国。据德方统计,2017年,中德贸易额为1 866亿欧元,增长9.6%,其中德国对中国出口额为862亿欧元,增长13.4%,德国从中国进口额为1 004亿欧元,增长6.7%。

但是,贸易和投资领域的保护主义倾向在欧洲一直存在,在欧盟层面,对华发起的反倾销调查近年来也不绝于耳。在如何看待中国经济发展和中资走出去时,欧洲实际上与美国戴有类似的"有色眼镜",并且急于给中资海外并购赋予过多"含义"。不过,与美国经济持续复苏相比,欧洲经济更加脆弱,在贸易保护主义问题上,特朗普可以"关起门来"不管不顾,欧洲却不能。不管是创造更多就业岗位还是拉动经济增长,内生动力不足的欧洲必须要靠中国这样的大市场和投资伙伴,这也决定了欧洲在面对中国时的矛盾心态——既担忧中资又渴望合作。不过在2018年年初召开的瑞士达沃斯世界经济论坛年会不难看出,当特朗普的贸易保护主义严重挑战原有自贸体系时,德法英等欧洲大国仍然是齐声力挺自由贸易的。在全球化时代,大家都明白,保护主义是"饮鸩止渴",坚持自由贸易才是中欧关系乃至全球经济持续发展的"灵丹妙药"。

二、中欧合作的主要成果

(一)中欧经贸合作

中欧经贸优势互补,合作共赢。近年来,中欧贸易额每年以30%~40%的速度增长。中欧2013年双方贸易额达到5 591亿美元。目前,欧盟是中国最大的贸易伙伴,最大的技术引进来源地和重要的投资来源地。中国超过美国,成为欧盟第一大进口来源国和第二大贸易伙伴。2014年中欧贸易额首次突破6 000亿美元大关,同比增长近10%,是建交时的250倍。双方通过对话磋商处理重点经贸问题,妥善解决了光伏、无线通信设备等贸易纠纷,为世界处理类似摩擦树立了榜样。

中欧投资和金融合作取得突破性进展。欧盟对华投资项目数量多、总体技术含量高,呈现从单一项目投资向产业链整体投资发展的特点。截至2014年底,欧盟对华累计实际投资额966.3亿美元,是中国第四大实际投资来源地。中国对欧投资出现井喷式增长,2014年对欧非金融类直接投资98.5亿美元,首次超过当年欧盟对华投资额,增幅达172.1%。欧元与人民币实现了直接交易。2014年中国在全球设立8个人民币清算中心,有4家落户欧洲。英、法、德、意等15个欧洲国家申请成为亚洲基础设施投资银行创始成员国。

为共同促进经济社会可持续发展,中欧在科技创新、节能环保、新型城镇化等新兴领域的合作潜力正不断被激发。双方建立了中欧创新合作对话,就科研、技术、资金、人才等领域的创新合作提出行动计划。《中欧城镇化伙伴关系共同宣言》指出,中欧共同利益和各自长期经济战略的共同点为彼此应对城镇化挑战、推进城镇化健康发展奠定了良好基础,提供了历史机遇,双方将在城镇化发展战略和政策、城市生态环境保护与治理、城乡一体化发展等10余个领域发展伙伴关系。

(二)中欧政治合作

中欧双方高层交往密切,形成了以中国欧盟领导人会晤机制为战略引领,以高级别战略对话、经贸高层对话、高级别人文交流对话机制为主要支柱,以60多个不同领域交流磋商机制为基本平台的全方位、多层次对话格局,政治和战略互信得到加强。双方就重大全球和国际问题以及亚洲、非洲、中东等地区问题保持着密切沟通和协调,相互理解和支持不断增多,发表了关于能源安全、气候变化、军控和防扩散等主题的多项联合声明,在维和、反海盗、人员撤离等行动中的合作也卓有成效。2013年第十六次中国欧盟领导人会晤期间,中欧双方发表《中欧合作2020战略规划》,为下阶段中欧关系发展绘制了路线图。2014年春天,习近平主席到访比利时布鲁塞尔,实现了中国国家主席对欧盟总部的首次访问。双方就打造中欧和平、增长、改革、文明四大伙伴关系达成重要共识,进一步丰富了中欧全面战略伙伴关系的内涵,为双方关系今后发展指明了方向,在中欧关系史上树立了新的里程碑,标志着中欧关系进入新的发展阶段。

(三)中欧科技、文化合作

科技方面,中欧双方以互换学者、举办各类培训班和讲习班等各种形式在科技领域展开了多方面的合作。2003年10月,中国与欧盟正式签署了《中华人民共和国和欧洲共同体及其成员国关于民用全球卫星导航(伽利略计划)合作协定》,该文件规定中欧双方将在卫星导航技术、工业制造、服务和市场开发、产品标准化和频率等方面进行合作。2005年5月,中国与欧盟还发表了加强双方科技合作的联合声明,声明指出,中欧双方在信息技术、能源、生物技术、航空航天等多个领域的合作已经取得了显著的进步,双方正在探求新的合作途径。

人文方面,中欧教育、文化等领域的交流合作呈现机制化、多层次、全方位发展态势。双方先后发表了3份关于加强文化合作的联合声明,共同举办了"欧罗巴利亚中国艺术节""中欧文化对话年"等高水平大型文化交流活动。人文交往的蓬勃发展拉近了中欧人民之间的距离,增进了相互了解和友谊,为中欧关系奠定了良好的民意基础。

另外,中欧在应对气候变化方面也有显著成果,双方一致同意要通过加强协调与合作进一步落实《中欧气候变化联合宣言》,为应对气候变化做出应有的贡献。

三、中欧关系发展的新动向

2017年的中欧关系将面临欧洲不确定性、政治风向转变、经济保护主义等挑战。按照英国政府的计划,2017年3月,脱欧谈判大幕将正式拉开,硬脱欧已成为英国政府的明确立场,这不仅事关未来英国与欧盟的关系,也事关未来中国企业对英国以及欧盟的投资和贸易,英国作为欧盟第二大和世界第五大经济体,其未来与欧盟建立何种关系对于世界经济都会带来重大影响,而在谈判结束之前其不确定性将一直存在。

在欧洲政治转向的情况下,中欧关系中的突出矛盾将集中在经贸领域。在2001年中国加入世贸组织时,中国接受了15年过渡时期安排,这意味着在过渡期内其他世贸成员如果不承认中国为"市场经济地位"国家,在对中国产品进行反倾销调查时,可以采取"替代国"做法,即所谓反倾销的依据不是来自中国而是第三国。根据《中国加入世贸组织议定书》第15条规定,这一安排到2016年12月11日将被废止。目前欧盟试图通过取消将世界上的国家分为市场和非市场的做法,来回避承认中国"市场经济地位",以便能够保留对中国出口产品采取反倾销的实际效果。

2016年中国企业在欧洲国家投资尤其是并购方面也遭遇了保护主义阻力。国际金融危机以来特别是近几年中国企业在欧洲投资大幅增加。以往中欧关系以贸易为主,投资主要是单行道,中国在欧投资很少,尽管目前中国对欧投资金额还远小于欧洲在华投资,但增速很快,这已成为当前中欧经济关系的一个新变化。

另一方面,由于中欧互为第一大和第二大贸易伙伴,经济依赖程度日深,同时,随着特朗普上台所带来的美国内外政策的剧烈变动,中欧在本身经济增长以及国际合作和全球治理方面比以往任何时候更需要加强合作。欧洲国家对习近平主席2017年1月达沃斯经济论坛和日内瓦联合国总部讲话的积极反应,清楚地反映了这一点。在支持联合国地位,重视世界贸易组织等多边组织、维护联合国巴黎气候变化协定等许多方面,中欧具有共同立场。也许最重要的是,中国积极支持欧洲坚持一体化发展道路,而特朗普对欧盟所发表的"支持脱欧""欧盟已沦为德国工具"等言论在欧洲国家已引起极度不满情绪。特朗普对俄罗斯政策也将在欧洲引发严重不安。值得强调的是,中国"一带一路"倡议受到欧洲越来越多国家的理解和支持。共商、共建、共享既是中国与"一带一路"沿线国家开展经济合作的指导思想,也蕴含着中国全球治理、国际合作的思想和主张。"一带一路"倡议既能引领中欧经济合作,也可以拉近双方在安全、全球治理等方面的合作。2016年习近平主席在会见出席第十八次中欧峰会的欧盟领导人时提出,中欧要用大智慧增强战略互信,用大视野拓展合作,用大胸怀化解难点问题,这应该成为指导中欧未来关系发展的指南。

中欧关系以务实稳定为主要特色。近年来,中欧致力于打造和平、增长、改革、文明四大伙伴关系,赋予中欧全面战略伙伴关系新的内涵,双方妥善管控分歧的意愿和能力增强。中欧关系已超越双边关系范畴,越来越具有全球性意义。2018年对中欧关系而言将是具有多重关键节点并充满机遇的年份,双方应积极把握合作新机遇。

首先,2018年是中国改革开放40周年。这对中欧而言都是值得思考总结和深化合作的重要契机。自1978年开启改革开放进程以来,经过40年不懈奋斗,中国取得了经济蓬勃发展、人民生活水平极大提高、国际地位显著提升的瞩目成就。中共十九大报告在明确中国特色社会主义进入新时代的基本定位基础上强调,中国将全面深化改革,形成全面开放新格局,并作为国家发展基本方略。这对今后中国社会经济发展具有战略性意义,也对新时代中国外交开拓进取提出更高要求。2018年是落实十九大精神的开局之年,中国将在全面改革开放新征程中更主动寻求与包括欧盟在内的国际社会加强合作,为构建新型国际关系、推动构建人类命运共同体做出积极贡献。

欧盟当前面临诸多社会危机和挑战,谋求自身变革与创新成为优先议程。随着中国经济崛起和在全球事务中的影响力不断上升,中国作为欧盟主要全面战略伙伴地位更加凸显。欧盟把支持中国改革开放视为事关自身重大利益的战略需要,甚至宣称要做支持中国改革进程的伙伴。这在欧盟近年来发布的对华新战略要素文件中得到确认。欧盟认为中国经济更开放、更稳定,对欧盟发展有利,中国全面深化改革的优先议程可为欧洲创造新机遇,双方拥有更大合作潜力。欧盟支持中国全面深化改革,中国支持欧盟为促进增长、投资和结构性改革所做的努力,这已成为双方的基本共识。中欧各自战略发展规划和改革进程将为双方深化互利合作提供新机遇。预计中国将利用改革开放40周年的机会推出一系列新的、力度更大的改革举措,这意味着欧盟可更多分享中国发展机遇。

其次,2018年是中欧领导人会晤机制化20周年,双方有理由更好地发挥领导人会晤机制及高层互访的战略引领作用。作为双方最高级别政治对话机制,中欧领导人会晤机制是中欧关系深入发展的产物。1998年4月,中欧领导人会晤在英国伦敦开启,双方宣布致力于建立面向21世纪的长期稳定的建设性伙伴关系。

此后,领导人年度会晤机制成为中欧关系发展机制化的重要标志。截至2017年已举行19次,对中欧关系走向发挥了战略引领作用。领导人会晤议题已涵盖双方政治、经济、文化、社会等各领域。近年来相关议题更是与双方各自发展战略、全球治理紧密关联:如中国"一带一路"倡议和欧洲投资计划对接、建设中欧互联互通平台、数字化合作、促进人文交流、推进气候变化合作与全球治理改革等。在中欧领导人会晤机制总体框架下,已形成高级别战略对话、经贸高层对话和高级别人文交流对话三大支柱的高层对话机制,对中欧关系稳定发展具有战略性意义。随着中欧关系内涵不断丰富和部门间对话平台逐渐增多,中欧领导人会晤机制的战略引领更需有针对性和前瞻性,更需在充实内涵、注重实效、加强协调等方面下功夫。

再次,2018年是欧盟与中国建立全面战略伙伴关系15周年。全面战略伙伴关系的内涵在双方紧密互动中不断丰富。中欧关系经历了20世纪90年代中期的建设性伙伴关系到21世纪初的全面伙伴关系定位。双方合作宽领域、多层次及战略重要性日益突出。2003年中欧根据双边关系发展新态势,各自发表政策文件。这是中方首次专门针对某个区域的对外政策文件,旨在昭示中国对欧盟的政策目标,加强同欧盟的全面合作,推动中欧关系长期稳定发展,有重要标志性意义;欧盟同年发布的对华政策文件进一步提升中欧关系的战略地位。两份政策文件对规划此后中欧全面战略伙伴关系发展方向发挥了重要作用。全面战略伙伴关系的基本定位获得同年第6次会晤的中欧领导人的积极肯定。

尽管此后中欧关系一度出现波折,但全面战略伙伴关系的定位符合双方关系总体发展态势。2014年,中国制定第二份对欧政策文件——《深化互利共赢的中欧全面战略伙伴关系》,规划了今后5~10年合作蓝图,强调全面落实《中欧合作2020战略规划》,打造中欧"和平、增长、改革、文明"四大伙伴关系,进一步提升中欧关系的全球影响力。2017年中欧第19次领导人会晤,双方就深化互利共赢的中欧全面战略伙伴关系内涵达成一系列新的合作倡议。中国与欧盟作为全面战略伙伴,今后加强全方位合作更具战略重要性。

此外,2018年是"中国-欧盟旅游年"。双方应抓住机遇深化旅游合作,进一步夯实中欧人文交流民意基础。2018年既是中欧旅游年,也是欧洲文化遗产年,这为双方鉴赏各自文化遗产多样性提供了难得的机遇。中欧将举办丰富多彩的人文交流活动,加深双方民众相互认知。旅游年开幕式已于2018年初在意大利威尼斯举行。举办中欧旅游年有助于拉近彼此情感距离、促进民心相通,为中欧关系稳定发展注入更多正能量。目前中国已成为欧盟第三大游客来源国。2016年访问欧盟各国的中国公民超过349万人次,欧盟国家赴华旅游人数达310

万人次。2017年上半年,赴欧旅游中国公民数量增长迅猛,同比增长65%。中欧旅游年不仅有深远的人文交流效益,也将带来显著经济效益。旅游合作将成为中欧务实互利合作新亮点。

当然,推动中欧关系更均衡发展也面临新挑战。随着中国与欧洲次区域合作框架成型,特别是中国与中东欧合作(16+1)迈向新台阶、中国与北欧及波罗的海国家次区域合作初具苗头(2018年初北欧和波罗的海国家议会领导人集体访华),欧盟内部所谓中国分裂欧洲并对欧洲分而治之的指责增多;中国"一带一路"倡议在欧盟某些成员国内部受到质疑。德国外长加布里尔在2018年2月慕尼黑安全会议宣称中国正通过"一带一路"影响世界,对欧洲构成挑战。因此,双方政治互信有待加强。另外,2017年底欧盟反倾销调查新规修正案正式生效,引入所谓"市场严重扭曲"概念及标准对中方采取歧视性和不公正限制措施。若处置不当,中欧经贸关系大局将受损。在敦促欧盟信守承诺的同时,中国要重视做好预案,采取必要措施维护中方合法权益。

本章思考

1. 中美关系的新进展有哪些?
2. 中俄关系的新进展有哪些?
3. 中欧关系的新进展有哪些?

思考题

1. 后金融危机时代中欧关系有哪些新情况?
2. 乌克兰危机对中俄关系产生什么样的影响?
3. 中美两国关系总体稳定发展,但美国在哪些问题上继续耍两面手法?

第十二章
Chapter 12

中国与亚洲国家的关系

要点提示

◆ 中日关系

◆ 中印关系

◆ 维护海洋权益，建设海洋强国

开篇阅读

中国作为亚洲地区一员，始终不渝地奉行睦邻友好政策和与邻为善、以邻为伴的周边外交方针，为此发挥了积极和建设性作用，做出了应有贡献。中国与亚洲国家的关系焦点主要体现在中日关系、中印关系以及与中国有岛屿争端的东海、南海各国。中日关系是亚洲最复杂的一组双边关系，双方的共同利益很大，分歧也大，中日关系需要消除分歧，扩大共识，使双边关系健康发展。中印关系也是亚洲最重要的双边关系之一，近年来中印关系日益走向成熟，两国战略合作稳步前行，经济、文化和军事往来全面推进。维护海洋权益，建设海洋强国是十八大提出的海洋强国战略目标，是中华民族永续发展、走向世界强国的必由之路。目前，我国的海洋安全形势面临严峻的考验，但海洋建设取得了长足的进步，海洋经济开发的空间还很大，我国一直倡导并践行"和谐海洋"的理念，遵循《联合国宪章》《联合国海洋法公约》以及其他公认的国际关系准则，积极参与国际海上安全对话与合作，愿与各国一道，共同维护海上安全，切实为地区繁荣稳定做贡献。

第一节 中日关系

一、中日关系发展历程

(一)中日实现邦交正常化阶段(1972年至1992年)

1972年9月,田中角荣访华,双方发表《中日联合声明》实现两国邦交正常化。中日关系开启新的篇章。邦交正常化后的10年间,1972年中日关系正常化到1982年教科书事件,中日关系发展迅速,特别是1978年8月,签订了《中日和平友好条约》,该条约的签订从法律上结束了两国的战争状态,将两国和平友好关系用条约形式固定下来。复交后两国互访频繁,签订一系列贸易、海运、航空、渔业、科技等协定,中国于20世纪70年代末接受日元贷款,在各个领域都展开了前所未有的交流与合作,政府和民间都充满友好气氛,两国在外交、安全上的共同利益和经济上的高度互补,以及文化上的亲近感,使得中日和平友好成为当时两国关系的主流。

1982年教科书事件让升温的中日关系冷却下来,中日关系发展的同时出现了摩擦。随着日本经济的迅速发展,日本要求提升政治地位。而中国改革开放刚刚开始,两国都希望扩大合作领域,积极发展中日关系。这一时期中日两国领导人互访增多,召开中日政府成员会议,贸易金融方面也有发展。但在发展中也出现了摩擦,如篡改历史教科书、参拜靖国神社、光华寮问题、中日民间赔偿问题等对中日关系产生不良影响。20世纪80年代末日本曾与西方国家一同对中国进行经济制裁,使中日关系再度受挫。中日关系的转折是日本首相海部俊树于1991年10月8日访华,并首次提出"建立世界中的中日关系"的课题,成为中日关系发展的一个新起点。1991年11月宫泽喜一内阁成立后,宫泽首相正式表示"中日关系是日本外交的重要支柱";1992年4月,江泽民访日,被日本政府看作为建立"冷战后"的新国际秩序做出贡献的"世界中的中日关系"的第一步;1992年10月日本明仁天皇访华,这也是日本天皇有史以来的首次访华,使中日关系在邦交正常化20周年达到一个高潮。与此同时,与政治关系发展相适应,经济、文化等方面的交流也取得了积极的成果。

(二)发展与矛盾并存阶段(1993年至今)

1. 中日关系再度冷却的转折时期(1993年8月至1996年8月)

这一时期,中日关系发展的不平衡性日益突出,呈现出经济关系发展迅速、政治关系不够稳定、安全关系亟待改善、国民意识中抵触情绪增加等一系列问题。从1994年开始,中日两国间围绕历史问题、台湾问题、防卫问题、领土问题、中国核试验和经济援助政治化等问题,出现了全面的政治摩擦。1996年7月29日,桥本首相以公职身份参拜靖国神社,将中日两国的政治分歧进一步表面化。此阶段中日经济关系中虽然出现了一些摩擦,但是两国间的经贸往来没有受到根本的影响,反而保持了良好的发展势头。

2. **缓和、重新定位新时期的中日关系的时期**(1996年9月至2001年4月)

1996年11月7日,桥本首相组成第二届内阁后,对中日关系采取积极姿态,中日两国领导人通过双边和多边接触的机会,表明了把中日邦交正常化25周年作为改善双边关系有利时机的想法。1997年,中日两国总理实现互访,并提出对华外交四原则和指导中日关系的五原则。1998年4月,中国时任国家副主席胡锦涛访日,11月国家主席江泽民对日本进行了中国国家元首的首次访问,发表了中日联合宣言,宣布建立"致力于和平与发展的友好合作伙伴关系",中日关系进入了一个新的发展时期;1999年7月,日本首相小渊惠三访问中国,迈出了落实中日联合宣言的第一步,中日关系得到突破性的发展;2000年10月中国总理朱镕基访日,日本内阁成员全体出席了为朱镕基总理举行的欢迎仪式,表明了日本希望日中面向21世纪发展友好合作伙伴关系的强烈愿望。此期间中日两国仍围绕历史问题和日美防卫合作涉台问题产生很多矛盾和冲突,但是,中日经济的发展始终保持良好的发展势头。

3. **中日关系经历了冰冻、破冰、迎春、暖春等阶段**(2001年5月至2008年)

小泉纯一郎任职5年间共6次参拜靖国神社,是造成中日关系"冰冻"的主要原因。2006年10月8日,安倍晋三就任日本首相后首次访问中国,开始了"破冰之旅",中日领导人对改善和加强两国关系的重要性达成了新的共识,标志着中日关系打破政治僵局。2007年4月11日至13日,中国国务院总理温家宝对日本进行正式访问。中日双方就努力构筑"基于共同战略利益的互惠关系"达成一致,并发表了联合新闻公报。"融冰之旅"实现了两国领导人互访,使中日关系有了新的良好开端,增强了人们对中日关系未来的信心。2007年12月,日本首相福田康夫访华,中日领导人就中日关系和共同关心的国际和地区问题广泛、深入地交换了意见,并一致同意推动中日关系发展到新阶段,被称之为"迎春之旅"。2008年5月6日,胡锦涛主席访日,这是中国国家元首时隔10年后再次访日,与日本首相福田康夫签署了《中日关于全面推进战略互惠关系的联合声明》,即所谓的"暖春之旅"。此阶段中日经贸关系波动较大,受政治降温的影响,两国民众间信任感降低,经济摩擦与纠纷增多。但政治关系的迎春之旅后,经济关系也有所回温。

4. **中日关系进一步发展时期**(2009年至2011年)

2009年是中日关系平稳过渡与调整的一年,这一年时任国家副主席习近平访日,推动双边合作关系更大发展;日本首相麻生太郎访华受到广泛关注;2010年中日两国发生了多次激烈的"摩擦"与"碰撞",两国关系也因此跌宕起伏。2010年《防卫白皮书》关于中国的分量显著加重,称中国军事领域的"不透明"和"军事力量的动向"引起"包括日本在内的地区和国际社会的担忧"。2010年9月7日,在钓鱼岛附近发生了中日撞船事件,使中日关系急剧恶化;日本关注中国军队动向,决定加强西南防卫。即便如此,从两国关系大局出发,温家宝总理当年10月在比利时出席欧亚首脑会议期间,以及胡锦涛主席11月在日本出席亚太经合组织领导人非正式会议时还是与时任首相的菅直人进行了直接对话。2011年3月11日,日本发生大地震,中国国家主席胡锦涛致电日本天皇明仁表示慰问,中国国务院总理温家宝致电日本首相菅直人表示中方愿向日方提供必要的帮助。3月份中日两国举行第十一次战略对话,双方一致同意,要共同努力,进一步增进政治互信,深化各领域务实合作,大力改善国民感情,妥善处理敏感问题,为迎接中日邦交正常化40周年营造良好氛围和条件。此阶段中日经贸关系有下降趋势,由于政治合作降中有升,中日关系面临更大的挑战和机遇。

5. 中日关系曲折发展(2012年至今)

2011年底,民主党党首野田佳彦就任日本首相,野田内阁对华关系表现得异常强硬,尤其是在处理钓鱼岛问题方面。2012年,日本围绕钓鱼岛主权问题做出一系列举动,使钓鱼岛主权争端一跃上升为恶化两国关系的矛盾焦点。在此背景下,中日两国领导人停止了互访,甚至在国际会议上都没有任何交流。以日本政府购岛事件为标志,中日两国关系进入了日趋紧张的阶段。

2012年12月,安倍晋三再次当选日本首相。第二次上任的安倍晋三执政之初便迫不及待地表现出对华"强硬"的外交姿态。不断渲染中国军力增长带来的安全威胁,加大军事安全方面的投入,在日本国内推出一系列针对中国的举措。在国际上不断推行"积极和平主义外交",出访中东和非洲国家,在能源和经济合作领域同中国展开竞争。为了抗衡中国,日本在国际社会寻求支持,联合其他国家构建对华包围圈,企图对中国形成战略围堵的态势。日本拉拢同样与中国有领土和海洋争端的国家,共同向中国施压。在日中关系紧张的背景下,地区安全形势进一步恶化。日本政界从首相到议员,全体右倾,在历史认识问题上态度强硬、肆意妄言,不断挑战两国关系的底线,致使中日两国官方交流全面停止,两国外交关系陷入僵持局面。安倍政府至今为止在右倾的道路上越走越远。中日关系也已经降入新世纪以来的第二个冰点。

虽然进入冰冻期,但双边互动仍然没有停止。2014年11月,习近平应约会见来华出席亚太经合组织领导人非正式会议的日本首相安倍晋三表示,中日互为近邻,两国关系稳定健康发展,符合两国人民根本利益,符合国际社会普遍期待。中国政府一贯重视对日关系,主张在中日四个政治文件的基础上,本着以史为鉴、面向未来的精神,推动中日关系向前发展。2015年4月22日,习近平在雅加达应约会见日本首相安倍晋三,就中日关系交换意见。习近平指出,处理中日关系的大原则,就是要严格遵循中日四个政治文件的精神,确保两国关系沿着正确方向发展。历史问题是事关中日关系政治基础的重大原则问题。希望日方认真对待亚洲邻国的关切,对外发出正视历史的积极信息。2015年5月23日,国家主席习近平在人民大会堂出席中日友好交流大会并发表重要讲话,强调中日双方应该本着以史为鉴、面向未来的精神,在中日四个政治文件基础上,共促和平发展,共谋世代友好,共创两国发展的美好未来,为亚洲和世界和平做出贡献。

2017年11月11日,国家主席习近平在越南岘港会见日本首相安倍晋三。习近平指出,中日是近邻,也是亚洲和世界主要经济体。中日关系稳定发展符合双方利益,对地区和世界具有重要影响。2017年是中日邦交正常化45周年,2018年是中日和平友好条约缔结40周年。双方要从两国人民根本利益出发,准确把握和平、友好、合作大方向,通过坚持不懈努力,积累有利条件,推动中日关系持续改善,向好发展。安倍晋三表示,祝贺中共十九大成功召开,祝贺习近平主席再次当选中共中央总书记。日方愿同中方一道努力,以2018年日中和平友好条约缔结40周年为契机,推动两国战略互惠关系继续向前发展。日方希望同中方加强高层交往,开展互惠共赢的经贸合作,积极探讨在互联互通和"一带一路"框架内合作。深化旅游、文化、青少年等交流。日中将于2020年和2022年相继举办夏季奥运会、冬季奥运会,日方愿就此同中方开展交流合作。

2018年5月8日至11日,国务院总理李克强访问日本。此次访问是中国总理时隔8年再次正式访问日本,体现了中日两国关系在历经波折后正在重新返回正常发展轨道。加强中日务实合作,尤其是经贸和科技领域的交流合作,是李克强总理访问的重要内容,也是中日关系长期健康稳定发展的"压舱石"。2008年,中日两国发表《关于全面推进战略互惠关系的联合声明》,在"增进政治互信""促进人文交流""加强互利合作""共同致力于亚太地区的发展"和"共同应对全球性课题"等五大领域开展合作达成共识。10年过去,尽管两国关系遭遇了一些波折,但经济、科技、人文等领域的交流合作并没有停步。随着两国各自国内经济、社会结构的演变,中日务实合作已然形成新的基础。

首先,经过几年的调整,中日经贸合作已经起稳回升。2017年双边贸易额重新达到3 000亿美元规模,比上年增长10%。中国继续成为日本第二大出口贸易伙伴,同第一大出口伙伴美国之间的差距缩小至占比0.3%。

其次,日本对华直接投资走出低谷,重现增长。随着中国国内产业和消费市场的升级,日本对华直接投资经历洗牌。低端制造业不断收缩的同时,中高端制造业开始扩大生产和销售。2017年,日本对华直接投资重现增长,达到并一举超过2012年的水平。2018年1月至3月,日本在华新设企业153家,同比增长43%。

再次,中国对日投资显著攀升且不乏亮点。近些年,随着中国企业实力大幅增长,中国对日投资也开始崭露头角。截至2017年底,中国对日直接投资额为34.4亿美元。投资领域正从制造业向金融服务、电气、通信、软件、网络等领域拓展。

此外,中日人文、科技等领域的交流均非常活跃。无论是科技界、经济界、文化界还是普通游客之间的交往都构成两国民间联系与交流的重要纽带。

在业已形成的新基础上,中日两国发挥各自比较优势,加强经济、金融、科技等领域的务实合作,深入推进战略互惠关系的构建就成为两国有识之士的共同选择。此次访问中,中日两国有关部门签署了一系列具体领域的合作协议和备忘录,内容涉及科技创新、服务贸易、第三方市场合作、金融合作和社会保障合作等,为两国继续推进务实合作、扩大共同的利益基础规划了重点领域和方向,提供了制度保障。

以中日开展第三方市场合作为例。中国提出共建"一带一路"倡议5年多来,各类基础设施、产业合作、科技文化交流等项目正在相关国家如火如荼地展开,其中蕴含的巨大商机不言而喻。但头几年碍于复杂敏感的政治关系,日资企业对"一带一路"的参与比较有限。如今两国正式就第三方市场合作达成备忘录。可以预见,未来中日企业充分释放各自在资金、技术、管理、营销等领域的互补性优势,在"一带一路"沿线开展联合投标等多种类型合作的机遇将大量涌现。

再如科技领域,技术创新和精湛工艺是日本制造业企业在全球市场牢牢立足的根本保证。大到工业机器人、精密机床,小到药品、文具,很多日本品牌依然是高技术和品质生产的代名词。而中国近年在基础研究、数字经济、通信等领域的赶超势头迅猛,除一些龙头企业已在国际市场立稳脚跟外,还有数量众多的独角兽企业蓄势待发,中国经济创新的活力令日本人印象深刻。通过加强合作,促使两国企业在科技创新、高端制造等多领域实现优势互补,互利共赢,必将助力中日经济关系提质升级。

当前,中日两国均面临贸易保护主义、单边主义等巨大外部风险,两国更应视对方发展为机遇,不断拓展务实合作的广度和深度,推进战略互惠关系走向深入。

二、中日关系取得的成就

中日两国自建交至21世纪初期也经历了相当长一段平稳发展的时期。两国无论是在政治交流还是经济合作方面都取得了显著的成果。政府和民间交往的领域不断扩展,范围遍及政治、经济、科技、文化等各个方面。

(一)经贸关系

1. 中日贸易

日本是中国主要贸易伙伴。截至2003年,日本连续11年为中国第一大贸易伙伴,2004年被欧盟、美国超过,退居第三,2011年被东盟赶超,成为中国第四大贸易伙伴,2012年被中国香港超过,退居第五大贸易伙伴。据日方统计,2009年,中国首次超过美国,成为日本最大出口对象国。中国是日本最大贸易对象国。

2013年中日双边贸易额为3 126亿美元,同比下降5.1%。2014年中日双边贸易额为3 124.4亿美元,与前年基本持平。其中中国出口额1 494.4亿美元,同比下降0.5%,进口额1 630亿美元,同比上升0.4%。

2. 日本对华投资

日本是中国第三大外资来源地,中国是日本第二对外投资对象国。截至2012年2月底,日本对华投资项目累计46 292个,实际到位金额812.3亿美元。截至2013年底,日本累计对华投资955.6亿美元。2014年日本对华投资金额43.3亿美元,同比下降38.8%。

3. 日本对华资金合作

(1)日元贷款。

我国从1979年开始使用日元贷款。经双方商定,2008年前结束对华日元贷款。2007年12月,两国外长签署日本对华最后一批日元贷款换文。日本政府累计向中国政府承诺提供日元贷款约33 164.86亿日元,用于255个项目的建设。截至2013年底,我国利用日元贷款协议金额32 233亿日元,累计提款28 260亿日元,已偿还本息20 850亿日元。

(2)无偿援助。

截至2011年底,我国累计接受日本无偿援助1 566.3亿日元,用于148个项目建设,涉及环保、教育、扶贫、医疗等领域。2011年日本政府对华无偿援助金额8.43亿日元。

(二)文化交流与合作

1979年12月,两国签署《中日文化交流协定》,确定了发展两国文化、教育、学术、体育等方面交流的目标。在双方共同努力下,中日文化交流与合作全面发展,呈现出官民并举和多渠道、多形式的新局面,其范围之广、规模之大、数量之多、活动之频繁、内容之丰富,在与中国有文化交流的国家当中处于领先地位。近年来,中日两国举办了众多大型文化交流活动。2013年中日双边人员往来为471万人次。2014年中日双边人员往来为556.6万人次,同比上升18.2%。其中我国赴日公民284.8万人次,同比增长55.22%,日本来华人员271.8万人次,同比下降5.56%。两国目前共缔结友好城市252对。

(三)科技交流与合作

中日邦交正常化以后,双方于1980年签署《中华人民共和国政府和日本国政府科学技术科技合作协定》,建立起政府间科技合作关系。此后,两国的科技交流与合作发展迅速,规模不断扩大,形成了多形式、多渠道、官民并举的局面。特别是在应用技术合作方面成绩显著,为我国社会经济发展、科技进步起到了积极作用。

现在中日政府间的科技合作主要包括：根据《中日政府间科技合作协定》开展的合作，在政府科技合作协定框架下两国政府部门的对口合作（包括部门间签署的合作协议等），通过日本国际协力机构（JICA）渠道的技术合作以及《中华人民共和国政府和日本国政府和平利用核能合作协定》，等等。此外，双方许多部门、地方、研究院所、大学都开展各种形式的交流与合作，对促进两国科研人员的交流、开展合作研究等发挥了很好的作用。

近年来，伴随中国建设资源节约、环境友好型社会，双方节能环保领域技术合作发展迅速。1994年双方在北京签订了《中华人民共和国政府和日本国政府环境保护合作协定》。2007年底福田康夫首相访华时双方签署了《中华人民共和国政府和日本国政府关于进一步加强气候变化科学技术合作的联合声明》。

（五）军事交流与合作

中日两国于1974年互设武官处，70年代末开始军事交流，关系发展良好。1989年后两国军事交流一度中断。1995年日本防卫厅参谋长联席会议主席西元彻也访华，中日军方高层交往得以恢复。1998年实现国防部长互访。2000年实现两军总参谋长互访。此后，双方军事交流从未中断。2012年6月6日，中央军委委员、总政治部主任李继耐会见了日本退役将领代表团。2012年6月27日第三轮中日防务部门海上联络机制专家组磋商在北京举行。2015年1月12日，第四轮中日防务部门海上联络机制专家组磋商在东京举行。

三、展望未来

中日关系在曲曲折折中艰难前行，稳定和管控中日关系，需要的是战略意志和政治智慧。正如中国国家主席习近平2013年1月25日会见日本公明党党首山口那津男时所指出的，"中日两国领导人要像老一辈领导人那样，体现出国家责任、政治智慧和历史担当"，推动中日关系克服困难、继续向前发展。

未来要稳定和改善中日关系，以下几个方面值得思考。

（一）客观、理性、真实地探讨和定位中日关系

我们需要客观、理性和真实地探讨中日关系恶化的根源，在探索解决之道的同时，展示出管控危机和缓和紧张关系的决心与勇气。中日两国都需要认真研究彼此的关切，而不是简单地抱怨和指责。面对钓鱼岛领土争议，安倍政府曾一味拒绝承认争议存在，加剧两国的紧张关系，也构成了自2012年9月日本"国有化"错误做法以来两国在钓鱼岛海域执法公务船对峙局面迟迟无法改变的根本原因。安倍政府拒绝承认中国2013年11月23日划设东海防空识别区的顽固做法，也无助于缓和东海紧张局势。中日双方需要摸索在东海争议海域和空域建

立危机管控机制,避免出现事故性的撞船或者撞机事件不测事态。在目前两国国民对中日关系的看法和心态存在情绪化的现实面前,中日东海海域或者空域出现的事故性冲突,都可能引发两国的军事冲突。中日之间一旦发生军事性流血事件,或者发生直接的军事对抗,将使得两国关系的伤口进一步撕裂。这一伤口很可能在未来几十年间都难以弥合。2014年9月末,中日两国已经恢复了海上沟通机制谈判,两国政府部门之间的海上事务级磋商也得到了重新启动。2014年11月,中日双方就处理和改善两国关系达成四点原则共识。北京亚太经合组织领导人非正式会议期间两国首脑进行了会晤。这些积极态势应该得到巩固和发展。中日关系恰恰由于巨大分歧和争议而需要继续发展、提升对话和沟通的管道。

(二)重建支持和承纳两国关系未来稳定的新的社会基础和政治资源

我们需要重建中日关系的社会基础,中日两国政府和民间都要有责任、有意识、有步骤和有计划地开展接触与交流,重新培养国民之间的认同感和亲近感。中日两国历史上有过2 000年的交流史,两国的文化曾经相互浸润。更重要的是,这2 000年的中日交往历史,共同促进了东亚文明的进步、繁荣和发展。中日历史有着巨大伤痛,而中日文化互惠也有悠久的渊源。中日两国社会必须培育起共同的信念,不是简单的"永不再战",而是中日的合作将决定亚洲的未来。如果中日走向冲突,则将是两国人民和亚太地区无法承受的灾难。

(三)调整观念和心态,积极、务实地直面两国新变化

我们要调整观念和心态,升级政策话语体系,更加积极和务实地"研究日本"。日本是近代以来对中国造成最大伤痛的国家。对于这样的国家,情绪性的爱国主义只会误导和坏事。只有积极、务实地正视日本的存在,更加全面、深入和准确地认识日本,才能真正做到在战略上重视日本。

中日两国的政策精英和知识精英必须从观念到心态进行调整,从容和谦虚地直面两国内部所出现的诸多新变化。从经济上来讲,20世纪80年代日本在中国的投资一年就会收回,今天这种情况已不复存在。这是中国的市场发展决定的,不能简单说两国的政治关系恶化而经济关系受影响。当然,政治关系对经济关系有很大的影响。以前讲中日"政经分离",可以"政冷经热",但今天需要一系列新的概念。今天中日"政冷经热",面对的现实不仅仅是政治和安全的紧张,还有中日两国以及整个亚太地区甚至全球市场分化和竞争的上升,最近中国对12家日本企业的反垄断罚款,是非常重要的市场行为。深入把握中日关系,需要我们在东亚地缘经济和地缘战略新趋势、新变化的准确分析和认识的基础上,才能真正做得到。

2015年5月23日,习近平在中日友好交流大会上的讲话中指出,邻居可以选择,邻国不能选择。"德不孤,必有邻。"只要中日两国人民真诚友好、以德为邻,就一定能实现世代友好。中日两国都是亚洲和世界的重要国家,两国人民勤劳、善良、富有智慧。中日和平、友好、合作,

是人心所向、大势所趋。

2017年5月16日,中国领导人会见了来华参加"一带一路"高峰合作论坛的日本自民党干事长二阶俊博,他递交了首相安倍晋三的亲笔信。安倍在亲笔信中说,要以中日邦交正常化45周年以及和平条约缔结40周年为契机,构筑中日稳定的友好关系,通过不断对话,在合适的时间实现首脑互访,并期待在朝鲜问题以及"一带一路"的构想等强化对话和合作。尽管中日关系比前几年相对稳定,中日之间对话沟通逐步增加,但与此同时要看到日本从战略上调整中日关系并没有准备好,中日关系很可能会呈现出对话与矛盾,甚至间歇性的对立交替出现的新常态。

第二节 中印关系

一、中印关系的发展历程

(一)建交以后两国友好关系的建立和发展期(1950年至1958年)

1950年4月1日,经过谈判中印两国正式建立外交关系。印度成为非社会主义国家中第一个与中华人民共和国建交的国家。中国领导人对与印度建交和发展友好关系十分重视,这不仅因为两个国家有着相似的历史,悠久的文明,传统的友谊,最为重要的是这符合中国当时反帝反殖的总的外交战略。1951年2月在第六届联合国大会上印度力主恢复中国在联合国的合法席位。

20世纪50年代是中印两国关系全面发展的时期,除国家和政府领导人的互访,两国军事、经济、文化等方面的交流也很频繁,两国的文化代表团、艺术代表团、体育代表团、和平运动团体和友好协会也都开展了积极的交流与合作。这些活动增强了两国人民的互相了解,加强了友谊,有力地推动了两国友好关系的发展。

(二)边界战争后的逆转和敌对期(1959年至1975年)

1959年西藏发生武装叛乱,印度公然支持叛乱,1959年中印两国在边界发生严重的争议。为了缓解岌岌可危的形势,1960年4月,周恩来总理亲赴新德里与尼赫鲁举行会晤,但是由于双方立场相距较大,谈判破裂。1962年10月到11月,中国被迫对印进行自卫反击战。边界战争后,印度政府实际上放弃了"不结盟"政策,从美国和苏联接受了大批军事援助,走上了联合美国、苏联,共同反华的道路,公开支持西藏叛乱分子的反华活动,公然与台湾发生官方关系。为了对付中国,建立对南亚其他国家的支配地位,印度大力扩充军备,加强军事实力。从此,两国关系进入了一个长达十几年之久的敌对时期,两国外交关系降格为代办级,两国间的经济贸易和文化交流实际上几乎中断。

(三)两国关系的修复与改善期(1976年至1997年)

中印两国关系长时间处于僵冷甚至敌对状态,不符合两国的根本利益。1969年印度总理英迪拉·甘地在举行的新年记者招待会上表示印度政府准备寻求解决中印争端,以后又多次表示愿意与中国就悬而未决的问题举行谈判,以改善两国关系。在长期的共同努力下,1976年印度和中国分别互派外交大使正式恢复了大使级外交关系。1979年德赛政府外长瓦杰帕伊访华,成为中印关系恶化后20年来第一位来访的印度外长。1981年中国外长黄华访问印度时英迪拉·甘地宣布同意重开中印边界谈判。双方就国际问题和中印边界问题,中印关系等问题进行了会谈。与此同时,双方在经济文化领域和民间使团的交往上逐渐恢复了正常化。20世纪80年代末,随着中苏关系的解冻,印苏联合对付中国的着力点减少,印度急于对自己的对华政策做出务实的思考。1988年12月拉吉夫·甘地总理对中国进行了友好访问,这是自尼赫鲁1954年访华以来,第一位印度政府最高领导人对中国进行的正式访问,它标志着中印两国关系已经实现了正常化。1988年拉吉夫·甘地总理访华以来,印度政府多次更迭,历届政府在对华政策上逐步形成了共识。1993年国大党政府总理拉奥访华,两国就双边关系和共同关心的问题广泛、深入地交换了意见,在许多问题上取得了一致或相似的看法。1996年中国国家主席江泽民访印,与印度联合阵线政府领导人达成了建立"面向21世纪的建设性合作伙伴关系"的共识,为两国关系的未来指明了方向。

(四)印度核试验后短暂的波澜与阴影期(1998年至1999年)

1998年2月至3月间印度举行第十二次人民院选举,瓦杰帕依出任新政府总理。印度人民党政府国防部长费尔南德斯一再鼓吹"中国威胁论",是对印度的"头号威胁"。1998年5月,印度在全世界的反对声中进行了核试验,借口是"受到一个1962年武装侵略印度的核国家的威胁"。由于印度核试验以中国为借口,中印关系再次发生逆转,20多年双方共同努力营造的稳步改善的双边关系的良好势头受到挫折,两国关系跌到了20世纪70年代末互派大使以来的最低点。

(五)进入新世纪后两国关系全面发展期(2000年至今)

21世纪初,两国关系在恢复中迎来了一个良好开端。2000年4月1日,中印建交50周年,江泽民、朱镕基同印度总统纳拉亚南、总理瓦杰帕依之间以及两国外长之间互致贺电,表达了改善和发展友好关系的愿望,呼吁建立长期稳定的睦邻友好合作关系,并强调地区和平与稳定对经济发展的必要性。2000年5月,印度总统纳拉亚南访华,这是1998年5月印度核试验后第一位访华的印度国家元首,这表明两国关系已经恢复并走向正常。2001年1月李鹏委员长应邀访印和2002年1月朱镕基总理应邀访印期间双方达成了广泛的共识。2003年瓦杰帕伊总理访华,双方签署了关于两国关系原则和全面合作的联合宣言。2004年印度新内阁表示"前所未有地重视"中印关系,新外长纳·辛格强调印度"高度重视"发展与中国的关系,国大党领导的联合政府将致力于加强两国之间的关系。2005年温家宝总理访印期间,双方签署了《联合声明》,两国宣布建立面向和平与繁荣的战略合作伙伴关系。2006年胡锦涛主席访印,双方发表了《联合宣言》,制定了深化两国战略合作关系的"十项战略",进一步深化和拓展了两国合作伙伴关系的内涵。2010年印度总统帕蒂尔与温家宝总理进行了互访。通过2011年"中印交流年"和2012年"中印友好合作年"的开展,中印关系继续保持健康的发展。2013年,李克强总理和辛格总理时隔近60年再次实现两国总理年内互访,发表共同声明,达成10多项协议,为中印各领域务实合作进行了全面规划。中印边界问题特别代表第16次会晤、中印第5轮战略对话先后举行,双方增进了相互沟通和理解。2015年5月,新任印度总理莫迪访华,使中印关系朝着更好的方向迈进。

2018年4月27日和28日以及6月9日至10日印度总理莫迪两次访华,分别到武汉和青岛两座城市,第一次与习近平主席进行非正式会晤,这是莫迪继2015年之后第四次中国之行。6月9日,莫迪以国家元首身份出席在青岛举行的上海合作组织成员国元首理事会会议,两次中印两国领导人的会面有着重要的意义。中国和印度是世界上两个最大的发展中国家和新兴市场国家,也是仅有的两个10亿以上人口级别的大国。在当前世界格局正经历深刻演变,世界多极化、经济全球化深入发展,国际力量对比更趋平衡,和平发展大势更加强劲的背景下,中印作为推动世界多极化和经济全球化的中坚力量,也是促进本地区和世界和平、稳定与繁荣的重要支柱,双边关系的战略和全球意义更加突出。

二、近年来中印关系所取得的成就

(一)经贸领域的合作不断加深

经贸关系是中印关系最具活力的部分,能为两国带来实实在在的利益融合。

1. 双边贸易方面

中国已成为印度最大贸易伙伴之一,中国质优价廉的商品与服务有利于印度减少贫困,实现工业化和现代化。2011~2013年,中国已经成为印度最大的贸易伙伴,印度则是中国在南亚最大的贸易伙伴。数据显示,2013年中印双边贸易额达到654.71亿美元。2014年中印贸易额为705.9亿美元,同比增长7.9%。未来5年,中国将联手包括印度在内的南亚国家,力争中国与南亚地区的双向贸易额突破1 500亿美元。

2. 工程承包方面

据统计，截至2012年底，中方在印度签订工程承包合同累计金额为601.31亿美元，完成营业额335.18亿美元，印度已成为中国工程承包产业最大的海外市场之一。

3. 双向投资方面

为了培育国内制造业，提高制造业占国内生产总值比重，应对规模庞大且不断增加的赤字问题，近年来印政府逐渐把目光投向中国企业的直接投资和技术转移。据印政府公布数据，2000年4月至2014年5月，中国累计仅对印投资4.10亿美元，占印利用外资总量的0.18%，几乎可以忽略不计，在所有国家和地区中只排名第28位。习主席访印期间宣布，中方将争取在未来5年内向印工业和基础设施发展项目投资200亿美元。考虑到过去中资企业在印频频遭遇安全审查的"歧视待遇"，中印在投资方面的新共识显然是重大突破，表明印方终于解放思想，欢迎中国资金和技术。

4. 经贸关系制度化方面

中印战略经济对话、财金对话、经贸联合小组等对话磋商机制日臻成熟，两国务实合作逐渐从商品贸易、工程承包向制造业、服务贸易等领域拓展。尽管受国际经济大环境不利影响，中印贸易摩擦有所凸显，但两国经贸领域的制度性合作依然保持在上行轨道，双边贸易大盘保持基本稳定，工程承包合作进展顺利，相互投资潜力逐渐释放。

（二）安全战略合作逆势推进

1. 加强防务合作，逐步增进互信

防务领域的交流有助于中印两国国防部门之间建立互信和增进相互理解。2000年3月，中印两国外交部正式启动两国之间的安全对话，定期就国际、地区安全形势和其他共同关心的问题交换看法。2003年4月下旬，印度国防部长费尔南德斯访问中国，并表示"不把中国看作是印度的威胁"，他还在《2002—2003年度国防报告》中首次大幅淡化"中国威胁"，首次谈到中印军事合作。2003年11月10日，印度海军3艘舰艇在印度海军东部地区司令班索尔中将的率领下访问上海，并与中国海军军舰在上海附近的东海海域进行了联合搜救演习。2005年12月"中印友谊-2005"联合演习，是中国海军第二次与印度海军举行非传统安全领域演习。进入新世纪以来，中印两国海军友好交往不断加强，印度还邀请中国武官观摩印军演习，并邀请中国进行中俄印三方军演。双方于2006年5月29日签署《中印国防部防务领域交流与合作谅解备忘录》，该备忘录为两国防务合作的进一步发展提供了良好的基础和制度框架。

在国际安全上，双方合作也在不断增加，比如中俄印三国外长已在联合国共同建立定期会晤机制，2002年启动了中俄印外长会晤机制，协商地区安全问题。中印在上海合作组织框架

内的合作也已建立起来。2005年,印度成为上海合作组织的观察员,中印两国还都是东亚峰会的重要成员。中印的首次战略对话于2004年1月24日在印度新德里举行,2006年新年伊始,印度外交秘书萨兰访问北京与中国开展第二次战略对话。这些都说明了中印军事、安全合作发展领域范围在不断扩大。

2. 加强友好协商,边界问题谈判不断推进

边界问题的早日解决符合两国的基本利益,中印关系发展,为加快边界问题解决进程创造了有利条件。1993年,两国政府签署了《关于在中印边境实际控制线地区保持和平与安宁的协定》,并成立了专家小组,讨论制定协定的实施办法并取得一些积极进展。1996年11月底江泽民主席访印期间,两国政府签署了《关于在中印边境实控线地区军事领域建立信任措施的协定》。2003年6月,印度总理瓦杰帕伊访华,双方重申愿通过平等协商,寻求公正合理以及双方都能接受的解决边界问题的方案,在最终解决之前共同努力保持边境地区的和平与安全。中方全面阐述中国政府对发展中印关系的政策主张。2005年9月,2006年3月,2006年6月及2007年1月、4月,双方特别代表举行了第6至第10次会晤,开始探讨解决边界问题的框架。2009年8月,双方特别代表举行了第13次会晤。2012年1月,两国正式签署《关于建立中印边境事务磋商和协调工作机制的协定》。该磋商机制为谈判解决两国边界问题和促进两国关系发展创造了良好条件。2013年10月,两国达成中印两国政府《边防合作协议》,提出加强两国在边境地区沟通交流的5个步骤,涵盖边防人员旗会、双方司令部/军区对话、国防部官员涉边磋商、国防部长年度对话、军事司令部间设立新热线等层级。这对确保两国边境地区和平与安全、防范突发事件和擦枪走火意义重大。2013年4月,中印在西段边界发生所谓"帐篷对峙"事件后,两国通过边界事务磋商和协调等机制,及时通过双方外交部及驻扎当地边防军等层面的会谈和交涉,有效阻止事件升级为双边关系恶化的导火索。中印"帐篷对峙"事件的顺利"软着陆",一方面折射出两国在边界实控线走向上仍然存在不同的理解和认知,也证明了中印之间有关边界问题的合作机制和架构确实在"危机管控"中发挥了积极作用。

(四)中印人文交流成果显著

近年来,中印两国进一步加强文化领域的交流与合作。2010年,中印借建交60周年互办"印度年"和"中国年"。2011年,两国借"中印交流年"推出一系列民间交往项目。2012年是"中印友好合作年",两国携手推出人文合作项目,较好地冲淡了两国边界冲突50周年的不利氛围。中印"百人青年团"互访活动进展顺利,反响较好。近年来部分中国演艺团体在印度成功举办商演,受到当地民众欢迎和喜爱,有力地增进了两国民间交流和相互认知。越来越多的民众将对方国家作为旅游目的国,互访人数逐年攀升,2013年突破75万人次。辛格总理访华期间,双方签署了《文化合作协定2013年至2015年执行计划》,内容包括文化艺术、文化遗产、青年事务、教育及体育事务、新闻出版与大众传媒等,并就建立首批友好城市达成一致。双方还商定把2014年定为"友好交流年",并计划联手缅甸,探讨以适当方式共同纪念和平共处五项原则发表60周年。2014年习主席访印期间,中印同意启动"中国-印度文化交流计划"。在中印政府间文件中,有关人文交流、民心相通的合作条款占据越来越大的篇幅,反映双方均意识到人文交流对双边关系的"加分价值"和战略意义。

(五)多边国际合作亮点突出

近年来,印度在重构国际秩序中的地位和作用日趋凸显,已成为中国在多边舞台中可以借重的战略合作伙伴。两国相互支持对方参与区域合作进程,共同促进亚洲的和平、稳定与发展。中印联手应对国际贸易、国际金融与可持续发展议程等全球性问题,维护发展中国家、新兴大国的发展权利和空间,互壮声势,助推现有国际经济秩序的完善和重塑,成为双边合作的最突出亮点,也为中印战略合作伙伴关系提供了有力的注脚。两国在能源安全、气候变化等全球性问题上联手也让西方感到压力。目前,金砖国家机制、G20峰会、东亚峰会等已成为两国领导人良性互动、给双边关系持续"加温"的重要平台。

三、展望未来

中印两国关系面临现实和历史的诸多发展障碍,但两国关系的主流趋势依然是合作与共赢,因此中印两国关系将保持积极、稳定的发展趋势。

(一)中印两国关系健康发展意义非凡

自2005年至2012年,中国领导人与印度领导人在双边和各种国际场合下的会见达到26次之多。这种高层会见的频率是中印建交60多年来最为密集的,也是当代国家关系中比较罕见的。2013年5月李克强总理上任之后出访亚欧四国,并将出访的首站定为印度。李克强总理访问印度时曾说过:"中印关系健康、稳定发展,是亚洲之幸,世界之福。"这一句话道出了中印关系对于亚洲繁荣稳定以及世界和平发展的重大影响。2013年10月,印度总理辛格访问中国,2014年9月习近平主席访印,2015年5月印度总理莫迪访华,中印两国高层的往来引领了中印关系的发展方向,确立了中印经济、政治制度的合作框架,并且确立了及时化解中印之间的隔阂和纠纷的机制,有利于增强政治互信,消除外界不利的言论。

(二)中印双边机制趋于稳定,合作交流得到双方大力推动

中印目前已经开辟多种双边机制,如中印边界问题特别代表会晤、中印防务与安全磋商、中印边境事务磋商和协调工作机制,这些双边机制在积极推动中印边界问题渐进式和解方面

起到重要作用。中印两国的合作在双方推动下涉及众多领域：在经贸方面，2013年辛格访华期间，两国对扩大经贸合作达成共识，辛格总理提议在印度建立面向中国企业并在税收等方面提供优惠措施的工业园区——"中国特区"；在军事方面，2013年11月中印陆军举行了中断了5年的反恐联合训练，这凸显了中印双方致力于增进互信的意愿；在民间交流方面，虽然中印之间的民间交流远远不如中国与其他亚洲国家如韩国、日本之间的往来频繁，但是中印双方始终在致力于推动两国人员交流互访。

（三）中印共同参与多边机制规则的制定，有共同的利益诉求

中印两国在20世纪50年代中期的"万隆会议""不结盟运动"中的合作在国际社会中堪称典范，中印两国共同致力于建立反美统一战线和支持第三世界国家的民族解放运动，在历史中留下了浓墨重彩的一笔。现如今，中印两国在诸多国际组织如"金砖国家"、上海合作组织、亚太经合组织、中俄印三国外长会晤机制等多边机制中也都有共同的利益诉求，两国不仅在气候变化、粮食安全以及能源安全等领域有着共同的利益需求，而且在维护亚太地区稳定、推动建立合理的经济秩序以及国际关系的民主化等重大问题上都有着广泛的共识和共同的努力。在促进人民的共同利益和保持经济的增长、增强地区性和国际性的合作与相互依存、推动和谐国际新秩序的建立等方面共同努力。

（四）印度独立自主的"不结盟政策"保证了印度不会与其他国家结盟来对抗中国

2013年12月印度女外交官在美被捕受辱事件，引发了美印关系的外交风波。印度举国上下强烈谴责抗议美国的行为，甚至采取了众多措施来报复美国，比如剥夺美驻印外交官特权、拆除美大使馆保护设施等，一些民众也发起了反美示威游行。这表明，印度并不会因为借助美国的力量来实现其大国梦及其他的目的而一味地讨好美国甚至与其结盟，所以中印两国不会轻易走到拔刀相向的对峙局面。

中印关系将继续沿着稳定的方向发展。边界问题可能依然是影响双边关系不稳定的最大因素，但是两国用以解决双边问题的机制将趋于完善；两国之间的经济合作和相互依赖将逐渐加深，两国之间的高层往来和民间往来将更加密切；中印两国将共同在金砖国家等国际舞台上加强合作并发挥更重要的作用。正如李克强总理所说，中印政治互信在增加，务实合作在拓展，共同利益远大于分歧。中印双方将会在更加紧密的合作和交流中逐渐增进互信，化解矛盾和分歧，共同打造亚洲文明，为世界和平与发展做出更大的贡献。

第三节 维护海洋权益,建设海洋强国

一、维护海洋权益

(一)海洋权益的内涵

海洋权益属于国家的主权范畴,它是国家领土向海洋延伸形成的权利。海洋权益受《联合国海洋法公约》(以下简称《公约》)保护。

海洋权益的内涵主要有:一是海洋政治权益,如海洋主权、海洋管辖权、海洋管制权等,这是海洋权益的核心;二是海洋经济权益,主要包括开发领海、专属经济区、大陆架的资源,发展国家的海洋经济产业等;三是海上安全利益,主要是使海洋成为国家安全的国防屏障,通过外交、军事等手段,防止发生海上军事冲突;四是海洋科学利益,主要是使海洋成为科学实验的基地,以获得对海洋自然规律的认识等;此外,还有海洋文化利益,如海上观光旅游、举办跨海域的文化活动等。

问:什么是《联合国海洋法公约》?

答:《联合国海洋法公约》指联合国曾召开的三次海洋法会议,以及1982年第三次会议所决议的海洋法公约。在中文语境中,《海洋法公约》一般是指1982年的决议条文。此公约对内水、领海、临接海域、大陆架、专属经济区(亦称"排他性经济海域")、公海等重要概念做了界定。对当前全球各处的领海主权争端、海上天然资源管理、污染处理等具有重要的指导和裁决作用。

(二)我国海洋权益安全形势严峻

1. 南海主权争端

南海海域分布着200多个礁、岛和沙洲,面积约为350万平方千米,周边国家包括越南、新加坡、印度尼西亚、菲律宾、文莱和中国等。南海地区自然资源丰富,不仅富含丰富的渔业资源,而且石油和天然气资源储量巨大。南海地区是连接马六甲海峡岛到日本、从新加坡到香港、从欧洲到非洲的重要的海上通道,南海还是非常重要的海上交通要道。

南海海域主要包括南沙群岛、西沙群岛和东沙群岛等岛屿,而南沙群岛是南海争端的焦点。南沙群岛共计256个岛礁,目前除了永暑、华阳、赤瓜、美济、东门、南熏和诸碧7个岛礁在中国大陆以及太平岛(南海诸岛中最大的岛)在台湾的控制之外,其他约43个南沙岛礁被南海地区有关国家和地区分割占领。其中越南侵占29个,菲律宾侵占9个,马来西亚侵占5个。近年来,越南在南海多次挑起争端。例如,2014年5月4日,越南5天内171次冲击中国船只,干扰西沙海域钻探活动。中沙群岛由20余个岛、礁、暗沙和暗滩组成,绝大部分常年处于水下,各岛礁目前尚无人驻守,但主权问题不容忽视。"黄岩岛"(又名"民主礁"),面积130平方千米,是中沙群岛唯一露出海面的岛礁,2012年4月出现中国与菲律宾两国舰船对峙的局面。

目前东南亚国家为了在南海地区获得更多的利益,拉拢域外大国参与南海事务。中国政府对于南海权益争端的现状,始终坚持以双边谈判的方式、和平的手段来处理。域外大国的插手干涉,挤压了中国的安全空间,使南海维权行动受到了巨大牵制。

2. 东海权益争端

东海海域辽阔,海域面积约77万平方千米,南北长约1 300千米,东西宽约500千米,大陆海岸线曲折,港湾众多,中国一半以上的岛屿分布在这里,地理位置非常重要,东海海域位于中国东海岸边与太平洋之间,东部临日本的九州和琉球,北临韩国的济州岛和黄海,南部与南海相通,是连接东亚地区国家重要的交通枢纽,关系到东亚地区的安全、稳定。东海拥有宽阔的大陆架,大陆架面积约占整个东海面积的70%,东西宽约150~360海里,海沉积盆地面积大,沉积层厚,油气资源丰富。东海海域的这些优越特征使得东海海域受到周边国家及世界上其他国家的关注,围绕东海海域出现的纷争也越来越激烈。钓鱼岛主权归属、划界问题、海底油气资源等问题是东海争端的焦点。

东海南部中日划界争端主要集中在钓鱼岛问题上。进入21世纪以来,中日关于钓鱼岛的争端并没有停止。2010年的中日撞船事件,2012年的日本非法购岛事件使钓鱼岛局势进一步紧张,一度剑拔弩张。2013年11月23日国防部宣布划设中华人民共和国东海防空识别区,目的是捍卫国家主权和领土领空安全,维护空中飞行秩序。2013年12月24日,日本政府通过预算方案,其中预计拨款22亿元应对钓鱼岛局势,建立专属部队。可见日本政府侵犯中国钓鱼岛的力度。2013年12月29日,中国国家海洋局发布消息称,中国海警2337,2112,2151公务船编队继续在中国钓鱼岛领海内巡航。从东海防控识别区到钓鱼岛领海内巡航,都是中国政府积极应对日本非法侵犯钓鱼岛的积极反应。

东海北部中韩划界争端主要集中在苏岩礁问题上。苏岩礁自古以来就是中国的领土。苏岩礁是位于东海北部的水下暗礁,苏岩礁附近蕴含丰富的油气资源,国土面积狭小、资源严重缺乏、经济相对发达的韩国需要的就是苏岩礁附近的资源。韩国正是基于此,而对苏岩礁提出主权要求。近年来,韩方多次挑起苏岩礁主权争端。

3. 黄海主权争端

黄海是西太平洋地边缘海,全部为大陆架所占地浅海。它位于中国与朝鲜半岛之间,北面和西面濒中国,东邻朝鲜半岛。地理位置非常重要,而且黄海海域蕴藏着石油、天然气资源。中国与朝鲜、韩国在黄海海域不存在岛屿主权争端,但存在如何划分黄海权益的问题。黄海的地缘位置和丰富的油气资源是中国与韩国、朝鲜产生海洋划界争端的重要原因。但现在为止,虽然中国与韩国、朝鲜进行过多次磋商,但是对于黄海划界问题还未展开过正式谈判。

在黄海海域,中国与朝鲜、韩国关于大陆架的划界存在争端。中国主张按自然延伸原则划界(即按古黄河河道与韩国划分黄海大陆架),但韩国主张按中间线原则划界,这样一来中韩双方便产生了6万平方千米的争议区。近年来,频频有中国渔民和韩国海警在黄海海域的争议区发生渔业纠纷甚至冲突。接连发生的渔业纠纷多是发生在中韩公海经济区的有争议地带,事件不断升级扩大都因韩国单方面原因引起,韩国欲借此机会,将韩国在黄海海域的海权管辖地合法化。

中国与朝鲜在黄海海域是相邻共架国。中国主张按中间线划界,朝鲜则主张以纬度等分线划界。按照这样的划分方法,中朝便产生了3 000多平方千米的争议区。1977年6月21日朝鲜宣布建立200海里"经济水域",单方面宣布其经济水域从领海基线起200海里,在不能划200海里的水域中划至海洋的半分线的做法,侵犯中国的海洋权利。

从目前的状态来看,中国与韩国、朝鲜就黄海海域渔业资源开发、大陆架划界和油气资源开发等均未达成可行性协议。黄海则是美国介入亚洲事务的又一借口。黄海海域安全问题也是中国不能忽视的重要因素。

(三)维护我国海洋权益的措施

面对中国海洋国土的被侵占和海洋资源的被掠夺,在新一轮的海洋竞争中,如何处理潜在的矛盾和冲突,如何应对复杂的海洋权益争端,是事关中国安全和能否可持续发展的重大问题。

1. 提高国民意识,完善海洋立法

"海兴则国兴,海衰则国弱",走向海洋是21世纪所有强国相同的战略选择。当今各沿海国比以往任何时代都更加重视海洋的战略地位及其重大价值。随着中国经济的日益全球化和对石油资源产生的依存关系,中国必须发展和开发海洋,中国的海洋权益必须得到保障。因此,为维护中国的海洋权益,必须加强海洋教育,让国民认识海洋,了解海洋,激发国民开发海洋、维护海权的热情,克服重陆地轻海洋的思想,培养蓝色国土观念,增强全民族的海洋观念和海洋战略意识,形成全社会关注海洋、开发海洋、保护海洋的良好氛围;同时,还要不断完善海洋权益的立法,充分利用《公约》,尽快完善《中华人民共和国领海及毗连区法》及《中华人民共和国专属经济区和大陆架法》,对于还未明确的海域,出台"海洋安全保护法"与"海洋管理基本法"等。通过国内立法,为确保中国蓝色国土的安全和不受侵害,为中国海监、渔政、海事、边防海警及海军等进行巡逻执法提供法律依据。

2. 合理利用《公约》,维护中国海洋权益

合理利用《公约》,通过双边谈判和国际有关法律仲裁解决是和平利用海洋,有效维护中国海洋权益的重要途径。一是以《公约》为法律依据,通过双边协商谈判,和平解决争端。《公约》涵盖了现行所能采用的一切解决争端的方法,鼓励各国按照联合国宪章第33条之规定的谈判、协商等方法解决争端。例如我国与越南经过长时间多轮的艰苦谈判,最终达成《中华人民共和国和越南社会主义共和国关于两国在北部湾领海、专属经济区和大陆架的划界协定》,解决了中国与越南北部湾的划界问题,减少了两国因为资源问题而产生的纠纷,并且为和平解决南沙问题以及南海专属经济区等划定问题提供了范例。二是以《公约》规定的仲裁方法,通过强制的方式解决争端。当事双方在有关海洋权益上分歧较大,通过和平谈判的方式无法解决时,争端当事方有义务接受《公约》提供的强制程序解决争端。从国际海洋法庭成立至今,已成功处理了数起案件,涉及船舶、渔业、海洋能源、海洋环境等许多方面。

3. 加强海军建设,保护中国海洋利益

由于中国是一个一面临海三面环陆的国家,陆上的安全压力使中国在长期的历史中发展了强大的陆军而非海军力量,这种状况也造成了中国虽是海洋大国,但还不是海洋强国的现状。由于我国经济的全球化,海上运输和能源战略通道已成为我国国民经济和社会发展的命脉,特别是石油等为重点战略资源。

为维护国家主权、领土完整,为收回被侵占的海洋岛屿和解决海洋权益争端,确保中国经济的可持续发展,有效地保护中国海洋权益,中国必须充分认识海军在其中的特殊地位和作用,加快海军建设的步伐,全面提升海军的整体作战能力,以应对有关国家对中国海洋权益的挑战。

二、建设海洋强国

党的十八大报告明确提出中国"海洋强国"战略,指出要"提高海洋资源开发能力,发展海洋经济,保护海洋生态环境,坚决维护国家海洋权益,建设海洋强国"。党的十八届三中全会进一步提出要"健全国土空间开发、资源节约利用、生态环境保护的体制机制,推动形成人与自然和谐发展现代化建设新格局"。海洋资源开发能力是指在一定的技术经济条件下,人类进行海洋资源发现、勘探、开采、利用和管理活动的能力。科学合理地开发利用海洋,发展壮大海洋经济是人类文明进步的重要标志,也是实现海洋资源环境可持续发展的必然要求。世界大国兴衰的历史表明,要实现国家富强和民族振兴,必须要建设海洋强国,掌握世界一流的海洋资源开发、控制和管理能力。

(一)中国海洋建设基本情况分析

中国海域辽阔,跨越热带、亚热带和温带,大陆海岸线长达18 000多千米,拥有6 500多个海岛;大陆架面积位居世界第5,200海里专属经济区面积位居世界第10。中国口岸资源丰富,深水岸线400多千米,滨海旅游景点1 500多处,滩涂面积380万公顷,水深0~15米的浅海面积12.4万平方千米,深水港址60多处,环渤海、长三角、东南沿海、珠三角和西南沿海5个港口群奠定了我国沿海港口布局基础。中国海洋石油资源量约246亿吨,天然气资源量16万亿立方米。中国在海洋药物研究开发的临床应用中一直处于世界领先水平,目前海洋生物入药的种类已累计达700多种。此外,在国家管辖外海域还蕴藏着丰富的多金属结核、富钴结壳、热液硫化物等矿产资源,以及渔业资源和深海生物遗传资源,是人类可持续发展的重要资源。

中华人民共和国成立以来,中国海洋资源开发取得了很大的成就,但与海洋强国相比,中国海洋资源的开发利用总体水平还比较落后,开发活动不够科学,开发能力在世界仍处于落后地位,目前中国海洋开发的综合指标不到4%,不仅低于海洋经济发达国家14%~17%的水平,而且低于5%的世界平均水平。

具体表现在以下几个方面:

1. 海洋经济总量逐年增长,但比例不足,结构失调

从海洋局的统计数据看,进入21世纪以来,中国的海洋经济总量每年都保持较大的增长幅度:至2012年,中国的海洋经济总量达到50 087亿元。虽说总量不小,但它占中国经济总量的比例却很小,2012年的比例是9.6%,到2015年的目标也才是10%。相比海洋强国而言,这个比例实在太小。此外,中国的海洋产业结构不尽合理,第一产业偏少,多来源于滨海旅游业和海洋渔业等。海洋第一、第二、第三产业增加值占海洋生产总值的比重分别为5.3%,45.9%和48.8%。这种格局不利于海洋强国的实现,因此,必须优化海洋产业结构。

2. 海洋开发有所作为,但规模和程度还远远不够

中国对海洋的开发利用进程逐渐加快,在一定程度上带动了海洋战略资源的开发利用。第一,随着海洋油气业的快速发展,海洋石油产量日益增多,2010年海洋油气当量已突破5 000万吨,成为我国原油增量的重要来源。第二,深海矿产资源勘探取得重要进展。继1999年获得夏威夷东南方7.5万平方千米的海底多金属结核调查"区域"之后,2011年又在印度洋西南部获得了1万平方千米具有专属勘探权的多金属硫化物资源矿区。近年来我国在东海和南海针对天然气水合物的调查也取得重大突破。第三,海洋资源、能源开发的技术日渐成熟。在潮汐能、波浪能等新能源方面的开发技术已基本成熟、日趋完备,并积累了丰富的建站经验,海洋生物基因技术也获得较大进展,在过去10多年中,有超过6 500种新药物从海洋生物中产生,海水淡化技术也已成熟,在沿海一些严重缺水城市水资源问题的解决中发挥出明显作用。

但是,与发达国家相比,中国海洋战略资源开发利用的规模还很有限,深度和广度也都不够,总体落后10~15年。统计数据表明,中国近海油气探明储量仅占资源量的1%,累计开采量仅占探明储量的5%;近海渔业资源过度开发,同时外海渔业资源又利用不足;可养殖滩涂利用率不足60%,宜盐土地和滩涂利用率只有45%,水深15米以内浅海利用率不到2%;海水和海洋能的开发程度和利用水平较低;南沙群岛附近深海区油气开采不足;等等。这些都是目前中国海洋战略资源开发面临的突出问题。

3. 海洋科技有所突破,但离发达国家仍有一定距离

近年来,中国在海洋环境探测技术、海洋再生能源实验研究、海洋生物资源开发工程技术、海水资源利用技术、海洋矿产资源勘探开发技术以及海洋装备制造上取得较大突破。但是,与发达国家的海洋科技水平相比,中国仍有着较大差距。例如,发达国家科技进步因素在海洋经济发展中的贡献率达到了80%左右,而我国只有30%多;中国在海洋调查科研、海洋石油勘探开发、海洋预报和信息服务、深海矿产资源勘探、海洋渔业资源开发和海洋农牧化等领域,还都需要大批引进国外技术设备;在海洋工业科技方面,尤其是在特殊船舶、材料、设备的制造上,中国存在技术瓶颈。可以说,中国在海洋科技队伍、科学研究领域、海洋技术发展结构以及海洋科技产业化的能力等方面都有待完善和提高。

4. 海洋生态环境有所恶化,引起中国高度重视

《海洋环境保护法》施行多年,但状况好转并不明显。《2012年中国海洋环境状况公报》数据表明:处于健康、亚健康和不健康状态的海洋生态系统分别占19%,71%和10%,生态保护和建设处于关键阶段。由陆源排污口排入生态监控区内的污染物主要包括悬浮物、化学需氧量、营养盐、石油类和重金属,河口、海湾生态系统普遍受到营养盐污染,沿海海域的生态环境遭到较大破坏。近年来,一些海洋石油勘探开发过程中溢油事故的发生也对相关海域造成了严重污染,阻碍了海洋产业的健康发展。污染物进入海洋,污染海洋环境,危害海洋生物,甚至危及人类的健康;渔民对某些海洋生物的过度捕捞,导致海洋生物资源数量减少,质量降低,也使部分物种濒临灭绝;有些海岸工程建设和围海造田缺乏科学论证,破坏了海岸环境和海岸带生态系统,致使部分滩涂荒废,滨海环境遭到损害;等等。就海区而言,渤海沿岸污染较严重,东海和黄海次之,南海较轻。据统计,中国沿海各种类型的主要污染源有200多处,黄渤海沿岸有100多处,东海、南海沿岸100处左右。

5. 海上安全总体稳定,但不确定因素增多

与周边国家海上争端和摩擦呈上升趋势,成为影响中国海上安全的重要因素。中国和平发展需要良好的安全环境,特别是对于海上方向的安全。中国必须居安思危,清醒认识面临的主要海上安全威胁:国家尚未完全统一,领土有被割裂的严重危险;国家海上武装力量,特别是海军的正常活动空间受到严重挤压,军事安全利益受到侵害;随着国家经济日益向全球化方向发展,海洋运输、海洋生产和海洋环境面临着自然和人为两方面安全威胁。随着美国亚太战略的逐步调整,针对海洋权益争端,美国在背后的推波助澜角色会更加明显,有关国家联手对中国的态势也日益明显,地区安全环境中的对抗因素上升;随着海洋环境的变化与科技的进步,人类对海洋的开发利用将更加广泛和深入。各国也在从关注领海、专属经济区和大陆架向深海、国际海底和极地延伸。各国为维护和拓展海洋权益的力度将会加大,其海军为谋求海上发展优势而引发的军备竞赛也将更为激烈。

(二)提高海洋资源开发能力、实施海洋强国战略的重要举措

1. 切实扩大海洋开发规模,优化海洋产业结构

鉴于中国海洋目前的开发状况,需要抓紧时间扩大规模,优化结构。首先,加强深海资源开发能力,脱掉深海区零油井的帽子。从目前形势来看,对中国具有重要战略意义的海洋油气、海洋生物以及海底矿产的开发在很大程度上受制于海上维权斗争的形势和深海开发能力的不足。当务之急,必须加快提高深海开发能力,及时把握形势,在国家"搁置争议,共同开发"的原则下,尽快推动中国对争议海域以油气为主的海洋资源的开发活动。其次,拓展国际海域与极地科学考察活动。随着人类对海洋开发利用的不断深入,各国关注的重点向国际海底、北极和南极延伸。中国也应该在此方向有所作为,以免因他国的蓝色圈地运动而影响我国的利益。再次,培育壮大海洋战略性新兴产业,提高海洋第一产业的比重。目前,中国已经形成了多个蓝色经济带,应充分加以利用。可通过优化空间布局,建立资源利用节约集约化程度较高的海洋工业基地。再以工业为基础,带动整个产业链发展。需要注意的是,在拓展开发深度和广度的同时,中国还应提升海洋调查评价能力,注重海洋经济发展的质量和效益。就我国的海洋事业发展而言,在2020年前后,中国应将探测海区从西太平洋扩展至印度洋、南北极;在南沙地区有能力开采油气矿产资源;在海洋生物新资源利用上取得新突破;海洋工业化程度大大提高。同时,努力实现2020年海洋经济生产总值在2010年基础上翻一番。

2. 持续扶持海洋科技创新,提高海洋发展动能

要想实现海洋强国,科技进步必不可少,它是发展的引擎,前进的动力。真正的海洋强国应当是海洋科技自主创新能力和产业化水平很强、海洋科技创新对海洋产业发展的贡献率较高的国家。对以海洋强国为目标的中国而言,应从以往依靠扩大海洋资源开发,转为依靠技术进步,以技术创新改造传统海洋产业,实现可持续发展。具体措施有:一是推进海洋科技开发。尤其是对科技薄弱点进行攻关研究,减少核心设备或技术对国外的依赖程度。二是加大海洋科技经费投入。鼓励相关机构进行海洋科研,扶持重大海洋项目的立项、研究与投产运用。三

是构建高素质的海洋科技队伍。以科研项目为牵引,以经费投入为支撑,努力形成由海洋科技创新人才、海洋业务专业人才、海洋科技产业人才及海洋科技管理人才相结合的年龄结构合理、专业结构完善、以高级科技人才为主力军的高素质海洋科技队伍,保证未来我国海洋事业发展具备强有力的海洋科技支撑。

3. 有效开展海洋生态维护,确保海洋环境美好

建设海洋强国就必须构建美丽海洋。美丽海洋的前提是陆源污染得到有效治理,近海生态环境恶化趋势得到根本扭转,海洋生物多样性下降趋势得到基本遏制,海洋环境监管能力得到有效提升,海洋生态安全格局基本建立。要想实现海洋强国,必须要高度重视海洋生态环境,切实开展保护工作。第一,健全海洋生态环境保护领导机制,设置行使有效的海洋环境科研机构和监测机构,积极组织广大科技人员,开展对我沿海及重点港湾的污染调查监测工作,为控制和治理海洋污染提供科学依据。第二,确立正确的海洋开发政策,避免过度开发或不科学的海洋工程建设。发展不能以牺牲环境为代价,必须在保护海洋生态环境的前提下谋发展,坚持集约用海,科学用海,生态用海。第三,设置一整套科学的、严格的管理制度和方法。主要是抓好污染源的管理,限制高污染、高耗能、高生态风险的工业项目用海,减少海洋开发对近岸渔业资源和生态系统的冲击。第四,制定和健全必要的法制和规章制度,保障海洋生态环境管理的有效落实。第五,发展先进的科学技术,净化污染,应对自然灾害的破坏,提升海洋防灾减灾能力。

4. 显著增强海洋管控能力,保障海洋秩序井然

海洋管控能力是衡量海洋国家强弱的一项重要指标。建设海洋强国就必须强化综合管理海洋、控制海洋的能力。中国目前面临的复杂而多样的海上威胁,亟待国家拥有强大的海洋管控能力去解决、去应对。基于目前规划,至2020年,中国海洋综合管理体系应趋于完善,海洋事务统筹协调、快速应对、公共服务能力显著增强,并且,国家海洋权益、海洋安全得到有效维护和保障。要想实现这个目标,推进海洋强国事业,迫切需要做好以下几点:一是要增强海上实力,提高海上竞争力。海上实力是海上一切活动的支撑和安全保障,实力强则具有更多优势,拥有更多话语权,可更多地达成自己的意图。二是要健全海上执法体制,提高有效监管、监视监测和维权执法能力。目前,国家海洋局已经重组,海上执法力量也趋于统一,但体制调整是个复杂的过程,必须做好衔接和融合,真正做到执法体制统一、高效。三是要完善海洋法律法规,弥补海洋综合法律和相关配套法规的空白和滞后。在中国周边,已有多个国家出台海洋法律,为侵占中国海洋权益披上了"合法外衣"。中国也应加大对海洋法律的研究,早日出台海洋基本法,为海上维权执法提供依据和法理支撑。四是要全面参与国际海洋事务。对中国来说,需要准确把握国际海洋秩序发展形势,提高参与国际海洋规则制定和海洋事务磋商能力,例如深入参与海洋环保、海底资源开发、渔业资源管理、海事与救助等涉海国际公约、条约、

规则的制定和修订工作。

5. 努力营造和谐海洋局面，促进地区繁荣稳定

海洋强国并非一国之强，它应有更多的义务去帮助他国。中国要深化拓展与其他国家在海洋领域的合作。建设持久和平、共同繁荣的和谐世界，是各国人民的共同愿望。虽然中国维护海洋权益的任务十分艰巨，但仍致力于使海洋成为沿海国家的合作之海、友谊之海。譬如，建立海洋灾害预测、应对机制，做好南海区域的海洋预报减灾工作；推动中国与南海及印度洋、太平洋周边国家在海洋环保、科技、海啸、风暴潮等领域的合作，进行技术交流，促进并带动周边地区海洋经济发展。中国海洋强国建设的最大特点是将通过和平发展的路径，对周边国家来说并不是威胁，而是机遇，是对维护世界和平、促进共同发展的历史担当。中国一直倡导并践行"和谐海洋"的理念，遵循《联合国宪章》《联合国海洋法公约》以及其他公认的国际关系准则，积极参与国际海上安全对话与合作，愿与各国一道，共同维护海上安全，切实为地区繁荣稳定做贡献。

本章思考

1. 中日关系的新进展有哪些？
2. 中印关系的新进展有哪些？
3. 中国维护海洋权益、建设海洋强国的基本路径有哪些？

思考题

1. 南海问题的核心是什么？中国在南海问题上的基本立场以及解决南沙争端的政策主张有哪些？
2. 钓鱼岛主权争端问题形成的历史根源和现实困境有哪些？
3. 莫迪时代中印关系的发展前景是什么？

第十三章
Chapter 13

不断提升的中国国家地位

> **要点提示**
> ◆ "中国热"持续升温
> ◆ 新世纪中国面临的周边和国际安全形势
> ◆ 中国政府的战略布局和成长

> **开篇阅读**

"21世纪将是中国的世纪"——2007年新年,美国《时代》周刊封面如此预测中国未来的100年。该期杂志在《中国:一个新王朝的开端》一文中,描绘了非洲安哥拉一个偏远小城的生活面貌,由于中国修筑的铁路而得到改善,评价了正在崛起的中国对世界的影响,俨然勾勒出一幅"中国世纪来临"的图景。而在此之前,西方媒体曾对中国未来的发展趋势进行过集中的报道。如《时代》周刊2005年曾推出封面报道《中国的新革命》,以大篇幅报道中国;英国《泰晤士报》曾刊载题为《这是中国的世纪》的评论;美国《新闻周刊》曾推出封面报道《中国世纪》来询问"未来是否属于中国";《纽约时报》也史无前例地在评论版的文章配上中文通栏标题《从开封到纽约——辉煌如过眼烟云》,提醒美国人"中国正在复兴";还有BBC和CNN相继推出"中国周"、英国《卫报》连续7天的"中国专刊"……所有这些都反映了一股全球范围的"中国热"正在涌动。

时隔几年,这股"中国热"非但没有冷却,反而愈演愈烈,由国外到国内、由经济到文化,让世人看到一个社会主义的中国大步前进的气势。2010年的上海世博会,使全球各地的"中国热"继续升温。

"中国热"的风靡全球有力地证明了中国形象的巨大魅力。中国的国际形象,是中国国内政治文化、经济文化、教育文化和社会文化的延伸,更是中国国际地位的直接表现。

与此同时,近年来的中国周边并不太平,一些不稳定因素隐患重重。目前全球安全形势总体趋缓,和平发展的时代主题不变。但国际安全形势复杂多变,传统与非传统安全领域危险交织,传统冲突趋缓而冲突根源并未消除,非传统安全威胁上升,各种新危险新挑战不断出现。在这种形势之下,如何谋划战略布局,成为中国政府面临的重大课题。

第一节 "中国热"持续升温

一、"中国热"风靡全球

近年来,全球性金融危机使西方国家沉陷其中,难以自拔,而作为发展中国家的中国却一次又一次地创造了"中国奇迹",成为世人瞩目的新星。世人用惊异的眼光、各异的视角,或信或疑、或褒或贬、或偏或全地分析"中国模式"的优劣,预测"中国道路"的前景,引发了一场轰轰烈烈的"中国热"。与此相对应的是,各行各业开始对所有与中国有关的元素加以利用,试图在这股"中国热潮"中获得一些好处。一时间"中国风"四处劲刮,"中国元素"无处不在。"中国元素",也就是中国符号,是指被大多数中国人认同的、凝结着中华民族传统文化精神和价值观念的形象和符号,是中华民族传统文化的结晶,是整个中华民族历史文化遗产的高度抽象和意义集合。

在世界历史上,西方对于神秘的东方文化和历史财产的觊觎,使得地处东方的中国对西方来说并不算陌生。随着中国经济地位的不断提升,中国在世界的影响力越来越大,中国元素开始获得深入的挖掘和着重表现。2008年的北京奥运会开幕式,更是中国元素最集中的一次完美展示。开幕式中的画卷以中国古代的哲学观"天地人"的形象展开,画卷中出现"和文化"元素,向世界传达中国和平发展的理念。

随着中国经济的崛起,社会的进步和文化的复兴,中国元素的文化价值和商业价值受到了重新审视,一些国家掀起了研究中国的热潮,其中包括中国的一些传统文化和文学经典,被国外学者潜心研究。商业化的运作机制使中国元素愈加风靡。如好莱坞大片《花木兰》《功夫熊猫》中大量采用中国元素,赢取了中国庞大的观众群。汉语热、孔子学院在各个国家如雨后春笋、遍地发芽,中国的古典名著被一些国家精心研究,譬如日本人对《三国演义》《西游记》的痴迷和研究,绘成漫画并将其开发成游戏,使年轻一代在娱乐消遣中认识中国文化。

二、开明、民主、繁荣与进步的中国形象

"中国热"的风靡全球有力地证明了中国形象的巨大影响力。中国的国际形象,既是中国

国内政治文化、经济文化、教育文化和社会文化的延伸,也是中国国际地位的直接表现。所以,中国形象与建设有特色中国社会主义事业之间有着内在的一致性,也与当前国际形势有着密切的联系。

(一)独立自主的民族形象

国家的国际形象首先表现在其特殊的民族特性和民族世界观上。中华民族历来把独立自主视为根本。中国文化传统几千年来一脉相传。近代中国虽屡遭列强欺凌,国势衰败,但经过全民族的百年抗争,又以巨人的姿态重新屹立于世界的东方。中国的历史说明,中国人民独立自主的民族精神具有坚不可摧的力量。在处理国际事务中,我们采取真正的不结盟政策和立场。面对挫折和困难,我们坚持自力更生,自强不息,不示弱。当代中华民族独立自主特性的主要内涵就是,维护国家利益和国家主权。

(二)维护和平与负责任的大国形象

中华民族是一个热爱和平的伟大民族,中国政府也坚持"和为贵"的民族文化精神,同周边国家发展睦邻友好关系,以和平谈判的方式解决边界争端问题,或国际纠纷与摩擦。冷战后,中国政府提出了"和平与发展"的时代主题,这一主题反映了中国的和平愿望,也表明了中国维护世界和平的决心。中国和广大发展中国家加强团结与合作,同霸权主义和强权政治做坚决的斗争。中国已经成为维护世界和平的重要力量与联合国维和事业的中流砥柱。

中国对世界和平负责任的另一个内容是,在不断提升自己经济实力的同时,有限度地控制自己的国防建设。中国是世界上人均军费开支最低的国家之一,1979~1996年,中国军费占国内生产总值的比例从5.6%下降到1.04%,1990年以来的军费开支保持在1.5%左右的低水平上。2004年中国的军费预算为2 071亿元人民币,而美国的国防开支为4 013亿美元,超过2004年世界其他国家军费预算的总和。中国一贯反对军备竞赛,主张裁军,1985年以来,中国已裁军150万。2014年中国军费支出占国内生产总值的比重不到1.5%,不仅低于世界主要国家,也低于2.6%的世界平均水平。

同时,中国将大批军工企业转为民用生产,现在军工企业总产值的76%为民用产品。中国一再声明,永不参加军备竞赛,永不扩张,永不称霸。中国政府信守承诺,言必信,行必果。

中国的负责任还表现在对世界经济发展和共同繁荣方面。在维护广大发展中国家合法权益的基础上,中国积极推动公正、合理、平等的国际经济新秩序的建设。在消除贫困方面,中国为发展中国家提供力所能及的经济援助,或减免债务。在处理世界经济重大事件中,中国有大局观和牺牲精神。1997年亚洲发生金融危机,中国承诺人民币不贬值,并向泰国和印度尼西亚提供了20亿美元的政府贷款,对稳定世界经济、避免金融危机进一步扩大,发挥了建设性的作用,成为制止危机、促进发展的中流砥柱,树立了负责任的大国形象,赢得了国际社会的高度赞誉。总之,中国的发展有利于世界的稳定,中国的强大是世界和平力量的增长。

(三)日益开放的外交形象

1979年以来,中国日益融入国际发展潮流,在激烈的国际竞争中寻求新的发展机遇,以壮大自己。进入21世纪后,中国面向世界全方位开放。中国认为,在一个多元多样又相互依存的世界中,只有平等、互利和开放,才能共享机遇。在融入国际社会的进程中,中国的国际形象由单一性向多角色发展。

中国的开放外交主要表现为:在经济上,中国吸收西方国家的一切积极经验,引入竞争机制,全面推进社会主义市场经济的建设,发展和提高中国的综合国力。在政治方面,坦然承认与不同制度和意识形态的国家之间存在的分歧与差异、冲突与摩擦,不掩饰和回避存在的问题,以务实的态度进行对话和交流,以互利的原则协商解决;同时,也坦然公开国内发展中所存在的问题,重视倾听外界的意见。中国融入国际社会的主要表现有:超越意识形态,积极参与各种国际组织,以不同的外交形式发展同所有国家的政府、政党、民族和社会团体之间的所有内容的关系,促进国家、民族、政党和社会之间的广泛交流与合作;同时,按国际规则和惯例办事,发展双边或多边关系。中国的开放外交不仅为自己赢得了主动和空间,同时也赢得了世界的理解与赞誉。

(四)政治稳定与文明进步的发展形象

自1979年以来,中国的改革开放进程在渐进式的深化中,平稳发展,惠及人民大众;在经济发展的带动下,人民安居乐业,社会稳定;中国共产党的领导集体交接平稳,更加团结务实,全国上下形成了安定团结的大好局面。政治的稳定和经济的繁荣,促进了中国社会文明的全面进步,也促进了中国人民精神面貌的巨大变化。以人为本的科学发展观、保障基本人权、发展社会主义政治民主和文明等理念,已载入中华人民共和国宪法。

(五)中国特色的社会主义形象

在西方的早期话语中,社会主义就是代表着"封闭保守、极权凶残、贫穷落后"的形象,这是资本主义对社会主义进行人格丑化的攻击。冷战结束之后,资本主义加强了对社会主义的形象丑化攻击。在这种背景下,中国共产党提出了中国特色社会主义的重大命题和形象建设使命。

由于中国共产党正确认识了世界的变化和自己所处的历史地位,把握了时代主题,完善了外交布局,从容应对了突发事件和热点、难点问题,妥善处理了各种双边和多边关系,在国际事务中,积极发挥了社会主义中国的建设性作用,展示了中国开明、民主、繁荣与进步的新形象。"开明"是指,承认两种制度的共存事实,接受与资本主义竞争的现实;"民主"是指,推动国内政治民主和政治文明的建设,推动国际关系的民主化建设;"繁荣"是指,贫穷不是社会主义,物质文明是社会主义的重要内涵;"进步"是指,人与社会的全面协调发展和进步,既包括对人权的尊重,也包括社会的精神文明建设。

第二节 新世纪中国面临的周边和国际安全形势

一、新世纪中国面临的周边安全形势

近年来,中国周边很不太平,东北亚地区发生的中日钓鱼岛之争及朝核、朝韩问题;东南亚地区因美国插手导致矛盾更加复杂的南海问题;南亚地区的中印领土纠纷和印巴在克什米尔地区的冲突问题;西部地区有阿富汗战乱不断,加之阿富汗、巴基斯坦、伊朗交界区域矛盾隐患重重的问题;北部地区有俄罗斯、蒙古等的变化莫测问题。

概括起来,当前中国周边形势呈现如下四大特点:一是周边形势错综复杂,热点问题时有发生。这主要是由周边国家在政治、经济、社会、文化、民族、宗教等问题上存在传统差异,加上近年来发展差距的扩大而导致的。二是陆境相对稳定,海权摩擦增加。陆地边境除了与印度等个别国家有不稳定因素之外,总体较为平稳。海权摩擦增加,除了争端国自身利益考量之外,明显具有大国影响的背景,主要与美国重返亚太的再平衡战略有较大关系。三是少数国家源于领土争端对中国疑惧加深。中国崛起引发的地区权力结构变化以及各国政府与民众互动关系变化,导致个别周边国家鼓吹"中国威胁论",激发了周边少数与中国具有海权和领土争端的国家的民族主义情绪。四是大多数周边国家对中国友好,采取平衡战略态势明显。绝大多数周边国家与中国并无领土领海争端,不愿在中美之间"选边站",无虑安全必然重视经济。总体上看,中国地缘经济环境比地缘政治、安全环境更为有利。

(一)中国周边饱受美国的挤压

作为当今世界唯一的超级大国,美国在维持其全球领导地位的同时,高调宣布全面"回归"亚洲以加快由其主导的地区安全秩序。为此,美国在中国周边加大了围堵行动,不惜重金拉拢印度,与亚太地区国家展开频繁的双边、多边军事演习以增强其经济联系和军事合作。美国为达成利用中国周边国家对中国崛起的矛盾心理,使这些国家本能地靠向美国进而遏制中国的目的,不惜制造各种舆论和麻烦,利用各种手段来使中国周边国家猜疑和埋怨中国,也使周边有领土、领海争端的国家被鼓动起来,纷纷采取更具有挑衅性的行动。所有这些潜在威胁

成为影响我国安全的急迫因素。

（二）南海、东海、黄海等海域海洋安全堪忧

中国与8个海上邻国均有海洋争端，争议海域面积达到150万平方千米，约占我国海域辖区的二分之一。而我国的海洋安全环境不太乐观，尤其是近年来南海、东海、黄海三大海域都出现了相当大的动荡和不安。《联合国海洋法公约》遗留下诸国主权要求重叠的问题，国家利益对南海资源的争夺及复杂的地域政治较量等都加速了这些海域海洋问题的日趋复杂。

南海区域内各国地理位置邻近致使各国提出的南海海域权利主张出现了重叠，而且他们各自通过抱团和加强军事力量在南海不断制造是非，加之俄罗斯在南海博弈中的介入和微妙变化，都使中国处于不利的形势。

环绕黄海的国家有中国、朝鲜和韩国，中国与朝鲜、韩国之间由于历史的原因没有明确的海域划界。在黄海大陆架区域，中国与朝鲜是相邻共架国。关于划界，中国主张按中间线划界，朝鲜则坚持以纬度等分线划界，这样，中朝之间就3 000多平方千米的海域产生了分歧。直至目前，中国与朝鲜和韩国之间仍存在着18万平方千米的海域划界问题。

（三）复杂的中南半岛局势

中南半岛位于亚洲东南部，从海洋角度来说介于印度洋与南海之间，从陆地视角来说地处中国与印巴次大陆中间，包括越南、老挝、柬埔寨、泰国和缅甸等国。近年来，美日印等加速布局中南半岛，地理位置的特殊使缅甸更具战略支点的功能，实际上中南半岛变局中的竞争双方仍主要围绕中美展开。美国在战略上一直试图通过中南半岛这个结合点将太平洋与印度洋"两洋合一"以此来构成对中国的包围，为此，美国在缅甸动作不断而且加大了与日本的互动。对于中国来说，要破解美国的两洋战略，中南半岛是关键，也是中国稳定周边的一个重要方面。

（四）充满不确定性趋势的朝鲜半岛

朝鲜半岛背靠大陆，地处亚欧大陆与太平洋之间的"边缘地带"且伸向海洋，地理位置相当独特，战略意义重大，其局势直接影响着东北亚地区的安全与稳定。朝鲜核问题由来已久，朝鲜多次进行核试验，加剧了半岛紧张的局势，但就在2018年朝鲜半岛局势出现了转机，中朝两国首脑的三次会晤、朝韩两国首脑的两次会谈、美朝两国首脑的历史性会晤开启了朝鲜半岛历史的新纪元。6月12日，美国总统特朗普和朝鲜最高领导人在全世界的瞩目下举行了历史性的会晤。金正恩和特朗普签署了《联合声明》，就四项内容达成协议，包括朝鲜方面承诺"完全无核化"。美方则承诺向朝鲜提供安全保障，自此朝鲜半岛初现和平曙光。双方会晤同样具有实质意义，即就朝鲜半岛无核化展开磋商，同时展望朝鲜半岛和平机制。仅凭一次会晤，

并不能使双方立即跨越信任缺乏的鸿沟。希望朝美双方以此次会晤为契机,延续对话势头,进而推动朝鲜半岛走向和平。

二、新世纪中国面临的国际安全形势

(一)当前国际安全形势的特点及趋势

目前全球安全形势总体趋缓,和平发展的时代主流不变。但国际安全形势复杂多变,传统与非传统安全领域危险交织,传统冲突趋缓而冲突根源并未消除,非传统安全威胁上升,各种新危险、新挑战不断出现。

1. 传统战争及局部冲突危险依然存在

随着世界文明与全球化深入发展,国际传统安全领域危险相对降低,大国之间大规模军事冲突及爆发世界大战可能性明显减小,但因众多原有国际地缘敏感及争议问题根源尚未消除,发生传统局部冲突与战争的危险依然存在。如目前一些地区国家之间还存在着领土及海洋权益争端、民族宗教矛盾、资源争夺等方面问题,局部地区还存在着冷战时期遗留下的军事对峙,这些地区局部冲突和战争会时常发生,严重破坏和影响国际安全与世界和平发展。此外,国际霸权势力"民主"干预和颠覆渗透,也会引发一些主权国家动乱及战争。

2. 非传统安全危险上升形式多样

冷战结束特别是进入 21 世纪后,随着经济全球化和多极化深入发展,国际传统安全危险相对降低,非传统安全危险相对上升而突出。当前全球面临的非传统安全威胁主要包括国际恐怖主义、大规模杀伤性武器扩散、跨国有组织犯罪、国际金融与经济危机、国际能源与环境安全、国际公共卫生安全等。在经济全球化信息化深入发展的今天,必须加强国际合作,才能更好地应对和解决国际非传统安全问题。

(二)中国当前不利的国际安全形势

1. 传统安全形势依然严峻

在传统安全领域,中国地缘战略环境有所恶化,美国仍然是我国传统战略安全主要威胁。我国不仅继续面临美国遏制防范中国的战略围堵打压,陆疆周边反侵占、反分裂、反颠覆任务艰巨。同时我国东海及南海岛屿及资源面临着相关邻国非法侵蚀的严酷现实,领海海洋安全危机突显。

(1)美国防范中国继续对华战略围堵。美国在太平洋及亚洲地区强大军事存在依然是我国安全主要威胁,奥巴马政府对华政策仍然实行围堵加合作的"双轨制"及"两面下注"战略,在军事上与中国开展军事对话交流以降低军事误判风险的同时,仍将中国列为主要战略打击对象,继续围堵防范中国。目前美国霸权势力已从东南西三边对我国构成合围态势,对我国战略安全构成现实威胁和长远威慑。

(2)美欧"民主"干预渗透危害中国及周边安全。长期以来,美欧西方大国将中国及周边作为"民主改造"重点目标,经常利用新疆"东突"、西藏"藏独"和民主人权宗教等问题干预我国内政,企图分裂颠覆、渗透演变中国;同时对中亚国家施行"颜色革命"推行"民主",对伊拉克、阿富汗实行"民主手术",对巴基斯坦与东南亚推动"民主转型",对伊朗、朝鲜等所谓"问题国家"武力颠覆,企图强行在中国及周边国家推行所谓"民主",意图使我国及周边国家跌入"民主陷阱"、陷入社会动乱、经济停滞、政局动荡甚至陷入内战境地,从而威胁中国社会稳定与国家安全,达到其动乱、颠覆直至阻碍中国和平崛起之目的。

(3)与周边邻国有关领土领海争端危机升级。我国幅员辽阔,与15个国家领土接壤、20多个国家相邻,虽然20世纪90年代以来与多数邻国领土边界问题得到解决,但与一些国家领土领海争端还没有完全妥善解决,如我国与一些邻国海洋划界尚未完成,中日因钓鱼岛及东海问题争端频起。特别是与南海东南亚邻国间悬而未决的岛屿领海归属争端日趋严峻,一方面,某些东南亚国家加快对我国南海岛礁领海资源的非法占有,造成我国主权岛屿被侵占、领海资源被掠夺、海洋权益被侵蚀;另一方面,美国的高调介入和插手,使南海危机"国际化"而日益复杂和激烈。

2. 非传统安全领域面临重大威胁

我国面临越来越严重的非传统安全威胁,主要包括国际及民族分裂恐怖主义、跨国有组织犯罪、信息化安全、能源与环境安全、金融与经济安全、社会公共安全等等。

(1)国际及民族宗教分裂恐怖主义。恐怖主义是国际社会和全人类的共同威胁,2010年以来国际恐怖主义袭击频率增加,活动范围及袭击规模扩大,恐怖袭击方式令人防不胜防。中国面临的恐怖主义威胁最主要来自新疆"东突"及西藏"藏独"民族分裂势力、宗教狂热势力及其境外势力,长期以来"东突"和"藏独"等恐怖主义破坏活动,对我国民族地区安定团结的政治局面和国家安全构成严重危害,耗费了我国巨大的财力物力,恐怖主义威胁无疑成为未来我国安全心头大患,如果不能有效应对必然会对中国内政外交造成重大消极影响。东突恐怖主义势力与国际恐怖组织联系密切,而美欧在国际反恐中实行双重标准,使得我国打击国际恐怖主义面临严峻挑战。

(2)能源安全问题。我国虽然煤炭储量丰富,但石油、天然气等优质能源资源严重短缺,近些年来,随着中国经济高速增长,能源尤其是石油对中国经济社会发展的瓶颈制约日益显现,能源及其安全问题已经越来越成为中国经济发展中必须面对、无法回避的重大问题。据统计,我国目前石油消费及进口居世界第二位,石油对外依存度超过50%,预计2020年中国石油对外依存度将超过65%。因此,保障能源安全已经成为维护我国经济安全、政治安全乃至国家安全,实现经济可持续发展、建设和谐社会的必然要求。

(3)生态环境安全问题。我国生态环境基础原本就比较脆弱,在人口压力和粗放型经济多种现实作用下,我国生态环境安全形势十分严峻,空气、水、土地等环境要素遭到破坏,生物多样性减少,自然灾害频发,资源支撑能力下降,农村污染越来越严重。据调查,目前我国土地沙化面积每年扩大3 000平方千米,水土流失面积为350多万平方千米,危险废物污染、耕地退化、盐渍化等问题严重,一些城市特别是北方城市大气中总悬浮颗粒物的年平均浓度严重超标,河流断流、湖泊萎缩和水污染问题普遍,水资源短缺日益成为影响城乡居民生活和工业发展的重要问题。

(4)经济金融安全问题。中国经济在融入世界过程中面临很大安全风险。在产业领域,随着我国在市场和投资领域不断开放,跨国公司利用其强大的资金技术及管理优势分割包围和收购我国重要产业及企业,逐步控制我国重要产业经济命脉。在技术领域,我国整体技术实力远远落后于发达国家,机械、通信、计算机等关键领域工业与军工技术缺乏竞争力,在与西方发达国家的产业技术及创新技术竞争中处于极度劣势。在金融领域,我国金融主体及市场体系发育不成熟,金融全球化及无序发展使我国金融业开放面临巨大风险,流窜的国际投机资本和国际金融市场的动荡严重威胁着我国金融资产和金融安全。

(5)信息化安全问题。信息化安全是信息化发展的必然产物,国家的通信、能源、交通、航空、救灾、消防、金融等基础设施系统越来越多地利用网络传输数据和进行管理,并且各系统之间相互依赖,因而世界各国普遍面临信息化安全挑战,信息化安全问题现已成为各国国家安全保障必须面对的全球性问题。我国信息化建设已取得了长足的进展,目前全国互联网上网用户数居世界第2位,未来10年中国将成为全球最大互联网市场,但与美、欧等信息化强国相比,中国保障信息化安全的水平和能力还处于"初级阶段",中国只是一个信息化大国而不是强国。在众多国内外黑客的眼中,中国的信息网络几乎不设防,研究显示,目前我国与因特网相连的网络管理中心有95%都遭到过境内外黑客的攻击或侵入,其中银行证券机构和政府网络成为攻击重点。

此外,我国还面临着朝鲜半岛核扩散安全、跨国有组织犯罪、国际公共卫生安全、自然灾害安全等国际非传统安全问题。

第三节 中国政府的战略布局和成长

一、中国政府的战略布局

中国政府谋大势、讲战略、重运筹,精心谋划的战略布局,既要努力缓解现存矛盾和摩擦,更要考虑应对中长期变化影响,加强战略思维创新,积极主动地"谋势"与"造势",增强对事态发展的主导和管控能力,塑造有利于中国稳定发展的周边环境。

(一)战略布局的总体策略

根据中国的发展战略和对外方针,战略布局的总体策略可以概括为:与邻为善,勇于担当;经济优先,互利共赢;管控分歧,统筹全局;强文备武,永不称霸。

1."与邻为善,勇于担当"是中国战略布局的基本方略

一方面,通过建立、巩固和扩大中国与周边国家及地区的睦邻友好条约与合作伙伴关系,深入坚持和贯彻与邻为善、以邻为伴的基本方针,坚持睦邻、安邻、富邻,突出体现亲、诚、惠、容的理念,继续坚持互惠互利的原则同周边国家开展合作,编织更加紧密的共同利益网络,把双方利益融合提升到更高水平,让周边国家得益于中国发展,使中国也从周边国家共同发展中获得裨益和助力,推动建设持久和平、共同繁荣的和谐周边环境。另一方面,坚定承担维护国家主权、安全、领土完整等核心利益的历史责任,积极保护中国在周边国家和地区的公民、侨民、财产与合法权益,同时以更加积极的姿态参与各项周边事务,发挥负责任大国作用,主动应对地区性挑战。

2."经济优先,互利共赢"是中国战略布局的主要手段

全面总结和利用中国在经济外交方面的经验与成果,进一步深化对外开放,着力深化互利共赢格局。统筹经济、贸易、科技、金融等资源,利用比较优势,找准同周边国家深化互利合作的战略契合点,积极参与区域经济合作。同有关国家共同努力,加快基础设施互联互通,建设好丝绸之路经济带、21世纪海上丝绸之路。以周边为基础加快实施自由贸易区战略,扩大贸易、投资的合作空间,构建区域经济一体化新格局。不断深化区域金融合作,积极筹建亚洲基础设施投资银行,完善区域金融安全网络。加快沿边地区开放,深化沿边省区同周边国家的互利合作,打造周边利益共同体。

3."管控分歧,统筹全局"是中国战略布局的应变之道

积极采取建立双边合作机制、提高战略对话层级与战略互信、扩大共同利益与共识、充分利用国际规则等手段,加强中国与周边国家对各种分歧的共同管控,防止事态恶化。坚持主要依靠当事国之间的双边谈判及平等协商,和平解决中国与周边国家的争端与冲突,反对任何第三国的主动介入和强制干预。坚持互信、互利、平等、协作的新安全观,倡导全面安全、共同安全、合作安全理念,推进同周边国家的安全合作,主动参与区域和次区域安全合作,深化有关合作机制,增进战略互信。

4."强文备武,永不称霸"是中国战略布局的长期方针

注重积累和加强中国对周边国家的政治和宣传优势,深入挖掘和充分利用中国与周边国

家在历史和文化方面的联系,着力加强对周边国家的宣传工作、公共外交、民间外交、人文交流,巩固和扩大中国同周边国家关系长远发展的社会和民意基础。全方位推进人文交流,深入开展旅游、科教、地方合作等友好交往。把中国梦同周边各国人民过上美好生活的愿望、地区发展前景对接起来,让命运共同体意识在周边国家落地生根。进一步加强战略思维,继续坚定不移地走和平发展道路,以中国和平发展推进周边国家和平发展,永远不争霸,永远不称霸。

(二)战略布局的区域重点

依据战略布局的总体策略,结合中国周边的历史与现实情况,抓准与紧扣当前周边各个区域板块的重点并制定好区别化的对策,是中国战略布局成功与否的关键。

1. 东南亚板块应以打造"海上丝绸之路"为抓手

加强中国与东南亚进一步的经济融合,扩大和升级中国-东盟自由贸易区,使东盟国家更多地从中国经济发展中获益。破解南海问题,首先要坚持主权属我、搁置争议、共同开发的基本立场不动摇,要避免多边化与复杂化,要抓住中越关系这个问题,通过缩小和管控分歧以及海上共同开发,从低敏感度领域经济合作入手,逐步推进在更大范围和更广领域共同开发,同时用好中国-东盟的外交平台,努力将南海转化为友谊之海、合作之海、安全之海。通过中国金融国际化与创建亚洲基础设施投资银行,大力开展金融外交与基础设施建设外交,积极参与泰国高铁和吉隆坡及新加坡之间的高铁建设项目,尽快考虑泰国至老挝高铁项目和中老铁路建设,加快打造泛亚铁路网与能源运输通道。

2. 东北亚板块应以继续深化中俄全面战略协作伙伴关系为重点

以加快实施中日韩自由贸易区为依托,共同维护区域安全,积极利用亚太经合组织的作用。面对钓鱼岛问题,一方面我们要继续坚持常态化巡航占据有利位置,同时也要继续深化中日经济合作,以经促政;另一方面我们也要加强与俄罗斯的战略互信和安全合作,并利用紧密的中俄关系制约美日关系,防止美国纵容日本单方面采取使钓鱼岛问题升级的行动。我们还应和俄罗斯、韩国一起维护二战历史结论的严肃性。在朝鲜问题上,应积极发挥负责任大国作用,主动与各方斡旋沟通,避免事态持续恶化,促进区域和平与稳定。中国对蒙"第三邻国"外交政策应保持戒备,同时积极加强与蒙古的经济贸易关系。

3. 中亚板块应以共建"丝绸之路经济带"为支撑

将上海合作组织建设成一个推动成员国政治经济合作的有效平台,务实推进上合组织与欧亚经济共同体以及欧盟的深度合作,积极打造欧亚大陆版多边贸易协定,促进古丝绸之路经济带复兴。尽快完善包括贸易结算体系、边贸配套基础建设、公平市场体系、贸易仲裁体系等在内的一系列体系建设。开辟从波罗的海到太平洋、从中亚到印度洋和波斯湾的交通运输走廊,商谈贸易和投资便利化协定。加强金融领域合作,成立上海合作组织开发银行和上海合作组织专门账户。成立上海合作组织能源俱乐部,建立稳定供求关系,确保能源安全。建立粮食安全合作机制,在农业生产、农产品贸易、食品安全等领域加强合作。进一步扩大上合组织框架内非传统安全领域合作,努力拓展传统安全领域合作,共同维护地区安全稳定。

知识问答

问:何为"丝绸之路经济带"?

答:"丝绸之路经济带"是中国与西亚各国之间形成的一个经济合作区域,大致在古丝绸之路范围之上。包括西北陕西、甘肃、青海、宁夏、新疆五省区,西南重庆、四川、云南、广西四省市区。2013年由中国国家主席习近平在哈萨克斯坦纳扎尔巴耶夫大学演讲时提出。这一地区资源丰富,建设丝绸之路经济带,将对世界经济产生重要影响。

4. 南亚板块应以中印缅孟经济走廊和中巴经济走廊为两大支点

以基础设施建设外交为突破口,加强中国与南亚在交通、能源、海洋等领域的交流与合作,促进优势互补和共同发展。中印关系是这一区域的重点,一方面中国应尽快与印方就《边境防卫合作协定》达成协议,加强安全合作,努力维护和平稳定的中印边界,与此同时也应强文备武,扩大对印度影响力,并对印度的"向东看"外交、联合美日韩以及利用达赖集团等战略保持充分戒备。另一方面,继续寻求通过建立中印自由贸易区等方式扩大中印双边贸易额,加强中国与印度在基础设施建设、软件信息和服务外包产业等方面的对接。积极响应印度有关建立"中国商务园"的提议,稳妥推进中国企业对印投资,逐步平衡中印经贸关系。

(三)战略布局的中长期目标

战略布局的中长期目标,是逐步推进亚洲一体化,积极构筑以亚洲安全稳定和经济繁荣为宗旨的"亚洲联盟"或"亚洲共同体"组织。纵观当今世界,各大洲都已经形成紧密程度不同的国家联盟,唯独亚洲尚缺。亚洲,特别是东亚,已经成为大国势力争夺的焦点,这是进入21世纪后国际局势的新特点。建立"亚洲共同体"将是非常长远的目标,但是,中国应该积极组织研究有关战略构想,并适时提出,争取主动。

组建"亚洲联盟"的必要性体现在:首先,建立一个亚洲统一的经济金融政策协调机制,可以减少世界其他市场波动对本地区的影响,加强区内国家互助合作,确保亚洲地区经济社会平稳发展;其次,在多边框架下实现全球各主要国家贸易自由化十分困难的情况下,将区域经济一体化作为多边机制的一种替代方案,往往更容易达成自由贸易及经济一体化的协议,在消除关税和非关税贸易壁垒方面的进展更快;最后,通过组建亚洲联盟,有助于增强区内国家政治互信,排除或减少区外大国影响,对存在较大分歧的历史遗留问题也可以采取联盟立法的形式解决,有利于本地区和平稳定与共同发展。

组建"亚洲联盟"的具体实施步骤应从经济领域合作开始,然后逐步拓展到文化、政治和安全等领域。

二、中国政府的成长

中国的战略布局是中国崛起的重要阶梯,从战略布局中可以看到中国政府的成长。这种成长体现在对以下几对相互关系的精确把握:一是挑战者与追随者的关系;二是韬光养晦与有所作为的关系;三是外交与内政的关系;四是全方位外交与周边外交的关系。

(一)不做挑战者,也不做追随者

不做挑战者,是指中国在合理和足够的基点上不参加任何性质的军备竞赛;在不危及国家根本利益的情况下不与大国直接正面对抗;加强联合国活动机制,争取使西方大国留在体制内。不做追随者,是指中国仍然必须在重要的周边地区和战略边疆区强有力地阐述自己的国家利益。因为大国的国家安全的含义主要的不是由域内防卫空间,即对国家版图的防卫和控制,而是由其所面临的地缘政治态势的利害和损益所决定的。

在中国国家安全的整体框架中,东亚乃中国国家安全的重中之重,又是中国周边"柔软的下腹部";既至关紧要,又十分虚弱。至关紧要,是因为该地区是中国的战略边疆区,大国利益交汇,往往牵一发动全身;十分虚弱,是因为其中包含了太多的、不确定的、非中国可以掌控的因素。作为冷战遗迹保留最多的地区,是未来最可能发生冲突而使中国不得不卷入的地区。东亚安全包括两个冲突爆发点:一是朝鲜半岛;二是台湾海峡。同时孕育着两个可能改变地区力量平衡的发展趋势:一是日美安保条约定义"周边事态"种类;二是美日战区导弹防御计划(TMD)成员资格认定。如果将朝鲜半岛特别是台湾地区纳入周边事态和 TMD 防御体系,实际上就使日美安保条约同美韩条约衔接起来,也同时意味着复活了美台条约,就会形成东亚准多边军事同盟,严重地改变亚太局势。

这两个冲突爆发点之间还存在着某种特殊的联动关系:从近代历史上看,朝鲜问题是中日甲午战争爆发的重要起因,台湾的割让又是这次战争的重要后果;从现代历史上看,朝鲜战争的爆发使美国第七舰队卷入台湾海峡并使中国国土分裂成为事实;TMD 计划原本是美日针对朝鲜发展弹道导弹计划的一种军力平衡和遏制战略,但是否允许台湾挤进该计划则取决于美国对台海两岸军力平衡的主观评估。中国政府不希望两地发生任何一场迫使自己不得不卷入的战争,但两地如若发生战争又必然具有这样一种性质。而且两地间任何一处发生冲突,都会影响到另一处。中国有理由也有条件保持对半岛局势的影响力,对任何大国东亚战略意图加以牵制,从而使东亚安全成为中国周边安全的主要依托。

（二）韬光养晦与有所作为

韬光养晦除了包含"不做挑战者"的意蕴以外，还含有休养生息，尽可能多地与大国在重大国际问题上建立战略认同的立意，这种立意是为了减少中国崛起的阻力。它既是要增加与大国间战略利益间的重叠，也表现在一定程度上认可大国战略利益。后者不尽合理但其存在都反映了一个客观形成的历史过程。由于现阶段综合国力的发展的局限，中国还没有达到能对周边任何动态做出全面反应的能力。中国周边的特殊性还在于，在中国崛起的全程中，它都深涉于大国遍布利益交错的区域国际环境中。坚持自己的国家利益有难度，发展自己的国家利益有着更高的难度，这就决定了在相当一段时间中国外交的特色不是"争锋"和"争胜"，而是平衡和稳定。这应该也是"韬光养晦"的真谛。

有所不为才能有所为。有所作为的基础不只是在于清晰地了解两者间的这种辩证关系，还因为在"一超多强"的国际格局中，美国纵然在世界军事、经济、外交和文化上都具有强大的影响力和支配力，并依此在国际事务中实行"单边主义"，但它在世界上却不是单独存在的，它可以主导但无法包揽世界事务。中国的经济潜力以及蕴含于其中的政治潜力使她在周边区域整合中发挥独特作用，这也是形塑中国世界性角色的必经步骤。中国已是过去十年全球化演变中的重要因素，加强中国在全球化进程中的互动，新世纪的世界进程还将充满更多的"中国因素"。

（三）外交与内政的关系

全球化时代内政和外交的联系越来越紧密。可以说任何一项重大的国际关系行为都会影响到国内政局，不仅加入WTO这样重大的外交决策会对国内问题产生全局性影响，而且发达国家的任何风吹草动都会波及中国社会。诸如此类的大量问题都需要普遍和深入的国际合作。与中国走向世界同步，中国人对国际事态日趋敏感。一个过去有着辉煌历史记忆而如今在"国际丛林"中又相对处于弱势的民族，怎样在面对有利和不利的国际和区域形势时以更多的自信心和平常心构筑自己的大国心态，"威武不能屈，富贵不能淫，贫贱不能移"，是提升、弘扬和扩散中华文化的普遍的国际价值的基本要义。

（四）全方位外交与大国外交的关系

中国处于周边大国遍布利益交错的特殊环境。在美苏两极对峙的冷战年代，构成中国周边格局的主框架是大国关系，与第三世界国家关系只是这个主框架下的辅助结构。因为在冷战年代，中间地带国家大多数从属于两大阵营，中国与之发展关系的空间不能不受到与其所属的特定大国关系的制约；其二是战后中国周边的民族解放和独立运动曾经受到社会主义阵营崛起的强大影响。支持民族解放运动是社会主义阵营旨在削弱西方阵营的重要手段。中华人民共和国成立前夕,斯大林曾对访苏的中共领导人刘少奇说:中国可以利用自己对东方民族解放运动的深刻了解和传统影响,加强与亚洲国家民解运动的工作,与苏共形成配合。因而那时中国周边又是阵营内某种分工下的区间。

冷战后的中国周边格局的主框架依然是大国关系,中国解决了它与周边大国的关系,也就形成了中国崛起的出发阵地。但次级结构同样可以对主框架起到辅助支撑作用,从而使格局的稳定更趋平衡和合理,冷战后地区性组织活跃的情况更是如此。在重视大国外交的同时积极推进中小国家的外交更能起到调动大国间关系的效用。中国周边国际关系,是中国全方位外交与大国外交的相切点。

本章思考

1. "中国热"风靡全球的启示是什么?
2. 中国独立自主的民族形象是什么?
3. 中国政府的成长体现在哪些方面?

思考题

1. 开明、民主、繁荣与进步的中国形象是什么?
2. 新世纪中国面临的周边安全形势是怎样的?
3. 中国政府的战略布局是什么?

附 录 一

2019年国内时事热点汇总

1月国内重要时事

（1）2019年1月1日，中共中央总书记、国家主席习近平就古巴革命胜利60周年向古共中央第一书记劳尔·卡斯特罗、古巴国务委员会主席兼部长会议主席迪亚斯-卡内尔致电，代表中国共产党、中国政府和中国人民表示热烈祝贺。

（2）中国政府网2019年1月2日公布《国务院关于河北雄安新区总体规划（2018—2035年）的批复》。批复指出，经中共中央、国务院同意，原则同意《河北雄安新区总体规划（2018—2035年）》。总体规划是雄安新区发展、建设、管理的基本依据，必须严格执行，任何部门和个人不得随意修改、违规变更。

（3）2019年1月2日，《告台湾同胞书》发表40周年纪念会在北京人民大会堂隆重举行。中共中央总书记、国家主席、中央军委主席习近平出席纪念会并发表重要讲话。

（4）2019年1月3日10时26分，嫦娥四号探测器成功着陆在月球背面东经177.6度、南纬45.5度附近的预选着陆区，并通过"鹊桥"中继星传回了世界第一张近距离拍摄的月背影像图，揭开了古老月背的神秘面纱。

（5）2019年1月6日，国内货物吞吐量排名前十的两大港口集团——大连港集团和营口港务集团近日实现整合，辽宁港口集团在大连挂牌成立。

（6）2019年1月7日，青海省玉树藏族自治州政府发布通告，从2019年1月1日起，在三江源头水域永久禁止外来鱼种放生活动。违反者可依法追究刑事责任。

（7）2019年1月8日，中共中央对外联络部新闻发言人1月8日在北京宣布：应中共中央总书记、国家主席习近平邀请，朝鲜劳动党委员长、国务委员会委员长金正恩1月7日至10日对中国进行访问。

（8）2019年1月8日上午，中共中央、国务院在北京隆重举行国家科学技术奖励大会。习近平、李克强、王沪宁、韩正等党和国家领导人出席会议活动。习近平等为获奖代表颁奖。

(9)2019年1月14日,国家主席习近平在人民大会堂同芬兰总统尼尼斯托举行会谈。两国元首一致同意,共同谱写中芬关系发展新篇章。在中国即将迎来农历新年之际,习近平向尼尼斯托和芬兰人民致以新春的祝福。

(10)2019年1月20日,从2019年全国生态环境保护工作会议上获悉:生态环境保护2018年年度目标任务圆满完成,各项刚性目标任务均达到或超过"十三五"规划进度要求。据初步统计,二氧化硫总量同比减排6.7%,较2015年下降18.9%,已提前完成"十三五"规划下降15%的目标。

(11)2019年1月21日,国家统计局对外公布,经初步核算,2018年全年我国国内生产总值(GDP)为900 309亿元,经济总量首次站上90万亿元的历史新台阶,稳居世界第二位。

(12)2019年1月22日10时10分,一架"奖状680"校验飞机平稳地降落在北京大兴国际机场西一跑道上,留下了第一道飞机轮胎印迹。第一场校验任务的圆满完成,标志着大兴国际机场工程建设即将进入验收移交阶段。

(13)当地时间2019年1月23日,国家副主席王岐山出席达沃斯世界经济论坛2019年年会,发表题为"坚定信心,携手前行,共创未来"的致辞。

(14)2019年"中国—老挝旅游年"于1月25日在老挝万象开幕。国家主席习近平致贺词,对旅游年的开幕表示热烈祝贺。习近平强调,中老政治上相互支持、经济上全面合作,传统睦邻友好持续深入发展。中方视老挝为好邻居、好朋友、好同志、好伙伴,愿同老方一道,加强发展战略对接,深化共建"一带一路"合作,推动两国全面战略合作伙伴关系取得新成果。

(15)2019年1月27日,国家主席习近平同法国总统马克龙互致贺电,庆祝两国建交55周年。

(16)2019年1月28日,在中华民族传统节日己亥猪年春节即将到来之际,中共中央总书记、国家主席、中央军委主席习近平28日下午在人民大会堂同各民主党派中央、全国工商联负责人和无党派人士代表欢聚一堂,共迎佳节。习近平代表中共中央,向各民主党派、工商联和无党派人士,向统一战线广大成员,致以诚挚的问候和新春的祝福。

(17)从国家航天局获悉:1月30日20时39分,嫦娥四号着陆器接受光照自主唤醒。此前,玉兔二号巡视器于1月29日20时许完成自主唤醒。两器在月球背面成功经受极低温环境考验,根据太阳高度角变化择机自主退出"月夜休眠模式",关键设备按预定程序相继通电开机,安全度过首个月夜。

(18)国家主席习近平1月31日在人民大会堂同卡塔尔埃米尔塔米姆举行会谈。两国元首一致同意,深化相互尊重、平等互利、共同发展的中卡战略伙伴关系。

(19)北京时间1月31日,美国科学促进会宣布,中国科学技术大学潘建伟教授领衔的

"墨子号"量子科学实验卫星科研团队被授予2018年度克利夫兰奖,以表彰该团队通过实现千公里级星地双向量子纠缠分发推动大尺度量子通信实验研究做出的贡献。

2月国内重要时事

(1)中共中央、国务院2月3日上午在人民大会堂举行2019年春节团拜会。中共中央总书记、国家主席、中央军委主席习近平发表讲话,代表党中央、国务院,向全国各族人民,向香港特别行政区同胞、澳门特别行政区同胞、台湾同胞和海外侨胞拜年。

(2)中国南极科学考察队内陆队队员2月7日在距离中山站100公里处的南极冰盖上架设了一套自动气象站,以获取南极地区的温度、相对湿度、风向和风速等相关资料,提升极地气象服务和对极地大气的了解。

(3)国家主席习近平2月10日致电祝贺非洲联盟第32届首脑会议(在亚的斯亚贝巴)召开。

(4)2019年2月13日下午4时,澳门第五届行政长官选举委员会主席及委员就职。行政长官选举委员会委员选举日期已订在6月16日,行政长官选举日最快为今年8月中旬,但有关日期将由行政长官公布。

(5)国家主席习近平2月15日在人民大会堂会见来华进行新一轮中美经贸高级别磋商的美国贸易代表莱特希泽和财政部长姆努钦。

(6)国家统计局2月15日公布数据:按现行国家农村贫困标准测算,2018年末,全国农村贫困人口1660万人,比上年末减少1386万人;贫困发生率1.7%,比上年下降1.4个百分点。

(7)《粤港澳大湾区发展规划纲要》正式公开发布,这份纲领性文件对粤港澳大湾区的战略定位、发展目标、空间布局等方面作了全面规划,一个富有活力和国际竞争力的一流湾区和世界级城市群将在不懈奋斗中一步步化为现实。

(8)2019年2月20日,中国第35次南极科学考察队在南极中山站顺利完成钠荧光多普勒激光雷达探测系统的安装和调试,首次同时探测到南极中间层顶区大气温度和三维风场,填补了极隙区中高层大气探测的空白。

(9)国家主席习近平2月22日在人民大会堂会见沙特王储穆罕默德。韩正出席。习近平指出,中国支持中东人民的和平诉求,支持地区国家的变革转型努力,赞赏沙特为维护地区和平、稳定与发展所作出的积极努力,愿同沙方共同探索"以发展促和平"的中东治理路径,通过共建"一带一路",加强区域发展合作,筑牢地区和平稳定根基。

(10)2019年2月24日10时20分,一架"奖状680"校验飞机在华北空管局塔台管制员的指挥下在北京大兴国际机场北跑道平稳落地。至此,北京大兴国际机场飞行校验工作圆满完成。此次校飞历时34天,比计划提前19天完成。校飞圆满完成标志着北京大兴国际机场飞行程序和导航设备具备投产通航条件。此次校飞共对7套仪表着陆系统、1套全向信标仪进行了校验,北京大兴国际机场也成为全国首个开航即具备III类及HUD(平视显示器)运行保障能力的机场。

(11)2019年2月25日,31个省、自治区、直辖市均已发文明确,小微企业"六税两费"按50%幅度顶格减征。大连、青岛、宁波、厦门、深圳5个计划单列市按照本省规定执行。各省(区、市)"六税两费"减征措施的陆续出台,为小微企业普惠性减税降费政策措施进一步落地生根创造了条件。据了解,1月21日、23日,吉林、山西、浙江三省率先确定按50%幅度顶格减征"六税两费",其他28个省(区、市)也在农历春节前后陆续发文明确顶格减征。

(12)2019年2月26日,2019年"三八"国际妇女节到来之际,全国妇联决定授予阎锡蕴等十位杰出女性全国三八红旗手标兵荣誉称号。全国妇联同时授予王小节等300人全国三八红旗手荣誉称号,授予首都医科大学宣武医院急诊科等200个单位全国三八红旗集体荣誉称号。

3月国内重要时事

(1)2019年春季学期中央党校(国家行政学院)中青年干部培训班3月1日上午在中央党校开班。中共中央总书记、国家主席、中央军委主席习近平在开班式上发表重要讲话强调,培养选拔优秀年轻干部是一件大事,关乎党的命运、国家的命运、民族的命运、人民的福祉,是百年大计。

(2)当地时间3月1日上午,国际大学生体育联合会执委会会议在俄罗斯克拉斯诺亚尔斯克举行,四川省成都市与国际大体联、中国大学生体育协会正式签署了2021年第三十一届世界大学生夏季运动会举办合同,成都市获得2021年第三十一届世界大学生夏季运动会举办权,2021年世界大学生夏季运动会也是中国西部地区成功申办的首个世界级综合性运动会。

(3)全国政协十三届二次会议于3月3日下午3时在北京人民大会堂开幕。开幕会上,2 000多名全国政协委员将听取和审议政协全国委员会常务委员会工作报告和政协全国委员会常务委员会关于政协十三届一次会议以来提案工作情况的报告。

(4)国台办发言人安峰山3月4日应询表示,高雄市长韩国瑜拟于3月22日至28日率高雄市参访团到香港、澳门、深圳、厦门等地参访,开展交流合作。我们欢迎并支持在坚持"九二共识"基础上开展两岸城市交流合作,共同增进两岸同胞利益福祉。

(5)2019年3月7日,纪念"三八"国际妇女节中外妇女招待会在京隆重举行。全国人大常委会副委员长、全国妇联主席沈跃跃致辞,向中外嘉宾和妇女姐妹致以节日祝贺。她指出,在以习近平同志为核心的党中央坚强领导下,党和国家各项事业取得新的重大成就。包括广大妇女在内的人民群众的获得感、幸福感、安全感持续增强。她强调,广大妇女要自觉听党话,坚定跟党走,积极投身新时代中国特色社会主义伟大实践,立足本职,在奋斗中创造美好生活,在拼搏中建功新时代,以优异成绩庆祝新中国成立70周年。

(6)经过3万海里航行,2019年3月10日,"雪龙"号极地考察破冰船载着中国第35次南极科考队队员安全抵达上海吴淞检疫锚地,办理进港入关手续。这是"雪龙"号第22次远征南极并安全返回。

(7)2019年3月10日,由《今日中国》拉美分社和墨西哥参议院共同主办的"2019年中国两会·天涯若比邻"主题论坛8日在墨西哥参议院举办。墨西哥参议院国家复兴运动党协调员蒙雷亚尔、外委会主席巴斯孔塞洛、墨西哥外交部政治协调司顾问赫尔豪·奥利瓦雷斯以及墨政府、议会、智库、企业等各界代表和中方嘉宾200余人参加了活动。

(8)2019年3月15日,十三届全国人大二次会议闭幕会在京举行。十三届全国人大二次会议完成工作包括:表决通过了关于政府工作报告的决议、表决通过了关于最高人民法院工作报告的决议、表决通过了《中华人民共和国外商投资法》(这部法律自2020年1月1日起施行)、表决通过了关于全国人大常委会工作报告的决议、表决通过了关于最高人民检察院工作报告的决议、表决通过关于2018年国民经济和社会发展计划执行情况与2019年国民经济和社会发展计划的决议,批准2019年国民经济和社会发展计划,及表决通过了关于2018年中央和地方预算执行情况与2019年中央和地方预算的决议,批准2019年中央预算等多项重要内容。

(9)2019年3月18日,习近平总书记主持召开学校思想政治理论课教师座谈会并发表重要讲话,深刻阐明学校思政课的重要意义,明确提出推动思政课改革创新的重大要求,为加强学校思政课建设,培养一代又一代社会主义建设者和接班人提供了重要遵循。

(10)2019年3月19日,由白俄罗斯奥尔沙开出的中欧班列抵达江西南昌向塘铁路口岸。与此同时,由南昌出发前往白俄罗斯奥尔沙的中欧班列即刻启程,标志着江西首条"点对点"双向中欧班列开通。随着"一带一路"倡议不断推进,中欧班列作为国际货物联运的新型组织方式已日渐成熟,成为沿线各国各地区加强基础设施互联互通、提升经贸合作水平的重要载体。

(11)2019年3月21日14时48分许,江苏盐城市响水县陈家港镇天嘉宜化工有限公司化学储罐发生爆炸事故,并波及周边16家企业。经全力处置,现场明火已被扑灭,空气污染物指标在许可范围内。

(12)2019年3月27日,国务院新闻办公室发表《伟大的跨越:西藏民主改革60年》白皮书。白皮书包括前言、黑暗的封建农奴制度、不可阻挡的历史潮流、彻底废除封建农奴制、实现了人民当家作主、解放和发展了生产力、推进了各项事业发展、加强了生态文明建设、保障了宗教信仰自由、促进了民族平等团结、西藏发展进入新时代、结束语等部分。

(13)2019年3月31日23时51分,我国在西昌卫星发射中心用长征三号乙运载火箭,将天链二号01星送入太空,卫星成功进入地球同步轨道。

(14)2019年3月31日,由中国文物报社、中国考古学会主办的"2018年度全国十大考古新发现"在京揭晓。广东英德青塘遗址、湖北沙洋城河新石器时代遗址、陕西延安芦山峁新石器时代遗址、新疆尼勒克吉仁台沟口遗址、山西闻喜酒务头商代墓地、陕西澄城刘家洼东周遗址、江苏张家港黄泗浦遗址、河北张家口太子城金代城址、重庆合川钓鱼城范家堰南宋衙署遗址、辽宁庄河海域甲午沉舰遗址(经远舰)水下考古调查入选。

4月国内重要时事

(1)自2019年4月1日起,人民币计价的中国国债和政策性银行债券将被纳入彭博巴克莱全球综合指数,并将在20个月内分步完成。这是中国融入全球资本市场的一个重要里程碑。人民币计价的中国债券将成为该指数中的第四大计价货币债券——仅次于美元、欧元和日元。当前中国金融体系仍以银行融资为主,债券市场还有很大发展潜力。

(2)2019年4月1日,2019"中国——太平洋岛国旅游年"在萨摩亚首都阿皮亚开幕,国家主席习近平向开幕式致贺词。习近平指出,中国人民和太平洋岛国人民友好交往源远流长,是真诚相待、相互尊重的好朋友,共谋发展、互利共赢的好伙伴,相知相亲、互学互鉴的好兄弟,是国家不分大小一律平等的典范。

(3)2019年4月1日12时,我国第二大河流、中华民族的母亲河黄河进入全域禁渔期。当日,农业农村部渔业渔政管理局、宁夏回族自治区农业农村厅、银川市人民政府在宁夏银川市滨河新区联合举办活动,启动"中国渔政亮剑2019"黄河流域禁渔期执法行动。

(4)2019年4月1日,经全力搜救,四川凉山木里县森林火灾30名失联扑火人员已全部找到,27名森林消防队员和3名地方干部群众牺牲。四川省委省政府和应急管理部正全力指导开展火灾扑救、牺牲人员遗体辨认、家属慰问抚恤等工作。

(5)继习近平主席2019年3月下旬对意大利、摩纳哥和法国成功进行国事访问之后,2019年4月8日至12日,李克强总理将赴欧举行第二十一次中国-欧盟领导人会晤、第八次中国-中东欧国家领导人会晤并正式访问克罗地亚。习近平主席和李克强总理今年首次出访均选择了欧洲,体现了中国外交对欧洲方向的高度重视。习近平主席访欧期间,意大利成为首个签署"一带一路"倡议谅解备忘录的七国集团(G7)成员,法国总统马克龙则表示主张加强欧盟互联互通战略同"一带一路"倡议对接。第二届"一带一路"国际合作高峰论坛前夕,亚欧大陆的西端正以前所未有的热情面向东方,面向"一带一路"。

(6)2019年4月7日,中国航天科技集团第十一研究院自主研发的彩虹-4无人机,近日在西北某地圆满完成航空物探试验飞行。

(7)2019年4月9日,教育部近日公布《关于实施一流本科专业建设"双万计划"的通知》,决定全面启动一流本科专业建设"双万计划",在2019~2021年,建设10 000个左右国家级一流本科专业点和10 000个左右省级一流本科专业点。"双万计划"面向各类高校,在不同类型的普通本科高校建设一流本科专业,鼓励分类发展、特色发展;面向全部专业,覆盖全部92个本科专业类,分年度开展一流本科专业点建设。

(8)2019年4月10日,中共中央总书记、国家主席、中央军委主席习近平给云南省贡山县独龙江乡群众回信,祝贺独龙族实现整族脱贫,勉励乡亲们为过上更加幸福美好的生活继续团结奋斗。独龙族是我国28个人口较少民族之一,也是新中国成立初期一个从原始社会末期直接过渡到社会主义社会的少数民族,主要聚居在云南省贡山县独龙江乡。

(9)2019年4月14日,从工信部获悉:国家中小企业政策信息互联网发布平台开通"清欠登记平台"窗口,违约拖欠中小企业款项登记(投诉)平台正式上线试运行。违约拖欠中小企业款项登记(投诉)平台主要受理国家机关、事业单位和大型企业违约拖欠中小企业货物、工程、服务等款项的登记(投诉),是面向全国中小企业反映跨省区拖欠问题和情况的登记(投诉)渠道。

(10)2019年4月14日,据国家发改委网站消息,4月12日,中国交建公司与马来西亚铁路衔接公司负责人在中马双方政府部门代表见证下,签署了东海岸铁路项目有关补充协议,就继续实施建设东海岸铁路达成一致。根据补充协议,东海岸铁路总造价为440亿马币(约合711亿元人民币),线路全长640公里,计划于2026年底前完工。

(11)2019年4月15日,中共中央印发了修订后的《中国共产党党组工作条例》,并发出通知,要求各地区各部门认真遵照执行。通知指出,2015年6月中共中央印发的《中国共产党党组工作条例(试行)》,对推进党组工作制度化、规范化、程序化发挥了重要作用。党的十九大党章修正案对党组职责作了充实,进一步明确了党组管党治党的政治责任。党中央根据新的形势、任务和要求,对条例予以修订完善。

(12)2019年4月16日下午,正在重庆考察调研的习近平总书记主持召开解决"两不愁三保障"突出问题座谈会,并发表重要讲话。有关省区市党委书记、重庆县乡村干部代表和中央有关部门主要负责同志汇报了有关情况。

(13)2019年4月15日至17日,国务院安全生产委员会9个考核巡查组密集进驻新疆、陕西、河南、重庆、四川、北京、贵州、山西、云南等省区市,正式拉开2018年度省级政府安全生产和消防工作考核巡查序幕。

（14）第二届"一带一路"国际合作高峰论坛于2019年4月25日至27日在北京举行。这次会议是我国今年最重要的主场外交，也是一次具有标志性意义的国际盛会。据了解，来自150多个国家和90多个国际组织的近5 000位外宾确认出席论坛，与会的外方代表涵盖了全球五大洲各个地区，涉及政府、民间组织、工商界、学术机构等社会各界。

（15）2019年4月25日，根据中俄双方达成的共识，中俄两国海军于4月29日至5月4日在中国山东青岛附近海空域举行代号为"海上联合－2019"的联合军事演习。

（16）2019年4月28日，国家主席习近平在北京延庆出席2019年中国北京世界园艺博览会开幕式，并发表题为《共谋绿色生活，共建美丽家园》的重要讲话，强调顺应自然、保护生态的绿色发展昭示着未来。

（17）纪念五四运动100周年大会2019年4月30日上午在北京人民大会堂隆重举行。

5月国内重要时事

（1）2019北京世园会"北京日"活动5月1日上午在世园会妫汭剧场举行开幕式。

（2）2019年5月2日，从生态环境部日前举行的例行新闻发布会获悉：11个城市被作为"无废城市"建设试点，分别为广东省深圳市、内蒙古自治区包头市、安徽省铜陵市、山东省威海市、重庆市（主城区）、浙江省绍兴市、海南省三亚市、河南省许昌市、江苏省徐州市、辽宁省盘锦市、青海省西宁市。

（3）2019年5月7日，雄安新区召开党工委委员会议，传达学习河北省人民政府关于雄安新区2019年第一批城市建设用地的批复精神，研究新区贯彻落实意见。会议议定，批准容城县实施2019年第一批次城市用地土地转用征收工作，标志着雄安新区征迁安置工作正式启动实施。

（4）2019年5月8日，北京大兴国际机场真机试飞日期初步定于5月13日进行，届时国航、东航和南航分别派出旗舰机型747－8、A359和A380前往大兴机场进行试飞。

（5）2019年5月7日至8日，全国公安工作会议在北京召开。中共中央总书记、国家主席、中央军委主席习近平出席会议并发表重要讲话。

（6）2019年5月9日，历时3年打造的"纪律建设永远在路上——中国共产党纪律建设历史陈列"展览在武汉革命博物馆开馆。

（7）2019年5月10日，中国公共外交协会与中日韩合作秘书处共同举办了2019年中日韩合作国际论坛，论坛旨在回顾中日韩合作20周年，展望未来三国合作愿景，为三国合作汇聚新思路和新建议。王毅国务委员兼外长出席了今天论坛的开幕式并致辞，来自中日韩三国的各界代表及专家学者300余人出席了论坛，为促进中日韩合作深入发展积极建言献策。

(8)2019年5月13日,国务院关税税则委员会发布公告,2019年5月9日,美国政府宣布,自2019年5月10日起,对从中国进口的2 000亿美元清单商品加征的关税税率由10%提高到25%。

(9)2019年5月15日,韩国足协在其官网宣布,退出申办2023年亚洲杯足球赛。由于此前只有中国和韩国确定申办2023年亚洲杯足球赛,这就意味着,中国承办该项赛事已几无悬念。

(10)2019年5月16日,国际人工智能与教育大会在北京召开。国家主席习近平向大会致贺信。习近平指出,人工智能是引领新一轮科技革命和产业变革的重要驱动力,正深刻改变着人们的生产、生活、学习方式,推动人类社会迎来人机协同、跨界融合、共创分享的智能时代。把握全球人工智能发展态势,找准突破口和主攻方向,培养大批具有创新能力和合作精神的人工智能高端人才,是教育的重要使命。

(11)2019年5月18日,国务委员兼外交部长王毅应约同美国国务卿蓬佩奥通电话。王毅表示,美方近段时间在多个方面采取损害中方利益的言行,包括通过政治手段打压中国企业的正常经营。中方对此坚决反对。我们敦促美方不要走得太远了,应当尽快改弦更张,避免中美关系受到进一步损害。

(12)2019年5月19日,中共中央办公厅、国务院办公厅印发了《关于隆重庆祝中华人民共和国成立70周年广泛组织开展"我和我的祖国"群众性主题宣传教育活动的通知》,对庆祝中华人民共和国成立70周年群众性主题宣传教育活动作出安排部署。

(13)2019年5月21日,中共中央印发了《中国共产党党员教育管理工作条例》,并发出通知,要求各地区各部门认真遵照执行。通知指出,党员教育管理是党的建设基础性经常性工作。

(14)2019年5月23日,经深化收费公路制度改革取消高速公路省界收费站工作领导小组批准,交通运输部办公厅印发《关于大力推动高速公路ETC发展应用工作的通知》,明确8项工作举措,积极推动ETC安装使用,为撤销高速公路省界收费站创造条件。

(15)2019年5月24日,中共中央总书记、国家主席、中央军委主席习近平对张富清同志先进事迹作出重要指示强调,老英雄张富清60多年深藏功名,一辈子坚守初心、不改本色,事迹感人。在部队,他保家卫国;到地方,他为民造福。他用自己的朴实纯粹、淡泊名利书写了精彩人生,是广大部队官兵和退役军人学习的榜样。要积极弘扬奉献精神,凝聚起万众一心奋斗新时代的强大力量。

(16)2019年5月26日下午,2019年苏迪曼杯世界羽毛球混合团体锦标赛总决赛在广西南宁打响。主场作战的中国队凭借大比分3∶0战胜头号种子日本队,时隔四年重夺苏迪曼杯,实现苏迪曼杯第11冠。

(17)2019年5月31日,中共中央政治局委员、全国人大常委会副委员长王晨31日出席俄罗斯驻华使馆国庆招待会并致辞。王晨表示,今年是中俄建交70周年,是两国人民共同的节日。在习近平主席和普京总统战略引领下,中俄全面战略协作伙伴关系持续健康稳定发展,达到历史最好时期。

6月国内重要时事

(1)根据国务院关税税则委员会2019年第3号公告,中国已于2019年6月1日起,对原产于美国的部分进口商品提高加征关税税率。根据公告,国务院关税税则委员会对原产于美国约600亿美元进口商品清单中的部分商品,分别实施加征25%、20%、10%的关税。对之前加征5%关税的税目商品,仍实施加征5%的关税。

(2)2019年6月3日,中共中央总书记、国家主席、中央军委主席习近平近日对垃圾分类工作作出重要指示。习近平强调,实行垃圾分类,关系广大人民群众生活环境,关系节约使用资源,也是社会文明水平的一个重要体现。习近平指出,推行垃圾分类,关键是要加强科学管理、形成长效机制、推动习惯养成。

(3)当地时间2019年6月4日,在法国巴黎举行的2019年亚足联特别代表大会上,经全体会议代表一致鼓掌通过,中国获得了2023年亚洲杯主办权。这是继2004年成功举办亚洲杯后,中国再次承办此项亚洲足球顶级赛事。

(4)2019年6月5日12时6分,我国在黄海海域成功发射长征十一号运载火箭,标志着中国航天首次海上发射技术试验圆满成功。

(5)工信部2019年6月6日正式向中国电信、中国移动、中国联通、中国广电发放5G商用牌照,5G时代已经到来。

(6)当地时间2019年6月7日,第二十三届圣彼得堡国际经济论坛全会在圣彼得堡举行。中国国家主席习近平等出席。习近平发表了题为《坚持可持续发展共创繁荣美好世界》的致辞,强调面对世界百年未有之大变局,中方愿同国际社会一道,合力打造开放多元的世界经济,努力建设普惠包容的幸福社会,致力构建人与自然和谐共处的美丽家园,携手开辟崭新的可持续发展之路。

(7)2019年6月12日至14日,习近平主席展开对吉尔吉斯共和国的国事访问,并出席在比什凯克举行的上海合作组织成员国元首理事会第十九次会议。习近平主席在吉尔吉斯斯坦媒体发表的署名文章中写道,"吉尔吉斯斯坦有句谚语,'兄弟情谊胜过一切财富',中国人也常说,'兄弟同心,其利断金'。"

(8)6月12日,中国载人航天工程办公室和联合国外层空间事务办公室在维也纳联合宣布,来自17个国家的9个项目从42项申请中脱颖而出,成为中国空间站科学实验首批入选项目。这标志着中国空间站国际合作进入新阶段。

(9)2019年6月12日,在美国马里兰州召开第36届国际桥梁大会上,四川雅康高速泸定大渡河大桥荣获"古斯塔夫·林登少"金奖。"古斯塔夫·林登少"金奖是该会议为优秀桥梁工程设立的杰出成就奖,被誉为桥梁界的"诺贝尔奖"。

(10)2019年6月13日上午,全国首列时速140公里的成都地铁18号线列车正式亮相,并启动异地调试。

(11)联合国贸易发展会议2019年6月12日发布的年度报告显示,2018年全球外国直接投资连续第三年下滑,但中国吸引外资总量逆势上涨,继续成为全球第二大外资流入国。

(12)2019年6月14日,我国新建的"北煤南运"大通道蒙华铁路最长隧道——崤山隧道主体竣工,项目全面进入静态验收阶段。

(13)2019年6月14日上海合作组织成员国元首理事会第十九次会议在吉尔吉斯斯坦首都比什凯克举行。习近平在会上发表重要讲话,强调要从"上海精神"中发掘智慧,从团结合作中获取力量,把上海合作组织打造成团结互信、安危共担、互利共赢、包容互鉴的典范,携手构建更加紧密的上海合作组织命运共同体。

(14)2019年6月15日,中国科学院深海科学与工程研究所(以下简称中科院深海所)发布的一项研究成果显示,马里亚纳海沟存在一种新类型泥火山,这是目前已知的全球最深的泥火山活动区域。

(15)2019年6月17日,针对全球抗疟的重要武器、世界卫生组织大力推广的青蒿素联合疗法在全球部分地区出现"抗药性"卫生难题,诺贝尔生理学或医学奖获得者屠呦呦带领团队攻坚数年,终于揭开青蒿素抗疟机理,提出切实可行的治疗应对方案,用事实告诉世界:青蒿素依然是人类抗疟首选高效药物。

(16)2019年6月17日22时55分,四川宜宾市长宁县发生6.0级地震,震源深度16千米。

(17)2019年6月20日,中共中央总书记、国家主席习近平乘专机离开北京,应朝鲜劳动党委员长、国务委员会委员长金正恩邀请,对朝鲜民主主义人民共和国进行国事访问。

(18)2019年6月20日,2019自然指数年度榜单当天正式发布,中科院再次蝉联全球首位。根据此前发布的自然指数数据,中科院已连续7年位列该排行榜全球第一。

(19)2019年6月27日,沪通长江大桥南主塔顺利封顶。至此,该桥两座高达330米的主塔全部建成,标志着世界最大跨度公铁两用斜拉桥建设取得了关键性进展。该桥建成通车后,将有利于沿海铁路畅通,完善区域交通运输结构,提高过江运输能力,促进长三角地区一体化发展。

(20)2019年6月27日,中国国家主席习近平在大阪会见日本首相安倍晋三。两国领导人认为,中日同为亚洲重要国家和世界主要经济体,应共同维护多边主义和自由贸易体制,积极引领区域一体化,推动构建开放型世界经济,促进世界各国共同发展。

7月国内重要时事

(1)2019年7月2日,从军委后勤保障部卫生局获悉,我军将派出一支由91人组成的卫勤分队,于7月3日至7月17日赴德国慕尼黑菲尔德基辛卫勤训练基地,与德国联邦国防军卫生部队共同开展"联合救援—2019"卫勤实兵联合演习。

(2)2019年7月2日,中国航天科工集团有限公司二院23所(以下简称23所)自主研发的国内首个无人机机载下投探空系统在中国气象局气象探测中心进行上飞机载荷的验收工作。该设备可用于超远距离风场数据探测,在未来的一两个月内,这套系统将正式投入台风的探测。

(3)2019年7月3日,中国国家主席习近平在人民大会堂同保加利亚总统拉德夫举行会谈。两国元首一致决定,为推动双边关系健康稳定发展将中保关系提升为战略伙伴关系。

(4)2019年7月4日,世界最大跨径海中悬索桥——深中通道伶仃洋大桥东索塔首个巨型钢吊箱当天下放到位,为年底完成承台施工奠定基础。深中通道是集'桥、岛、隧、水下互通'于一体的跨海集群工程,深中通道伶仃洋大桥主孔跨径达到1 666米,主塔高270米,桥面高达90米,相当于30层楼的高度,建成后将是全球最高海中大桥。

(5)2019年7月6日,近日,首个跨行政区域国际航空枢纽北京大兴国际机场如期竣工并通过验收,9月30日前按期投入使用。

(6)2019年7月4日,财政部在澳门特别行政区成功发行20亿元人民币国债,这是财政部首次在澳门发行国债,也是首笔在澳门本地簿记发行、登记托管并上市交易的主权债券。

(7)2019年7月5日,在联合国教科文组织世界遗产委员会举行的第43届世界遗产大会上,审议通过将中国黄(渤)海候鸟栖息地(第一期)列入《世界遗产名录》。该项目成为中国第54处世界遗产。

(8)2019年7月6日,中国良渚古城遗址在阿塞拜疆巴库举行的世界遗产大会上获准列入世界遗产名录。至此,中国世界遗产总数已达55处,位居世界第一。

(9)2019年7月9日,中国航天科技集团一院总体设计部三室完成"超长大口径高耐压气囊预验收试验",标志着世界最大、耐压最强的火箭分离气囊研制成功。

(10)2019年7月8日,国家统计局公布的新中国成立70年来的数据显示,新中国成立以来,特别是改革开放以来,我国经济持续快速增长,成为世界第二大经济体,同时,经济结构发

317

生深刻变化,从落后的农业国演进为世界第一制造业大国。

(11)2019年7月6日,国家知识产权局党组书记、局长申长雨在商标品牌节开幕式上公布的一系列数据,直观地展示了中国品牌建设的成绩:上半年,我国商标注册申请达到343.8万件;完成商标注册351.5万件,同比增加67.8%;商标注册审查周期缩减到5个半月以内。截至当日,我国商标有效注册量超过2 274万件,稳居世界首位。

(12)2019年7月12日,中国将于2020年首次探测火星,通过火星卫星、火星着陆器、火星车天地联合探测火星,火星车已经做好。中国首次探测便要实现"绕""落""巡"三大任务,这在世界航天史上确实是绝无仅有的。

(13)2019年7月13日,习近平总书记在中央和国家机关党的建设工作会议上指出,带头做到"两个维护",是加强中央和国家机关党的建设的首要任务。

(14)2019年7月18日,近日,中共中央总书记、国家主席、中央军委主席习近平对地方人大及其常委会工作作出重要指示强调,县级以上地方人大设立常委会,是发展和完善人民代表大会制度的一个重要举措。

(15)天宫二号空间实验室已于北京时间2019年7月19日21时06分受控离轨并再入大气层,少量残骸落入南太平洋预定安全海域。这标志着中国载人航天工程空间实验室任务圆满完成,我国正式进入空间站时代。

(16)2019年7月21日,最高法将健全初任法官常态化选任机制,探索建立跨地域遴选机制、及时遴选和员额递补机制,促进人才流动,防止员额空置。

(17)2019年7月22日,国家统计局发布新中国成立70周年经济社会发展成就报告。报告显示,新中国成立70年来,我国服务业规模日益壮大,已经由昔日处于辅助和从属地位跃升为中国经济第一大产业,成为中国经济稳定增长的重要基础。

(18)2019年7月24日,商务部中国服务外包研究中心发布报告显示,中国已成为全球最大的制造业服务外包发包国。

(19)2019年7月24日,中共中央总书记习近平主持召开中央全面深化改革委员会第九次会议并发表重要讲话。他强调,全面深化改革是我们党守初心、担使命的重要体现。

(20)2019年7月25日13时00分,酒泉卫星发射中心成功发射双曲线一号运载火箭,将两颗卫星送入预定轨道,这是我国民营商业运载火箭成功实施首次入轨发射。

(21)2019年7月26日,在全国律协新闻发布会上,全国律协未成年人保护专业委员会主任张雪梅介绍,即将启动《未成年人保护法》和《预防未成年人犯罪法》的修改工作。这次修改,将为解决新形势下未成年人保护工作存在的突出问题提供法治保障。

(22)2019年7月28日,日前,在重庆市召开的中欧班列(重庆)沿线国家运输安全联合打击行动会商会透露:中欧班列沿线国家将会商建立执法合作联络机制,保障中欧班列整体运输安全,推动提升"一带一路"国际物流大通道安全保障能力与水平。

8月国内重要时事

(1)2019年8月1日,清华大学施路平团队发布研究成果——类脑计算芯片"天机芯"。该芯片是世界首款异构融合类脑芯片,也是世界上第一个既可支持脉冲神经网络又可支持人工神经网路的人工智能芯片。

(2)2019年8月8日,第二届全国青年运动会(以下简称"二青会")在山西太原正式开幕。这是二青会首次设立冰雪项目,将冬奥会项目纳入青运会;首次设立跨界项目,这也是历史上综合性运动会第一次采取这样的项目设置。

(3)2019年8月6日,国务院印发《中国(上海)自由贸易试验区临港新片区总体方案》。《方案》明确,新片区参照经济特区管理,建立以投资贸易自由化为核心的制度体系,建立全面风险管理制度,建设具有国际市场竞争力的开放型产业体系。

(4)2019年8月7日,'胜利号'大直径盾构机预计将于8月底验收下线后运往俄罗斯莫斯科,这将是我国大直径盾构机首次出口欧洲。随着中国企业接连中标海外隧道项目,国产盾构机这一大国重器,正成为继"中国高铁"之后,中国高端智能制造装备"走出去"的又一张"金名片"。

(5)2019年8月8日,以"欢乐与荣耀"为主题的第十八届世界警察与消防员运动会开幕式在成都举行。这是该赛事首次在亚洲城市举办。

(6)2019年8月8日,我国首座中等规模球形托卡马克聚变实验装置——新奥"玄龙-50"在河北廊坊建成,并实现第一次等离子体放电,正式启动物理实验。

(7)2019年8月9日电,中国民营航天企业翎客航天次日在位于青海省茫崖市冷湖镇的火箭基地进行新一代可回收火箭RLV-T5第3次发射及回收试验。本次试验的可回收火箭代号RLV-T5,是目前中国国内体量最大、技术最先进的可回收火箭。

(8)2019年8月10日,世界最大跨度不对称拱桥张吉怀铁路酉水大桥主拱成功合龙,标志着这座该施工迈过了风险最大、难度最大的阶段。

(9)2019年8月10日,全国信息安全标准化技术委员会发布"互联网应用收集个人信息基本规范"草案,APP收集个人信息将有"国标"。

(10)2019年8月13日,敦煌建成全国最大百万千瓦级光伏发电基地,年发电小时数达5 000小时。

(11)2019年8月13日,国家统计局发布新中国成立70周年经济社会发展成就报告。报告显示,我国网民由1997年的62万人激增至2018年的8.3亿人。2018年,移动互联网接入流量消费达 711 亿 GB,是 2013 年的 56.1 倍。

(12)2019 年 8 月 13 日,国家知识产权局印发《关于加快推进"蓝天"专项行动集中整治工作的通知》,要求各地集中力量整治行业乱象,努力将"蓝天"行动推向深入,力争在 8 月底前取得较大成效。

(13)2019 年 8 月 14 日《中华人民共和国疫苗管理法》全文公布,该法将于今年 12 月 1 日起正式施行。这部对疫苗管理进行的专门立法,被称为"史上最严":执行"最严格"的管理制度,并对违法者施行严厉处罚。

(14)2019 年 8 月 14 日,部分药品全国性降价通道开启。有关部门日前已就全国范围内推开"4+7"带量采购试点进行相关部署,要求未实行地区上报公立医疗机构相关药品 2017 年、2018 年实际采购数据。

(15)2019 年 8 月 15 日,国家主席习近平同巴西联邦共和国总统博索纳罗互致贺电,庆祝两国建交 45 周年。

(16)2019 年 8 月 17 日 12 时 11 分,酒泉卫星发射中心,北京国电高科科技有限公司(以下简称"国电高科")研制的天启·沧州号(又名"忻中一号")卫星,由首次发射的捷龙一号商业火箭成功送入太空。该卫星是天启星座的第三颗业务星,它的成功入轨,标志着天启物联网星座实现初步组网运行。

(17)2019 年 8 月 17 日,2018 年全国完成农村改厕 1 000 多万户,其中六成以上改成了无害化卫生厕所。2019 年是农村厕所革命整村推进奖补政策的第一年,中央财政拿出 70 亿元推进农村厕所革命,预计全年将有 1 200 多万户农村厕所完成改造。

(18)2019 年 8 月 18 日,中国 ETC 服务平台正式上线提供服务。全国各地车主均可通过国务院客户端小程序 ETC 服务专区或交通运输部官方微信 ETC 服务平台免费在线申办 ETC,并在今后持续享受相关多元服务。

(19)2019 年 8 月 20 日,人社部公布的最新的全国最低工资标准显示,截至当年 6 月份,上海市以 2 480 元/月的月最低工资标准领跑全国,北京市 24 元/小时的时薪为全国最高。

(20)2019 年 8 月 21 日,在国务院新闻办举行的新闻发布会上,国家林业和草原局有关负责人宣布,到 2020 年,我国将把所有天然林保护起来,基本建立天然林保护修复的各项制度。

(21)澳门特区第五任行政长官选举 2019 年 8 月 25 日举行。作为唯一被接纳的候选人,贺一诚以 392 票高票当选澳门特区第五任行政长官人选。

(22)2019 中国国际智能产业博览会 8 月 26 日在重庆召开。国家主席习近平致贺信,对会议的召开表示热烈祝贺。习近平强调,中国高度重视智能产业发展,加快数字产业化、产业数字化,推动数字经济和实体经济深度融合。中国愿同国际社会一道,共创智能时代,共享智能成果。

(23)2019年8月27日,为保护鄱阳湖区生物资源,江西省将从2021年1月1日起,全面禁止鄱阳湖区天然渔业资源生产性捕捞,禁捕期暂定10年。

(24)2019年是中华人民共和国成立70周年,党中央决定,首次开展国家勋章和国家荣誉称号集中评选颁授,隆重表彰一批为新中国建设和发展作出杰出贡献的功勋模范人物。

(25)2019世界人工智能大会8月29日上午在上海开幕,大会以"智联世界,无限可能"为主题,大会开幕式部分将由政府领导、学界代表和知名企业家的演讲及圆桌对话构成,围绕本届大会的主题"智联世界,无限可能"展开,传递中国将以开放胸怀与世界共享人工智能发展机遇的态度决心和责任使命。

9月国内重要时事

(1)2019年9月1日讯,生态环境部宣布,从当天开始,利用3个月时间开展对群众反映强烈的生态环境问题中平时不作为、急时"一刀切"的问题进行专项整治。

(2)2019年9月2日,近日从西北油田获悉,位于新疆塔里木盆地的西北油田主力区块塔河油田累计原油产量破1亿吨,成为我国首个海相碳酸盐岩油田为主、个体原油产量达到亿吨级目标的油田。

(3)2019年9月3日,国务院新闻办3日发表《中国的核安全》白皮书。这是中国发表的首部核安全白皮书。白皮书介绍了中国核安全事业发展历程、核安全基本原则和政策、监管理念和实践经验,阐明中国推进全球核安全治理进程的决心和行动。

(4)2019年9月4日,卫星导航应用的蓬勃发展,始终伴随航天技术的创新与突破。北斗卫星导航系统是全球四大卫星导航核心供应商之一,目前在轨卫星已达39颗。

(5)第四届中国-阿拉伯国家博览会2019年9月5日在宁夏银川开幕。国家主席习近平致贺信,对会议的召开表示热烈祝贺。阿拉伯国家各界人士认为,习近平向中阿博览会致贺信,体现出中国对加强中阿合作的重视。中阿博览会为促进双方务实合作不断深化发挥积极作用,未来双方共建"一带一路"前景广阔。

(6)继无缘16强后,中国男篮再次让人叹息,他们在北京时间2019年9月8日的男篮世界杯排位赛的一场关键之战中,以73:86负于尼日利亚队,无缘获得直通东京奥运的资格。

(7)在全国人民喜迎新中国成立70周年、第三十五个教师节到来之际,中央宣传部2019年9月9日在北京向全社会宣传发布陈立群的先进事迹,授予他"时代楷模"称号。

(8)2019年9月10日,日前,工信部发布《关于促进制造业产品和服务质量提升的实施意见》,提出19条建议,并明确力争到2022年,实现制造业质量总体水平显著提升,质量基础支撑能力明显提高,质量发展环境持续优化,行业质量工作体系更加高效。专家指出,《意见》的发布将推进制造业的转型升级,有利于推动中国从制造业大国向制造业强国转变。

(9)2019年9月10日,2019世界计算机大会在湖南长沙开幕。这是我国计算机产业领域规格最高、规模最大的专业性会议。本次大会以"计算万物 湘约未来"为主题,秉承"合作共赢、创新发展"理念。

(10)国家主席习近平2019年9月11日在人民大会堂同哈萨克斯坦总统托卡耶夫举行会谈。两国元首一致决定,双方将本着同舟共济、合作共赢的精神,发展中哈永久全面战略伙伴关系。

(11)2019年9月10日10时20分,中国石油西南管道公司成都分控中心监控数据显示,途经甘陕川渝4省市的兰成渝成品油管道,向沿线西北、西南地区输送成品油正式突破1亿吨。

(12)2019年9月13日,我国自主研发的北斗快速辅助定位系统,填补了我国移动通信领域卫星导航辅助定位服务技术空白,用户已突破3亿规模。

(13)2019年9月14日,记者14日从中国中铁大桥局集团有限公司获悉,世界上最长的跨海峡公铁两用大桥,也是中国首座跨海公铁两用桥——平潭海峡公铁两用大桥将于9月底贯通,预计2020年全面通车。

(14)2019年9月15日,2019国际篮联篮球世界杯大幕正式落下。最终,经过四节鏖战,技高一筹的西班牙男篮以95∶75力克阿根廷队,一举夺得本届男篮世界杯冠军。

(15)2019年9月15日,为隆重庆祝中华人民共和国成立70周年,全景式展现新中国风雨兼程、砥砺前行的伟大历程,将从9月16日起在中央电视台综合频道播出大型文献专题片《我们走在大路上》。

(16)在新中国成立70周年之际,中宣部新命名39个全国爱国主义教育示范基地。命名工作紧密结合"不忘初心、牢记使命"主题教育,此次命名后,全国爱国主义教育示范基地总数达到473个。

(17)2019年9月17日,北京2022年冬奥会和冬残奥会吉祥物发布仪式17日晚在北京首钢园区国家冬季运动训练中心冰球馆隆重举行,发布了北京冬奥会吉祥物"冰墩墩"。

(18)2019年9月18日,袁隆平"海水稻"团队在黑龙江设立国内首个"海水稻"寒地育种工作站,计划未来3年在东北推广1 500万亩海水稻。

(19)2019年9月20日,2019年世界制造业大会20日在安徽省合肥市开幕。习近平强调,中方愿同各方一道,推动制造业新技术蓬勃发展,为促进全球制造业高质量发展、实现共享共赢做出积极贡献。

(20)2019年9月21日,湖北宜昌伍家岗长江大桥主塔成功封顶,标志着由中建三局自主研制的国内首个"整体式自适应智能顶升桥塔平台"完成首秀,这是我国首次将智能顶升平台系统从超高层建筑拓展至大型桥梁领域,实现我国大型桥梁建造核心技术装备的新突破。

(21)2019年9月22日,记者从中国铁建股份有限公司获悉,22日,北京冬奥会重要交通保障工程——延崇高速温泉特大桥最后一个合龙段浇筑完成,标志着通往2022年北京冬奥会延庆赛区的直达快车道全线贯通。

(22)9月23日下午,2019女排世界杯第七轮打响,中国女排在日本札幌迎战美国女排。最终,中国女排以25比16、25比17以及25比22直落三局取胜,成为本届世界杯上唯一一支七战全胜的队伍。

(23)2019年9月25日,25日23时许,随着最后一架飞机从北京南苑机场起飞,经过短暂飞行后降落在北京大兴国际机场。中国首座百年历史的南苑机场正式关闭。

(24)2019年9月25日16时23分起,来自7家国内航空公司的7架大型客机依次从北京大兴国际机场起飞,分别前往广州、上海、成都、延安、杭州、福州、厦门,标志着北京大兴国际机场正式通航。

10月国内重要时事

(1)2019年10月1日上午,庆祝中华人民共和国成立70周年大会在北京天安门广场隆重举行,20余万军民以盛大的阅兵仪式和群众游行欢庆共和国70华诞。中共中央总书记、国家主席、中央军委主席习近平发表重要讲话并检阅受阅部队。

(2)2019年10月3日电 北京时间3日凌晨,2019多哈田径世锦赛男子110米栏半决赛举行,中国选手谢文骏跑出13秒22,以小组第3,总成绩第6顺利晋级决赛。这也是中国选手继2011年大邱世锦赛的刘翔后,8年来再度有中国选手闯入世锦赛男子110米栏决赛。

(3)2019年10月4日,国家主席习近平同几内亚总统孔戴互致贺电,庆祝两国建交60周年。习近平在贺电中指出,几内亚是第一个同中国建交的撒哈拉以南非洲国家。

(4)2019年10月5日,卧龙从首个大熊猫野外生态观测站"五一棚"起步,到全面系统开展大熊猫的野外生态行为、人工圈养与繁殖、野化培训与放归等研究活动,现为首个国家级大熊猫自然保护区,成为野生动物保护行业标杆,创造的大熊猫保护体系,堪称生物多样性保护典范。

(5)2019年10月5日2时51分,中国在太原卫星发射中心用长征四号丙运载火箭,成功将高分十号卫星发射升空,卫星顺利进入预定轨道,任务获得圆满成功。高分十号卫星可为"一带一路"等国家重大战略实施和国防现代化建设提供信息保障。

(6)2019年10月6日,中共中央总书记、国家主席习近平同朝鲜劳动党委员长、国务委员会委员长金正恩就中朝建交70周年互致贺电。习近平表示,70年前,中朝正式建立外交关系,这在两党两国关系史上具有划时代的重要意义。

(7)2019年10月7日,在全国上下隆重庆祝新中国成立70周年之际,中央宣传部7日在北京向全社会宣传发布陈俊武的先进事迹,授予他"时代楷模"称号。

(8)2019年10月8日,中国队在2019年多哈田径世锦赛上,获得了3金3银3铜,位列奖牌榜第四,取得了1993年斯图加特世锦赛之后的最佳战绩。

(9)2019年10月8日,在宽度超过1500米的长江武汉段江面,一座"身披"金秋黄的大型悬索桥一跨过江,犹如金色巨龙卧伏江面。这座武汉杨泗港长江大桥8日通车,标志着长江上首座双层公路大桥正式投入使用。

(10)2019年10月9日,国家主席习近平在钓鱼台国宾馆会见巴基斯坦总理伊姆兰·汗。习近平强调,中国和巴基斯坦是独一无二的全天候战略合作伙伴。

(11)2019年10月10日,以"促进创新与可持续发展,共创大湾区新机遇"为主题的粤港澳大湾区论坛10日在港举办,与会者认为香港应放眼大湾区广阔市场,结合自身优势,不断推动创新,真正抓住发展契机。

(12)2019年10月11日,国庆节前夕,中国第一艘自主运营的豪华邮轮"鼓浪屿"号扬帆远航,完成了从厦门到香港的首航之旅。

(13)2019年10月13日是中国少年先锋队建队70周年纪念日。连日来,各地少先队组织开展"红领巾心向党,争做新时代好队员"主题队日活动。

(14)2019年10月14日,国家市场监管总局副局长、国家标准委主任田世宏14日表示,目前已有11个国家或地区基本确定采用或商用我国数字电视标准,带动了数字电视产业众多产品和企业"走出去",形成由点到面的标准海外推广应用新格局。

(15)2019年10月18日,中国烹饪协会主办的第二十三届中国快餐产业大会暨"中国快餐品类及代表品牌"发布会在大连市举办。中国烹饪协会会长姜俊贤介绍,2019年,中国餐饮整体规模预计突破4.6万亿元,比1978年增长超800倍。

(16)2019年10月16日,国务院新闻办发布《中国的粮食安全》白皮书,全面介绍中国粮食安全现状,系统宣示我国粮食安全政府立场和政策主张,具有重要的现实意义。

(17)2019年10月17日,中国与毛里求斯于17日正式签署自由贸易协定,成为我国商签的第十七个自贸协定,也是我国与非洲国家的第一个自贸协定。

(18)2019年10月17日,第七届中国成都国际非物质文化遗产节17日在成都开幕。本届非遗节以"传承多彩文化 创享美好生活"为主题,开展国际展览、论坛、竞技、展演和互动体验等各类活动540余场。

(19)2019年10月18日,第二十五届世界客车博览会在比利时首都布鲁塞尔开幕。中国生产的多款新能源客车成为众多媒体聚焦的"明星",通过斩获多项大奖凸显出"中国智造"的强劲实力和领先水平。

（20）2019年10月20日，在第七届世界军人运动会军事五项女子个人全能障碍跑项目中，卢嫔嫔以2分10秒09的成绩打破该项目世界纪录。

（21）经国务院批准，财政部经由我国常驻世界贸易组织（WTO）代表团，于2019年10月20日，向WTO提交了中国加入《政府采购协定》（GPA）第七份出价。本次出价首次列入军事部门。

（22）2019年10月21日，第三届中国—太平洋岛国经济发展合作论坛21日在萨摩亚首都阿皮亚举行。国务院副总理胡春华出席开幕式，宣读习近平主席贺信并致辞。

（23）2019年10月21日，中法合拍纪录片《论语导读》开机仪式21日在法国巴黎举行。该片以中国儒家经典作品的第一部法文译本《论语导读》为线索，讲述中华文明和欧洲文明相遇、相识、交流、互鉴的历史故事，探索当今世界多元文化共处共荣之道。

（24）2019年10月23日，记者22日从中国煤科西安研究院获悉，该院应用自主研发的大功率定向钻进技术及装备在神东煤炭集团保德煤矿进行钻孔工程示范，目前完成了主孔深度3 353米的沿煤层超长贯通定向钻孔，再次创造了我国井下定向钻进新的世界纪录。

（25）2019年10月23日，在全党深入开展第二批"不忘初心、牢记使命"主题教育之际，中央宣传部23日在北京向全社会宣传发布李夏的先进事迹，追授他"时代楷模"称号。

（26）2019年10月24日，历时3年建设的亚洲基础设施投资银行总部大楼暨亚洲金融大厦24日竣工，这也是首个由中国倡议设立的多边金融机构总部大楼落户北京，将为北京"四个中心"建设、为国家发展战略实施注入强劲新动能。

（27）2019年10月24日~25日，以"落实2030年可持续发展议程：我们在行动"为主题的首届可持续发展论坛在北京召开，约500位中外来宾探讨了落实2030年议程的经验和计划。

（28）2019年10月26日下午，我国国产喷气支线客机ARJ21飞机从哈尔滨太平国际机场起飞，历经1小时03分的飞行，平稳降落在俄罗斯符拉迪沃斯托克国际机场。这标志着ARJ21飞机首条国际航线成功开通，我国国产喷气支线客机商业运营实现新跨越。

（29）2019年10月27日，第七届世界军人运动会在武汉圆满落幕。本届军运会，各国军人运动员共打破7项世界纪录、85项国际军体纪录。中国人民解放军体育代表团共获得133枚金牌、64枚银牌、42枚铜牌，位居金牌榜和奖牌榜第一。

（30）2019年10月28日，记者今天从中国科学院金属研究所获悉，由我国自主研发的全海深载人潜水器万米级载人舱成功建造完成，可搭乘3人下潜。这是目前世界上空间最大、搭载人数最多的万米级载人舱。

（31）2019年10月30日，记者从第一届中国自然保护国际论坛获悉，目前中国已建立各级各类自然保护地 1.18 万处,占国土陆域面积的 18%,领海面积的 4.6%。

11 月国内重要时事

(1)2019 年 11 月 1 日,中共中央宣传部举行新闻发布会,邀请六部门负责人介绍党的十九届四中全会有关情况。党的十九届四中全会是一次具有开创性、里程碑意义的重要会议,是党的历史上首次用一次中央全会专门研究国家制度和国家治理问题。

(2)2019 年 11 月 1 日,在中国科学院建院 70 周年之际,中共中央总书记、国家主席、中央军委主席习近平发来贺信,代表党中央向全院科技工作者和干部职工致以诚挚的问候。

(3)2019 年 11 月 3 日,我国在太原卫星发射中心用长征四号乙运载火箭成功发射高分专项高分七号卫星,并搭载发射了 3 颗卫星。高分七号卫星作为我国首颗民用亚米级光学传输型立体测绘卫星,运行后将在国土测绘、城乡建设、统计调查等方面发挥重要作用,为城市群发展规划、农业农村建设提供有力保障。

(4)2019 年 11 月 3 日,根据日前印发的《教育部关于一流本科课程建设的实施意见》,教育部将实施一流本科课程"双万计划",认定万门左右国家级一流本科课程和万门左右省级一流本科课程。

(5)2019 年 11 月 5 日,国家新闻出版署近日发出《关于防止未成年人沉迷网络游戏的通知》,规定网络游戏企业每日 22 时到次日 8 时不得为未成年人提供游戏服务。

(6)2019 年 11 月 5 日,第二届中国国际进口博览会在上海国家会展中心开幕。国家主席习近平出席开幕式并发表题为《开放合作 命运与共》的主旨演讲。

(7)2019 年 11 月 5 日,财政部等三部门发布通知,对 11 月 5 日至 11 月 10 日期间举办的第二届进口博览会展期内销售的合理数量的进口展品免征进口关税,进口环节增值税、消费税按应纳税额的 70% 征收。

(8)2019 年 11 月 7 日,国务院总理李克强 11 月 6 日主持召开国务院常务会议,听取当前农业工作汇报,要求巩固农业基础、保障重要农产品供给、稳定价格;部署做好《区域全面经济伙伴关系协定》后续工作,推动更大开放、提升贸易投资自由化便利化水平。

(9)习近平主席在第二届中国国际进口博览会开幕式主旨演讲中,深刻洞察经济全球化的历史大势,深刻分析世界经济发展面临的共同难题,明确提出"共建开放合作的世界经济""共建开放创新的世界经济""共建开放共享的世界经济"3 点倡议。

(10)2019 年 11 月 10 日,在对希腊共和国进行国事访问之际,国家主席习近平在希腊《每日报》发表题为《让古老文明的智慧照鉴未来》的署名文章。

(11)2019 年 11 月 10 日,国家主席习近平 10 日乘专机离开北京,对希腊进行国事访问,并赴巴西出席在巴西利亚举行的金砖国家领导人第十一次会晤。

（12）2019年11月12日18时32分25秒,中通快递迎来了2019年的第100亿件快递,成为中国第一家达到百亿件量级的快递企业,再次刷新了世界纪录。

（13）2019年11月12日,我国科学家成功研制世界首台平方公里阵列射电望远镜（SKA）区域中心原型机。

（14）2019年11月13日,在中国国家博物馆举行了圆明园马首铜像捐赠仪式。为更好践行流失文物回归原属地的文物保护国际共识,国家文物局经与爱国人士何鸿燊先生协商一致,将马首划拨北京市圆明园管理处收藏。

（15）2019年11月14日,第四届海上丝绸之路国际艺术节将于22日至27日在福建省泉州市举办。本届艺术节将突出"多彩海丝、文明互鉴"主题,秉承"展示、交流、合作、共享"的理念,分为艺术展演展示、艺术发展论坛、网络艺术节三大板块。

（16）2019年11月18日,联合国教科文组织世界遗产委员会公布了最新版各国申请世界遗产预备名单。中国新增了3处申遗点:内蒙古巴丹吉林沙漠——沙山湖泊群、贵州三叠纪化石遗址群和贵州黄果树风景名胜区。

（17）2019年11月18日,日前,国务院印发《中国（江苏）自由贸易试验区总体方案》,批准设立涵盖南京、苏州、连云港三个片区的江苏自贸试验区。

（18）2019年11月19日,第二十八届中国金鸡百花电影节19日在厦门开幕。中共中央政治局委员、中宣部部长黄坤明出席开幕式并致辞。

（19）2019年11月21日,11月20日至23日,首届"世界5G大会"在亦庄举办。围绕"展成就、望前瞻""智慧城市、智生活""智慧交通、享出行""智能制造、创未来""智慧医疗、更健康""高清视频、看世界"六大主题,展现5G发展最新成就和最新场景应用案例。

（20）2019年11月22日,国家主席习近平22日在人民大会堂会见出席2019年"创新经济论坛"外方代表。

（21）2019年11月23日,我国在西昌卫星发射中心用长征三号乙运载火箭,以"一箭双星"方式成功发射第五十、五十一颗北斗导航卫星。

（22）2019年11月25日,国家主席习近平和日本首相安倍晋三分别致信祝贺中日高级别人文交流磋商机制首次会议在东京召开。

（23）2019年11月27日上午,工信部在北京举行全国"携号转网"正式提供服务启动仪式,宣布携号转网技术、系统、服务规则等都已完备,全国范围的"携号转网"服务正式推开。

（24）2019年11月28日上午,2020年第六届亚洲沙滩运动会倒计时一周年启动仪式暨吉祥物发布会在北京和海南三亚同步举行,吉祥物"亚亚"正式亮相。

12月国内重要时事

(1)2019年12月1日,中共中央、国务院印发了《长江三角洲区域一体化发展规划纲要》,并发出通知,要求各地区各部门结合实际认真贯彻落实。

(2)2019年12月1日,日前,交通运输部等六部门联合出台了《危险货物道路运输安全管理办法》,将于2020年1月1日正式实施。

(3)2019年12月2日,中国国家主席习近平在北京同俄罗斯总统普京视频连线,共同见证中俄东线天然气管道投产通气仪式。中俄务实合作的这一重大成果,也是双方更加紧密地站在一起,发展中俄新时代全面战略协作伙伴关系的生动体现。

(4)2019年12月3日,纪念中华人民共和国澳门特别行政区基本法实施20周年座谈会在北京人民大会堂隆重举行。

(5)2019年12月5日,日前,国务院印发《中国(黑龙江)自由贸易试验区总体方案》。这是我国首次在沿边地区设立自贸试验区。

(6)2019年12月5日,记者从5日召开的全国国家公园体制试点工作会议上获悉:目前全国已建立东北虎豹、祁连山、大熊猫、三江源、海南热带雨林、武夷山、神农架、普达措、钱江源和南山10处国家公园体制试点,涉及青海、吉林、海南等12个省份,总面积约22万平方公里,占陆域国土面积2.3%。

(7)2019年12月7日,中国邮政成为北京2022年冬奥会和冬残奥会官方邮政服务独家供应商,并特别发行了《北京2022年冬奥会会徽和冬残奥会会徽》个性化服务专用邮票。

(8)2019年12月8日,第二届海南岛国际电影节在海南三亚闭幕,首次设立的"金椰奖"十大奖项揭晓。

(9)2019年12月17日,我国第一艘国产航母山东舰17日下午在海南三亚某军港交付海军。中共中央总书记、国家主席、中央军委主席习近平出席交接入列仪式。

(10)2019年12月19日,庆祝黄埔军校同学会成立35周年座谈会在京召开。中共中央书记处书记、中央统战部部长尤权出席并讲话。

(11)2019年12月20日在澳门东亚运动会体育馆隆重举行庆祝澳门回归祖国20周年大会暨澳门特别行政区第五届政府就职典礼。

(12)2019年12月23日,全国农业农村厅局长会议上表示,2019年粮食生产创历史新高,产量达到13277亿斤,连续5年站稳1.3万亿斤台阶,粮食生产实现历史性的"十六连丰"。

(13)2019年12月24日,国务院总理李克强在四川成都与韩国总统文在寅、日本首相安倍晋三共同出席第七届中日韩工商峰会并致辞。李克强表示,今年是中日韩合作启动20

周年。

(14)2019年12月24日,十三届全国人大常委会第十五次会议上,由民法典各分编草案与2017年制定的总则"合体"而成的《中华人民共和国民法典(草案)》首次亮相。

(15)2019年12月25日,经中共中央党史和文献研究院审定,《胡锦涛文选》线装本已由线装书局出版,即日起在全国发行。同先前出版的《毛泽东选集》、《邓小平文选》、《江泽民文选》线装书一起,形成了党的经典著作线装本系列。

(16)2019年12月27日,C919大型客机106架机顺利完成其首次飞行任务。至此,C919大型客机6架试飞飞机已全部投入试飞工作。

(17)2019年12月28日,十三届全国人大常委会在北京人民大会堂举行宪法宣誓仪式。任命沈春耀为第五任全国人大常委会澳门特别行政区基本法委员会主任,崔世昌、张勇为第五任全国人大常委会澳门特别行政区基本法委员会副主任,还任命了第五任全国人大常委会澳门特别行政区基本法委员会委员。

(18)2019年12月30日,京张高铁近日正式开通运营,这是我国《中长期铁路网规划》中"八纵八横"高速铁路网北京至兰州通道的重要组成部分,是中国第一条智能化高铁线路。

附录二

2019年国际时事热点汇总

1月国际重要时事

（1）美国和以色列2019年1月1日零时正式退出联合国教科文组织。两国一年多前以教科文组织助长"反以色列偏见"为由，相继宣布"退群"。

（2）2019年1月8日，法国"黄马甲"示威在新年第一个周末卷土重来，全国大约5万人走上街头。在首都巴黎，示威者驾驶叉车冲撞政府办公楼大门。总统埃马纽埃尔·马克龙经由社交媒体谴责"极端暴力"。

（3）当地时间2019年1月10日下午，日本首相安倍晋三在英国伦敦与该国首相特雷莎·梅举行会晤并发表声明。在英国即将脱离欧盟之际，双方就英国脱欧后在经济领域推进合作达成一致。同时，双方还确认加强在安保领域的合作。

（4）当地时间2019年1月10日，委内瑞拉总统马杜罗在委最高法院宣誓就职，开始了其为期6年的第二任期，中国国家主席习近平特使农业农村部部长韩长赋、古巴国家领导人迪亚斯-卡内尔、玻利维亚总统莫拉雷斯等多国领导人及特使出席了就职典礼。

（5）美国东部时间2019年1月12日零时，从2018年12月下旬开始的美国联邦政府部分机构"停摆"进入第22天，这意味美国联邦政府迎来史上最长"停摆"。尽管美国国内不满声音巨大，但白宫与民主党之间的分歧仍没有缩小的迹象。

（6）2019年1月16日，朝鲜劳动党中央委员会副委员长金英哲、外务省副相崔善姬分别飞赴美国和瑞典，为第二次"金特会"做准备。

（7）2019年1月19日，签署全面与进步跨太平洋伙伴关系协定（CPTPP）的11个国家在东京举行了该协定生效以来的首次部长级会议。会后各方发布联合声明，表达了反对保护主义、支持自由贸易的立场。

（8）2019年1月22日，俄总统普京在莫斯科与日本首相安倍晋三举行会谈后表示，俄日确认了两国签署和平条约的意愿。普京与安倍的会谈总共持续了三个多小时,主要讨论南千岛群岛(日称"北方四岛")领土归属问题及缔结和平条约等事宜。

(9)美国总统特朗普于 2019 年 1 月 23 日宣布,承认担任委内瑞拉国民议会议长的反对派领导人瓜伊多为该国合法临时总统。随后,委内瑞拉总统马杜罗宣布与美国断交,并要求美使馆人员 72 小时内离开委内瑞拉。

(10)2019 年 1 月 25 日,美国总统特朗普和国会两党领导人就暂时结束美国历史上联邦政府最长"停摆"达成一致,联邦政府将重新开门并运作 3 周。25 日是自上个月美国联邦政府部分"停摆"以来第 35 天。特朗普当天在白宫宣布,他将签署临时拨款法案以结束"停摆",并维持联邦政府运作至 2 月 15 日。在此期间,国会参众两院共和、民主两党议员将组成跨党派委员会,就加强国土安全的资金问题提出建议。

(11)法国当地时间 2019 年 1 月 26 日发行中国猪年生肖邮票,为即将到来的中法建交 55 周年纪念日增添了喜庆气氛。中国驻法大使翟隽、法国邮政总裁菲利普·瓦尔、法国邮政亚太非美国际关系部主任金岩等出席当天在巴黎举行的邮票发行仪式。当天发行的猪年生肖邮票共两枚,面值分别为 0.88 欧元和 1.3 欧元,同时还发行两张小全张,分别包含 5 枚邮票。小全张上印有中文"中国春节猪年"的字样。

(12)2019 年 1 月 27 日是二战期间列宁格勒(即圣彼得堡)完全从纳粹德国封锁中解放 75 周年纪念日。为此,俄罗斯全国用各种方式进行纪念,其中包括在圣彼得堡举行盛大阅兵式。但在这一纪念日来临前夕,德媒却发表文章,宣称俄罗斯政府试图滥用民众对此事的记忆,遭到俄罗斯社会异口同声的谴责。

(13)当地时间 2019 年 1 月 28 日,总部位于日内瓦的世贸组织召开争端解决机制会议。会议决定根据中国的请求成立争端解决专家组,以对美国"301 调查"对中国进口产品征收的关税作出裁决。中国表示,对价值数千亿美元的中国商品征收的单方面关税正在损害中国的经济和贸易利益以及以规则为基础的多边贸易体系。

2 月国际重要时事

(1)当地时间 2 月 1 日上午,纽约地标性建筑帝国大厦举行庆祝 2019 年中国春节点灯仪式。中国驻纽约总领事黄屏和帝国大厦集团总裁兼首席运营官约翰·凯斯勒共同启动了象征点灯的开关。

(2)美国总统特朗普当地时间 2 月 5 日晚宣布,他与朝鲜最高领导人金正恩的第二次会晤于 2 月 27 日至 28 日在越南举行。

(3)美国总统特朗普于 2 月 5 日晚间在国会发表国情咨文演讲,力推加强边境管控、限制非法移民入境等政策。

（4）欧盟委员会主席容克于2月7日在布鲁塞尔同来访的英国首相特雷莎·梅举行会晤后表示，欧盟不会与英国就"脱欧"协议重新谈判。这意味着，在距离英国原计划"脱欧"大限3月29日不到50天的情况下，英国和欧盟还没有走出"脱欧"谈判所面临的僵局。

（5）为期两天的非洲联盟（非盟）第三十二届首脑会议于2月11日在埃塞俄比亚首都亚的斯亚贝巴闭幕。本届非盟峰会系列会议主题为"难民、回返者和国内流离失所者：为在非洲被迫流离失所找到持久解决办法"。峰会上，各国首脑和政府代表对非洲和平与发展、难民和移民等多个议题展开讨论，为推动非洲繁荣、可持续发展建言献策。

（6）2019年2月12日，美国航天局卫星数据表明，全球从2000年到2017年新增的绿化面积中，约1/4来自中国，贡献比例居全球首位。研究人员认为原因是中国在植树造林和集约农业等方面有突出表现。

（7）2月14~15日，中共中央政治局委员、国务院副总理、中美全面经济对话中方牵头人刘鹤与美国贸易代表莱特希泽、财政部长姆努钦在北京举行第六轮中美经贸高级别磋商。双方认真落实两国元首阿根廷会晤共识，对技术转让、知识产权保护、非关税壁垒、服务业、农业、贸易平衡、实施机制等共同关注的议题以及中方关切问题进行了深入交流。双方就主要问题达成原则共识，并就双边经贸问题谅解备忘录进行了具体磋商。

（8）美国国会参众两院于2月14日先后投票批准一份总额超过3300亿美元的拨款案，以避免联邦政府在本财年内再次部分"停摆"。

（9）当地时间2月15日上午，美国总统特朗普在白宫玫瑰园宣布，他将签署一项法案宣布美国进入国家紧急状态，以绕开国会对南部边境墙建设的资金限制。特朗普说，总统有权宣布国家进入紧急状态，这是为了保卫美国南部边境的安全，阻止犯罪分子、毒品等继续通过南部边境进入美国。

（10）世界移动通信大会（MWC）于2019年2月25日在西班牙巴塞罗那开幕。随着第五代移动通信技术（5G）商用日益临近，从适用于消费者市场的5G手机等终端产品，到推动企业数字化转型的5G技术，5G成为此次大会的绝对主角。华为、中兴等中国厂商都在会上发布5G等相关产品。随着英国和美国等意外对华为"温柔变脸"，中国5G力量吸引着世界的关注。

（11）韩联社2019年2月26日报道，金正恩专列于当地时间26日上午8点10分许驶入与中国接壤的越南谅山省同登站。下火车后，金正恩与越南方面前来迎接的人士进行简短对话，与越南政府相关人士一一握手。金正恩专列于23日下午从平壤站出发，历时65小时40分后抵达越南。

（12）当地时间2019年2月26日周二晚，美国国会众院以245票赞成、182票反对的表决结果通过了阻止总统特朗普宣布国家紧急状态的议案。13名共和党议员支持了民主党人提出的议案。这份议案已送交参院表决,目前民主党人在参院拥有47席,只需要得到4名共和党议员的支持即可获得通过所需的简单多数票。从目前来看,国会民主党人推翻总统否决的可能性并不大。

3月国际重要时事

(1)越南当地时间2019年3月1日凌晨0时15分左右,正在越南河内参加第二次朝美领导人会晤的朝鲜代表团深夜突然召集媒体记者举行发布会,就第二次朝美领导人会晤未能达成协议等会晤结果向媒体发布朝方立场。

(2)鉴于美国特朗普政府表示有意最快3月召开对日贸易谈判的首次会议,日本政府于2019年2月28日基本决定将提议4月以后在美国召开。今后将正式协调日程。美方警惕退出跨太平洋伙伴关系协定(TPP)导致对日出口的竞争条件不利,造成出口停滞。虽然摆出了关注农畜产业的姿态,但若谈判长期化或导致不满情绪加剧。

(3)2019年3月15日下午,美国总统特朗普在白宫行使否决权,否决了国会此前通过的阻止他宣布美国南部边境进入国家紧急状态的决议案。这是特朗普就任总统以来首次行使否决权,他表示,国会有通过这项决议的自由,但他有责任否决它。

(4)当地时间2019年3月21日,正在布鲁塞尔举行的欧盟峰会就英国脱欧最后期限达成决议草案。草案称,欧盟可以同意将英国脱欧延期至今年5月22日,延期的条件是下周英国议会通过特蕾莎·梅所提出的脱欧协议。

(5)2019年3月22日,国家主席习近平在罗马和意大利总统马塔雷拉一道会见出席中意企业家委员会、中意第三方市场合作论坛、中意文化合作机制会议双方代表。习近平祝贺中意务实合作三大机制性会议首次同期召开,感谢两国工商企业界、文化艺术界人士长期以来为推动双边经贸合作、加深两国人民相互了解、增进两国友谊作出的努力和贡献。

(6)2019年3月24日,国家主席习近平同摩纳哥亲王阿尔贝二世举行会谈。习近平指出,很高兴应亲王殿下邀请对摩纳哥公国进行国事访问。这是中国国家主席首次访问摩纳哥。我们两国相似的民族性格和共同的精神追求,使得我们相知相亲。

(7)2019年3月26日,国家主席习近平在巴黎同法国总统马克龙一道出席中法全球治理论坛闭幕式。德国总理默克尔、欧盟委员会主席容克应邀出席。习近平和马克龙、默克尔、容克在热烈掌声中共同步入闭幕式现场。

(8)一年一度的博鳌亚洲论坛于2019年3月26日在海南博鳌举行。博鳌亚洲论坛理事会秘书长李保东26日在新闻发布会上披露的数据显示,亚洲已成为全球经济增长最快的地区,过去10年对世界GDP增长的贡献率达到60%。

（9）当地时间2019年3月26日上午,国家主席习近平夫人、联合国教科文组织促进女童和妇女教育特使彭丽媛应联合国教科文组织邀请,出席该组织在巴黎总部举行的女童和妇女教育特别会议。联合国教科文组织总干事阿祖莱表示,目前世界上有近1亿3千万失学女童,全球7亿5千万文盲者中,女性占2/3。

（10）2019年3月27日,阿根廷财政部副部长马丁·索托接受《环球时报》记者专访时表示,阿根廷已与中国通信企业中兴通信就一个价值为2 800万美元的通信网络项目达成交易。根据协议,中兴将协助该国北部省份胡胡伊省建设光缆等通讯基础设施。阿根廷此举正值美国以"威胁国家安全"为由频繁打压中国电信巨头华为和中兴,阻止其全球业务的扩张。

（11）当地时间2019年3月27日晚,英国议会下院以441票支持、105票反对的投票结果,将原定的"脱欧"日期从法律中移除,正式决定延迟"脱欧"。而后,议会还就"二次公投""无协议脱欧""不脱欧"等8个"脱欧"选项进行了投票,然而没有任何一种方案获得超过半数的支持票。分析人士认为,投票结果让英国"脱欧"进程再一次陷入了困境。

4月国际重要时事

（1）2019年4月1日,日本政府决定取代"平成"的新年号是"令和"。日本明仁天皇签署了改元政令,在当天颁布。随着4月30日明仁天皇退位,新年号将在皇太子即位成为新天皇的5月1日凌晨0点起施行。日本共同社报道称,这是日本宪政史上首次在皇位继承前就公布新年号。"令和"是"大化"（645年）以来的第248个年号,基于1979年制定的《年号法》的改元则是继"平成"后的第二例。

（2）国际货币基金组织（IMF）于2019年4月9日发布最新一期《世界经济展望报告》,认为全球经济增长将在短期内放缓,然后适度回升,将2019年全球经济增长预期下调至3.3%。但IMF预测,全球经济有望在2019年下半年逐步反弹。

（3）2019年4月11日,英国天空新闻援引欧盟官员消息称,欧盟同意将英国脱欧延长至10月底,并将在6月进行审议。路透社消息称,27位欧盟领导人在布鲁塞尔会谈期间表达了欧盟共同的立场,欧盟主席图斯克现已将这一提案交由英国首相特蕾莎·梅批准。

（4）2019年4月12日,中国-中东欧国家合作机制在克罗地亚迎来了新成员希腊的加入,从"16+1"扩容到"17+1",希腊在2018年已成为首个与中国签署共建"一带一路"合作谅解备忘录的欧盟成员国。

（5）2019年4月12日,国家主席习近平致电朝鲜最高领导人金正恩,祝贺他再次被推举为朝鲜国务委员会委员长。习近平指出,中朝两国是山水相连的友好邻邦。我高度重视中朝传统友好合作关系。去年以来,我同委员长同志四次会晤,达成一系列重要共识,共同掀开了中朝关系新的篇章。我愿同委员长同志一道,以两国建交 70 周年为契机,推动中朝关系进一步向前发展,更好造福两国和两国人民。

(6)当地时间 2019 年 15 日下午 6 点 50 分左右,法国巴黎圣母院发生严重火灾,塔尖已倒塌。目前无人员伤亡报告。CNN 则引述一名法国官员的话说,塔尖的三分之二已被损毁,一名消防员受伤严重。ABC 援引法国消防官员的话说,巴黎圣母院的主体结构和两座标志性的塔楼所幸在大火中保存完好。

(7)2019 年 4 月 18 日,国家主席习近平同巴林国王哈马德互致贺电,热烈庆祝两国建交 30 周年。习近平在贺电中指出,中巴建交 30 年来,两国相互尊重、相互支持,结下深厚友谊,双边关系稳步向前发展,各领域合作成果丰硕。我高度重视中巴关系发展,愿同哈马德国王一道努力,以中巴建交 30 周年和两国共建"一带一路"为契机,推动中巴各领域合作迈向新台阶,造福两国和两国人民。

(8)2019 年 4 月 21 日,日本首相安倍晋三以"内阁总理大臣"的名义,向靖国神社供奉名为"真榊"的祭品。靖国神社 4 月 21 日至 4 月 23 日举行春季例行大祭。厚生劳动大臣根本匠、众议院议长大岛理森、参议院议长伊达忠一等也分别供奉了"真榊"祭品。安倍曾于 2013 年 12 月参拜靖国神社,此后未再参拜,但每年会在春秋例行大祭期间供奉祭品,在"8·15"日本战败日以"自民党总裁"名义供奉"玉串料"(祭祀费)。

(9)2019 年 4 月 21 日,国家主席习近平就斯里兰卡发生系列爆炸事件向斯里兰卡总统西里塞纳致慰问电。习近平表示,惊悉贵国首都科伦坡等地发生系列爆炸事件,造成重大人员伤亡。我谨代表中国政府和中国人民,并以我个人的名义,对遇难者表示深切的哀悼,向伤员和遇难者家属表示诚挚的慰问。同日,国务院总理李克强也就此向斯里兰卡总理维克拉马辛哈致慰问电。

(10)2019 年 4 月 25 日,正在中国进行访问的瑞士联邦主席于利·毛雷尔在北京举行的一场新闻发布会上"官宣",瑞士将正式加入"一带一路"倡议,而这也是继意大利、卢森堡后在最近两个月内第三个宣布加入"一带一路"的欧洲重要国家。

(11)2019 年 4 月 25 日,俄罗斯总统普京与朝鲜最高领导人金正恩在符拉迪沃斯托克会晤。普京表示支持缓解半岛的紧张局势,此外两国领导人还表示要加强经济关系。俄外交部发言人扎哈罗娃 25 日在参加《莫斯科之声》广播电台节目时表示,可把"普金会"看作是对美国外交错误的修正。

5月国际重要时事

（1）据《朝日新闻》网站报道，2019年5月1日德仁天皇即位，拉开了日本令和时代的序幕。

（2）截至2019年5月4日，袭击印度东海岸的热带气旋"法尼"已造成登陆地点奥迪沙邦12人死亡。多个受灾地区的灾后救援和重建工作目前已逐步展开。"法尼"于当地时间3日上午在奥迪沙邦普里地区登陆，气旋中心附近最大风力达每小时180千米左右。

（3）据英国《卫报》2019年5月4日报道，英国地方选举结果显示，执政党保守党失去了1334个议席，创下1995年以来最差战绩。最大反对党工党也失去了82个议席。英国两大政党选举失利都和处理英国脱欧不力有关。英国首相特雷莎·梅5月3日出席保守党大会时，被要求辞职。

（4）2019年5月6日，联合国在巴黎发布《生物多样性和生态系统服务全球评估报告》显示，如今在全世界800万个物种中，有100万个正因人类活动而遭受灭绝威胁，全球物种灭绝的平均速度已经大大高于1 000万年前。这份1 800页的报告是自2005年联合国千年生态系统评估报告发布以来，对全球自然环境最全面的一次评估，为全球生物多样性保护再次敲响了警钟。

（5）美国司法部于当地时间2019年5月9号宣布，美国扣押了一艘朝鲜货船，称这艘货船违反了联合国和美国的相关规定，非法运输来自朝鲜的煤炭。这也是美国首次以违法国际制裁为由扣押朝鲜货船。

（6）2019年5月10日是韩国总统文在寅执政两周年的日子，而韩国媒体在为总统做"工作小结"时，"历届支持率第二"、"经济陷入泥潭"成为关键词。

（7）当地时间2019年5月15日，美国总统特朗普签署行政命令，要求美国进入紧急状态，在此紧急状态下，美国企业不得使用对国家安全构成风险的企业所生产的电信设备。几乎所有报道此事的外媒都在说，这是在为禁止美企与华为的业务往来铺平道路。此外，据路透社报道，在特朗普签署行政令后，美国商务部15日发表声明称，正将华为及其70个关联企业列入美方"实体清单"，禁止华为在未经美国政府批准的情况下从美国企业获得元器件和相关技术。

（8）第七十二届世界卫生大会开幕在即。2019年5月18日，与会中国代表团在日内瓦表示，世卫大会期间，中国将与各方分享在初级卫生保健方面的成功经验，希望为实现世界卫生组织倡导的全民健康覆盖以及全球卫生治理贡献力量。

（9）欧洲议会选举将于2019年5月23日至26日在欧盟28个成员国拉开帷幕。这次选举除了将投票选出751个欧洲议员席位外,还将改选欧盟委员会主席、欧洲理事会主席、欧洲议会议长、欧洲央行行长以及欧盟外交与安全政策高级代表五大职位,被认为将决定未来5年欧盟的发展方向。

(10)2019年5月24日没能弥合党内分歧的英国首相特雷莎·梅含泪宣布,她将于6月7日卸任保守党党魁一职。这也意味着,英国和欧盟尚未"离婚",已先后送走两位首相:2016年的卡梅伦和今年的梅。3年前,脱欧公投结果刚公布时,英国媒体哀叹"英国正驶向未知海域"。如今,"脱欧"进程停滞,英国社会分裂依旧。

(11)2019年5月25日,正在瑞士日内瓦召开的第72届世界卫生大会审议通过了《国际疾病分类第11次修订本》,首次将起源于中医药的传统医学纳入其中。这是中国政府和中医专家历经10余年持续努力取得的宝贵成果。世界卫生组织《总干事报告》指出,《国际疾病分类第11次修订本》包括一个题为"传统医学病证——模块1"的补充章节,将起源于古代中国且当前在中国、日本、韩国等国家普遍使用的传统医学病证进行了分类。

6月国际重要时事

(1)2019年5月31日,经过几天紧张的推选和讨论,奥地利总统亚历山大·范德贝伦于当地时间30日下午3时任命宪法法院院长布丽吉特·比尔莱因为奥地利总理,直至9月中旬的奥地利大选。比尔莱因成为奥地利历史上第一位女总理。

(2)第十八届亚洲安全会议暨香格里拉对话会于2019年5月31日至6月2日在新加坡举行。约40个国家的国防部长、军队高官和专家学者与会,中国国务委员兼国防部长魏凤和率团出席。

(3)第73届联合国大会于2019年6月4日在纽约联合国总部举行全体会议,选举尼日利亚常驻联合国代表提贾尼·穆罕默德-班德为第74届联合国大会主席。

(4)2019年6月5日,世界多国领袖聚集在英格兰南部港口城市朴茨茅斯,参加诺曼底登陆75周年纪念活动。

(5)2019年6月9日,美国总统特朗普表示,原定于10日对墨西哥商品征加关税措施,将无限期暂停执行。美墨已达成协议,墨西哥将采取措施阻止非法移民。

(6)2019年6月10日,以"创新、复苏、共赢:迈向中欧商业合作新纪元"为主题的第十届中欧企业家峰会在英国伦敦开幕。

(7)第十八次世界气象大会于2019年6月3日至14日在瑞士日内瓦举行。会议13日选举德国气象局局长格哈德·阿德里安担任世界气象组织新一任主席,任期四年。

(8)2019年6月15日,为期两周的"可汗探索-2019"多国维和军事演习在乌兰巴托附近的蒙古国武装力量训练中心开幕。来自蒙古国、中国、美国、韩国、日本等38个国家的1 700多名官兵参演。

(9)2019年6月17日,美国总统特朗普早在上台后不久,已表明准备寻求连任,此后曾多次举行造势集会。在面对民主党超过20名总统参选人挑战压力下,特朗普18日将在佛州正式宣布参选总统,揭开2020竞选连任的序幕。

(10)2019年6月19日,墨西哥参议院以压倒性多数票批准了与美国和加拿大达成新的自由贸易协定,使其成为三个国家中第一个获得立法批准的国家。

(11)2019年6月22日,俄罗斯总统普京出席在莫斯科举行的俄罗斯纪念卫国战争胜利74周年活动,并向无名战士墓献花。

(12)2019年6月23日,第34届东盟峰会在泰国首都曼谷闭幕。当天公布的本届东盟峰会主席声明说,东盟反对贸易保护主义,支持维护多边贸易体制。

(13)美国总统特朗普2019年6月24日签署行政令,对伊朗最高领袖大阿亚图拉阿里·哈梅内伊以及多名高级军官施加经济制裁。这是美方首次把伊朗最高领袖列为制裁目标。

(14)英国新修订的《气候变化法案》于2019年6月27日生效,正式确立英国到2050年实现温室气体"净零排放"的目标。英国由此成为世界主要经济体中率先以法律形式确立这一目标的国家。

(15)2019年6月30日,正在韩国访问的美国总统特朗普在板门店与朝鲜最高领导人金正恩握手会面。随后,特朗普跨越军事分界线来到朝方一侧,成为朝鲜停战协定签署以来踏上朝鲜国土的首位美国在任总统。

7月国际重要时事

(1)2019年7月1日,巴拿马当选总统科尔蒂索在首都巴拿马城正式宣誓就职,开启为期5年的执政期。

(2)2019年7月2日,澳大利亚央行行长劳伊(Philip Lowe)宣布连续第二个月降息,将澳大利亚官方现金利率下调0.25%至1%。这是自2012年以来的首次连续降息。此举意在刺激经济增长从而拉动失业率下降与工资上涨。

(3)2019年7月4日,日本针对韩国实施的加强半导体材料出口管控措施开始生效。日方此举不仅会对韩国半导体产业造成威胁,也会打击日本国内相关产业,最终给半导体产业全球供应链带来影响。

(4)2019年7月3日,俄总统普京签署了有关暂停履行《中导条约》的法案。

(5)2019年7月7日,为应对美国施压,伊朗的浓缩铀丰度将于8日超过此前"伊核协议"

规定的 3.67%。

(6)2019 年 7 月 7 日,非洲联盟非洲大陆自由贸易区特别峰会在尼日尔首都尼亚美开幕,会议正式宣布非洲大陆自贸区成立。

(7)2019 年 7 月 9 日,美国政府宣布,从即日起减免 110 项中国输美商品的关税,包括用于癌症放疗的医疗器械和电容器等。这 110 项商品从去年 7 月 6 日开始被加征了 25% 的关税。减免有效期一年。

(8)2019 年 7 月 10 日,日前,由中国政府提供优惠贷款、中国中铁四局集团承建的蒙古国新机场高速公路顺利移交蒙古国政府。这条完全采用中国标准、中国技术建设的高速公路,为中蒙建交 70 周年献上一份厚礼,成为中蒙友谊的又一标志性工程。

(9)2019 年 7 月 15 日,针对法、英、德领导人近日就伊核局势发表联合声明,中国外交部发言人耿爽 15 日在北京表示,完整有效执行伊核全面协议,是解决伊核问题、缓解紧张局势的唯一现实有效途径。

(10)2019 年 7 月 15 日,联合国在纽约总部发布的《世界粮食安全和营养状况》报告显示,近年来全球挨饿人数逐年增多,截至 2018 年全球面临食物不足困境的人数达 8.216 亿。

(11)2019 年 7 月 16 日,世界贸易组织发布上诉机构报告,裁决美国未完全履行 2014 年世贸组织裁决结果,其对中国进口商品实施的部分反补贴措施仍违反世贸组织相关规定。

(12)2019 年 7 月 23 日,鲍里斯·约翰逊在保守党内选举中当选新的保守党领袖,并将成为下一任英国首相。

(13)2019 年 7 月 26 日下午,中国和巴西建交 45 周年研讨会在巴西里约热内卢市举行,两国政府官员、学者以及企业界人士等 200 余人齐聚一堂,共同回顾两国建交历程,评述中巴合作成果,展望双边关系未来。

(14)2019 年 7 月 29 日,美国白宫发表声明称,总统特朗普 26 日与英国首相鲍里斯·约翰逊通电话,双方同意在英国"脱欧"后加强双边经济关系。这是约翰逊就任首相以来,两人的首次正式沟通。

8 月国际重要时事

(1)2019 年 8 月 2 日,2019 年中国政府奖学金颁奖仪式在中国驻韩国大使馆举行。这是在韩中国政府奖学金项目进行 20 多年来,首次在中国大使馆举行颁奖仪式。

(2)2019 年 8 月 5 日,中国与南非政府在南非行政首都比勒陀利亚宣布,双方同意将每年 9 月 17 日定为南非中文日。

(3)2019 年 8 月 6 日,新加坡金融管理局发布规定,电子支付平台、加密货币业者等企业在2020年8月前,必须按照法律采取六项基本网络安全措施,以应对网络风险增加的趋势。新加坡是首个对金融业者实行上述规定的国家。

(4)韩国总统文在寅2019年8月15日发表"光复节"演讲,敦促日本反思历史,同时用大量篇幅谈及壮大韩国经济实力的规划。

(5)2019年8月15日,美国宇航局(NASA)派员远赴冰岛火山地带,进行新型太空探测器测试工作,为筹备登陆火星的任务铺路。

(6)2019年8月22日,英韩两国经贸负责人在伦敦签署一份贸易协议。这是英国面临脱欧局面,在亚洲签署的第一份保证两国继续进行自由贸易往来的协议。

(7)一年一度的七国集团峰会于2019年8月24日在法国南部滨海小城比亚里茨开幕。法国总统马克龙等领导人呼吁避免贸易战。

(8)韩国军方2019年8月25日在独岛(日本称"竹岛")附近海域开始为期两天的军事演习。日本方面抗议,"强烈敦促"韩方停止军演。

(9)七国集团峰会定于2019年8月24日至26日在法国西南部海滨城市比亚里茨举行。特朗普23日临行前告诉媒体记者,如果法国对谷歌、脸书和苹果等美国互联网技术巨头征收数字税,美国将对法国葡萄酒征税。

(10)韩国外交部在2019年8月28日召见日本驻韩大使,抗议日方当天正式把韩国从简化出口手续的"白色清单"中除名、即取消韩国受信任贸易伙伴地位。

9月国际重要时事

(1)2019年9月1日,萨那消息:红十字国际委员会驻也门机构说,也门西南部扎马尔省一所监狱当天凌晨遭到空袭,造成至少100人死亡,预计这一数字还会上升。

(2)9月5日,据《朝日新闻》网站报道,日本福岛县会津若松市河东町的江户时代中期建筑"旧冈崎家住宅"由于茅草苫不断脱落、房屋损坏,将被从"重要县级文化遗产"中除名。

(3)为避免英国首相约翰逊强行"无协议"脱欧,2019年9月4日,英国下议院以327票赞成299票反对通过新修正案,要求将脱欧截止日从2019年10月31日延长到2020年1月31日。

(4)英国议会上院2019年9月6日通过一项旨在阻止"无协议脱欧"的法案,该法案将在呈交女王伊丽莎白二世签署后成为法律。

(5)2019年9月9日,联合国贸易与发展会议(贸发会议)近日发布《2019年数字经济报告》,呼吁全球共同努力,缩小数字鸿沟,让更多人共享数字经济发展成果。这是联合国贸发会议首份关于全球数字经济的研究报告。报告称,在过去20多年里,全球使用互联网的人数迅速增加,其中数字数据和数字平台是数字经济中创造价值的最主要驱动力。

(6)当地时间2019年9月13日,法国巴黎多个运输工会发动大规模罢工,反对政府改革退休金制度。巴黎16条地铁路线中,多达10条全线停开,地面交通也部分停开,不少市民被迫步行上班,是2007年以来最严重的一次罢工。

(7)据CNN报道,美国总统特朗普14日在一份声明中确认,"基地"组织已故头目奥萨姆·本·拉登之子哈姆扎·本·拉登"已经在美国在阿富汗/巴基斯坦地区的一次反恐行动中被击毙"。

(8)日本总务省15日发布数据,显示日本65岁以上群体2019年占总人口28.4%,这一群体就业人口2018年占总劳动人口12.9%,都是有记录以来最高水平。

(9)2019年9月17日,德国总理默克尔17日批评以色列总理内塔尼亚胡提出的将约旦河谷纳入以领土的计划,重申德国将坚持以"两国方案"解决巴勒斯坦和以色列的争端。

(10)2019年9月21日,法国将迎来欧洲文化遗产日,众多博物馆、政府机构、私人建筑等名胜古迹向游客敞开大门。欧洲文化遗产日活动起源于法国,目的是为了让更多人了解、热爱进而保护人类历史文化遗产,已成为欧洲一项重要文化活动。

(11)2019年9月22日,隶属于联合国秘书处的全球传播部发布公报说,联合国秘书处已通过一项新的气候行动十年计划,在2030年前将与秘书处相关的温室气体排放量减少45%。

(12)2019年9月25日,第二十届世界知识论坛25日在首尔开幕。论坛为期3天,主题为"以洞察力带动人类繁荣"。在开幕式上,芬兰前总理埃斯科·阿霍、中国宋庆龄基金会主席王家瑞为论坛致贺词。

10月国际重要时事

(1)2019年10月1日,朝鲜外务省第一副相崔善姬表示,朝鲜和美国商定将于本月5日举行朝美工作磋商。

(2)2019年10月1日,埃里温消息:伊朗总统鲁哈尼在亚美尼亚首都埃里温表示,国际社会应抵制美国的单边主义行径。

(3)2019年10月5日,朝鲜外务省巡回大使金明吉在瑞典出席美朝无核化工作级别会议后表示,朝美双方会谈破裂,他敦促华盛顿方面改变立场。

(4)2019年10月6日,伊朗半官方媒体塔斯尼姆通讯社说,美国在过去一段时间内多次对伊朗发动网络攻击,伊朗将采取法律手段捍卫自身合法权益。

(5)2019年10月6日,墨西哥城孔子学院第十三届秋季中国文化节暨孔子学院日在墨西哥城举办。今年恰逢新中国成立70周年,孔院师生以歌曲、舞蹈、武术表演、民族服装走秀等多种方式共同表达了对中国华诞70周年的祝贺和对中国传统文化的热爱。

（6）2019年10月17日，土耳其总统埃尔多安与到访的美国副总统彭斯在首都安卡拉举行会晤，双方就土耳其军队在叙利亚北部暂时停火和建立"安全区"问题达成协议。

（7）近日，国际货币基金组织（IMF）发布了最新一期《撒哈拉以南非洲地区经济展望》报告，预测2019年撒哈拉以南非洲地区的经济增长为3.2%，较今年4月份该组织的预期下调了0.3个百分点。

（8）当地时间10月28日，由中国国务院新闻办公室主办的摩洛哥卡萨布兰卡哈桑二世大学"中国馆"揭牌仪式在卡萨布兰卡举行。

（9）2019年10月29日，国家主席习近平向柬埔寨王国国王西哈莫尼发去贺电，祝贺西哈莫尼国王登基15周年。

（10）2019年10月29日，美国商务部发布的数据显示，今年第二季度美国制造业增加值占美国实际国内生产总值（GDP）的比重为11%，降至72年来新低。

11月国际重要时事

（1）2019年11月1日，《联合国气候变化框架公约》宣布，2019年联合国气候变化大会将在西班牙马德里举行。

（2）2019年11月4日，美国政府宣布将开始正式退出巴黎气候协定。

（3）2019年11月6日，美国国会众议院情报委员会主席希夫6日表示，众议院情报委员会将于13日就针对总统特朗普的弹劾调查首次举行公开听证会。

（4）2019年11月9日，第六届基辅国际经济论坛8日在乌克兰首都基辅开幕。乌克兰总统泽连斯基在讲话中呼吁国际社会加大对乌克兰的投资，承诺将严格保护外国投资者利益。

（5）2019年11月10日，地球观测组织（GEO）2019年会议周9日在澳大利亚堪培拉闭幕。主题为"地球观测——数字经济中的投资"，会议期间，中国正式接任地球观测组织2020年轮值主席，全面部署了GEO下一年度的各项重点工作。

（6）2019年11月13日，第二届巴黎和平论坛在法国首都巴黎落下帷幕。本届论坛通过举办圆桌会议和推进落实创新解决方案，聚焦多边主义和全球治理，应对全球挑战。

（7）2019年11月14日，在金砖国家领导人第十一次会晤期间，金砖国家人文交流论坛暨首部金砖国家联拍纪录片《孩童和荣耀》全球首映式在巴西首都巴西利亚成功举办。

（8）2019年11月23日，国家主席习近平同阿尔巴尼亚总统梅塔互致贺电，庆祝两国建交70周年。

（9）2019年11月24日，为庆祝中国和马来西亚建交45周年，"2019马中谊跑"在马来西亚沙巴州首府哥打基纳巴卢举行。

(10)2019年11月25日,世界气象组织发布新一期《温室气体公报》,指出地球大气中温室气体浓度再次刷新纪录,温室气体水平持续增长已成长期趋势,未来将导致愈发严重的气候变化。

12月国际重要时事

(1)2019年12月1日,的黎波里消息:利比亚民族团结政府交通部说,利首都的黎波里米提加国际机场将于12日恢复飞行。

(2)2019年12月2日,"中国土耳其友谊林"启动仪式在土耳其首都安卡拉举行。中国驻土耳其大使邓励及夫人张华、土中友好基金会主席哈桑及安卡拉玛玛克区负责人穆拉特共同种下象征中土友谊的松树树苗。

(3)2019年12月3日,由中国土木工程集团有限公司承建的非洲第一所交通大学——尼日利亚交通大学,在尼北部卡其纳州道拉市正式开工。

(4)2019年12月5日,法国1995年以来最大规模罢工全面展开,当天全法80万人示威游行响应大罢工,反对政府的退休制度改革,而政府方面仍意图继续推动相关改革计划。法国内政部当晚公布参加示威游行的人数,称全法范围内有80.6万人参与,其中约有6.5万人在巴黎示威游行。

(5)2019年12月6日,"深化中国山东·日本开放合作推进会"在东京举行,旨在助推山东打造对外开放新高地,开创中国山东和日本地方开放合作新局面。山东省委书记刘家义出席会议并发表主旨演讲说,山东与日本毗邻而居、隔海相望,是与日本交流最密切的中国省份之一。

(6)当地时间12月7日,国务委员兼外长王毅在内比都同缅甸国务资政兼外长昂山素季举行会谈。王毅表示,明年是中缅建交70周年,双方应办好系列庆祝活动,规划筹备好两国高层交往,全面推进经贸、人文等领域合作。

(7)12月6日,由中国企业投资建设的澳大利亚塔斯马尼亚州牧牛山风电项目,举行首批风机并网发电庆典仪式。这个新能源项目,是中国电建集团进入发达国家市场的第一次尝试,结果它不仅满足了澳大利亚严格的投资标准和环保要求,也赢得了当地政府和社区居民的一致好评。

(8)2019年12月13日,保守党领袖鲍里斯·约翰逊13日在率领保守党赢得英国议会下院选举后,正式就任英国首相。

(9)2019年12月22日,国务院总理李克强致电马雷罗,祝贺他出任古巴共和国总理。

(10)2019年12月25日,中国功夫片《叶问4》登陆北美,为北美观众呈现精彩的中华武术以及咏春拳大师的风采。

(11)2019年12月26日,俄罗斯能源部长亚历山大·诺瓦克表示,俄罗斯有能力完成因美国制裁而中断的"北溪-2"天然气管道项目建设,该管道项目将于2020年投入运营。

(12)2019年12月27日,泰国国家铁路局与中国铁路通信信号股份有限公司(中国通号)在曼谷签约,双方预计将在3年内共同完成泰国佛统至春蓬复线铁路改造项目。

(13)2019年12月29日,首届"气候变化风险下的农业可持续发展——中拉农业科技创新合作圆桌会议"在巴西塞阿拉州首府福塔莱萨举行,中拉农业科技合作前景广阔。

参考文献

[1] 余玮. 法治中国的表情[M]. 北京:团结出版社,2015.
[2] 赵树凯. 关于乡镇改革历史进程的考察[J]. 经济研究参考,2008(32):44-47.
[3] 范瑜. 村民自治改革开放以来的实践历程与展望[J]. 经济研究参考,2008(32):48-53.
[4] 仝志辉. 村民自治三十年[J]. 经济研究参考,2008(32):54-56.
[5] 温家宝. 不失时机推进农村综合改革 为社会主义新农村建设提供体制保障[J]. 求是,2006(18):3-9.
[6] 许成钢. 政治集权下的地方经济分权与中国改革[J]. 比较,2008(36):7-22.
[7] 李克强. 在改革开放进程中深入实施扩大内需战略[J]. 求是,2012(04):3-10.
[8] 姜爱林. 城镇化、工业化与信息化的互动关系研究[J]. 经济研究参考,2002(85):34-44.
[9] 王建蒙. 奔月:中国探月工程总设计师孙家栋[M]. 北京:当代中国出版社,2007.
[10] 国家民族事务委员会研究室. 正确的道路 光辉的实践——新中国民族工作60年[M]. 北京:民族出版社,2009.
[11] 国家民族事务委员会研究室. 中国的民族事务[M]. 北京:民族出版社,2009.
[12] 徐晓萍,金鑫. 中国民族问题报告:当代中国民族问题和民族政策的历史反观与现实思考[M]. 北京:中国社会科学出版社,2008.
[13] 彭付芝. 台湾政治经济与两岸关系[M]. 北京:北京航空航天大学出版社,2013.
[14] 于保中,陈新根. 海峡两岸关系发展简史[M]. 北京:九州出版社,2014.
[15] 林冈. 台湾政治转型与两岸关系的演变[M]. 北京:九州出版社,2010.
[16] 蔡永飞. 国民党、民进党和两岸关系.[M]. 北京:团结出版社,2014.
[17] 张春英. 台湾问题与两岸关系史[M]. 福州:福建人民出版社,2014.
[18] 中华人民共和国国务院新闻办公室. "一国两制"在香港特别行政区的实践[M]. 北京:人民出版社,2014.
[19] 邹平学. 香港基本法实践问题研究[M]. 北京:社会科学文献出版社,2014.
[20] 夏尔-菲利普·戴维,路易·巴尔塔扎,于斯丹·瓦伊斯. 美国对外政策——基础、主体与形式[M]. 2版. 北京:社会科学文献出版社,2011.
[21] 韩召颖. 美国政治与对外政策[M]. 天津:天津人民出版社,2007.
[22] 张维为. 中国震撼:一个"文明型国家"的崛起[M]. 上海:上海人民出版社,2011.
[23] 巫宁耕. 世界经济格局变动中的发展中国家经济[M]. 北京:北京大学出版社,2005.

[24] 沈大伟.纠缠的大国:中美关系的未来[M].丁超,黄富慧,洪漫,译.北京:新华出版社,2015.

[25] 陶文钊,何兴强.中美关系史[M].北京:中国社会科学出版社,2009.

[26] 吴心伯.21世纪的美国与中美关系[M].北京:时事出版社,2013.

[27] 熊志勇.中美关系60年[M].北京:人民出版社,2009.

[28] 黄定天.中俄关系通史[M].北京:人民出版社,2013.

[29] 中共中央宣传部.习近平总书记系列重要讲话读本[M].北京:学习出版社,人民出版社,2014.

[30] 张学昆.中俄关系的演变与发展[M].上海:交通大学出版社,2013.

[31] 周弘.中欧关系研究报告(2014):盘点战略伙伴关系十年[M].北京:社会科学文献出版社,2014.

[32] 沈大伟,艾伯哈德·桑德施耐德,周弘.中欧关系:观念、政策与前景[M].北京:社会科学文献出版社,2010.

[33] 毛里和子.中日关系——从战后走向新时代[M].徐显芬,译.北京:社会科学文献出版社,2009.

[34] 刘江永.中日关系二十讲[M].北京:中国人民大学出版社,2007.

[35] 周卫平.百年中印关系[M].北京:世界知识出版社,2006.

[36] 赵干城.中印关系现状·趋势·应对[M].北京:时事出版社,2013.

[37] 卫灵.冷战后中印关系研究[M].北京:中国政法大学出版社,2008.

[38] 郑泽民.南海问题中的大国因素:美日印俄与南海问题[M].北京:世界知识出版社,2010.

[39] 林代昭.战后中日关系史(1945—1992)[M].北京:北京大学出版社,1992.

[40] 田桓.战后中日关系史(1945—1995)[M].北京:中国社会科学出版社,2002.

[41] 孙乃民.中日关系史:第三卷[M].北京:社会科学文献出版社,2006.

[42] 管文虎.国家形象论[M].成都:电子科技大学出版社,2000.

[43] 周宁.西方启蒙大叙事中的"中国"[J].天津社会科学,2008(6):78-89.

[44] 余玮.法治中国的表情[M].北京:团结出版社,2015.

[45] 周诚.农地转非自然增值公平分配论——由"涨价归公"、"涨价归私"到"私公兼顾"[M]//周诚自选集.北京:中国人民大学出版社,2007.

[46] 赵树凯.关于乡镇改革历史进程的考察[J].经济研究参考,2008(32):44-47.

[47] 习近平.决胜全面建成小康社会 夺取新时代中国特色社会主义伟大胜利——在中国

共产党第十九次全国代表大会上的报告[N].人民日报海外版,2017-10-28(04).

[48] 习近平在学习贯彻党的十九大精神研讨班开班式上发表重要讲话强调 以时不我待只争朝夕的精神投入工作开创新时代中国特色社会主义事业新局面[N].人民日报,2018-1-6(01).

[49] 中共中央党史研究室.党的十八大以来大事记[N].人民日报,2017-10-1(01).

[50] 中共中央宣传部.习近平总书记系列重要讲话读本(2016年版)[M].北京:,学习出版社、人民出版社,2016.

[51] 中国共产党章程[N].人民日报,2017-10-29(03)

[52] 习近平.在庆祝中国共产党成立95周年大会上的讲话[N].人民日报,2016-7-2(03).

[53] 习近平.决胜全面建成小康社会 夺取新时代中国特色社会主义伟大胜利——在中国共产党第十九次全国代表大会上的报告[N].人民日报,2017-10-28(01).

[54] 中共中央关于坚持和完善中国特色社会主义制度 推进国家治理体系和治理能力现代化若干重大问题的决定人民日报(2019-11-06）

后　　记

　　《形势与政策》一书是以党的十九大和十九届四中全会精神为指导,结合 2019 年世情国情新态势而进行编写的。对学习贯彻习近平新时代中国特色社会主义思想,紧密联系新时代中国特色社会主义生动实践,对党和国家制定的路线、方针政策和中国社会发展趋势等问题做出了深入浅出的解读。观点准确,语言易懂,是青年学生进行理论学习和对其开展形势教育的重要读物。《形势与政策》一书是国家社科基金党的革命精神谱系梳理和图书编辑出版研究专项项目"大庆精神研究"(项目编号:19VPX011)阶段性研究成果;黑龙江省教育科学规划专项课题《抗击疫情弘扬民族精神融入民办高校思想政治教育教学研究》阶段性研究成果。

　　《形势与政策》一书由宋玉玲教授统稿定稿。撰写分工如下:哈尔滨石油学院谢永利撰写了绪论;哈尔滨石油学院宋玉玲撰写了参考文献、后记;哈尔滨石油学院袁旭撰写了第七章第三节;哈尔滨石油学院郑吉雅撰写了第七章第一、二节,第八章;哈尔滨石油学院刘雁春撰写了第三、六章;哈尔滨石油学院徐丽娜撰写了第十二、十三章第一、二节;哈尔滨石油学院王瑞撰写了第二、四章;哈尔滨石油学院雷书天撰写了第九章;哈尔滨石油学院王亚慧撰写了第十章;哈尔滨石油学院孙绮撰写了第五章、十三章第三节;哈尔滨石油学院教富利撰写了第一章;哈尔滨石油学院朱家玮撰写了第十一章。大庆油田第四采油厂李秉钊撰写了附录一,附录二。

　　《形势与政策》一书参考了国内外专家学者的一些有关著作,借鉴并吸收了一些优秀研究成果,在此表示衷心的谢意!

　　由于时间仓促,水平有限,本书肯定存在不足之处,希望读者多提宝贵意见,欢迎大家批评指正。

编者
2020 年 7 月